심리검사에 기초한

인간의 다양성에 대한 이해

RS에듀컨설팅 지음

솔과학

RS에듀컨설팅 대표 송영선

연세대학교 심리학과를 졸업하고 고려대학교 교육대학원에서 상담심리학을 공부했다. 삼성전자, 딜로이트 컨설팅 등을 거쳐 현재는 심리학을 바탕으로 하는 진단 도구를 활용하여 인성, 학습, 진로, 심리건강 등을 서비스하는 RS에듀컨설팅 대표로 재직하고 있다. 저자는 인간이 가진 다양한 잠재력을 끌어내 각자가 원하는 인생의 미래를 설계할 수 있도록 지원하는 심리서비스의 가치를 실현하고자 한다. RS에듀컨설팅의 심리진단 프로그램 (CPDP: COMPREHENSIVE PSYCHOLOGICAL DIAGNOSIS PLATFORM)은 현재 일선학교, 학원, 상담기관, 코칭센터 및 해외의 다양한 기관에서 활용되고 있으며 2011년 출간된 '내일의 나를 부탁해(다산에듀)'는 청소년 권장도서로 선정되어 베스트 셀러의 반열에 올랐고 이외의 저서로 '내일의 너를 믿어 봐(탐출판사)', '진로와 직업 교과서(씨마스)'가 있다.

심리검사에 기초한

인간의 다양성에 대한 이해

초판 인쇄 2021년 5월 17일
초판 발생 2021년 5월 25일

지 은 이 RS에듀컨설팅
펴 낸 이 김재광
펴 낸 곳 솔과학
디 자 인 eun
등 록 제10-14-호 1997년 2월 22일
주 소 서울특별시 마포구 독막로 295번지 302호(염리동 삼부골든타워)
전 화 02-714-8655
팩 스 02-711-4656
E-mail solkwahak@hanmail.net

I S B N 979-11-87124-86-3(93180)

값 27,000원

머릿말

오늘날 한국의 심리검사 서비스 수준은 매우 높아 여러 영역에 걸쳐 다양한 진단검사가 보급되어 있다. 학교에서는 주로 학기 초 대량 지필검사의 형태로 심리검사가 매년 실시되고 있고, 민간 영역에서도 주로 교육 분야의 피험자 심리구성 파악을 위한 학습, 진로 등의 진단이 광범위하게 활용되고 있다. 아울러 최근 몇 년간 폭발적으로 증가한 심리상담소에서는 개인의 정서와 정신보건의 진단을 위한 검사들이 많이 사용되고 있는 추세이다.

이러한 심리검사는 영역별로 측정목적과 요인들이 다르며 각각 해당 영역의 심리이론에 기반하고 있다. 심리학 전공과정에서는 각 이론들을 체계적으로 다루지만 심리학을 전공하지 않은 실무 전문가들은 스스로 공부하거나 검사기관에서 제공하는 교육과정을 통해 해당 이론을 습득해왔다. 체계적인 측면에서 많은 어려움이 있었으리라 생각한다. 아울러 이러한 어려움은 심리검사의 대중적 활용과 확산이라는 측면에서 큰 장애물이 되어왔다고 볼 수 있다.

본 교재는 이렇게 심리진단의 요구와 활용분야가 다양해진 우리 사회에 꼭 필요한 진단검사의 각 영역별 심리 이론과 이의 실제 활용을 위한 기본기를 심리학 전공자가 아니더라도 체계적으로 습득할 수 있도록 집필된 책이다. 각 영역별로 대표적인 심리 이론과 진단척도 및 활용가이드를 제시하고자 노력하였다.

총 5부 16장으로 구성된 본 교재에서 제1부는 인간의 발달과 심리적인 특성을 광범위하게 이해하는 방법에 대한 내용으로 구성하였고 제2부는 인간의 심리적 구성 중 가장 보편적인 성격을 이해하기 위한 이론으로 구성하였다. 3부는 교육 세션으로 자녀교육을 위한 학습과 적성의 진단과 자녀의 지도를 위한 부모의 역량을 배양할 수 있는 이론들이며 4부는 인간관계 중 가장 중요하고 친밀한 관계인 부부관계와 결혼생활을 이해하기 위한 내용이다. 마지막으로 5부에서는 전 연령에서 보편적으로 느끼는 인간의 스트레스에 대한 내용을 첨가하였다. 아울러 각 장에서는 의사소통, 정서, 정신보건 등을 이해하고 이를 측정하기 위한 심리검사의 이해방법과 애니어그램, 이고그램, DISC 검사 등 많은 사용자를 보유하고 있는 특정 심리검사들의 활용과 이해를 위한 내용도 다루고자 하였다.

이 책을 통해 대한민국의 실용전문가, 준전문가, 교육이나 휴먼서비스 분야 종사자 뿐 아니라 학부모와 일반인에 이르기까지 심리 검사를 활용할 수 있는 기본기를 갖추고 관련 이론들을 보다 체계적으로 습득할 수 있기를 바란다. 그리고 이 교재는 대만의 파트너 회사인 T.E.I(trillionaire enlightenment inspiration)를 통해 대만, 중국, 홍콩 등 중화권에도 번역되어 광범위하게 사용될 예정이다. 해외의 파트너사 및 사용자들에게 감사의 인사를 전하며 끝으로 이 책이 출판되기 까지 많은 도움을 아낌없이 제공해주신 중앙대학교 심리학과 연구진과 교재 집필진, 편집진 등 도와주신 분들에게 무한한 고마움을 전하고 싶다.

RS에듀컨설팅 대표 송 영 선

차례

I부 발달과 인간의 심리적 특성

1장 아동과 청소년 발달 11

1. 아동 발달의 정의와 특성 11 | 2. 청소년 발달의 정의와 특성 13
3. 아동 및 청소년 발달이론 15 | 3. RS-발달검사(아동용 및 청소년용) 20 | 4. 결론 31

2장 성인기 발달 33

1. 성인기 발달에 대한 정의 33 | 2. 성인기 발달 연구 36
3. RS-발달검사(성인용)의 척도 41 | 4. 결론 55

II부 성격과 개인차 심리학

3장 성격에 대한 이론적 접근 59

1. 성격에 대한 정의 59 | 2. 성격에 대한 이론 60 | 3. 결론 71

4장 Cattell의 16 성격 요인(16PF) 73

1. Cattell의 이론적 입장 73 | 2. Cattell의 16PF 76
3. 16PF에 근거한 5개 이차 요인별 특징 99 | 4. 결론 101

5장 디스크(DISC) 성격검사 103

1. DISC 성격검사의 이론적 배경 103 | 2. DISC 성격검사의 특징 106
3. DISC 성격검사의 행동유형 109 | 4. RS-DISC검사의 2차 유형 114 | 5. 결론 117

6장 이고그램(Egogram) 성격검사 119

1. 이고그램의 특징 119 | 2. 교류분석(TA) 이론 121 | 3. 자아 상태 127
4. 이고그램 성격검사의 척도 129 | 5. 결론 137

7장 에니어그램(Enneagram) 성격검사 139

1. 에니어그램의 특징 139 | 2. 개인의 에너지 프로파일 142
3. 9가지 유형에 대한 이해 143 | 4. 결론 154

Ⅲ부 학습과 진로

8장 자녀교육과 부모역량 159

1. 학부모의 자녀교육의 의미 159 | 2. 학부모의 자녀교육 이론 161
3. RS-학부모 자녀교육 역량검사 166 | 4. 자녀교육 역량 강화 전략 172
5. 결론 174

9장 학습자의 학습양식 177

1. 학습양식의 개념 177 | 2. 학습양식 이론의 분류 179
3. 선호환경 중심 학습양식 이론 180 | 4. 정보처리 중심 학습양식 이론 183
5. 성격 중심 학습양식 이론 186 | 6. 학습자유형검사의 이론적 배경 189
7. 학습자 유형검사의 하위 유형 192 | 8. 결론 198

10장 진로적성에 대한 종합적 접근 199

I. 적성의 성격 차원 200
1. 성격의 개념 200 | 2. Carl Jung의 이론적 입장 201 | 3. RS-성격적성검사 204
4. 결론 207
II. 적성의 능력 차원 207
1. 지능의 의미 208 | 2. 다중지능이론 208 | 3. RS-다중지능검사의 구성요소 211
4. 결론 214
III. 적성의 흥미 차원 214
1. 직업흥미검사의 개념 214 | 2. 직업흥미검사의 이론적 배경 215
3. RS-직업흥미검사 218 | 4. 결론 220
IV. 적성과 가치관 220
1. 직업가치관검사의 개념 221 | 2. 직업가치관검사의 이론적 배경 221
3. RS-직업가치관검사 222 | 4. 결론 225

Ⅳ부 관계와 소통

11장 결혼과 부부관계 229

1. 결혼만족도에 대한 소개 229 | 2. RS-커플진단/결혼만족도 검사 233
3. 커플진단/결혼만족도 검사의 활용 252 | 4. 결론 253

12장 대인 간 의사소통 255

1. 의사소통의 개념 255 | 2. 의사소통의 특징 256

3. Norton의 의사소통검사의 특징 260 | 4. 의사소통검사의 하위 유형 264
5. 의사소통검사의 2차 유형 271 | 6. 결론 273

V부 정신건강

13장 스트레스 277
1. 스트레스의 정의와 특성 277 | 2. 스트레스 이론 280
3. RS-스트레스 검사 283 | 4. 스트레스에 대한 관리 290 | 5. 결론 293

14장 정서 295
1. 정서에 대한 정의 295 | 2. 정서에 대한 이론 298 | 3. 정서의 발달 301
4. 정서 척도 306 | 5. 결론 317

15장 우울증 319
1. 우울증의 정의와 특성 319 | 2. 우울증의 원인 321 | 3. 우울증의 증상 325
4. 우울증 치료 333 | 5. 결론 335

16장 정신병리 337
1. 이상심리에 대한 소개 337 | 2. RS-정신병리검사 343
3. 정신병리에 대한 치료 350 | 4. 결론 352

참고문헌 353
찾아보기 375

I 부

발달과 인간의 심리적 특성

제1장 아동과 청소년 발달

인간의 삶에서의 태도와 심리에 영향을 주는 요인 중 하나는 생애 전반에 걸친 발달이다. 따라서 인간을 이해하기 위해서는 발달 시기에 적합한 단계적 특성을 학습하는 것이 필요하다. 이 장에서는 아동기와 청소년기의 발달적 특성을 살펴보고자 한다. 먼저 아동과 청소년 발달의 정의와 기본적 특성이 무엇인지 알아본다. 그 다음 인간발달의 이론 중 정신분석, 인지이론, 생태학적 이론에서의 아동과 관련된 연구들을 살펴본다. 그 다음으로 RS-발달검사(아동용과 청소년용)에서 다루는 아동 발달 영역별 의미와 특징을 알아본다.

1. 아동 발달의 정의와 특성

발달은 출생에서 죽음까지 인간의 전반적인 기능에 있어서 지속적인 변화를 의미한다. 발달은 키, 몸무게와 같은 외적, 질적인 변화 뿐 아닌 감성, 인지, 사회성과 같은 질적인 변화도 포함하고 있다. 이러한 발달은 일련의 단계별에 따라 나타나기에 보편적인 발달 특성은 예측을 할 수 있다. 본 장에서는 발달 과정 중 아동기의 개념과 아동 발달의 단계적인 특성에 대해 알아본다.

1) 아동기의 정의

인간의 발달은 일반적으로 총 여덟 가지의 발달단계로 태내기, 영아기, 유아기, 아동기, 청년기, 성년기, 중년기, 노년기로 나누어져 있다. 일반적으로 아동을 연령에 따라 구분할 때 아동의 권리에 관한 협약에 따라 18세 미만의 모든 사람으로 명확하게 규정을 하고 있다.

하지만 아동을 보는 견해는 시대에 따라 각기 다르게 나타났으며, 따라서 아동기의 개념도 옛날부터 지금까지 동일한 개념이 아닌 여러 시대를 거쳐 바뀌어가며 정의되었다(조복희, 1999).

아동의 가장 오래된 정의는 아담의 원죄설을 기반으로 한 사악한 아동(evil child)이다. 이러한 정의는 아동이 이기적이고 사악한 존재로 받아들여져 엄격하고 철저하게 양육이 필요하다는 가치관이다. 이 가치관은 중세시대까지 받아들여졌다(Rogers & Rogers, 1992). 중세시대의 아동은 성인과 평상시에 모든 생활과 작업을 같이 하며 똑같은 복장을 입고 별 다른 구분 없이 받아들여졌다(Cox, 1996). 그 당시의 아동은 성인의 축소판으로 불리며 대부분의 사회에서 성인과 동등한 노동력이 요구되었다.

17세기에 들어와서 아동은 하나의 인격체로 구분되었다. 17세기 말의 아동관은 John Locke의 백지설과 Jean Rousseau에 따라 순진무구한 아동(innocent child)으로 정의되어왔다. Locke는 아동은 백지상태로 태어나며 아동이 발달하면서 경험을 통해 사고와 특성을 습득한다고 주장하였다. 이 시기부터 아동은 중세시대와 다르게 순수하고 약한 존재로 정의되었다. 따라서 아동기 때는 성인과 다르게 보호와 양육이 필요하며 교육을 통하여 좋은 습관을 형성하고 올바른 성인으로 발달할 수 있도록 돕기 시작했다.

2) 아동 발달의 단계적 특성

아동의 발달단계는 연령범위와 주변 환경에 따라 다르게 나타나며 발달과정에서도 개인차가 있기에 명확하지가 않다. 그러므로 학자마다 서로 다른 견해를 가지고 아동의 발달단계를 정의하지만 대부분의 이론이 공통적으로 주장하는 바가 있어서 주요 발달 내용을 묶어서 구성할 수 있다. 아동 발달 단계는 네 단계로 나누어진다(조복희, 1999).

태내기. 태내기는 수정에서 출생까지의 시기를 나타내며 어머니의 자궁 내에서 태아의 신체구조와 기관이 형성되는 시기이다. 태내기의 발달은 태내환경으로부터 크게 영향을 받으며, 어머니의 정서와 스트레스, 약물, 환경적 위험물 등과 같은 다양한 위험 요인들이 태아에게 부적절한 영향을 주어 여러 장애를 유발할 수도 있다. 태내기 단계는 모든 발달단계 중 신체 성장이 가장 빠르게 일어난다.

영아기. 영아기는 0~2세 정도의 시기를 나타낸다. 생후 4주일까지는 신생아기로 구분하기도 한다. 영아는 자력으로 할 수 있는 일이 거의 없기에 자신의 상태를 만족시켜주는 성인과 기본적인 애착 관계를 형성한다. 출생 때부터 모든 감각기관을 주변 환경 속 여러 자극들을 느끼고 받아들이는데 사용한다. 또한 받아들인 자극을 인지하고 해석하여 학습능력과 기억력이 향상되는 시기이다. 영아기는 신체 성장과 전반적인 발달 속도가 매우 빠르게 일어난다.

유아기. 유아기는 2~6세 정도의 시기를 나타낸다. 미취학 아동이라고 할 수 있으며 듣고 말하는 활동으로 다양한 언어를 빠르게 획득한다. 놀이를 통해 사회를 배움으로써 상상력과 창의성이 높아지는 시기이다. 사고의 범위가 넓어지며 자기통제력과 자율성이 증가한다. 부모, 또래, 유아 주변의 사회와 접촉하면서 기본적인 사회화가 나타난다. 이 시기는 인지적으로 미성숙한 시기이기에 구체화되지 않은 비논리적 시각으로 세상을 바라보고 자기중심적인 태도를 가지고 있다.

아동기. 아동기는 6~11세 정도의 시기를 나타낸다. 이 시기부터 공교육을 받기 시작한다. 이전 발달 단계보다 더욱 체계적이고 정교화된 인지능력을 가지고 있으며 교육과 사회적 상호작용을 통해 다양한 세상과 문화를 접하기 시작한다. 이전 단계들보다 신체발달이 느리게 나타나지만 자기통제, 자아개념, 사회인지와 언어지능이 증가하기 시작한다. 체력과 운동기능에서는 특별한 발달이 나타나지는 않지만 신체조작능력과 근육의 협응력이 더욱 정교화 된다. 학교에서 다른 사람과 자신을 비교하고 평가하며 또래관계를 통해 자존감과 대인관계를 형성하기 시작한다.

2. 청소년 발달의 정의와 특성

아동기의 발달과 마찬가지로, 청소년기에도 그 나름의 발달 특성을 가지고 있다. 청소년기는 성인기 이전의 단계로서 다양한 신체적 변화가 나타나며 그에 따라 정신적, 심리적 변화가 강하게 나타나는 시기이다. 여기서는 청소년기의 정의와 청소년기의 다양한 발달적 특성에 대해 알아본다.

1) 청소년기의 정의

청소년기를 규정짓는 연령 혹은 기준은 문화와 국가별로 다양하게 나타난다. 일반적으로 발달심리학자들은 청소년기는 생물학적으로 시작해서 문화적으로 끝난다고 주장한다. 즉 아동기를 지나면서 신체적으로 성별에 따라 다른 특징이 나타나는 '사춘기'를 시작으로 나타난다. 사회적으로 주변의 기대에 따라 정서적, 경제적으로 독립심을 기르고 자신의 삶에 대한 책임감을 갖게 되면서 성인이 된다(허혜경, 김혜수, 2010). 청소년기의 경우 더 이상 부모의 품에 있기를 원하지 않고 주변 또래에게서 많은 영향을 받는 시기이다. 성인과 비슷하게 신체가 발달하지만 아직까지 성인의 권리와 의무를 갖지 않은 중간적 시기이다. 따라서 이 시기에는 자신이 누구인지에 대하여 생각하는데 많은 시간을 할애한다. 그에 따라 방황하며 역할혼란에 빠지는 경우가 많다.

2) 청소년기 발달 특성

청소년기의 발달은 다른 발달단계에 비하여 빠르게 진행하는 모습을 보인다. 또한 아동기를 벗어나지만 성인기에 속하지 않는 중간 단계인 상태에서 양적, 질적인 성장과 발달을 경험한다. 청소년기의 발달 특성에는 신체적 발달, 인지적 발달, 그리고 정서적인 불안정으로 나누어 살펴볼 수 있다.

신체적 발달. 청소년기에는 신체의 여러 호르몬이 활발하게 분비되면서 신장과 몸무게가 성장함에 따라 골격과 뇌성장이 빠르게 진행된다. 이를 성장 급등이라고 한다. 성장 급등은 개인차가 있으나 대부분 여성이 남성보다 2,3년 정도 빠르게 진행된다(Tanner, 1991). 또한 청소년기에는 성호르몬 분비로 인해 성기능이 발달하게 되어 2차 성징이 일어나게 되며 사춘기를 겪게 된다. 사춘기의 신체변화는 성별에 따른 차이가 있다. 여성의 경우 26~32일 주기로 월경을 시작하며 남성에 비해 골반이 넓어지고 허리가 날씬해진다. 반면 남성은 여성에 비해 어깨가 넓어지고 변성기가 찾아오고 근육량이 증가한다. 또한 체모가 자라기 시작한다. 신체 내적으로는 호르몬 수준이 조절된다. 인간은 모두 남성호르몬 안드로겐과 여성호르몬 에스트로겐을 가지고 태어나지만 청소년기에 남성은 남성호르몬인 안드로겐을 더 많이 분비하는 반면 여성은 여성호르몬인 에스트로겐을 더 많이 분비하게 된다.

인지적 발달. 청소년기에는 아동의 사고와 다르게 논리적이고 추상적인 사고가 가능해진다. 청소년기에는 인지적 사고가 성인 수준으로 가능하게 되면서 성장 급등에 따라서 자신에 대하여 생각하는 시간이 많아지고 자신의 역할과 주변 환경에 따라 자아를 형성하게 된다(허혜경 & 김혜수, 2010). 이 과정에서 자신에게 지나치게 몰두하여 자아중심적인 사고를 하며 타인의 관점을 잘 이해하지 못하고 자신이 세상의 중심이라고 생각하기도 한다. 게

다가 자신을 매우 특별하고 독특한 존재로 여기며 자신을 둘러싼 위험이 자신에게 영향을 주지 않는다고 믿기도 한다. 청소년기에는 추상적 개념을 이해할 수 있게 되면서 이념과 사상, 상징에 관심을 갖는다. 그리고 대부분의 선택을 성인의 도움 없이 스스로 결정하고자 한다.

정서적 불안정. 청소년기는 질풍노도의 시기라고 불리는 만큼 정서적으로 불안정한 상태를 가지고 있다(허혜경 & 김혜수, 2010). 이러한 정서적 불안정은 성적으로 성숙하고 인지적으로 발달함에 따른 여러 경험들에 의해 나타난다. 청소년기는 아동과 같이 단순하고 어리숙한 행동을 하다가 성인의 행동을 모방하기도 하며 일관적이지 못한 모습을 보인다. 이러한 정서적 불안정은 주변 어른들과 견해차이가 나타나거나 여러 갈등상황에 따른 스트레스가 야기 되지만 시간이 지남에 따라 정서적으로 다시 안정을 되찾는다.

3. 아동 및 청소년 발달이론

아동의 발달과정에는 다양한 이론이 존재한다. 하지만, 각 이론들이 아동의 발달의 모든 부분들을 일괄적으로 설명하는 것이 아닌, 각각 이론들이 발달 영역에 따라 서로 다른 초점을 맞추고 있다. 본 장에서는 성격발달에 초점을 맞춘 Sigmund Freud의 정신분석이론, 지식습득에 초점을 맞춘 Jean Piaget의 인지발달이론, 사회문화적 발달에 초점을 맞춘 Urie Bronfenbrenner의 생태학적 이론에 대하여 알아본다.

1) 정신분석이론

정신분석이론은 무의식 세계를 강조하며 인간의 발달을 성적 에너지와 정신세계를 통해 이해할 수 있다고 주장하였다. 정신분석이론의 창시자인 Sigmund Freud는 성격구조가 자아, 초자아, 원초아로 구성되어 있다고 주장하였다(Freud, 1960). Freud에 따르면 원초아(id)는 인간이 태어날 때부터 가지고 있는 생물학적 본능을 의미한다. 이러한 원초아는 쾌락원리에 따르며 무의식의 세계에 의해 지배된다. 아동은 성장함에 따라 원초아와 현실세계간의 괴리를 느끼고 본능적 욕구를 억제해야 한다는 것을 깨닫게 된다. 현실에서 가능한 것과 불가능한 것이 있다는 것을 알게 되면서 이성적으로 사고할 수 있도록 돕는 자아(ego)가 발달하게 된다. 생후 3~6년이 되면서 학습에 의해서 옳고 그름을 판단하는 역할을 하는 초자아(Super ego)가 발달하게 된다. 이러한 초자아는 사회적 기준과 규범을 배우면서 발달하며 우리가 양심이라고 칭하는 것을 의미한다.

Freud는 이러한 자아, 초자아, 원초아의 발달에 근거하여 인간의 발달이 일련의 단계를 거친다고 주장하였다. 이 단계를 심리 성적 단계라고 부르며 인간의 신체에서 성 에너지가 어디에 집중되는지에 따라 다르게 나타난다고 말하였다. Freud는 이러한 성 에너지를 리비도(Libido)라고 불렀는데, 이러한 리비도의 이동은 아동의 정신발달에 결정적인 역할을 한다. 리비도의 이동에 따른 발달 단계는 구강기, 항문기, 남근기, 잠복기, 생식기로 나누어진다(Thomas, 1992).

구강기. 구강기는 출생 후 1년~1년반 까지가 해당하며 이 단계의 리비도는 입과 구강부위에 해당한다. 자아가 아직 발달하지 않은 단계로서 입을 통해서 빨고, 깨무는 행동을 통해 본능적인 욕구를 만족시킨다. 이러한 행위를 통해 아동의 욕구가 충족되며 안정된 시기가 지나면 다음 단계로 넘어가게 된다. 하지만 만약 본능적 욕구에 대한 지나치게 충족하거나 반대로 너무 충족되지 못한 경우 다시 퇴행하게 되는 고착현상이 나타난다. 이 단계에서 고착현상이 일어나면 과도한 흡연, 과음, 과식과 같은 구강기 성격을 지닌다.

항문기. 항문기는 1~3세까지 해당하며 리비도가 항문주위로 옮겨간다. 이 단계에서는 대소변의 보유나 배출을 통해서 욕구를 충족한다. 배설물의 배출을 통해 아동은 긴장이 해소되면서 쾌감을 느낀다. 항문기에 아동은 대부분 대소변가리기 교육을 시작하며 이러한 교육을 통해 만족을 지연시켜야 한다는 것을 배운다. 만약 항문기 단계에서 적절한 대소변가리기 교육이 진행 되지 않을 경우 고착현상이 나타나는데, 이 단계에서 지나치게 청결을 강조할 경우 강박적이거나 낭비적 행동이 고작된 현상으로 나타난다.

남근기. 남근기는 3~6세까지가 해당한다. 이 단계에서는 리비도가 성기로 옮겨가며 아동은 성기에 흥미를 가지고 성별에 따른 신체적인 차이를 인식하기 시작한다. Freud에 따르면 이 단계에서 남아는 오이디푸스 콤플렉스, 여아는 엘렉트라 콤플렉스를 경험한다. 오이디푸스콤플렉스는 남아는 어머니를 소유하고자 하는 욕망을 가지면서 동성인 아버지에 경쟁심을 가진다. 아버지와의 갈등상황에서 자신을 거세할 수 있겠다는 공포감을 느껴 아버지에 대한 적대감을 억누르고 아버지와 자신을 동일시하여 콤플렉스를 해결한다. 여아 역시 아버지를 소유하려는 욕망을 가지다가 어머니와 자신을 동일시하여 엘렉트라 콤플렉스를 해결한다.

잠복기. 잠복기는 6~12세 시기에 해당하며 성에 대한 표현을 억제되고 잠복하는 시기이다. 이 시기에는 학업에 열중하고 이성보다는 동성 또래친구와 사회적 관계를 맺는다. 이 과정 속에서 초자아가 발달하면서 사회적 규범과 도덕적 가치를 배우게 된다. 또한 이 단계의 아동은 동성의 부모와 동일시하게 된다. 만약 잠복기에 고착현상이 나타나면, 성인이 되었을 때 이성에 대하여 불안정적인 모습을 보인다.

생식기. Freud의 마지막 발달단계인 생식기는 12~19세 시기에 해당한다. 이 시기에는 이성 또래에 대한 관심이 많아지며 이러한 이성에 대한 관심은 심미적 활동으로 해소한다. 이 단계의 청소년은 잠복기 동안 확립된 자아, 초자아, 원초아 간의 갈등을 겪게 된다. 이러한 갈등 속에 비행, 자살, 정신질환을 초래할 수 있다. 이 시기의 청소년은 세상을 객관적으로 바라보고 삶에 있어 다양한 영역 간의 균형을 유지하고자 노력한다.

2) 인지발달이론

Jean Piaget의 인지발달이론(Piaget, 1952)은 정신분석이론과 다르게 아동의 인지적인 사고의 발달을 중심에 두었다. Piaget은 아동은 성인과 다른 사고방식을 가지고 있으며 인지발달은 유기체의 신경계의 성숙과 환경의 상호작용으로 이루어지는 적응과정이라고 주장하였다. 그는 신체적, 사회적 정보에 대한 정신적 체계를 의미하는 '도식'이 분화되고 다양하게 변화한다고 주장하는데, 이러한 도식이 주변 환경과 지속적인 상호작용을 통해 변화하는 것을 '적응'이라고 부른다. 환경에 대한 적응에는 기존의 도식에 맞게 새로운 자극을 해석하는 '동화'와 변화하는 환경을 이해하기 위해 기존 도식을 수정하는 '조절'이 있다. Piaget에 따르면 동화와 조절은 인지발달과정에서 서로 떼어낼 수 없는 관계이며 서로 상호작용을 되풀이한다고 주장하였다. Piaget는 도식의 동화와 조절을 통해 인지발달이 이루어지며, 인지발달 단계가 높아질수록 인지발달의 복잡성이 증가한다고 하였다.

감각운동기. 감각운동기는 생후 2년까지 해당한다. 이 단계의 아동은 감각과 신체운동 간의 관계를 통해서 세상을 이해한다. 신생아들은 감각운동기 초반에 단순한 반사반응만 나타나다가 여러 신체운동을 통해서 환경에 적응하고 도식을 형성한다. 아동이 8~12개월이 되면 대상영속성이 발달한다. 대상영속성은 기존에 존재하던 대상이 다른 물체에 의해 가려졌을 경우, 대상이 사라진 것이 아닌 계속해서 존재하고 있다는 것을 이해하고 있는 개념이다. 예를 들어, 눈에 보이던 인형을 상자 안에 숨겨도 여전히 존재한다는 사실을 인지한다.

전조작기. 전조작기는 2~7세까지 해당한다. 논리적이고 체계적인 사고는 가능하지 않지만 언어를 통해 표상하고 조직화가 가능해진다. 이 단계의 아동은 주변 환경에 대하여 상징적으로 사고하며 직관적이고 자기중심적 사고가 나타난다. 또한 생명이 없는 대상에게도 생명이 있다고 생각하며 감정을 부여하는 물활론적 사고를 한다. 전조작기의 아동은 감각운동기와 다르게 감각에 크게 의존하지 않고 급격한 언어발달과 함께 과거의 기억을 내면화시켜 보이지 않는 것이나 미래에 일어날 일들에 대해 기대하기도 한다. 즉, 사고가 시간적으로 현재에 국한되지 않는다.

구체적 조작기. 구체적 조작기는 7~12세까지 해당한다. 이 단계에서는 주어진 환경에 대하여 구체적이고 논리적으로 추론할 수 있게 된다. 구체적 조작기의 아동은 외형이 변화해도 다시 첨가하거나 부분적으로 감산하지 않는 한 형태는 달라져도 물체의 질량은 동일하다는 '보존'과 물체와 개념을 일련의 속성에 따라 분류하는 '분류화', 사물 간의 관계와 기준에 따라 배열하는 '서열화'의 개념을 이해한다. 이 시기 아동의 사고는 구체적으로 관찰 가능한 것에 한정되어있으며 추상적이고 복합적인 사고는 불가능하다.

형식적 조작기. 형식적 조작기는 청년기 이전의 단계까지 해당한다. 이 단계에는 더욱 합리적이며 체계적인 방식으로 사고하기 시작한다. 이 시기에서는 새로운 문제에 대한 해결책을 찾기 위해 자신의 경험과 미래의 가능성을 활용하며 그 중 가장 적절한 방법을 선택해 시도해볼 수 있다. 이 단계의 아동은 모든 가능성에 대하여 조직적으로 접근한다. 또한 사회적 규범, 사랑, 가치관과 같은 실제로 관찰 불가능한 추상적인 개념도 이해할 수 있다.

3) 생태학적 이론

생태학적 이론은 Urie Bronfenbrenner가 인간발달을 사회문화적 관점에서 바라본 이론이다(Bronfenbrenner, 1979). 그에 따르면 주변 환경이 인간 발달에 미치는 영향력이 크고, 이러한 환경은 러시아 인형처럼 겹겹이 포개진 구조와 같다고 주장했다. 생태학적 이론에 따르면 아동이 살고 있는 환경체계는 다섯 가지로 이루어져 있으며 가장 직접적인 체계인 미시체계에서부터 중간체계, 외체계, 거시체계, 시간차원으로 구분된다.

미시체계. 미시체계는 개인에게 직접적인 환경을 의미한다. 자신이 살고 있는 가족, 또래, 이웃, 학교, 의료기관 등과 같은 것들이 포함된다. 이 체계는 개인과 밀접하게 관련이 있으며 중요한 영향력을 행사한다. 미시체계와 개인은 양방향 관계로서 아동이 환경에 영향을 받을 뿐 아니라 자신이 환경을 바꾸고 구성하며 미시체계에 영향을 줄 수도 있다. 미시체계는 아동의 발달을 촉진하고 지원하는데 중요하다. 이러한 미시체계는 개인이 성장하면서 더욱 다양하게 변화한다.

중간체계. 중간체계는 미시체계들 간의 상호관계를 의미한다. 가정생활과 학교생활, 또래관계 등이 중간체계에 해당한다. 중간체계 간의 관계가 가까울수록 할수록 개인의 발달은 원활하게 진행된다. 예를 들어 부모와 선생님이 사이좋게 지낼 경우 개인의 발달에 긍정적인 영향을 미칠 수 있다. 하지만 미시체계와 중간체계 간에는 몇 가지 문제가 발생할 수 있는데, 우선 또래집단에서의 특정한 상호관계를 부모가 부정적으로 보는 것처럼 미시체계 간에 서로 다른 가치관을 가지고 있으면 갈등상황을 야기할 수 있다. 또한 자녀의 친구나 교사를 제대로 알지 못하는 부모와 같이 미시체계 간에 상호관계가 빈약할 경우 중간체계가 큰 영향을 주지 못한다.

외체계. 외체계는 아동이 직접적으로 관여하지 않지만 그 체계가 개인의 행동에 여러 가지 영향을 미친다. 일반적으로 외체계는 개인을 둘러싼 사회적 구조로 구성되어 있다. 사회의 주요기관과 같은 정부기관, 사회복지기관, 대중매체가 이에 해당한다. 개인은 외체계로 인하여 다양한 경험을 할 수 있게 된다. 특히, 외체계의 활동이 제한될 경우 개인의 미시체계와 중간체계에 직접적으로 부정적 영향을 미칠 수가 있다.

거시체계. 거시체계는 미시체계, 중간체계, 외체계가 들어있는 문화, 이념, 습관과 같은 것을 의미한다. 거시체계는 개인이 속한 사회문화적 환경에 따라 다르게 나타난다. 신념, 태도, 전통을 통해 간접적이지만 거시체계가 부모의 가치관에 영향을 주기 때문에 개인에게 매우 강력한 영향력을 행사한다. 거시체계는 일반적으로 다른 체계보다 안정적이지만, 경우에 따라서는 사회적인 큰 사건들로 인해 변화할 수도 있다.

시간차원. 시간차원은 개인의 전 생애에 걸쳐서 환경에서 나타나는 변화와 사회역사적 환경을 나타낸다. 시간의 흐름에 따라 개인이 성장하면서 겪게 되는 외적인 사건과 그에 따른 심리적 변화로 구성된다. 이러한 시간차원은 개인의 일생에서 나타나는 크고 작은 인생의 전환점 모두가 발달의 방향에 영향을 줄 수 있다는 것을 의미한다. 사회문화적 환경은 시대에 따라 달라지기에 이러한 시간차원은 개인에게 많은 영향력을 미친다.

3. RS-발달검사(아동용 및 청소년용)

본 검사에서는 각 발달시기별로 총 11가지의 구성요소를 통해 아동 및 청소년의 발달을 알아본다. 이 중에서 신체만족도, 긍정적 자아상, 자기조절, 학교적응, 정서 발달, 사회성 발달, 성적 발달, 친사회적 태도/행동, 비행/부적응 행동 등 9개의 구성요소는 두 검사 모두에 공통으로 들어 있다. 학업준비도와 학업에 대한 자기효능감은 아동용에만 있는 요소이고, 자아정체성과 독립성은 청소년용에만 있는 요소이다. RS-발달검사(아동용)를 진행할 시 유의할 점은 아동의 발달속도와 행동 양상이 개인에 따라 다르게 나타날 수 있다는 것이다. 따라서 아동의 개인차에 유의하면서 검사를 실시해야 한다. 또한 청소년기에는 자아정체성을 확립하고 다양한 사회적 상호작용으로 인해 어떤 청소년은 다른 사람들에 비해 힘든 상황을 겪을 수 있지만 어떤 이는 별다른 혼란 없이 지나가기도 한다. 따라서 RS-발달검사(청소년용)를 진행할 시 청소년 또한 개인차에 유의하면서 검사를 실시해야 한다.

1) 신체만족도(공통)

인간은 출생 후 2년 동안 빠르게 성장한다(조복희, 1999). 영아기 때 첫 3개월 동안 체중은 2배가 되며 2세가 되면 출생 시 체중의 4배가 된다. 출생 시의 키는 2년이 되면 성인 신장의 반이 되고 4세가 되면 신장이 출생 시 2배가 된다. 신체발달은 머리에서 시작하여 팔, 다리 등과 같이 위에서 아래로 진행된다. 또한 신체발달은 몸의 중심에서 바깥쪽으로 성장하며 전체에서 부분으로 분화가 되었다가 분화된 능력들이 통합하여 복잡한 체제를 형성하게 된다. 이러한 신체의 발달은 선천적 요인과 환경적 요인 모두에 영향을 받는다.

아동의 신체는 2세부터 성장급등이 일어나는 청소년기까지 천천히 진행되지만 꾸준하게 성장한다. 그리고 아동은 청소년기를 기준으로 아동에서 성인으로 발달한다. 이 시기에는 전체적으로 빠르게 신체적, 성적 성숙이 이루어지며 사춘기가 진행됨에 따라 남녀 아동의 외모는 급격하게 차이를 보이게 된다. 사춘기의 진행은 청소년들의 심리적 발달에도 영향을 미친다. Clausen(1975)에 의하면, 신체 성장은 개인의 과제 수행 능력을 발달하고, 자신과 타인을 인식하는 방식에도 영향을 준다. 신체이미지란 자신의 신체에 대한 정서, 지각, 태도, 느낌과 같은 자아 인식 개념을 의미한다. 즉, 자신의 신체부위에 대한 전반적인 만족도를 의미한다. 이러한 신체상은 자아를 바탕으로 형성되며 자기 개념과 자아존중감과 관련이 있다. 신체상이 긍정적인 시각을 가지고 있는 경우, 긍정적인 자기수용력, 원만한 사회

관계, 심리적 행복감에 영향을 미친다.

하지만 청소년들의 신체상에 대한 만족도는 비이성적이고 왜곡되기 쉽다. 이러한 비합리적인 신체상은 대중매체의 영향을 많이 받는다(Levine & Harrison, 2004). 청소년의 신체만족도는 다른 사람과의 비교를 통해 판단하는데 이 때 연예인과 대중매체를 기준으로 자신의 신체발달을 낮게 지각하여 불만족스러워 하는 경향이 있다. 이러한 신체상의 왜곡은 낮은 자아 존중감으로 이어질 수 있다. 신체만족도는 신체적 외모와 특성에 대한 개인과 주변환경의 가치판단의 기준에 좌우된다. 여러 국가와 문화에 따라 신체만족도는 달라지며 다양한 가치관들에 의해 신체만족도에 대한 판단 기준이 영향을 받는다.

2) 긍정적 자아상(공통)

자아상이란 자신의 존재, 재능, 역할, 가치관을 포함하여 자기 자신이 누구인지에 대한 자신의 총체적 견해를 의미한다. 아동의 자기이해에 대한 연구에 따르면 연령이 증가할수록 자신에 대한 이해도가 높아지며 다양한 범주를 활용해서 자신을 묘사한다(연진영과 김선애, 1991). 아동은 자아를 외현적 모습과 같은 구체적인 개념으로 묘사하다가 시간이 지날수록 신념, 가치관, 심리체계와 같은 추상적인 개념을 활용하여 자신의 자아상을 묘사한다. 영아기의 아동은 자신을 다른 사람들과 다른 하나의 독립적 존재로 이해하며 자신의 행동을 통해 묘사한다. 후에 연령이 증가하고 아동기가 되면서 자신의 신체적 특성, 능력, 성격과 같은 심리적 특성을 통해 자신을 묘사하기 시작한다.

자아상이 자신에 대한 주관적인 견해라면 자아존중감은 자신의 존재에 대한 감정적 측면으로서 자신에 대한 평가를 의미한다. 모든 인간은 자아존중에 대한 욕구를 가지고 있으며 이러한 욕구는 자신이 소중하고 가치 있는 존재라고 여기게 해준다. 일반적으로 자아존중감은 유아기 때 가장 높게 나타나며 아동기가 되면서 자아존중감이 현실에 맞게 조절된다. 이는 아동이 자신을 주변 사람의 판단과 객관적인 수행능력에 따라 스스로 평가하게 된다는 것을 의미한다(Stipek&Maclver, 1989).

아동과 청소년기의 자아존중감은 다양한 요소에 따라 영향을 받게 된다(정옥분, 2004). 우선 부모의 양육태도가 영향을 미친다. 부모가 긍정적인 양육태도를 취할 경우에는 아동과 청소년의 자아존중감이 높게 나타난다. 그리고 유아의 출생순위가 일반적으로 맏이나 외동일 경우 자아존중감이 높게 나타난다. 또한 긍정적인 형제관계를 맺고 있을 경우, 자아존중감이 높게 나타난다. 다음으로 사회경제적 지위가 높은 집단의 아동, 청소년이 낮은 집단보다 자아존중감이 높게 나타난다(어주경, 정문자, 1999). 이는 부모의 경제적인 스트레스가 아동, 청소년 양육에 영향을 주기 때문이다. 마지막으로 자아존중감은 아동, 청소년이 사회적 지지를 지각하는 수준에 따라 다르게 나타난다. 아동, 청소년이 주변 환경으로부터 적절한 사회적 지지를 받는다고 생각할 경우 아동, 청소년의 자아존중감이 높게 나타난다.

3) 자기조절(공통)

자기조절은 환경에 적응하고 목표를 달성하기 위해 자신의 생각과 행동, 감정을 스스로 관리할 수 있는 능력을 의미한다. 자기조절은 유아기에 사회성과 인지능력이 발달하면서 형성된다. 또한 자기조절은 아동의 자율적 사고에 따라 자신의 행동에 책임을 가지고 계획하고 실행하도록 돕는다. 이러한 자기조절은 자기통제가 발달한 후에 가능하다(정옥분, 2004). 자기통제란 장기적인 목표를 위해서 충동적인 욕구를 억제하여 즐거움과 만족을 지연시키는 행동을 의미한다(Shaffer, 1993). 자기통제는 즉각적인 욕구를 억제함으로서 주변 사람과의 갈등을 줄이고 인내심을 키울 수 있게 도와준다. 아동기에는 인지적으로 발달함에 따라 목표 달성을 위해 능동적으로 계획할 수 있게 되며 자기통제의 의미를 강화하는 기준을 내면화하기에 더욱 자기통제가 발달할 수 있다(정옥분, 2004).

자기통제의 하위요인 중 만족지연은 보다 큰 만족과 보상을 얻기 위해 즐거움, 욕구를 억제하고 지연시키는 능력을 의미한다. 유아의 경우 만족지연시간은 2~3세에 크게 발달하며 5세가 되면 지연시간을 적절하게 조절 할 수 있게 된다(송명자, 1995). 만족지연의 발달에 미치는 영향으로는 우선 장기적 보상에 대한 믿음이 있어야 한다. 또한 개인은 단기적 보상과 장기적 보상의 가치 중 상대적으로 가치 있는 것이 무엇인지에 따라 만족을 지연시키기 때문에, 장기적 보상이 효과를 발휘하기 위해서는 개인에게 알맞은 보상이 될 수 있도록 잘 선택해야 한다. 지연시간도 만족지연에 영향을 끼친다. 지연기간은 연령대에 맞게 적합해야 하며 지연기간이 지나치게 길면 효과적이지 못하다.

4) 학업준비도(아동용)

이 요인은 아동용 검사에만 들어 있는 하위요소로, 아동은 학업과제를 수행하는 데 있어서 것에서 자부심과 유능감을 느끼고 이러한 과제에 대하여 흥미를 느끼고 자발적으로 참여할 수 있다. 학업 수행에 있어서 영향을 주는 요인은 지능, 학습동기, 학습습관 등과 같은 개인적 요인과 가정의 사회경제적 배경, 가정환경, 또래 관계와 같은 외부적 요인이 있다.

개인적 요인. 개인적 요인에서 대부분의 학업에 일반적으로 영향을 주는 하나의 요인은 지능이다(허혜경, 김혜수, 2010). 지능은 유전적 요인, 외부 환경, 자아존중감과 같은 다양한 요인들과 함께 연관지어 간접적인 영향을 미친다. 학습동기란 특정 학업에 대하여 도전적인 모습을 보이며 학습을 통해 보람과 만족을 느끼고 새로운 배움을 할 수 있도록 하는 원동력을 의미한다. 학습동기는 어려운 과업에 대하여 적극성, 책임감, 모험심을 느끼며 학습하는 과정 그 자체를 즐기는 모습을 보인다. 따라서 이러한 학습동기에 의해 동기화된 사람은 학습 과정에서 끈기 있고 깊이 있는 모습을 보이며 긍정적인 태도를 보인다(Stipek, 1996). 학습습관은 학습하는 과정에서의 다양한 인지적, 행동적 경향성을 의미한다. 공부방법이나 시간 관리와 같은 학습 습관은 개인의 학업 성과와 큰 상관관계를 가지고 있다(Mendezabal, 2013). 따라서 올바른 학습 습관을 형성하고 긍정적인 학습 동기를 가지고 문제를 해결한다면 학업 성취도를 높이고 개인의 학업 성과가 좋아질 수 있다. 아동은 올바른 학습관과 태도를 갖고 학업에 대한 긍정적인 사고과정으로 문제를 해결할 경우 학습 성취도를 높일 수 있을 것이다.

외부적 요인. 외부적 요인에서 가정배경은 청소년의 학업수준과 상관관계가 있다. 부모의 사회경제적 지위가 낮을 경우 청소년의 학업에 부정적 영향을 주는 경우가 많다(Simons, Finley, & Yang, 1991; 정영숙 외, 2009). 그 이유로는 낮은 사회경제적 배경의 부모들은 자녀의 학업 수행에 도움을 줄 여유가 없으며 학업이 자녀의 사회경제적 지위를 높여줄 것이라고 기대하지 않는 경향이 있다. 부모의 경우, 권위적인 부모 혹은 애정과 자율적인 양육태도를 가진 부모가 학업 수행에 긍정적인 영향을 미친다. 권위적인 부모는 양육에 있어서 아이의 자율성을 인정해주며 높은 반응성을 보인다. 아이에게 권위를 통해 양육을 하며 애정을 가지고 개방적인 의사소통을 한다. 또한 애정적이고 자율적인 양육태도를 가진 부모는 아이를 독립적이고 민주적으로 돌보며 아이의 의견을 존중해주고 능동적이며 책임감을 갖도록 지도해준다. 가정 뿐 아니라 또래관계도 학업에 큰 영향을 미치는 외부요인 중 하나이다. 또래관계의 질에 따라 아동의 학업동기, 소속감, 학업수행 등을 좌우된다(허혜경·김혜수, 2010). 또래관계가 긍정적일 경우 높은 학업성취도를 가져오지만 바람직하지 못한 또래관계의 경우 학업성취도에 부정적인 영향을 미친다.

5) 학업에 대한 자기효능감(아동용)

이 요인은 아동용 검사에만 들어 있는 하위요소로, 자기효능감은 자신의 상황을 스스로 이겨내고 자신에게 맡겨진 과제를 성공적으로 수행할 수 있다는 신념이나 기대를 의미한다(Bandura, 1986, 1993). 자기효능감이 높은 경우 스스로 목표를 설정하고 과제 지향적이게 되며 높은 성취수준에 도달할 수 있다. 반대로 자기효능감이 낮으면 과제에 대하여 낙담하고 쉽게 포기하는 경향이 있다. 또한 극단적인 경우 아동은 자신의 능력으로는 아무것도 할 수 없다는 학습된 무력감을 갖게 된다. 그로 인해 아동은 과제를 해결하려는 노력도 해보지 않고 포기하며 학문적인 상호작용을 회피하게 된다.

자기효능감은 학업과 관련한 다양한 인지와 행동에도 영향을 미친다(Eggen & Kauchak, 2004). 자기효능감이 높은 경우 어려운 과제에 대해서 더욱 도전적이게 되며 인내심을 가지고 성공적인 결과를 위해 노력한다. 또한 학업스트레스가 낮게 나타나며 과제수행에 있어서 자신을 신뢰하는 모습을 보인다. 자기효능감이 높으면 비효율적인 학습전략은 사용하지 않고 효율적인 학습전략만을 활용한다. 이와 대조적으로 자기효능감이 낮을 경우 비효율적인 학습전략도 지속적으로 활용하는 모습을 보인다. 또한 자기효능감이 낮을 경우 어려운 과제를 회피하고 많은 노력을 기울이지 않는다. 그에 따라 학업스트레스가 높게 나타나며 자신이 능력이 없다고 생각한다.

6) 자아정체성(청소년용)

자아정체성이란 자신의 존재가치에 대하여 일관되게 인식하는 것으로서 Erik Erikson의 청소년기 심리사회적 발달 단계인 정체감 대 역할 혼돈에서 사용되었다(Erikson, 1950). Erikson에 따르면 이 단계에서는 자신이 누구인지, 어떤 역할을 가지고 있는지와 같이 자신의 존재에 대한 의문을 갖고 그에 대한 답을 찾고자 한다. 이러한 시기를 Erikson은 '심리적 유예기'라고 칭하였으며, 이 시기에 청소년은 삶에서의 목적이 뚜렷해지고 자신의 존재와 의미에 확고해지면서 자아정체감을 확립할 수 있다. 반대로 이 시기에 자신의 정체감에 대한 혼돈을 느끼고 이를 잘 극복하지 못하는 경우 절망감과 함께 부정적인 자아정체감을 형성하게 된다.

James Marcia는 이러한 Erikson의 심리사회적 발달 단계이론을 토대로 자아정체성에 대한 네 가지 지위를 주장하였다(Marcia, 1980, 1988). 자아정체성은 위기와 관여의 여부에 따라 네 가지의 성취지위로 구분된다. 위기(crisis)는 자아정체성 형성하는데 있어서 자신의 현재 존재와 역할에 대하여 고민하고 탐색하는 것을 의미한다. 관여(commitment)는 가치, 신념에 대하여 전념하고 위기를 해결하고자 하는 것을 의미한다. Marcia에 따르면 네 가지 지위는 정체감 성취, 정체감 유예, 정체감 유실, 정체감 확산으로 구분된다.

정체감 성취. 정체감 성취의 경우 위기와 관여를 모두 경험한 것으로 가치관, 신념, 진로 등에 대하여 해답을 찾고 자아존중감이 높으며 자기주도적인 모습을 보인다. 주변 환경과의 관계에서 안정적인 모습을 보이며 능동적으로 의사 결정할 수 있는 정체성을 가지고 있는 상태이다. 정체감 성취의 경우 네 가지의 정체성 지위 중에서 가장 성숙한 단계로서 사회적으로 잘 적응하며 높은 자아존중감을 보인다.

정체감 유예. 정체감 유예의 경우 위기 경험은 있으나 관여경험이 없는 상태를 의미한다. 정체감 유예는 삶의 목표나 가치관을 탐색하지만 이에 대한 구체적인 해답을 찾고 선택한 상태는 아니다. 이들은 정체감에 대하여 여전히 불확실하며 자신의 선택과 주변 사람들의 의견 사이에서 혼란스러워하는 모습을 보이기도 하지만 자신의 정체성을 확립하기 위해 적극적인 모습을 보인다.

정체감 유실. 정체감 유실은 위기 경험은 없으나 관여경험이 있는 상태를 의미한다. 정체감 유실은 자신의 정체성에 의문을 갖거나 충분한 탐색을 거치지 않고 주로 주변 사람의 기대나 가치를 수용하여 정체성에 대한 결정을 내린 상태이다. 이 상태의 청소년은 다른 정체성 지위보다 주변 사람들에게 의존하고 동조하는 경향이 있으며 뒤늦게 정체성 위기를 경험하기도 한다.

정체감 혼미. 정체감 혼미는 위기와 관여 경험이 모두 없는 상태로서 자신의 정체감에 대하여 대수롭지 않게 생각하며 전혀 관심이 없다. 자신의 진로, 가치관 등에 대하여 궁금증을 갖지 않고 정체성을 형성하기 위해서 어떤 노력도 하지 않는다. 이 상태는 삶을 계획하는데 있어서 적극적이지 않으며 자존감이 낮다. 따라서 정체감 혼미가 지속될 경우 부정적인 정체감으로 변하기도 한다.

7) 독립성(청소년용)

독립성이란 다른 사람의 의지에 무분별하게 따르는 것이 아닌 자신의 의지와 관념에 따라 주장하며 자주적인 행동을 하는 것을 의미한다. 자아정체성을 확립하면서 심리적으로 자율성을 가지고 싶어 하며 자신의 행동에 대하여 부분적으로 책임감을 가지고 부모에게 의존하는 모습이 점차 줄어들게 된다. 특히 청소년기에는 다양한 사회적 환경에 참여하기 위해서 올바른 자율성을 형성하는 것이 중요하다. 이러한 자율성을 형성하는 과정에서 부모에게서 자율적인 의사결정을 하고 싶어 하며 점차적으로 의존도를 줄이기를 원한다. 또한 부모와의 애착이 약화되는데 이 과정에서 부모의 통제방식과 의사소통방식에 따라 갈등이 유발되기도 한다.

8) 학교적응(공통)

학교는 아이들에게 다양한 학업을 수행하는데 도움을 주는 중요한 기관으로서 아동의 발달에 큰 영향을 미친다. 학교는 또한 교사나 또래관계를 통해 사회화 배우는 과정에서 중요한 역할을 한다. 교사 그리고 또래와의 관계는 학교 적응에 중요한 영향을 미친다. 교사는 학생들의 개인차에 따라 잠재력의 재능을 알아보고 잠재력을 발휘할 수 있도록 격려해주는 존재이다. 학교에서 권위가 있으며 학생들을 가르치는데 열정적이고 학생들의 개인차를 융통성 있게 이해해주며 따뜻한 마음으로 가르쳐야 한다(Jussim & Eccles, 1993).

애착은 자신과 가까운 사람에게 느끼는 강한 정서적 유대감을 의미한다(Ainsworth et al., 1978; Bowlby, 1958). 애착 대상과 안정적인 애착을 형성할 경우 아동은 애착 대상을 안전기저로 생각하고 주변을 탐색하기 시작한다. 이러한 안정적인 애착은 아동이 주변 사람들에게 신뢰감을 형성하고 청소년기에 친구들과 원만한 또래관계를 형성할 수 있도록 도움을 준다. 청소년들은 또래관계에서 정서적 유대감과 사회적 지지를 얻으면서 자존감을 높일 수 있다(정영숙 외,2009).

하지만 최근에 청소년들은 학교폭력으로 인해 학교에서의 적응을 힘들어하는 경우가 많다. 학교폭력예방 및 대책에 관한 법률 제2조(정의)에 의하면, 학교폭력은 학교 내외에서 학생을 대상으로 발생한 상해, 폭행, 감금, 협박, 따돌림 등을 의미하며 정보통신망을 이용한 폭력, 신체, 정신, 재산상의 피해를 수반하는 행위 또한 포함하고 있다. 이러한 학교폭력은 피해자에게 심각한 신체적, 정신적 피해를 주며 이러한 학교폭력의 형태와 질은 나날이 심각해지고 있다. 학교폭력의 원인으로는 사춘기 시기의 자기중심성이 강해짐에 따라 또래관계에서 배려심이 부족해져서 나타난다. 게다가 자신의 충돌을 조절하기 힘들고 갈등상황에서 공격적인 대처방식으로 인해 학교폭력이 나타나기도 한다. 학교에서의 학업 혹은 또래

관계에서의 스트레스로 인해 자신보다 약하다고 생각되는 또래를 대상으로 학교폭력이 발생하기도 한다. 따라서 이러한 학교폭력은 부모, 학교, 정부와 같이 아이를 둘러싼 전체적인 체계 내에서 관심을 기울이고 예방을 위한 대책 마련이 필요하다.

9) 정서 발달(공통)

정서란 생리적 반응이나 표출되는 사고와 행동을 포함하는 감정을 의미한다. 아동의 정서는 일차정서와 이차정서로 구분되어진다(Izard & Malatesta, 1987). 일차정서는 주어진 상황에 직접적이고 즉각적으로 반응하는 선천적인 정서를 의미한다. 대표적으로 기쁨, 분노, 공포 등이 있으며 영아기 초기에 나타난다. 이차정서는 일차정서보다 늦게 나타나며 자극에 따른 일차정서의 부수적인 반응으로서 복잡한 인지능력이 요구된다(Lewis, Alessandri, & Sullivan, 1992). 이차정서는 자신의 행동을 평가하면서 그 판단에 따른 정서반응이라고 할 수 있다. 이차정서에는 당황, 수치심, 죄책감, 질투 등이 포함된다.

아동기의 중요한 정서 발달 중 하나는 정서표출 규칙의 이해(emotion display rule)이다. 정서표출 규칙의 이해는 특정한 사회적 상황에서 자신의 진실 된 정서를 숨기고 다른 정서를 표출해야 한다는 규칙을 이해하고 그러한 규칙을 자신의 정서를 숨기는데 있어서 활용하는 것이다(Underwood, Coie & Herbsman, 1992). 정서표출 규칙의 이해는 아동이 사회환경에 적응하고 원활한 사회화를 할 수 있도록 도움을 준다. 아동은 3세 정도에 부분적으로 자신의 감정을 숨길 수 있는 능력을 보이며 6~10세 사이에는 이러한 정서표출 규칙의 이해를 이해하고 활용하기 시작한다.

10) 사회성 발달(공통)

사회성은 개인이 한 사회의 구성원으로서 주변 사람들과 상호작용하면서 공동체 안에 소속되고 싶어 하는 경향성을 의미한다. 사회성 발달의 특성은 자아개념, 도덕성, 성역할, 친사회성, 공격성으로 나누어진다. 성역할과 관련된 성적 발달과 친사회성은 '성적 발달'과 '친사회성' 검사 영역에서 좀 더 자세히 살펴볼 것이다.

자아개념. 자아개념은 '나'에 대하여 가지고 있는 개인적 견해로서 자신이 누구인지 생각하고 인식하는 것을 의미한다. Carl Rogers(1959)는 자아개념을 이상적자아와 현실적 자아로 구분하였다. 현실적 자아는 현재 있는 그대로 자신의 모습이며 이상적 자아는 자신이 바라고 소망하는 자신의 모습을 의미한다. 그에 따르면 현실적 자아와 이상적 자아 사이에는 불일치가 존재할 수 있는데, 만약 이러한 불일치가 클 경우 사회적 적응에서 문제가 생기며 좌절감을 느낄 수 있다. 그리고 이러한 불일치가 적고 이상적 자아와 현실적 자아가 일치하는 경우에는 삶의 전반에 있어서 긍정적인 태도를 보이며 심리적인 행복감을 느끼게 된다.

도덕성. 도덕성은 어떤 상황에 대하여 사회적 규범에 따라 옳고 그름을 판단할 수 있는 개인의 능력을 의미한다. 이러한 도덕성은 도덕적 민감성, 도덕적 판단, 도덕적 동기, 도덕적 성격 총 네 가지로 나눌 수 있다(Narvaez & Rest, 1995). 우선 도덕적 민감성은 어떤 상황에 따른 도덕적 문제들을 이해하고 자신의 행동에 대한 윤리적 딜레마를 이해할 수 있는 능력이며 도덕적 판단은 말 그대로 어떤 상황이나 행동에 대하여 도덕적 기준에 따라 옳고 그름을 판가름하는 것을 의미한다. 도덕적 동기는 다른 가치들보다 도덕적 가치를 우선시하고 그 가치관에 따른 책임감을 가지는 것을 의미한다. 마지막으로 도덕적 성격은 자신이 결정한 행동을 수행하는데 있어 필요한 사회적, 심리적 기술과 자아 강도(ego-strength) 등의 요인들을 의미한다. 개인의 도덕성은 이 네 가지 요소 모두가 적절히 기능할 때 올바른 도덕적 행동을 이행할 수 있다.

공격성. 공격성은 다른 사람을 해치려는 의도를 가지고 행하거나 계획하는 행동들을 의미한다. 이 행동은 신체적인 폭력을 가하는 행동 뿐 아니라 다른 사람에게 언어적으로 상처를 주는 행동이나 고의적으로 무시하는 행동도 포함한다. 공격성은 적대적 공격성과 도구적 공격성으로 나누어진다. 적대적 공격은 공격적인 행동을 통해 상대방에게 해를 가하는 것을 주목적으로 가지고 있다. 그에 반해 도구적 공격은 자신이 원하는 어떤 목표를 달성하기 위해서 공격적인 행동을 수단으로서 활용하는 것을 의미한다.

11) 성적 발달(공통)

성은 사회적 성(gender)과 생물학적 의미의 성(sex)으로 나눌 수 있다. 인간이 발달함에 따라 이러한 성에 대한 인식은 생물학적 의미를 넘어서 사회적 문화적 환경에 따라 성에 대한 의미와 관념을 발전시켜나간다. 이러한 성적 발달에는 성정체성 발달, 성역할 고정관념 발달, 성유형화 된 행동 발달 세 가지를 포함하고 있다.

성정체성 발달. 성정체성이란 생물학적 성과는 별개로 자신의 성에 대한 심리적, 정신적 상태를 의미한다. 이러한 성정체성은 자신의 생물학적 성과 동일하거나 다를 수도 있으며, 어느 쪽에도 속하지 않을 수도 있다. 2~3세경에 아동은 자신의 성에 흥미를 가지면서 성에 대한 인식을 형성하고 4~5세에 성정체성을 확립하게 된다. 이러한 성정체성은 자신의 신체적 특성, 자아 인식, 사회적 요인들에 의해 영향을 받아 형성된다. 사춘기에 들어서면서 아이들은 2차 성징에 따라 자신을 남성 혹은 여성으로 자각하게 되면서 성정체성이 안정된다. 하지만 이 때 자신의 생물학적 성과 성적 지향이 일치하지 않는 경우 성정체성 혼란을 겪을 수 있다.

성역할 고정관념. 성역할 고정관념이란 성별에 따라 기대되는 특성이 있다고 여기며 그에 맞는 성역할을 다르게 정하고 행동양식, 태도 인성 등을 구분 짓는 것을 뜻한다. 성역할 고정관념에서는 일반적으로 남성은 수단적인 특성을 가졌으며 독립적이고 활동적이며 목표지향적이라고 여긴다. 그에 반해 여성은 표현적인 특성을 가졌으며 감성적이고 수동적이고 의존적인 특징을 가지고 있다고 한다(Parsons & Bales, 1955). 성역할 고정관념은 2~7세 사이에 나타나는데 특히 6세 경에 외모, 성격, 활동에 상관없이 성은 변하지 않는다는 성항상성이 나타나면서 성역할 고정관념이 강하게 나타난다. 성항상성에 따라 아이들은 자신의 생물학적 성에 따라 행동을 하려고 한다. 이후 학교에 들어가면서 성역할에 대하여 융통성 있게 반응한다. 청소년기에는 자아정체성을 탐구하는 과정에서 정체성을 확립하고자 하는 열망과 함께 주변의 사회적 영향으로 성역할 고정관념이 다시 강하게 나타난다. 이후 자아정체성을 확립하면서 자신의 성정체성이 안정적여지면 성역할을 유연하게 인식하게 된다.

성유형화 된 행동. 개인이 속한 문화의 전형적인 인식에 따라 성적 가치관, 행동, 성정체성을 알아가는 과정을 성유형화(sex typing)이라고 칭한다. 성유형화 된 행동에 따른 또래관계 형성은 아동기부터 나타난다. 이들은 특히 동성 또래와 노는 것을 좋아하며 성별에 따라 장난감과 활동에서 차이가 나타난다. 성유형화에 따라 남아는 조작 활동이나 적목 쌓기에 흥미를 갖는 반면 여아는 조형 활동이나 역할극에 흥미를 보인다. 아동기 이후 청소년기가 되면서 동성 또래와 시간을 많이 보내게 되며 성유형화 된 행동이 더욱 강하게 나타나며 이성 또래에 대하여 부정적인 감정을 갖고 행동한다(Underwood, Schockner, & Hurley, 2001). 이러한 성 유형화는 이성에 대한 흥미가 증가하면서 점차 감소하게 된다(Bukowski, Sippola, &Newcomb, 2000; Serbin 등, 1993).

12) 친사회적 행동/태도(공통)

친사회적 행동이란 다른 사람을 돕거나 도우려는 행동을 의미한다. 친사회적 행동은 아동의 연령이 높아질수록 점진적으로 증가하는 경향이 있다. 일반적으로 친사회적 행동에는 발달에 따른 도덕적 추론 능력의 향상, 이타적 특성에 따른 자기도식과 같은 개인적 요인과 모방, 강화를 통해 친사회적 행동이 증진되는 사회적 요인이 영향을 미친다. 이러한 친사회적 행동은 이타적 행동과 감정이입 등으로 나타난다.

이타적 행동. 이타적 행동은 보상의 유무와 관계없이 다른 사람의 안녕과 행복에 관심을 갖고 배려하는 행동을 의미한다. 인간은 보편적으로 이타적 행동을 통해 행복함과 보람을 느낀다(Aknin, Broesch, Hamlin, & Vondervoort, 2015). 이타성과 친사회적 행동은 의도와 동기에 따라 나누어진다. 이타적 행동은 자신에게 돌아오는 이익이나 보상의 유무와 관계없이 다른 사람을 돕는 행동이며, 친사회적 행동은 이러한 이타적 행동과 더불어 이익이나 보상과 같은 이해관계에 따라 다른 사람을 돕는 행동도 포함한다.

감정이입. 감정이입은 다른 사람의 감정을 자신에게 이입하여 그 사람의 감정을 있는 그대로 느끼는 것을 의미한다. Martin Hoffman(1987)에 따르면 감정이입은 4단계로 발달한다. 0~1세에는 전체적인 감정이입단계로서 자신과 다른 사람을 구분하지 못하며 다른 사람의 감정을 자신의 감정인 것처럼 반응한다. 1~2세가 되면 아동은 자기중심적 감정이입단계로서 자신이 다른 사람과 신체적으로 다르다는 것을 알고 감정을 구별하게 된다. 이 시기에는 다른 사람의 감정에 자신에게 적절했던 방식으로 반응한다. 2~3세가 되면 타인의 감정에 대한 감정이입 단계가 된다. 이 시기에는 다른 사람의 감정이 자신과 구별된다는 것을 현실적으로 자각할 수 있게 된다. 마지막 단계는 아동기와 청소년시기로서 타인의 삶의 조건들에 감정이입하는 단계이다. 이 시기는 다른 사람의 상황과 조건에 따른 이해를 통해 그 사람의 고통과 감정을 직접 보지 않아도 감정이입이 가능하다. 이 시기에는 사회 전반에 걸쳐서 감정이입이 가능하다.

13) 비행/부적응 행동(공통)

비행은 미성년자가 저지르는 그릇된 행위를 의미하며 가출, 흡연과 같은 반사회적 행동부터 절도, 살인과 같은 범죄행위까지 아우른다. 이러한 비행행동은 낮은 자제력으로 자신의 욕구를 절제하기 어려워 나타나거나 대중매체이나 TV에서의 폭력장면을 보고 비행행동이나 반사회적 행동을 모방하여 나타날 수도 있다. 또한 가족관계에서의 문제, 양육태도, 또래 관계에서의 모방행동과 같은 사회적 문제에 의해 발생할 수도 있다.

비행행동은 사회적 비행, 성격적 비행, 신경증적 비행, 잠재비행, 정신병적 비행으로 나누어진다(Weiner, 1982). 사회적 비행은 반사회적 행동을 하는 또래집단과 어울리며 소속감을 얻기 위해 적응적인 행동으로 하는 비행을 의미한다. 성격적 비행은 반사회적 성격구조에 따르며 다른 사람의 권리나 감정을 공격하는 행동을 보인다. 신경증적 비행은 욕구좌절로 인해 욕구를 표현하려고 행하는 비행이다. 마지막 정신병적 비행은 질병이나 뇌손상과 같은 기질적인 비행이다.

4. 결론

아동은 17세기에 들어와서야 어른과 순수하고 연약한 존재로 받아들여졌다. 아동의 발달단계는 태내기, 영아기, 유아기, 아동기로 구분되어 있으며 각 단계마다 성격, 인지, 사회문화적으로 다른 발달과업을 가지고 있다. 청소년기는 국가와 문화별로 서로 다른 기준을 가지고 있지만 발달심리학자들에 의하면 아동기를 지나면서 성별에 따라 신체적으로 다른 특징이 나타나는 '사춘기'를 시작으로 나타나 자신의 삶에 대한 책임감을 갖게 되면서 성인이 된다. RS-발달검사(아동과 청소년용)은 이러한 아동과 청소년의 발달영역에 따라 현재의 발달 수준을 파악하고 그에 적합하게 교육과 양육을 할 수 있도록 도울 수 있다.

제2장 성인기 발달

성인기는 아동기나 청소년기와는 질적으로 다른 그 나름의 발달적 특성을 가지고 있다. 그래서 본 장에서는 성인기의 발달에 대한 개념과 이론적 접근을 알아보고자 한다. 그다음 RS-발달검사(성인용)가 측정하는 요인들을 자세히 살펴볼 것이다. 성인기 발달에 대한 학술적인 이해는 이 검사를 제대로 실시하고 그 결과를 올바르게 해석하는 데 도움을 줄 것이다.

1. 성인기 발달에 대한 정의

성인기 발달이란 성인기에 일어나는 신체적, 생리적, 인지적, 정서적, 사회적인 차원 등의 다양한 차원에서 이루어지는 발달을 의미한다. 과거에는 인생 초기에 모든 발달이 이루어지며, 성인기에는 어린 시절에 결정된 발달적 특성을 유지해 나간다고 보았다. 그러나 현재는 성인기에도 많은 변화가 있으며, 전생애에 걸쳐서 발달이 이루어진다는 관점이 주류를 차지하고 있다.

1) 성인기 발달의 정의

성인기는 대체로 성년기, 중년기, 노년기라는 세 단계로 구분된다(Papalia, Sterns, Feldman & Camp, 2007). 성년기는 신체적, 인지적으로 최고의 수준에 있는 시기로, 직업 선택과 친밀한 인간관계 형성이 이루어진다. 중년기는 신체적 능력이 쇠퇴하기 시작하는 시기지만, 인지적으로는 쇠퇴한다고 단언할 수 없는 시기이다. 창의적 문제 해결 능력은 감소하는 반면, 실제적인 경험에 기초한 문제 해결 능력은 증가하는 경향이 있다. 또한, 사회적으로 책임감이 증가한다. 노년기는 신체적, 정신적 기능이 쇠퇴하는 시기로, 여러 사회적 역할로부터 벗어나 자신의 개인적 관계에 치중할 수 있는 시기이다.

발달은 시간이 경과한다고 해서 반드시 그에 맞춰 이루어지는 것이 아니다. 따라서 우리가 흔히 '나이'라고 일컫는 연령이 같다고 해서 반드시 같은 발달 단계에 있는 것은 아니다. 개인마다 발달 속도가 다르고, 개인의 발달 역시 영역마다 다르다. 심지어 연령에도 다양한 종류가 있으며, 한 개인이 갖고 있는 모든 연령이 반드시 일치하는 것도 아니다(Papalia et al., 2007). 그 중 사회적 규범에서 활용하는 일반적 의미의 나이는 생활연령이라고 한다. 생물학적 연령은 신체적 건강수준에 의해 측정되는 신체적 활력의 정도를 의미한다. 심리적 연령은 심리적 성숙도를 의미하는 연령으로, 환경변화에 적응할 수 있는 정도, 생활사건에 대처할 수 있는 정도를 통해 측정된다. 사회적 연령은 사회의 규범으로 정해진 나이이다. 사회 내에서 개인이 자신의 연령에 적합한 역할을 얼마나 훌륭히 수행할 수 있는지를 통해 측정된다. 따라서 사회적 연령은 시대와 문화에 따라 달라진다는 특징이 있다.

2) 성인기 발달의 영향요인

성인기 발달은 아동·청소년기 발달과 마찬가지로 신체, 인지, 심리사회적 영역 등 다양한 영역에서 발달이 이루어진다. 이러한 발달이 이루어지는데 영향을 미치는 요인에는 여러 가지가 존재한다. 이러한 영향 요인은 크게 규범적 요인과 비규범적 요인으로 구분하거나, 생물생태학적 접근에 따라 구분할 수 있다.

규범적·비규범적 접근. 이 접근에 의하면, 규범적 영향은 다시 규범적 연령집단 영향 요인과 규범적 역사집단 영향 요인으로 구분될 수 있다(정옥분, 2008). 규범적 사건은 특정 집단에 속한 대부분의 사람들에게 유사한 방식으로 발생하는 사건을 의미한다. 규범적 연령집단 영향은 특정 연령에 속한 사람들에게 발생하는 생물학적 사건과 문화적 사건 등이 포함된다. 규범적 역사집단 영향은 같은 시대 및 공간에서 성장한 특정 동시대 출생 집단에게 발생하여 이들이 공유하게 된 사건으로부터 받는 영향이다. 이러한 규범적 영향은 공감대를 형성한다. 반면, 비규범적 영향은 개인의 생활에만 영향을 미치는 사건으로부터 받는 영향이다. 비규범적 사건과 시간대를 벗어난 규범적 사건에서 받는 영향으로, 비규범적 영향은 긍정적이든 부정적이든 상관없이 스트레스를 유발한다.

생물생태학적 접근. Bronfenbrenner(1979)가 제시한 이 접근에서는 인간을 둘러싼 다섯 가지 환경 체계를 가정하여, 이러한 환경 체계로부터 영향을 받아 성인 발달이 이루어진다고 주장한다(Shaffer, 1999). 미시체계, 중간체계, 외체계, 거시체계, 시간체계가 바로 그것이다. 미시체계는 개인의 근접환경으로, 살고 있는 집, 직장과 같은 환경적 요인뿐만 아니라 가족, 친구, 동료들과의 관계도 포함한다. 중간체계는 이러한 미시체계들 사이의 상호관계이다. 외체계는 정부기관, 대중 매체 등, 개인에게 영향을 미치는 사회적 환경을 의미한다. 거시체계는 미시체계, 중간체계, 외체계에 포함된 모든 요소와 문화적 환경을 의미한다. 시간체계는 개인이 성장하면서 경험하는 모든 외적인 사건과 내적인 사건을 의미한다. 전생애에 걸쳐 일어나는 변화와 사회역사적 환경이 시간체계에 포함된다. 모든 체계는 각 사회, 문화마다 상대적 중요성에서 차이가 있을 수 있다. 이러한 생물생태학적 접근은 성인발달에 영향을 미치는 요인이 다양하며 복잡하다는 것을 이해하는 데 도움을 준다.

3) 성인기 단계별 주요 발달

성년기. 성년기에는 신체적 성장과 성숙이 완성되어 기능이 최고조에 이르렀다가 서서히 감퇴하기 시작한다. 인지적 기능 역시 발전하는 시기로, 지적 능력과 도덕적 판단 능력이 이전 시기보다 성숙해지는 시기이다. 심리사회적으로는 자아정체감이 계속해서 발달하며, 성격특성이 안정화된다. 이 시기에는 직업을 갖고 배우자를 선택하는 등 친밀한 관계와 개인의 생활양식에 대한 중요한 결정이 이루어지기 때문에 많은 스트레스를 경험하게 된다(Papalia et al., 2007).

중년기. 중년기는 대체로 신체적, 심리적, 경제적으로 안정된다. 그러나 세부적으로는 신체적 기능과 인지적 기능의 쇠퇴를 경험한다. 인지적 기능은 신체적 기능과 달리 발달의 방향이 다양하게 나타난다. 실제적 문제 해결 능력은 증가하지만 새로운 문제 해결 능력은 감퇴한다. 또한, 자녀 세대와 부모 세대 사이에 끼인 세대로써 책임감과 스트레스가 증가하고, 중년의 위기를 경험할 수 있다(Papalia et al., 2007).

노년기. 노년기에는 신체적 기능과 인지적 기능이 모두 감퇴한다. 나이가 듦에 따라 노화가 이루어지는 것은 자연스러운 현상이다. 신체적으로 노화가 진행되고 있음을 알려주는 지표로는 흰 머리, 주름, 운동력 감퇴 등이 있으며, 이러한 기능의 퇴화는 심장질환, 위장질환, 호흡기 질환 등의 질병으로 이어지기도 한다. 인지적으로는 정보처리 과정에서의 반응

속도가 감소하고 기억력의 저하가 나타나기도 한다. 노년기에는 신체, 인지적 기능의 저하와 함께, 은퇴로 인한 사회적 역할 상실과 사별로 인한 가까운 관계의 상실에 적응해야 한다. 그러나 기능의 감퇴를 지혜와 경험을 통해 다른 방법으로 보상할 수 있다. 또한 노화로 인해 쇠퇴하는 기능에 집착하기보다는 그러한 변화에 적응하고 극복하면 생활만족도가 저하되지 않을 수 있다(Peck, 1968). 자신의 죽음에 적응하고 지나온 삶에 대한 의미를 찾는 것이 중요하다(Papalia et al., 2007).

2. 성인기 발달 연구

성인기의 발달에 대한 연구자의 관심은 아동·청소년의 발달만큼 오래되지 않았다. 과거에는 인간이 성인이 되면 더 이상 신체적, 심리적 발달이 일어나지 않는다고 생각했다. 이에 따라 발달은 출생에서부터 청년기에 이르기까지의 상승적 변화만을 일컫는 의미로 사용되었다. 그러나 청년기 이후의 성년기부터 노년기에 이르는 시기에도 발달이 이루어진다는 의견이 증가했고, 이렇게 일생에 걸쳐 이루어진다는 접근을 발달에 대한 전생애적 접근이라고 한다(Baltes, 1987). 전생애적 접근에 의하면 발달의 방향에는 하강적 변화도 포함된다. 발달이 상승과 하강을 포함하여 이루어진다는 접근은 성인기 발달이 갖고 있는 다중방향성이라는 특징이다. 또한 연구자들은 노년기에 단순히 하강적 변화만 일어나는 것은 아니라고 본다. 훈련과 연습을 통해서 노년기에도 충분히 상승적 변화가 일어날 수 있다는 유연성을 갖고 있다고 주장한다.

성인발달 연구는 노년기 연구와 함께 시작되었다(Birren & Birren, 1990). 평균연령의 상승과 노령 인구의 증가로 인해 노년기를 연구해야할 필요성을 높였으며, 이와 함께 성인발달 연구가 진행되었다. 또한, 본격적으로 성인발달 연구가 진행되기 전에 아동·청소년을 대상으로 다양한 발달을 연구한 종단 연구도 성인발달 연구를 확장시키는 기회를 제공했다. 시간이 지남에 따라 기존의 연구 대상이었던 아동·청소년이 성인기에 이르게 되었음에도 연구가 중단되지 않고 지속되면서 성인발달 연구로 이어졌다. 그럼에도 여전히 아동·청소년에 비해 성인기의 발달에 대한 연구는 충분하지 않다. 그러나 노령인구의 비율이 증가함에 따라 성인발달 연구 역시 활발해질 것으로 전망한다.

1) 규범적 위기 모델

성인기 발달 이론은 크게 두 가지 접근법으로 분류할 수 있다. 첫 번째 접근법은 규범적 위기 모델이다. 규범적 위기 모델은 인간 발달에는 내재된 틀이 있으며, 인간은 누구나 이 틀에 따라 발달한다고 바라본다. 따라서 시간의 흐름을 중요시하고, 인간 개개인의 다양성을 배제한다는 특징이 있다. Erik H. Erikson의 정체감발달이론, Jane Loevinger의 자아발달이론, Daniel J. Levinson의 인생구조이론, George E. Vaillant의 성인기 적응이론이 규범적 위기 모델에 따른 이론이다.

Eric Erikson. Erikson(1953)은 정체감발달이론을 통해 심리사회적 발달이 인간에게 내재된 기초안을 따라서 전생애를 걸쳐 계속된다고 주장했다. 인간이 태어날 때부터 가지고 태어나는 기초안에서 인간의 자아를 이루는 각 부분들이 파생되고, 파생된 각 부분마다 특별한 상승기와 하락기를 가지고 있으며, 궁극적으로 통합된 전체로 기능한다. 그는 인간의 발달 단계가 8단계로 이루어져있다는 심리사회적 발달 8단계를 제시했다. 8단계에는 그동안 인간 발달 연구에서 언급되지 않았던 성인 이후의 시기가 성년기, 중년기, 노년기라는 3단계로 나뉘어서 포함된다.

Erikson은 자아정체감을 확립시키는 것을 중요하게 생각했다. 자아정체감이 확립되기 위해서 인간은 일생동안 맞이하게 되는 여덟 가지의 발달 과업, 다시 말해서 위기를 성공적으로 해결해야 한다. 각 발달 단계마다 해결해야할 위기를 맞이하며, 위기를 어떻게 해결하느냐에 따라 긍정적인 결과, 혹은 부정적인 결과가 발생한다. Erikson은 각 위기마다 해결할 수 있는 잠재력 또한 언급한다. 주의할 것은 긍정적인 결과가 발생한다고 해서 반드시 바람직하지 않다는 것이다. 발달 단계의 위기를 해결함으로써 나타나는 가장 바람직한 결과는 긍정적인 측면과 부정적인 측면이 균형을 이루는 것이다.

그 중, 성년기의 발달 과업이자 위기는 친밀감 대 고립감이고, 이 위기를 해결할 수 있는 잠재력은 애정이다. 친밀한 관계를 형성하는 것이 이 시기의 발달 과업이다. 중년기의 위기는 생산성 대 침체성이다. 이 위기를 해결하기 위한 잠재력은 배려로, 다음 세대를 지원하기 위해 생산성의 욕구를 충족시킬 수 있는 방법을 모색하는 것이다. 마지막으로, 노년기의 위기는 자아통합감 대 절망감이다. 절망감은 죽음이나 이별에 대한 위기감을 뜻한다. 이 위기를 해결하는 잠재력은 지혜이다. 노년기의 위기를 잘 해결하면 자아통합감이 잘 이루어지게 된다. 있는 그대로의 자신을 수용할 수 있다.

Erikson의 발달 단계 이론의 독특한 특징은, 다른 발달 단계 이론과 달리 위기를 해결하지 않더라도 일정한 연령에 도달하면 다음 단계로 진행되어 새로운 단계와 위기를 맞이하게 된다고 보았다는 점이다. 그러나 해결되지 못한 단계들은 사라지지 않고 노년기까지 남아있어, 노년기의 위기를 해결하는 데 장애가 된다(Erikson, Erikson & Kivnick, 1986).

Jane Loevinger. Loevinger는 전생애발달 중 자아의 발달에 주목했으며, 자아발달을 측정하기 위해 문장완성검사(Sentence Completion Test, SCT)를 개발했다(Weiner, Lerner, Easterbrooks & Mistry, 2003). 그는 자아가 출생에서 성인기까지 10개의 단계를 통해 발달한다는 자아발달이론을 제시했다. 즉, 자아발달단계는 전사회적 단계, 공생적 단계, 충동적 단계, 자기 보호적 단계, 순응적 단계, 자아인식 수준, 양심적 단계, 개인주의적 수준, 자율적 단계, 통합적 단계로 진행된다(Loevinger, 1976).

전사회적 단계는 영아가 자신의 욕구 충족에만 관심을 갖는 단계로, 자신과 타인, 그리고 주변 환경을 구별하는 것을 배워야 하는 단계이다. 공생적 단계는 주양육자에 대해 강한 공생적 의존이 시작되는 단계이다. 충동적 단계는 자신의 분리된 실체를 인지하고, 자기충족을 추구하는 단계이다. 이러한 첫 세 단계는 거의 모든 성인들이 순조롭게 통과할 수 있는 단계이다(Loevinger, 1976).

자기 보호적 단계는 자기 자신에 대해 여전히 가장 많은 관심을 갖고 있는 단계로, 즉각적인 보상이나 처벌에 대한 두려움으로 자신의 충동을 통제하는 법을 배운다. 즉, 자신의 이익을 최대화하기 위해 규칙을 조종한다. 순응적 단계는 타인에 대한 인식이 높아지는 단계로, 타인의 관점과 기대수준을 고려하고, 그에 따라 행동한다. 고정관념과 흑백논리에 따라 행동하게 된다. 자아인식 수준은 개성과 개인차를 인식하는 단계이다. 개인적 가치에 관심을 갖게 되며, 대인 간 상호작용에 민감하다. 집단의 가치와 개인적 가치 사이에서 고민하고 선택하는 단계이다(Loevinger, 1976).

마지막 네 단계는 성인발달에서 특별히 중요한 단계이다. 양심적 단계는 내면화된 규칙이 출현하는 단계로, 모든 사람을 있는 그대로 이해하고 수용할 줄 알게 된다. 타인과의 관계에서 나타나는 상호성에 대한 깊은 이해가 가능하다. 개인주의적 수준은 양심적 수준이 심화된 단계로, 개별성에 대한 존중과 다른 사람에 대한 관용이 발달한다. 타인으로부터 내적 수준의 독립을 의식하게 된다. 자율적 단계는 내적 독립이 이루어지는 단계이다. 이 단계에서는 갈등을 불가피한 것으로 인정하고, 잘 해결하려는 방향으로 관점이 이동한다. 타인을 있는 그대로 받아들인다. 최종 단계는 통합적 단계이다. 확고한 자아정체감을 확립하고, 자신의 개인적 욕구를 사회적 현실과 통합한다. Erikson의 자아통합감보다 조금 더 발달한 단계로, Maslow의 자아실현 단계와 유사하다(Loevinger, 1976).

첫 세 단계 이후로는 개인마다 도달하는 단계가 각기 다르지만 대부분의 성인들은 6번째 단계인 자아인식 수준과 7번째 단계인 양심적 단계까지는 도달하게 된다고 보았다. 마지막 네 단계는 도달하기 어려운 단계로, 특히 마지막 단계인 통합적 단계에 도달하는 사람은 거의 없기 때문에 Loevinger는 자율적 단계에서 발달 단계가 끝난다고 보았다. Erikson의 정체감발달이론과 달리, Loevinger는 전 단계의 발달이 완성되지 않으면 다음 단계의 발달로 진행되지 않는다고 보았다. 따라서 같은 연령이라도 제각기 다른 자아발달 단계에 속할 수 있다. 이처럼 연령으로부터 자유롭다는 특징은 현실적으로 나타나는 성인들의 개인차를 설명하는 데 도움을 주기 때문에 자아발달이론의 장점이다.

Daniel Levinson. Levinson(1978, 1996)은 인간의 인생주기를 계절의 개념으로 접근한 인생구조이론을 제시했다. 인생주기는 아동·청소년기, 성년기, 중년기, 노년기라는 4개의 계절로 구성된다. 각 계절은 다른 계절과 분명히 구별되는 독립적인 특징을 가지고 있지만, 연속된 일정한 양식을 따라 전개된다. 각 주기마다 약 20년간 지속되며, 계절이 변할 때마다 약 5년간의 전환기를 갖는다. 각 계절은 어느 계절이 더 중요하도 평가할 수 없이, 모두 중요하다. 전환기 동안에는 현재의 인생구조를 평가하고, 재구성할 수 있는 새로운 가능성을 탐색하며, 새로운 인생구조를 형성하는 데 기초가 되는 선택을 하기 위해 노력한다. Levinson은 각 시기가 시작되고 끝나는 평균 연령을 제시하고 있지만, 실제로 각 시기가 시작되고 끝나는 연령은 모든 사람에게서 다르게 나타난다.

인생의 구조는 특정 시기에 개인의 생활에 기초가 되는 유형이나 설계로, 각 시점에서 어떤 선택을 했는지에 따라 달라진다. 개인과 다양한 사람들과의 관계뿐만 아니라 중요한 집단이나 사회구조와의 관계를 형성하고 그 관계를 통해 구체화된다. 인생의 구조의 공통된 중심 요소는 꿈, 직업, 사랑·결혼·가족, 멘토와 멘티 관계, 그리고 우정을 형성하고 수정하는 것이다.

Levinson(1978)은 전생애 발달 중에서 특히 성인기에 집중하여 연구를 진행했다. 성인기에는 아동·청소년기를 제외한 성년기, 중년기, 노년기가 해당한다. 성년기는 중요한 선택들이 이루어지는 시기이고, 가장 활발하게 움직이는 시기이면서 동시에 가장 큰 스트레스를 경험하는 시기이다. 이때, 인생구조를 처음으로 설계한다. 중년기에는 신체적 능력이 감소하지만 사회적 책임은 증가하는 시기로, 지금까지의 삶을 평가한다. 지금까지의 인생구조와 완전히 새로운 인생구조를 설계하기도 한다. 노년기는 인생의 마지막 시기이다. 쇠퇴하는 시기이기 때문에 이러한 쇠퇴에 적응하기 위한 새로운 인생구조를 수립해야 한다.

George Vailant. Vailant(1997)는 하버드 대학생을 대상으로 한 그랜트 연구결과를 정리하여 성인의 발달 과정에 대한 적응이론을 제시했다. Vailant의 적응이론은 인생은 의미 있는 타자와의 지속적인 관계의 질에 의해 형성되며, 발달과 변화는 전생애에 걸쳐서 일어나고, 개인이 사용하는 방어기제가 그 사람의 정신건강의 수준을 결정한다고 주장한다.

Vailant(1977)는 인간이 생활사건에 적응하기 위해 사용하는 적응기제를 정신병적 기제, 미성숙한 기제, 신경증적 기제, 성숙한 기제라는 네 가지 유형으로 분류했다. 네 가지 적응기제는 성숙도에서 차이가 있으며, 인간이 발달함에 따라서 정신병적 기제에서 성숙한 기제로 적응기제 역시 발달해간다. Vailant는 적응기제의 발달 과정에 따른 정확한 연령을 구분하여 제시하지는 않았지만, 대체적인 연령대를 암시하고 있다. 정신병적 기제, 미성숙한 기제, 신경증적 기제는 주로 아동·청소년기에 나타나며, 성숙한 기제는 성인기에 나타나는 적응기제이다.

정신병적 기제는 현실을 왜곡하는 적응기제로, 부정, 망상적 투사, 왜곡 등의 방어기제가 이에 해당된다. 다음 수준의 적응기제인 미성숙한 기제는 신체적 근거 없이 아픔이나 고통을 호소하여 대인 관계에서 나타나는 갈등과 같은 생활사건에 적응한다. 투사, 정신분열적 공상, 우울증, 소극적-공격적 행동, 행동화 등의 방어기제가 포함된다. 이러한 증상은 특히 아동·청소년기에 흔하게 나타난다. 제3수준인 신경증적 기제는 전생애 동안 나타나는 적응기제로, 주로 심리적 갈등을 해결하기 위해 사용된다. 억압, 전이, 반동형성 등으로 표현되며, 정상인에게서도 흔하게 나타나는 적응기제이다. 마지막으로, 성숙한 기제는 건강한 사람들에게서 공통적으로 나타나는 적응기제이다. 동일시, 지성화, 합리화, 억제, 승화, 예견, 이타주의 등이 포함된다. 성숙한 기제를 사용하는 사람들은 정신, 신체, 대인관계, 사회생활 등, 모든 면에서 더 잘 적응하는 것으로 나타났다.

2) 사건의 발생 시기 모델

성인기 발달 이론의 다른 접근법은 사건의 발생 시기 모델이다. 이 접근법에서는 인간의 발달을 정해진 계획에 따라서 일어나는 게 아니라, 개인의 인생에서 중요한 사건이 발생하는 시기들의 결과라고 본다. 규범적 위기 모델에 대한 비판과 대안으로 제시된 모델로, 규범적 위기 모델보다 개인의 다양성을 좀 더 인정하는 접근법이다. Bernice L. Neugarton의 이론이 대표적이다.

Bernice Neugarton. Neugarten(1968)은 사건의 발생 시기 모델을 제시하면서, 성격 발달이 생물학적 연령보다 개인이 경험하는 어떤 사건과 그 사건이 일어난 시기로부터 더 많은 영향을 받는다고 주장했다. 또한, 사건에 대한 개인의 반응을 중요하게 생각했다.

인생사건은 다시 규범적 사건과 비규범적 사건으로 분류할 수 있다(Neugarten, Moore, & Lowe, 1965). 규범적 사건이란 거의 모든 사람들이 경험하는 사건으로, 일어날 것으로 기대되는 사건이다. 결혼, 취업, 은퇴 등이 해당된다. 비규범적 사건이란 예기치 않는 색다른 사건으로, 사건 자체가 예기치 못한 사건이거나, 시기를 놓친 규범적 사건이 비규범적 사건에 포함된다. 외상적 사고, 너무 늦은 결혼 등이 비규범적 사건의 예라고 할 수 있다.

인생사건은 개인적 사건과 문화적 사건으로 구분할 수도 있다(정옥분, 2013). 개인적 사건은 한 개인이나 가족에게 일어나는 사건이다. 비규범적 사건일 가능성이 높다. 문화적 사건은 한 문화, 혹은 한 지역에서 공통적으로 겪는 사건으로, 개인적 사건의 발생에 영향을 미친다(Neugarten & Neugarten, 1987). 예를 들어, 결혼이라는 개인적 사건은 문화적 사건에 따라 발생 시기가 달라진다. 전쟁이라는 문화적 사건은 해당 문화에서 여성의 경제 활동율을 높여서 결혼이라는 개인적 사건의 발생 시기를 늦춘다. 전통적인 문화에서는 그렇지 않은 문화에서보다 좀 더 이른 나이에 결혼하는 게 적절하다고 여겨진다.

3. RS-발달검사(성인용)의 척도

RS-발달검사(성인용)는 자아존중감, 삶에 대한 만족, 노화에 대한 수용, 삶에 대한 자기효능감, 자기개발/여가활동, 정서관리, 대인관계능력, 탈권위주의, 친사회적 태도/행동, 그리고 자기초월적 세계관이라는 10개의 하위척도로 이루어져 있다.

1) 자아존중감

자아존중감은 자신의 존재에 대한 긍정적인 견해이다. 인간에게 존엄성을 부여하는 요인이며 개인의 심리적 적응에 결정적인 영향을 주는 요인이다. 타인으로부터 받는 존중, 칭찬,

혹은 성취 등을 통해서 형성된다.

욕구로서의 자아존중감. Abraham Maslow(1943)는 욕구의 위계이론을 통해 인간에게 다섯 가지 기본적인 욕구가 있다고 했다. 그 중 4단계의 욕구는 자아존중감의 욕구이다. 자아존중감은 자신의 가치를 스스로 높게 평가하여 형성된 자아존중감과 타인이 자기를 존중해주기 때문에 형성되는 자아존중감이 있다. 전자의 자아존중감을 가진 사람은 자신에 대해 안정감과 자신감을 느낀다. 자아존중감의 욕구를 충족한 사람은 자신감이 있고 스스로의 가치를 높게 평가한다. 그러나 자아존중감이 낮은 사람은 열등감, 좌절감, 무력감을 느끼고, 자기 비하와 같은 부정적인 자기지각이 나타나기도 한다. 자아존중감은 노화를 성공적으로 맞이하고 영위하도록 하는 중요한 요인이다. 자아존중감이 높은 사람은 노화에 대한 심리적 적응 수준이 뛰어나며, 죽음에 대한 두려움을 적게 느낀다(하춘광, 김효순, 2014).

직업적 성공. 직업을 갖는 것과 직업에서 성공 여부는 개인의 행복감 및 생활만족도를 비롯하여 자아존중감과 직접적인 관련이 있다. 직업을 갖고 일을 함으로써 사회적 관계를 유지하고, 자아를 실현할 수 있는 기회를 갖게 된다(박석돈, 박순미, 이경희, 2013). 또한 직업 장면에서 인정을 받으면서 자아존중감이 증대된다(Havighurst, 1982, Nord, 1977). 중년기에는 성년기보다 직업에서의 자율성과 안정감, 그리고 사회적 책임이 증가하게 되는데 이러한 성공의 지표들은 직업만족도를 높일 뿐만 아니라 중년기의 자아존중감을 증대시킨다. 성인기에 직업은 개인의 정체감에서 중요한 부분을 차지하기 때문에 은퇴하거나 실직하는 등, 직업을 상실하는 경험은 개인의 자아존중감을 크게 저하시킨다. 특히, 예측하지 못했거나 동의를 받지 못한 상실일 경우에 자아존중감을 하락시키는 영향력은 더욱 커지는 경향이 있다.

애착 유형. 애착 유형도 자아존중감과 밀접한 관련이 있다(Bartholomew & Horowitz, 1991). 안정애착 유형은 자아존중감이 높으며, 회피애착과 불안애착은 자아존중감이 낮다. 안정애착 유형의 인간은 높은 자아존중감을 기반으로 타인에게도 긍정적인 태도를 보이기 때문에 타인과 상호 친밀하고 신뢰할 수 있는 관계를 형성할 수 있다. 그러나 회피애착 유형과 불안애착 유형은 타인과 친밀하고 신뢰할 수 있는 관계를 형성하고 유지하는 데 어려움을 겪는다. 회피애착의 경우, 자신의 가치와 외부에 대한 내적 표상이 불안정하여, 친밀감을 두려워하고, 회피하며 쉽게 신뢰감을 형성하지 못한다. 불안애착은 회피애착과 달리 친밀감에 대한 욕구는 있지만 자신에 대해 무가치하다고 인식하기 때문에 타인으로부터 진실한 애정을 얻지 못할까 두려워하고, 타인과의 관계에 강박적으로 몰두하고 정서적으로 의존적이게 된다.

2) 삶에 대한 만족

삶에 대한 만족도는 삶의 질을 측정하는 중요한 지표이다. 개인이 스스로 설정한 기준에 기초하여 개인이 평가한 전반적인 삶의 질이라고 정의할 수 있다. 삶에 대한 만족은 성공적 노화의 중요한 구성 요소이기도 하다. 삶에 대한 만족에 영향을 미치는 요인으로는 경제적 수준, 직업 여부, 연령, 결혼 여부, 사회활동 및 여가활동 여부 등이 있으며, 이러한 요인들은 연령에 따라, 혹은 개인마다 중요하게 초점을 맞추는 요인이 다르다(Ryff, 1989; Dittman-Kohli & Thissen, 2001: 장휘숙, 2007에서 재인용).

발달시기. 성년기와 중년기에는 구체적인 영역으로부터 삶에 대한 만족도가 많은 영향을 받았으나, 노년기에는 전반적인 평가가 삶에 대한 만족도에 더 많은 영향을 미치는 것으로 나타났다(장휘숙, 2007). 예를 들어, 성년기에는 교육, 자기, 성격 및 행복 등의 영역이 삶에 대한 만족도를 결정하는데 많은 영향을 주었으며, 중년기에는 직업, 자신감, 자기 수용 등이 삶에 대한 만족도에 영향을 주는 것으로 나타났다. 그러나 일반적으로 가구 소득이 높을수록, 학력이 높을수록, 사회참여 활동 및 여가활동이 많을수록 삶의 만족도가 높은 것으로 나타났다. 노년기의 경우에는 소득이 일정 수준 이상이 되면 경제적 수준은 더 이상 삶의 만족도에 큰 영향을 미치지 않았다.

삶에 대한 만족도의 연령대별 차이를 살펴보면, 일반적으로 성년기에는 삶에 대한 만족도가 높으며, 중년기로 이동함에 따라 만족도가 하락했다가 노년기에 이르러서 다시 상승한다(정순둘, 성민현, 2012). 중년기에 삶에 대한 만족도가 가장 낮게 나타나는 이유에 대해 부모와 자녀를 모두 돌봐야 하는 이중적 부담을 갖고 있기 때문이라고 설명하기도 한다. 그러나 모든 문화권에서 만족도의 변화가 이러한 형태를 띠는 것은 아니며, 시간의 흐름에 따라 지속적으로 만족도가 하락하는 형태의 변화가 나타나기도 한다(권중돈, 조주연, 2000). 노년기에 삶의 만족도가 지속적으로 감소하는 원인에 대해 노년기의 역할 상실과 그로인한 경제적 자본 및 사회적 자본의 상실을 지목하기도 한다. 이러한 상실은 개인에게 소외감과 상실감을 느끼게 만들며 결과적으로 삶의 만족도를 하락시킨다.

가족과 직업. 가족에 대한 만족도는 삶에 대한 만족도와 밀접한 관련이 있으며, 가족을 비롯하여 이웃, 친구, 지역 사회, 심지어 직업에서의 사회적 관계도 개인의 삶에 대한 만족도에 영향을 미친다(심수진, 2016). 건강한 사회적 관계를 가질수록, 사회적 관계에 대한 신뢰도가 높을수록 삶에 대한 만족도가 높게 나타났다. 직업은 개인의 삶에 대한 만족도에 중요한 영향을 주는 요인이다(정옥분, 2008). 특히, 성년기에는 직업에서의 만족도는 생활만족도와 밀접한 관련이 있는 것으로 나타났다. 그러나 중년기에는 점차적으로 직업이 개인적 성취의 근원에서 벗어나고, 직업으로부터 정서적 분리현상이 일어나면서 직업만족도가 삶의 만족도에 미치는 영향력은 감소한다. 중년기에는 직업보다는 가족이나 개인의 여가활동과 같은 개인 생활에 더 많은 관심을 기울이며 이러한 요인으로부터 삶의 만족을 얻게 된다. 직업을 통한 사회 참여가 아니더라도 개인이 사회에 적극적으로 참여할 수 있다면 삶에 대한 만족도가 높아지게 된다.

3) 노화에 대한 수용

노화는 성년기에서 노년기로 이동함에 따라 나타나는 신체적·생리적, 인지적 차원 등에서의 쇠퇴를 의미한다. 노화 과정은 이러한 쇠퇴와 증가하는 죽음의 가능성에 대한 적응과정이자, 노년기로 접어들면서 맞이하는 새로운 역할과 행동의 습득 과정이면서, 동시에 그동안의 경험을 통해 얻은 지혜로써 자신이 처한 환경을 조절해 나가는 자기조절과정이다. 노화에 대한 수용은 노년기의 적응과 깊은 관련이 있다. 자신의 노화를 긍정적으로 수용하는가에 따라 노년기의 적응 여부를 파악할 수 있다(Flood, 2005).

영향 요인. 노화에 대한 수용은 개인의 성격과 심리적 자원으로부터 영향을 받는다(Fergus & Zimmerman, 2005). 다시 말해, 개인이 현재 자신이 처한 상황을 조절할 수 있는 능력을 갖고 있으며, 상황을 조절하기 위해 얼마나 적극적으로 노력할 수 있는지와 같은 심리적 자원은 노화를 긍정적으로 수용하는데 영향을 미친다. 노화에 대한 수용 정도는 개인의 성공적 노화를 좌우하는 요인이다. 노화를 수동적으로 받아들이기보다 노년기를 생산적인 시기로 인식하여 노화에 대해 적극적이고 활발한 태도를 형성하는 것은 노화에 대해 긍정적으로 수용할 수 있게 한다.

노화에 따른 기능의 감퇴를 다른 방식으로 보상함으로써 노화를 보다 긍정적으로 수용할 수도 있다(Baltes & Baltes, 1990). 약화된 기능을 활용할 활동을 선택함으로써 활동 범위를 줄이고, 현재의 자원을 최적화하여 사용할 수 있는 방법을 모색하거나, 그간 축적된 지혜와 문명의 이기를 활용하여 상실된 기능 감퇴를 보상하는 방식을 사용할 수 있다.

개인적 자원뿐만 아니라 개인 주변의 사회적 자원도 노화에 대한 수용에 영향을 미친다(김미혜, 신경림, 강미선, 강인, 2004). 가족, 친구, 친척 등 사회적 관계에서 개인을 지지하고 이해해주는 정도와 사회가 노화를 바라보는 관점이 개인이 노화를 수용하는 데 영향을 미친다. 가족이나 이웃 등의 사회적 관계로부터 지원을 많이 받을수록, 사회활동을 활발히 할수록 노화에 대한 긍정적으로 수용하는 태도를 보인다. 이밖에도 주관적인 경제적 수준, 건강 상태, 종교 유무 등도 노화에 대해 긍정적으로 수용하는 데 영향을 미치는 것으로 나타났다.

노화 수용의 5가지 유형. 노화에 대한 수용 정도에 따라 노년기의 성격을 다섯 가지 유형으로 구분할 수 있다(Reichard, Livison & Peter, 1962). 성숙형, 방어형, 은둔형, 분노형, 자학형이 그것이다. 성숙형은 매사에 신중하고 은퇴 후의 변화를 수용하며, 과거에 집착하지 않는다. 노화나 죽음에 대해 과도한 불안을 느끼지 않는다. 방어형은 사회적 활동을 지속하고 기능을 유지함으로써 노화에 따른 불안을 방지하려는 유형이다. 은둔형은 은퇴 후에는 젊은 시절에 스트레스를 야기하던 일이나 관계로부터 벗어나 조용히 수동적으로 여생을 보내는 것에 만족한다. 분노형은 젊은 시절의 세웠던 인생 목표를 달성하지 못한 것에 대해 비통해하고, 자신의 노화에 타협하지 않으려는 유형이다. 인생목표를 달성하지 못한 원인을 외부에 투사하여 타인을 질책한다. 마지막으로, 자학형은 지난 인생에 대해 후회가 많고, 불행이나 실패의 원인을 자신에게 귀인하여 자신을 무가치하다고 평가하며, 열등감, 우울감을 느끼는 경향이 있다.

노화에 대해 긍정적으로 수용한다는 것은 노화를 있는 그대로 받아들인다는 것을 의미한다. 노화를 수용하는 사람일수록 성공적인 노화를 맞이할 가능성이 높다(윤현숙, 유희정, 2007). 이들은 노년기로 접어들면서 늘어난 여가시간을 자신의 성격과 취미에 맞게 활용할 수 있도록 재구성한다. 정신적으로 스트레스를 낮게 보고하며, 삶에 대해 높은 만족도를 보인다. 그러나 노화를 있는 그대로 수용하지 못할 경우, 지나온 삶에 대해 미련이 많고, 다가올 죽음과 같은 미래를 두려워한다. 이들은 자신에 대해 무가치하고 불행하다고 평가하는 경향이 있으며, 절망이나 후회의 감정을 보고하는 수준이 높았다(Erikson, 1959).

4) 삶에 대한 자기효능감

Bandura에 의하면 자기효능감은 자기에게 주어진 과업을 수행해 나갈 수 있는 본인의 능력에 대한 개인적 믿음으로 정의할 수 있다(1977). 다시 말해, 자신이 스스로 상황을 극복할 수 있고, 어떤 과제를 성공적으로 수행할 수 있다는 개인적 신념이나 기대이다. 어떤 행동을 시도하고 회피할지 결정하는 데 도움을 주는 역할을 하며, 개인의 미래 행위를 알려주는 지표일 뿐만 아니라 수행에서의 성취를 위해 자원과 기술을 통합시킬 수 있는 능력을 생성한다.

영향 요인과 특징. 자기효능감은 성공 경험과 대리적 경험, 언어적 설득, 생리적 상태 및 정서적 상태에 의해 영향을 받아 형성된다(Bandura, 1997). 이 중 자기효능감의 형성에 가장 큰 영향을 미치는 요인은 자신의 성공 경험으로, 반복적인 성공 경험은 자기효능감을 향상시킨다. 대리적 경험은 자신과 유사한 타인의 성공 경험을 관찰하는 것으로, 간접적으로 효능감을 증진시킨다. 언어적 설득은 가족, 친구, 동료로부터 얻는 칭찬, 격려로, 성공적인 결과에 대한 기대감을 고취시킨다. 마지막으로, 생리적 상태 및 정서적 상태는 활동을 수행할 당시의 신체적 상태와 기분 등을 의미한다.

자기효능감이 높은 사람은 긍정적인 자아개념을 형성하고, 과제 지향적이다(Locke & Latham, 1990). 도전적이며, 수행을 위해 많은 노력을 기울이고 지속적으로 해결해나가려는 경향이 있기 때문에 성취수준이 높다. 그러나 자기효능감이 낮은 사람은 부정적인 자아개념을 가지고 있으며 자신감이 결여되어 있다. 과제를 실제보다 더 어렵게 지각하고 도전을 회피한다. 성취 지향적 행동이 위축된다. 자기효능감이 지나치게 낮을 경우 학습된 무력감을 느낀다. 자신을 무능력하게 평가하고 어떤 과제가 주어졌을 때도 회피한다. 우울을 느끼기 쉽다(정태연 등, 2015).

또한, 자기효능감은 사회적 관계의 형성 및 유지와 밀접한 관련이 있다(임왕규, 2015). 자기효능감이 높은 사람은 타인에 대해 개방적이고 수용적이며 긍정적이기 때문에 안정적이고 질이 높은 대인관계를 형성할 가능성이 높으며, 대인관계에서 강한 정서적 유대감을 형성한다. 정서적 유대감을 기반으로 한 사회적 관계를 통해 전반적인 생활에서의 심리적 안녕감과 행복감이 향상된다. 반대로, 자기효능감이 낮은 사람은 타인과 관계를 형성하는 데 어려움을 겪으며, 관계에 대한 욕구도 낮다. 관계로부터 정서적 유대나 사회적 지지를 얻기 힘들다. 따라서 전반적인 심리적 안녕감과 행복감을 낮게 보고한다.

연령에 따른 변화. 삶에 대해 지각된 자기효능감은 성공적 노화를 이끌어내는 중요한 요인이다. 자기효능감은 삶의 질과 정적인 상관관계를 가진다. 일반적으로 노화가 진행됨에 따라 자기효능감이 낮아지는 경향이 있다(염현이, 2013). 연령이 증가하면서 쇠퇴하는 신체적, 인지적 기능과 사회생활의 축소, 사회적 역할의 상실은 자기효능감에 대한 재평가를 하도록 만든다. 대체로 나이가 들면서 자기효능감은 약화된다. 그러나 자기효능감의 약화는 연령의 증가에 따른 기능의 실제적인 쇠퇴의 영향보다는 개인이 가지고 있는 노화에 대한 잘못된 생각과 평가로부터 더 큰 영향을 받는다.

또한, 연령이 증가하면서 인간이 직면하는 스트레스 상황이 변화하고, 스트레스에 대한 통제 가능성 평가도 달라진다. 스트레스 상황에 대한 스스로의 통제 가능성에 대한 평가는 자기효능감과 밀접한 관련이 있다. 노년기에 마주하는 스트레스는 주로 기능 감퇴, 질병 등과 같은 신체적 쇠퇴나 역할 상실, 관계의 상실 등으로부터 비롯된다. 이러한 종류의 스트레스는 상대적으로 통제할 수 없는 요인들로, 노년기의 스트레스 통제 가능성 평가가 성년기에 비해 낮게 나타나는 데 영향을 미친다.

5) 자기개발 / 여가활동

자기개발은 Maslow의 욕구 위계 중 자기존중 욕구와 자아실현 욕구와 밀접한 관련이 있다. 자신의 능력을 개발하고 성장하기 위해 인내심을 갖고 체계적이며 지속적으로 활동함에 따라 삶의 의미를 찾고 삶의 질을 향상시킬 수 있다.

직업과 여가활동. 직업을 통해서 개인의 능력이 성장할 수도 있다(Kohn, 1980; Kohn & Schooler, 1982). 다시 말해, 직업을 통한 자기개발이 이루어지기도 한다. 일의 실질적인 복잡성은 개인에게 직업과 관련되지 않은 다른 생활 측면에서의 발달을 가져오며, 실제로 보다 복잡한 일을 하는 사람들은 보다 융통성 있게 사고하는 경향이 있으며, 새로운 경험에 더 개방적이다.

그러나 자기개발은 여가활동을 통해서 이루어지기도 한다. 자기개발을 일으키는 여가를 Robert A. Stebbins(1992)는 진지한 여가라는 개념으로 제시했다. 진지한 여가는 개인에게 비용, 시간, 인내심, 노력 등의 희생을 요구한다. 그러나 전문성을 획득하고, 자아실현, 자기개발, 성취감과 같은 정신적, 신체적, 그리고 사회적인 보상을 얻을 수 있다. 다시 말해, 심도 있고 깊이 있는 여가활동은 개인의 행복을 증진시킬 뿐만 아니라 개인의 능력을 개발시키는 데 도움을 준다. 더 나아가 사회에 공헌할 수 있도록 한다.

여가는 일이나 의무로부터 자유로워지는 시간으로, 단순히 쉬는 것만을 의미하는 것이 아니라 재충전과 재창조라는 의미를 내포하고 있다. 여가는 삶의 질을 향상시키고, 스트레스를 해소하며, 건강을 증진시킬 뿐만 아니라 자아를 성장시키고, 자신을 적극적으로 개발하는 등, 신체적, 심리적, 사회적 차원에서 다양하게 긍정적인 영향을 준다(Heo, J., Stebbns, R. A., Kim, J., & Lee, I., 2013).

발달적 변화. 여가활동은 아동기부터 시작된다. 성년기의 여가활동 수준이 성년기 이후의 여가활동 참여 수준에 직접적으로 영향을 미치며, 중년기에 여가활동이 감소했다가 노년기가 되면 다시 증가하는 형태를 띤다(윤소영, 2010). 전생애적 발달관점에서 여가활동은 연령이 증가함에 따라 다른 역할을 한다.

중년기는 성년기와 노년기에 끼여 있는 시기로, 신체적이고 사회적인 후퇴가 시작되며, 자신뿐만 아니라 다음세대와 윗세대까지 책임감이 증가한다(Papalia et al., 2007). 중년기의 개인으로 하여금 직업 측면에 과중한 노력을 기울이게 만들고, 그로 인해 중년기에는 시간적, 경제적인 여유가 상실된다. 신체적 기능 감퇴와 여유의 상실은 여가활동을 충분히 영위하는 것을 방해할 수 있다. 여가활동의 부족은 개인에게 신체적, 심리적 스트레스를 야기한다(한태점, 2012).

노년기의 여가활동은 노년기의 적응과 생활만족도와 직접적인 관련이 있다(한태점, 2012). 노화로 인해 자연스럽게 감소한 사회참여는 여가활동을 함으로써 보충할 수 있다. 여가활동은 노년기의 개인에게 사회와 상호작용할 수 있는 기회를 제공하여 고독, 소외감을 극복하고 적절히 기분을 전환할 수 있도록 한다. 뿐만 아니라, 자기개발의 기회를 제공한다. 여가활동은 성공적인 노화를 위해 중요한 요인이기도 하다. 여가활동에 적극적으로 참여할수록 신체적, 심리적 건강 수준과 인지적 기능이 높았으며, 사망률이 낮아졌다(황남희, 2014).

6) 정서 관리

개인의 정서적 특성은 일생 동안 잘 변하지 않는 경향이 있다. 대신, 연령이 증가함에 따라 정서의 표현 및 이해 능력을 세밀히 조절할 수 있도록 발달한다. 정서는 주관적 안녕감의 지표이자 삶의 질을 측정할 수 있는 기준이다.

발달적 특징. 일반적으로 성년기에서 노년기로 이동할수록 정서 경험에 더 많은 주의를 기울이는 경향이 있다(Carstensen & Turk-Charles, 1994). 성인기 초기의 개인은 자극의 중심 정보에 더 주목하지만, 노년기에는 지엽적이고 정서적인 정보에 더 주목하는 경향이 있다. 특히, 노년기에는 부정적인 사건보다 긍정적인 사건에 더 많은 주의를 기울인다. 또한, 정서가 점차 분화되기 때문에 성인기 초기보다 노년기로 갈수록 정적 정서와 부적 정서가 동시에 나타나는 복합적인 정서를 더 많이 경험하게 된다.

노년기로 갈수록 성년기보다 부적 정서를 더 적게 보고하는 경향을 두 가지로 설명할 수 있다. 하나는 시간의 흐름에 따라 실제로 부정적인 경험을 더 적게 한다는 것이고, 다른 하나는 노년기에는 불쾌한 사건으로부터 주의를 다른 곳으로 돌리는 경향이 있다는 것이다. 사회정서적 선택이론에 따르면(Carstensen, 1992), 나이가 들수록 남은 시간을 최대한 활용하려는 동기가 증가하게 되어, 사회생활에서 최대한 긍정적인 정서를 추구하려는 동기가 높아지게 된다. 이러한 선별적인 사회적 상호작용을 통해서 개인은 정서적 보상을 얻고, 자아정체감을 유지하고, 삶의 질을 향상시킬 수 있게 된다(남미경, 2016).

성인기 동안 개인의 정서 경험, 정서 표현 과정에서 정서를 조절하고 통제할 수 있는 능력이 변화한다(Carstensen & Turk-Charles, 1994). 연령에 상관없이 경험하는 정서의 정도는 비슷하지만 정서조절능력이 발달함에 따라 정서 표현 정도가 달라진다. 성년기에서 노년기로 이동할수록 정서적으로 덜 표현하고, 덜 충동적이며, 갈등은 덜 느끼고, 분노하는 경향성이 적었다. 이러한 경향을 통해 노년기로 이동함에 따라 정서를 효과적으로 관리할 수 있게 되는 것으로 생각하기도 한다.

인지 발달의 중요성. 연령의 증가가 반드시 정서를 관리할 수 있는 능력의 발달을 야기하는 것은 아니다(김정은, 신유림, 2015). 연령보다는 인지적 발달 수준이 정서 관리 능력의 발달에 영향을 미치는 요인이라고 볼 수 있다. 인지적으로 성숙한 사람은 자신의 정서를 표현하고 조절하는 능력이 훨씬 더 분화되어 발달하며, 타인의 정서를 더 잘 이해한다. 특히, 사회적 관계의 질이 좋을수록 인지적 발달에 따른 정서 관리 능력이 효과적으로 발달한다. 타인의 정서를 이해하고 정서 반응을 예기할 수 있도록 정서가 발달하는 것은 사회적 관계를 형성하고 유지하는데 도움을 준다. 따라서 훌륭한 사회적 유대망을 풍부하게 형성하게 되는 선순환이 일어난다.

7) 대인관계능력

성인기에는 본격적으로 사회에 진출하여 새로운 인간관계를 형성하게 되며, 이에 맞는 대인관계능력이 발달하게 된다. 대인관계능력이 뛰어난 사람은 다른 사람과 효율적으로 의사소통할 수 있으며, 다른 사람의 욕구에 민감하고, 다른 사람을 이해하고 수용할 수 있다. 따라서 친밀한 관계를 형성하는 데 있어서 어려움이 적으며, 친밀감을 충분히 느낀다. 이와 달리, 대인관계능력이 부족한 사람은 친밀한 관계를 형성하는 데 어려움을 겪으며, 고립되고, 고독감을 느낄 가능성이 높다. 대인관계능력이 부족한 성인은 정체감을 확고하게 형성하지 못한 경우가 많다. 정체감이 불안정하기 때문에 대인관계를 두려워하고 기피하거나, 정서적으로 안정적이지 않는 관계를 주로 형성하게 된다. 성인기의 각 단계마다 새로이 형성하게 되는 인간관계의 내용과 질은 개인의 심리적 안녕감에 주요한 영향을 미치는 요인이다.

성년기. 성년기에는 배우자를 선택하여 부부관계를 형성하고, 더 나아가 가족관계를 형성한다. 성년기에는 친밀감을 느끼고 싶은 욕구가 있으며 친밀한 관계를 형성하여 친밀감의 욕구를 충족시킬 수 있다. Erikson(Erikson et al,, 1986)은 성년기의 발달과업으로 친밀감 대 고립감을 제시하면서 성년기의 친밀감 욕구를 설명했다. 이 욕구를 충족시킬 수 있는 잠재력이 애정이다. 친밀감의 욕구는 결혼과 같은 사랑의 관계뿐만 아니라 우정 관계를 통해서도 충족될 수 있다. 다른 사람을 이해하고 함께 할 수 있는 능력, 다시 말해 대인관계능력이 발달함에 따라 친밀감의 욕구를 충족시킬 수 있다. 또한, 직업 활동을 시작하면서 친밀감을 기반으로 한 관계가 아닌 인간관계를 경험하게 된다.

중년기. 중년기에는 성년기에 형성한 친밀한 관계를 유지하는 것이 중요하다(Havighurst, 1972). 중년기에는 자녀가 독립하거나 부모가 사망함으로써 가족구성원이 감소하고, 자녀의 결혼과 손자녀의 탄생으로 새롭게 가족구성원이 늘어나는 등 관계에서의 변화가 나타난다. 이렇게 변화하는 관계 속에서 유대감의 약화나 새로운 형태의 분리-개별화를 경험하게 된다. 직업 장면에서는 증가한 사회적 책임감을 기반으로 주도적으로 이끌어나가는 관계를 경험한다.

노년기. 노년기는 인간관계의 해체기로, 은퇴, 사별 등으로 그간 형성된 인간관계가 해체된다. 사회적 인간관계가 주로 감소하며, 대신, 가족과 같은 가까운 대인관계에 대한 의존도가 높아진다. 이에 따라 부부관계를 유지하는 것이 노년기의 삶의 만족도를 유지하는 데 긍정적인 영향을 준다. 그러나 배우자에 대한 의존도가 높아지는 만큼 배우자의 사망을 경험할 경우 불안, 우울 등의 정서를 경험하기도 한다. 자녀와의 관계에서도 기존에 부모와 자녀가 맡았던 의존과 도움이라는 관계가 역전된다. 노년기에는 자녀를 부양하던 역할에서 부양을 받는 위치로 관계가 전환되는 변화를 맞이하게 된다. 또한, 노년기에는 손자녀와의 관계를 통해 정서적 안녕감을 얻고 소외감을 방지할 수 있다(김태현, 1994).

8) 탈권위주의

권위적인 태도를 가진 사람은 사회적 규범, 관습, 이상에 대해 엄격한 기준을 가지고 있으며, 이 기준을 무비판적으로 추종하고, 위반하는 사람에게는 처벌하려고 한다. 이러한 성향의 사람들은 주로 편견에 기반을 둔 경직된 사고를 가지고 있다. 또한, 자신의 힘을 과시하는 등, 관계에서 지배적인 위치에 있기를 좋아한다. 권위주의적 리더는 공격적인 리더십을 보이며, 타인에 대한 공감능력이 부족하다(Adorno, Frenkel-Brunswik, Levinson & Sanford, 1950).

연령 효과. 연령은 권위주의적 태도가 나타나는 데 직접적인 영향을 미치는 요인은 아니지만, 연령이 증가함에 따라 나타나는 여러 변화가 권위주의적인 특징이 나타나는 데 영향을 미칠 가능성이 있다. 중년기와 노년기에는 사회변화에 대해 보수적이고 폐쇄적인 태도가 증가하는 경향이 있다. 특히, 중년기에는 사회적 성취가 최고조에 이르고 자신의 경험에 대한 자신감이 높아지면서 이런 경향성이 더욱 두드러진다. 또한, 모험을 시도하기보다 기존의 익숙한 방법을 고수하려고 한다. 노년기에도 일반적으로 경직성이 증가하는 경향이 있다. 여러 가지 기능과 능력의 쇠퇴로 조심성이 증가하고, 모험을 선택하기보다 기존의 방법을 고집하게 된다.

4가지 적응 유형. 중년기의 이러한 특성을 Carl G. Jung이 제시한 중년기의 위기와 연결해 생각할 수 있다. 중년기 위기를 어떻게 대처하느냐에 따라 Michael Farrel과 Stanley Rosenberg는 4가지의 적응 유형으로 구분했다(Farrel & Rosenberg, 1981). 중년기의 위기를 수용하지 못할 경우, 권위적인 태도를 보일 가능성이 높다.

첫 번째 유형은 위기를 개방적으로 수용하고 자신의 현재와 과거에 대한 만족도가 높은 유형으로, 통합된 자아를 지니고 위기 증상을 거의 겪지 않는다. 긍정적인 인간관계를 형성하며, 문제 상황에 대한 적절한 통제 및 해결 능력을 가지고 있다. 두 번째 유형은 위기를 개방적으로 수용하지만 자신의 현재와 과거에 대해 불만족하는 유형으로 정체성의 위기를 겪는 유형이다. 대인관계를 형성하고 유지하는 데 어려움을 겪으며 고립감이 높게 나타난다. 이런 유형은 권위적 태도를 보일 가능성이 낮다.

세 번째 유형은 위기를 부정하면서 자신에 대한 만족도를 높게 보고하는 유형이다. 표면적으로 만족도가 높으나 내재된 긴장감이나 갈등을 해결하지 못하기 때문에 실망감, 혼돈감, 초조 등을 느낀다. 이러한 감정을 은폐하기 위해 감정표현이 적고 경직되었으며, 권위적인 태도가 나타난다. 네 번째 유형은 위기를 부정하면서 자신에게도 불만족하는 유형이다. 자아를 통합시키는 데 실패한 유형이다. 매우 권위적이며, 대인관계를 형성하고 유지하기 힘들다. 대인관계에서 높은 적대감을 보이며, 갈등을 높게 보고한다. 주위의 환경에 만족하지 못할 뿐만 아니라 자신에 대해서도 높은 혐오감을 느낀다.

Eric Erikson과 Robert Peck의 입장. Erikson은 중년기의 발달과업으로 생산성 대 침체성을 제시했다(Erikson et al,, 1986). 중년기의 발달과업을 성공적으로 해결하는 데 사용되는 잠재력은 배려이다. 중년기에는 발달 과업을 어떻게 해결하느냐에 따라 성숙한 어른으로서 다음 세대를 구축하고 인도하여 다음 세대와의 연결 속에서 사회의 존속과 유지에 헌신도록 발달하거나 다음 세대를 위해서 한 일이 없다는 것을 깨닫고 침체될 수도 있다. 자기중심적인 태도와 행동은 중년기의 침체를 야기하는 요인이다.

Robert Peck은 중년기의 적응과제 중 하나로 정신적 유연성 대 정신적 경직을 제시하면서, 새로운 생각, 기술 등에 대한 유연성을 강조했다(Peck, 1968). 다시 말해, 중년기의 발전을 위해서 개방적이고 미래지향적인 태도를 갖추는 것이 바람직하다. 구체적으로, 타인의 의견과 비판을 개방적으로 수용하는 자세가 필요하다. 새로운 지식과 변화된 사실을 거부하기보다 기존의 경험과 조화시킴으로써 자신을 쇄신하고 사회에 공헌할 수 있다.

9) 친사회적 태도/행동

친사회적 태도와 행동은 이타성으로 인해 발현된 사회적으로 바람직한 태도와 행동을 의미한다. 친사회적 태도 및 행동이 발달하기 위해서는 일정 수준의 인지적 발달이 기반이 되어야 한다.

이론적 설명. 여러 이론서에서 친사회적 행동을 하는 동기에 대해서는 네 가지 이론으로 설명할 수 있다. 먼저, 공감-이타주의 이론에 의하면, 공감이 각성되어 친사회적 행동이 나타난다(Batson, Duncan, Ackerman, Buckley, & Birch, 1981). 부적 정서 감소 모델은 위기 상황을 목격했을 때 부적 정서가 각성되거나 부적 정서를 경험하면서 이 정서를 감소시키기 위해 친사회적 행동을 한다고 설명한다(Cialdini, Baumann, & Kenrick, 1981). 공감 만족 가설은 친사회적 행동을 함으로써 얻게 되는 성취감 및 긍정적 영향력이라는 보상 때문에 친사회적 행동이 나타난다고 설명한다(Smith, Keating, & Stotland, 1989). 마지막으로, 유전적 결정론은 자신의 유전자와 비슷한 유전자의 생존 기회를 최대화하기 위해 친사회적 행동을 한다고 설명한다(Hamilton, 1964; McAndrew, 2002).

이밖에도 상호적 이타주의로 친사회적 행동을 설명하기도 한다(최정규, 2011). 이 가설에 의하면 친사회적 행동을 함으로써 타인으로부터 그에 합당한 보답을 기대하는 이기주의에서 친사회적 행동이 나타난다. 상호적 이타주의는 자신과 유전적으로 비슷하거나 공감을 형성할 정보가 없는 타인에 대한 친사회적 태도 및 행동이 나타나는 이유를 설명해준다.

영향 요인. 친사회적 태도/행동에 영향을 미치는 요인은 상황적 요인과 개인 내적 요인으로 구분할 수 있다. 상황적 요인으로는 대상에 대한 호감 수준(Clark, Ouellette, Powel, & Milberg, 1987), 상황 정보(Darley, Batson, 1973), 그리고 친사회적 모델에 대한 과거 노출 경험(Sprafkin, Liebert, & Poulous, 1975) 등이 있다. 대상이 매력적이거나 자신과 유사할수록 친사회적 태도/행동이 나타날 가능성이 높았다. 타인의 친사회적 행동을 직접 혹은 간접적으로 경험했을 때 역시 친사회적 태도 및 행동이 나타날 가능성이 높다.

친사회적 태도 및 행동에 영향을 미치는 개인 내적 요인은 정서(Salovey, MAyer, & Rosenhan, 1991), 공감(Clary & Orenstein, 1991) 그리고 여러 성격 변인들(Krueger, Hicks, & McGue, 2001)이 있다. 일반적으로 긍정 정서는 친사회적 태도와 행동을 증가시키는 경향이 있다. 그러나 애매하거나 불쾌한 상황처럼 특별한 상황에서는 거기에 개입할 경우 부정 정서를 경험할 가능성이 크고, 그것이 지금의 긍정적인 정서 상태를 방해할 수 있다. 그래서 이러한 경우 긍정 정서는 친사회적 태도와 행동을 저해할 수 있다. 공감은 타인의 정서에 대한 정서적·인지적 반응으로, 타인의 관점에서 정서를 이해하고 함께 느낄 수 있는 능력이다. 공감은 선천적으로 타고나는 능력이지만, 경험을 통해서 발달 수준이 달라진다. 주양육자와 안정애착을 형성하고, 부모, 가족, 교사 등의 관계가 지지적인 환경일 때 공감능력이 발달한다.

친사회적 태도/행동과 관련되는 성격의 측면들을 종합하여 이타적 성격으로 규정하기도 한다(Bierhoff, Klein, & Kramp, 1991). 이타적 성격은 높은 공감 수준, 세상에 대한 믿음, 사회적 책임감, 내적 통제에 대한 믿음, 자신에게 몰두하거나 경쟁적이지 않은 낮은 자기중심성이라는 특징을 갖는다. 이타적 성격의 사람은 사교적이고 순응적이며, 관대하고 자제력이 강하다.

10) 자기초월적 세계관

자기초월은 개인의 정체성이 자기 몰입을 넘어서는 영역으로 확장되는 경험으로, 개인적 수준을 넘어선 발달을 의미한다. 인간이라면 누구든지 문제 상황에서 문제를 극복하기 위해 경험하는 현상이다. 자기초월적 세계관을 확립한 개인은 연령이 증가하면서 쇠퇴하는 신체적, 인지적 기능에 대해 자신의 삶에 대한 의미를 발견하고, 인생의 외상적 사건과 인생의 의미를 연결시킬 수 있다.

Eric Erikson. Erikson(Erikson & Erikson, 1998)은 수명이 연장됨에 따라 기존에 제시한 8개의 발달 단계를 수정 및 확대하여 9번째 발달단계의 과업으로 초월의 가능성을 제시했다. 노년기의 자기초월은 일상생활의 기능과 신체적 능력의 쇠퇴를 넘어서는 시각적 전환이다. 노인으로 하여금 자신의 삶과 노화 및 죽음의 과정을 의미 있게 구축할 수 있도록 하며, 노화를 긍정적으로 수용할 수 있도록 도와준다. 더 나아가, 과거 세대와 친밀감을 느끼게 하고, 사회적 관계의 물질적인 차원에 대한 관심을 저하시키며, 고독이나 명상 등에 관심을 갖게 한다.

노년기에는 여러 가지 차원에서의 쇠퇴와 상실과 같은 부정적 요소를 경험하게 되지만, 자신의 지난 삶과 죽음을 수용하고 개인적 몰입을 넘어서는 우주적이고 초월적인 시각으로 전환함으로써 삶의 만족도를 증진시킬 수 있다. 결과적으로, 노년기의 자기초월은 삶의 만족도를 증가시키고, 삶의 의미를 긍정적으로 부여하는 요인이다.

Lars Tornstam. Tornstam(2005)은 노년기의 초월을 우주적 초월, 내면적 일관성, 고독의 필요성이라는 세 가지 영역으로 구분하여 제시했다. 첫 번째 차원인 우주적 초월은 노년기에 초월적 성향이 강해지고, 기존의 시간관념을 초월하여 현재보다 과거의 세대들과 더 강한 연결감을 느끼며, 죽음에 대한 불안이 낮아지는 현상을 설명한다. 두 번째 차원인 내면적 일관성은 개인이 자신의 지나온 삶을 재발견하고, 자신을 재정의하면서 신체와 자아에 얽매이지 않는 초월적인 삶을 영위하게 되는 것을 설명한다. 마지막으로 고독의 필요성 차원은 관계에 대한 의미와 중요성의 변화를 설명한다. 이 차원은 노년기에 사회적 관습과 물질로부터 자유로워지고, 혼자만의 시간과 공간에 대한 욕구가 증가하는 등 개인적 분리 과정이 구체화되는 현상을 설명한다.

연령의 효과. Erikson(1998)은 초월을 9번째 단계인 80대, 90대의 발달 과업으로 제시했으나 연령이 초월에 직접적인 영향을 미치는 요인은 아니다. 하지만 대체로 나이가 들어감에 따라 다양한 삶의 경험과 그에 대한 대처를 통해 초월이 발달한다(Brown & Lowis, 2003). 특히 우주적 초월과 내면적 일관성 차원의 초월은 성인기 중반 이후부터 발달하기 시작하며, 노년기에는 발달이 최고조에 이르게 된다. 노년기에는 이전 시기보다 죽음과 그 이후의 것들을 많이 생각하게 되는 시기이기 때문에 다른 시기에 비해 영적 욕구가 증가하는데, 긍정적으로 발현한 영적 욕구는 노인으로 하여금 자신의 삶에 적극적으로 참여하도록 도와주고, 정신건강을 회복시키며 심리적 안녕감을 제공한다.

이에 Meredith Flood는 초월을 성공적 노화의 핵심 개념으로 제시했다(Flood, 2005). 신체적, 인지적 쇠퇴에 적응하고 이러한 신체적 제약을 뛰어넘어 영적 차원에서 자기초월적인 세계관을 가지게 됨으로써 삶의 만족도가 향상되고 성공적으로 노화를 맞이할 수 있게 된다. 또한, 사회적 역할 상실로 인한 소외감과 고립감, 그리고 친밀한 관계의 해체로 인한 부정적 감정을 뛰어넘을 수 있게 해준다.

4. 결론

지금까지 성인기의 발달에 대해 전반적으로 살펴보았다. 성인기는 일반적으로 성년기, 중년기, 노년기로 구분한다. 과거에는 발달 연구의 초점이 주로 아동·청소년기에 맞춰져 있었으나 발달이 전생애 동안 이루어진다는 관점이 제기되면서 성인기 이후의 발달에 대한 관심이 높아졌다. 성인기 발달에 대해서는 시기에 따른 일정한 발달 단계가 있다는 관점과 개인이 경험하는 사건들에 의해 발달이 진행된다는 관점이 존재한다. 이러한 이해를 바탕으로 성인기 발달과 밀접한 관련이 있는 여러 요인들을 알아보았다. RS-발달검사(성인용)는 성인기의 발달을 광범위하게 평가함으로써. 수검자의 성인기 발달 수준을 이해하는 데 크게 기여할 것으로 보인다.

Ⅱ 부

성격과 개인차 심리학

제3장

성격에 대한 이론적 접근

다양한 성격검사를 통해 인간의 개인차를 이해하기 위해서는 성격에 대한 체계적인 이해가 필요하다. 먼저 성격이라는 개념 심리학에서 어떻게 이해되고 연구되었는지를 알아본다. 구체적으로, 성격의 정의, 성격에 대한 다양한 이론을 알아본다.

1. 성격에 대한 정의

성격이라는 단어는 고대 그리스의 'persona'에서 유래한다. 페르소나는 연극의 배우들이 사용하는 가면으로, 개인이 타인에게 내보이는 사회적인 얼굴을 의미한다. 성격은 직접 관찰할 수 있는 현상이 아니기 때문에 겉으로 드러나는 행동을 관찰함으로써 추측한다. 성격에 대한 하나의 정의를 제시하는 것은 쉽지 않은 일이다. 성격심리학자마다 성격에 대한 이론적 접근이 다르고 그렇기 때문에, 그에 대한 설명도 다양하기 때문이다.

Gordon Allport(1961)는 성격을 "개인의 특징적인 행동과 사고를 결정하는 개인 내부에 존재하는 심리·신체적인 체계의 역동적인 조직"으로 정의한 반면, Guilford(1959)는 "한 개인의 고유한 특질들의 패턴"으로 정의했다. McClelland(1951)는 "세세한 모든 것에 있어서의 한 개인의 행동에 대한 가장 적절한 개념화"로 정의했으며, Mischel(1976)은 "개인이 접하게 되는 생활 상황에 대한 각자의 석응 특싱을 기술하는 행동패턴(사고와 정서 포함)"으로 정의했다.

좀 더 최근으로 넘어오면, Maddi(1996)가 성격에 대해 "사람들의 심리적 행동(사고, 정서, 행동)에 있어서 공통성과 차이를 결정하는 일련의 안정된 경향성과 특성이며, 이러한 심리적 행동은 시간에 따른 연속성을 가지며, 어떤 순간의 사회적 및 생물학적 압력의 단일한 결과로 쉽게 이해될 수 없는 것"으로 정의했다. Pervin과 John(1997)에 의하면, 성격은 '감정, 사고, 행동의 일관된 패턴을 설명해 주는 그 사람의 특징'이다. Liebert와 Liebert(1998)는 성격을 '사회적 및 물리적 환경에 대한 행동과 반응에 영향을 미치는, 한 특정한 개인의 신체적, 심리적 특징들의 독특하고 역동적인 조직'으로 정의하고, '이 특징들 중에서 어떤 것들은 그 특정인에게 전적으로 독특하고 어떤 것들은 소수, 다수, 또는 모든 타인과 공유 된다'고 제시했다.

최근에는 Ryckman(2000)이 성격을 "다양한 상황에서 개인의 인지, 동기, 행동에 독특하게 영향을 주는, 개인이 소유한 일련의 역동적이고 조직화된 특성"이라고 정의했다. Burger(2000)는 "일관된 행동패턴 및 개인 내부에서 일어나는 정신내적 과정"이라고 정의했다.

오늘날에는 위의 다양한 정의들을 종합한 '다양한 상황 속에서 인지, 동기, 행동에 고유하게 영향을 미치는 역동적이고 조직화된 개인적 특징들의 조합'이라는 정의가 널리 받아들여진다. 성격에 대한 다양한 정의들로부터 다음과 같은 특성을 도출할 수 있다. 첫째, 성격의 핵심은 한 개인을 특징짓는 독특성이다. 다시 말해, 다른 사람과는 구분되는 그 사람만의 특성을 의미한다. 둘째, 성격은 여러 상황에서 비교적 일관성 있게 나타나는 행동 및 사고방식이다. 셋째, 성격은 개인이 환경에 적응해 나가는 과정에서 나타나는 행동 양식이다.

2. 성격에 대한 이론

성격에 대한 접근법은 각 성격 이론의 관점마다 차이가 있다. 성격 이론의 관점은 크게 특성이론과 과정이론, 두 가지로 나뉜다. 그 중, 특성이론은 다시 유형론과 특질론으로 분류된다. 유형론은 히포크라테스의 체액론에서 알 수 있다시피 고대 그리스부터 이어져 온 오래된 이론이다. Kretchmer는 1921년 그의 저서 『신체와 인성(Physique and Character)』에서 체격론을 주장했고, Sheldon은 1940년에 자신의 저서 『다양한 기질: 체질의 차이에 대한 심리학(The Varieties of Temperament: A Psychology of Constitutional Differences)』을 통해 체질론을 제안했다.

특질론을 대표하는 학자는 Gordon Allport, Raymond Cattell, Hans Eysenck가 있다. 특질은 다른 사람과 비교적 영속적으로 구분해주는 일관된 심리적 경향성이다. 이러한 특성이론은 사람의 성격을 묘사하고 분류하는 데 유용하다. 또한, 사람의 행동 및 사고 특징을 몇 개의 기본 특성의 양적 차이로 기술할 수 있다고 가정함으로써 성격 검사의 발전에 공헌했다.

그러나 특성이론은 인간이 일생 동안 유전과 환경의 상호작용으로 인해 꾸준히 변화하기 때문에, 그들의 성격을 정확하게 측정하고 분류하기 어렵고 측정한 성격이 그들의 정확한 성격이 아닐 수 있다는 제한점이 있다. 또한, 성격이 어떻게 형성되고 형성된 성격이 어떤 의미를 갖는지에 대한 설명을 하지 못한다. 반면에, 과정이론은 특성이론과 달리 성격이 어떻게 형성되는지, 그리고 어떤 의미를 갖는지에 대한 설명을 제시해준다. 과정이론에 속하는 이론으로 정신분석이론, 인본주의 이론, 사회학습이론이 있다(Ryckman, 2000).

1) 특성적 관점

특성적 관점의 대표적인 성격 이론은 특질 이론(trait theory)이다. 특질 이론은 인간이 보편적으로 갖고 있는 독특하고 안정적인 특질이 성격을 형성한다고 보았다. 특질 이론은 생물학적 접근으로, 한 개인의 성격은 평생에 걸쳐 비교적 일관된 모습을 보이고 타인과 비교했을 때 서로 다른 성격 특징을 갖는다고 본다. 특질 이론에서는 한 개인과 타인의 차이를 비교하여 성격을 파악하고자 한다. 또한 성격 연구는 안정된 성격 특질을 알아내는 것이 주요 목적이며, 그 특질들이 체계적으로 조직화된 것이 성격이라고 주장한다. 특질 이론에 의하면, 사람들은 제한된 성격 특질, 혹은 환경과 상호작용하는 상대적으로 영속적인 방식 때문에 타인과 서로 구별된다.

Gordon Allport. 기존의 연구들이 정상 성격과 이상 성격의 구분에 초점을 맞추었던 것과 달리 Allport는 정상인을 대상으로, 치료적 접근이 아닌 순수한 인간 본연의 특성을 밝히기 위해 연구했다. 그는 Odbert와의 연구를 통해 사람들이 다른 사람을 표현할 때 사용하는 형용사의 기저에 있는 구조를 파악하고자 했다(Allport & Odbert, 1936). 그는 성격을 '개인의 특유한 행동과 사고를 결정하는 정신·신체적 체계인 개인 내의 역동적 조직'이라고 정의했다. 즉, 성격은 개인만의 고유한 것으로, 인간의 행동 방향성을 결정하고 정신과 신체의 상호작용으로 이루어지며, 다른 상황에서도 일관적으로 나타난다. 이런 특성 때문에 성격을 '고유 자아'라고도 한다. 고유 자아는 개인이 주관적 경험을 통하여 인식하는 자신을 의미하며, 개인의 특질들을 통합하여 성격을 형성하는 역할을 한다. 고유 자아는 출생 후 환경과의 상호작용을 통해 형성되고 발달하며, 고유 자아의 발달에 따라 성격이 발달한다.

성격의 기본 구성 요소는 특질이다. Allport(1961)는 특질을 다양한 종류의 자극에 같거나 유사한 방식으로 반응할 경향 또는 성향으로 정의했다. 그리고 한 사람의 성격을 이해하기 위해서는 그 사람이 보이는 행동의 규칙적인 성향을 알아야 한다고 생각했다. 그는 인간의 특질을 공통 특질과 개별 특질로 구분했다(Allport, 1937). 공통 특질은 한 문화 안에 속한 대부분의 사람이 공통적으로 지니고 있는 특성으로 서로 비교할 수 있는 일반화된 성향을 지칭한다. 이에 비해 개별 특질은 특정 개인이 수행하는 독특한 적응행동의 방향과 동기를 제공하는 개인적 특성이다. 개인에게 고유하기 때문에 타인과 비교할 수 없으며 개인 내에서 그 나름의 독특한 방식으로 작용하고 개인의 성격 구조를 가장 정확하게 반영한다.

개별 특질은 다시 기본 성향, 중심 성향, 이차 성향으로 세분화된다. 기본 성향은 개인의 생활 전반에 아주 광범위하게 퍼져 있어 개인의 거의 모든 행동에 영향을 미치는 성향이다. 중심 성향은 기본 성향보다는 제한된 범위의 상황에 영향을 미치지만 행동의 일관성을 야기하며, 누구나 쉽게 알아차릴 수 있는 성향이다. 이차 성향은 다른 성향에 비해 현저성이 떨어지고, 일반성과 일관성이 낮은 성향으로, 특정 대상에 대한 태도, 음식에 대한 기호, 특정 상황에서의 행동 경향성 등을 말한다. 밀접한 관계가 아니면 알기 어려운 극히 개인적인 성향이다.

Raymond Cattell. Cattell(1965)은 특질이 성격을 구성하며, 성격은 '개인이 어떤 상황에 처했을 때 어떤 행동을 할지 예측할 수 있게 해주는 것'으로 정의했다. Cattell은 특질을 행동의 객관적 관찰에서 추론되는 가설적 구성 개념으로 보았다. 또한 특질은 성격의 기본 요소이며, 행동을 예측하는 데 매우 중요한 요인으로 간주했다. Cattell은 특질을 표면 특질과 원천 특질로 구분했다. 표면 특질은 인간의 행동 중에서 겉으로 보기에 하나의 요인들로 묶을 수 있는 특성들이다. 원천 특질은 표면적인 행동의 결정 원인이 되는 기저 변인을 가리킨다. 원천 특질은 훨씬 안정적이며 영속적인 단일 성격 요인이다. 하나의 원천 특질은 여러 표면 특질과 관련된다.

Cattell은 생애 기록, 자기 평정, 객관적 검사 등에서 얻어진 자료를 요인 분석을 사용하여 최종적으로 16개의 보편적인 근원 특질로 추출했고, 그것을 성격 요인으로 지칭했다(Cattell, Eber, & Tatsuoka, 1970). 이러한 성격 요인을 측정하는 검사가 16 PF이다. Allport와 Cattell은 정상인의 성격을 설명하기 위해 특질을 중요시했으며, 인간의 성격을 변화와 성장 가능한 것으로 보았다는 공통점이 있다. 이에 대한 좀 더 자세한 내용은 다음 장에서 다룰 것이다.

Hans Eysenck. Eysenck(1947)는 성격을 "환경 속에서의 고유한 적응방식을 결정짓는 개인의 인격, 기질, 지성, 체격의 다소 안정적이고 지속적인 체계"로 정의했다. 그는 Cattell의 16 특질을 다시 요인분석을 실시하여 외향성-내향성 차원과 안정성-불안정성 차원(또는 신경증적 경향성 차원)으로 분류했다. 거기서 더 나아가 정신병적 경향성 차원을 추가하여 세 가지 성격 차원으로 분류했다. 외향성 차원은 사회성과 충동성에서의 차이와 관련되는데, 외향성은 사교적이고 충동적이며 교우관계가 활발하고 모험적인 반면, 내향성은 조용하고 내성적이고 말수가 적고 신중한 성격 특성을 보인다. 신경증 차원은 정서적으로 불안정하고 변덕스러우며, 걱정, 불안, 우울, 낮은 자존감, 긴장, 수줍음 등의 특징을 보인다. 세 번째 차원인 정신병 성향은 공격적, 차가움, 자기중심적, 비정함, 비사회적, 비관습적 등의 특징이 있다.

Eysenck(1967)는 다른 특질론 연구자들과 달리 성격 차원이 나타나는 원인에 관심을 가졌으며, 그 중에서도 주로 성격 차원의 생물학적 토대를 밝히는 데 관심을 가졌다. 그러나 환경의 중요성을 간과하지는 않았다. 성격은 유전적으로 결정되지만 사회화로 인해 변화가 가능하다고 보았다. 즉, 환경과 유전이 상호작용하면서 성격이 발달한다.

2) 정신분석적 관점

Sigmund Freud. 정신분석적 관점의 대표적인 학자는 Sigmund Freud로, 인간의 성격에 대해 유전적 영향을 받고 출생 직후의 어린 시절에 완성되는 결정론적인 관점을 취한다. 그는 1923년에 성격을 원초아, 자아, 초자아의 세 가지 구조로 구분했다(Freud, 1923). 원초아는 인간의 정신 에너지의 저장소로 선천적으로 나타나는 성격의 가장 원시적인 부분이다. 주로 쾌락 원칙의 지배를 받는 성격의 구조에 해당한다.

자아는 인간 성격의 합리적 측면으로 원초아의 욕구를 현실 상황에 맞게 충족시킬 수 있도록 작동하는 성격의 집행자다. 주로 현실원리를 따르며, 원초아를 일시적으로 억압해서 행동을 통제하고 사회적으로 용납할 수 있는 방식으로 본능을 만족시킬 수 있는 방법을 결정한다. 또한, 자아는 원초아와 초자아의 작용을 조정하는 역할을 한다.

초자아는 인간 성격의 사회적 구성 요소로 도덕 원리라는 개인의 내적 도덕성과 개인이 추구하고자 하는 자아 이상에 의해 작동된다. 성격의 세 가지 구조가 작용하도록 만드는 정신적 에너지는 한정되어 있으며, 인간 내부, 주로 무의식에서 일어나는 원초아, 자아, 초자아의 역동으로 어느 요소가 에너지를 많이 차지하는지에 따라서 성격이 결정된다.

Freud(1905)는 성격이 발달하는 데 중요한 요소가 성적 충동이라고 보았다. 인간은 삶의 욕구의 대부분을 갖고 태어나며, 각 단계마다 삶의 욕구가 특정 신체 부위에 집중되며, 각 부위마다 발달 과제가 다르게 나타난다. 만약, 특정 단계에서 충분히 욕구가 충족되지 않거나 지나치게 좌절하거나 지나치게 탐닉하게 되면 삶의 욕구가 고착된다. 또한, 이전 단계로 돌아가는 퇴행이 일어날 수 있다.

첫 번째 단계인 구강기에 고착될 경우, 의존적이고 수다스럽고, 냉소적이고, 욕설과 험담을 잘하고, 불안하면 먹어야 하고, 소리 내서 껌을 씹는다든가 담배를 피우는 행동 경향이 나타난다. 두 번째 단계인 항문기에 고착되면 고집이 세고, 인색하고, 복종적이고, 강박적이고, 혼란이나 모호함을 참지 못하는 성격이 나타나거나 반대로 지나치게 불결한 성격을 갖게 될 수 있다. 세 번째 단계인 남근기에 고착될 경우 허영, 자부심, 만용, 명랑함 등의 자기애성 성격을 갖게 되거나 반대로 자기 증오, 슬픔, 겸손 등의 성격이 나타날 수 있다.

잠복기에는 삶의 욕구가 잠재되어 있기 때문에 고착으로 인한 성격 유형이 나타나지 않는다. 마지막 단계인 생식기에는 성숙한 성격이 나타난다. 이전의 단계들에서 고착이 일어나지 않고 마지막 단계까지 발달을 완수했다는 것을 의미하기 때문이다. 이러한 Freud의 성격발달이론은 심리 성적 발달 단계 이론이라고 부른다. Freud는 아동기 초기에 성격의 구조가 완성되는 결정론적 입장을 취하고 있지만, 아동기 이후에도 성격이 발달될 가능성을 배제하지는 않았다.

Carl Jung. Carl Jung의 분석심리이론은 개인의 성격 형성에 무의식이 끼치는 영향의 중요성을 인정하였으며(1921), 더 나아가 무의식이 집단적 차원에서도 영향을 미친다고 주장했다(권석만, 2017). 즉, 성격은 개인이 어떤 집단에서 자라나는가에 따라 달라질 수 있다고 보았다. Jung에 의하면, 성격은 정신의 전체성, 즉 자기와 자아의 일치 정도이다. 자기는 개인의 선천적인 무의식적 잠재력을 의미하고, 자아는 후천적으로 학습하는 의식적인 개념이다. 자기는 집단무의식의 중심에 위치한다. 자기를 포함하여 페르소나, 그림자, 아니마, 아니무스는 집단무의식을 구성하는 원형들이며, 성격을 형성하는 데 중요한 역할을 한다. 성격은 집단 무의식에 존재하는 잠재력인 '자기'를 실현하기 위한 개성화 과정을 통해 발달한다.

Alfred Adler. Freud와 달리, Alfred Adler의 개인 심리 이론은 성격을 형성하는 데에 무의식적 역동보다 의식을 중요하게 보았다(Adler, 1927). 또한, 인간이 유전적 요인의 영향을 받기는 하지만 그보다 환경적 요인의 영향을 더 많이 받으며, 인간은 수동적 존재가 아닌 능동적 존재라고 보았다. Adler에 의하면 인간의 성격이 열등감으로부터 영향을 받아 형성된다.

Adler는 성격의 구조에 대한 구체적인 개념을 제시하지 않았지만, 비슷한 개념으로 생활양식을 제시했다. 가족 구도나 출생 순위와 같은 생애 초기의 경험에서 비롯된 열등감을 극복하고 우월성, 완전성, 전체성을 획득하기 위해 신체적·정신적·지적 측면에서 개인만의 독특하고 일관적인 특징이 나타나는데, 이것이 생활양식이다. 즉, 인간의 성격은 유전과 환경의 영향을 받지만 인간은 능동적이고 창조적인 존재이기 때문에 성격을 스스로 형성해 나가는 것이라고 할 수 있다.

생활양식의 유형은 4가지로 구분된다(1964). 지배형은 능동적이고 적극적이지만 사회적 관심 수준이 낮아서 때로는 공격적이고 반사회적인 태도를 보이기도 하는 유형이다. 기생형은 사회적 관심과 활동 수준이 적으며 의존적인 유형이다. 회피형은 소극적이고 회피적이며 사회에 부정적인 유형이다. 마지막으로, 사회형은 사회적 관심과 활동 수준이 모두 높으며 이타적이고 성숙하며 협력적인 유형이다.

Erik Erikson. Erikson은 심리사회적 발달 이론을 소개하면서 성격이 인생의 발달 단계에서 환경과의 상호작용을 통해 나타나는 과업을 대응하는 과정으로부터 영향을 받아 발달한다고 설명했다(Erikson, 1963). 각 단계마다 마주하는 발달 과업은 적응적 특성과 부적응적 특성을 갖고 있으며, 자아는 적응 특성과 부적응 특성을 통합시켜야 한다. 그 과정에서 강점, 혹은 덕목이 발달할 수 있다. Erikson은 Freud의 이론에 기원을 두고 있지만, Freud와 달리 생물학적 발달보다 자아의 기능과 사회적 발달을 강조하며, 발달이 전 생애 동안 일어나는 것으로 확장시켰다(민경환, 2015).

인간의 발달은 신뢰 대 불신 단계(0세~1세), 자율성 대 수치심(2세~3세), 주도성 대 죄책감(3세~6세), 근면성 대 열등감(7세~12세), 정체성 대 역할 혼란(청소년기), 친밀감 대 고립(성인초기), 생산성 대 침체성(성인기), 통합성 대 절망감(성인기 후반, 노년기)이라는 8단계로 구성된다. Erikson의 발달 단계는 문화 보편적이지만, 해결하는 전형적인 방식은 개인이 속한 사회마다 다르게 나타난다.

각 단계를 거치는 동안 성격도 끊임없이 발달한다. 과업에 대처하는 과정에서 강점을 획득하며, 자신이 속한 사회의 가치를 내면화한다. 즉, 자아가 환경과의 상호작용을 통해서 각 단계에서 성취해야하는 과업을 적절하게 성취할 때, 건강한 성격이 형성된다.

3) 인본주의적 관점

인본주의 심리학자들에 따르면, 성격은 인간의 현상적 세계에 대한 지각과 신념으로부터 발전시킨 자기(self)이다. 인본주의적 관점은 자아실현 경향성을 성격의 주요 요인으로 보았다.

Carl Rogers. 이러한 입장의 대표적인 학자 중 한 명인 Rogers는 성격을 고정된 상태가 아니라 과정이라고 보았기 때문에 구체적인 성격 발달 단계를 제시하지 않았다. 대신, 성격의 변화를 일으키는 동력이 개인의 내부에 있다고 보았다(Rogers, 1951). Rogers는 인간을 자기실현을 추구하는 존재로 보았으며, 자신의 잠재력을 실현할 수 있는 능력을 갖고 있는 존재로 보았다. Rogers의 성격 이론은 중요한 구성개념으로 자아를 언급한다. 자아는 개인이 경험하는 모든 현상을 지각하고 해석하는 유기체로서, 상황의 변화에 따라 끊임없이 변화하는 과정 중에 있다. 따라서 개인의 주관적 경험이 성격의 형성에 중요하다.

성격은 개인이 긍정적 존중받기 위해 발달시킨 자기개념에 따라 발달한다. 이때, 가치의 조건화는 개인이 자신을 둘러싼 중요한 타인으로부터 긍정적 존중을 얻기 위해 형성되는 태도로써 성격에 영향을 미친다. 가치의 조건화는 인간이 자기 가치에 조건을 부과하여 가치의 인정 여부를 결정하는 것을 의미한다. 이것은 개인의 자기실현 경향성 성취를 방해하는 원인이 되기도 한다. 만약 자신의 타고난 경향성을 따르려는 욕구와 다른 가치의 조건화가 형성되면, 개인은 자신의 내적 경험을 무시할 수 있다. 실제 경험과 자기의 불일치는 성격 형성에 악영향을 미치고, 심할 경우 심리적 부적응을 야기한다.

Abraham Maslow. 또 다른 인본주의 학자인 Maslow는 성격이 형성되는 데에 있어서 욕구를 충족하려는 동기가 영향을 미친다고 보았다. 그는 개인이 갖고 있는 동기는 개별적 요소가 아니라 전체적인 의미를 시사하는 것으로, 개인을 전체적으로 이해하는 데 필요하다고 보았다(Maslow, 1966). 인간의 욕구는 결핍욕구와 자아실현욕구로 구분되며, 결핍욕구가 충족되어야 자아실현욕구가 발생한다. 욕구들 사이의 이러한 위계관계를 Maslow는 욕구의 위계이론으로 구체화했다(Maslow, 1943).

성격은 인간의 욕구 5단계(생리적 욕구, 안정 욕구, 소속감과 사랑의 욕구, 자기존중욕구,

자기실현욕구) 순서로 발달한다. 생리적 욕구는 유기체의 생존과 관련한 욕구로, 음식, 물, 성 등에 대한 욕구를 말한다. 안정 욕구는 질서가 있고 안전하여 예측 가능한 세상에 대한 유기체의 욕구이다. 소속감과 사랑 욕구는 타인과 친밀한 관계를 맺고 소속되기를 바라는 욕구이다. 자기존중욕구는 자신과 타인으로부터 존경을 받고자 하는 욕구이다. 자아실현욕구는 자신의 잠재력을 충족시키고 자아를 실현하는 욕구이다. 하위단계의 욕구가 충족되어야 상위 단계의 욕구가 나타날 수 있다(Maslow, 1943).

각 단계에서 욕구 충족의 정도가 성격 형성에 영향을 준다. 결핍욕구에 해당하는 첫 4단계의 욕구들을 충족시키는 것은 건강한 성격과 적응의 토대가 된다. 인간 개인적으로 성장하려는 내적 동기를 활성화시키는 자기실현욕구를 충족한 개인은 꾸준한 성장을 추구하는 건전한 성격을 갖게 된다. Maslow(1971)는 자아실현을 이룬 사람들이 다음과 같은 성격 특징을 가지고 있다고 정리했다. 자아실현을 성취한 사람들은 현실을 객관적으로 인식하고, 자신을 비롯하여 타인과 사회에 대해 수용적인 태도를 가지며, 솔직하고 개방적이고 자발적이다. 자기중심적이기보다 문제 초점적으로 사회에 헌신한다. 또한, 창의적이고 인식 능력이 예민하여 언제나 놀라움을 갖고 세상을 경험한다. 자아실현자는 절정경험을 경험하며 그 경험을 통해 성장을 촉진시킨다. 타인에게 의지하기보다 자율적이며, 문화적 압력에 대해 저항할 수 있고, 혼자만의 생활에 대한 욕구를 갖고 있다. 그러면서도 타인과 심오하고 순수한 대인관계를 형성하고, 인류와 사회에 대한 인도주의적인 태도를 갖는다. 유머감각이 비공격적이고 민주적인 태도를 갖는다(박아청, 2006).

4) 학습적 관점

전통적인 행동주의 심리학에서는 성격을 내면적인 심리적 구조가 아니라 외부 환경에 대한 반응으로써, 인간의 행동을 통해 추론할 수 있는 가설적인 구성개념으로 보았다. 다시 말해, 인간의 성격은 인간의 모든 행동 패턴의 집합이다(노안영, 강연신, 2007). 따라서 전통적인 행동주의 심리학에서는 성격 자체를 연구하기보다 관찰 가능한 행동을 통해 이해할 수 있다고 보았다(권석만, 2017).

Albert Bandura. Bandura는 성격을 행동의 집합이며, 행동은 주어진 자극에 대한 인지과정이 반영된 반응으로 보았다. 그는 인지적 능력을 통해 개인의 행동과 환경의 사회적 상호작용을 경험하면서 성격이 형성된다는 상호결정론의 입장을 취한다(Bandura, 1978).

Bandura는 기본적으로 성격이 학습을 통해 형성된다는 전통적인 행동주의적 관점을 지지하지만, 인간이 수동적·기계적 존재가 아니라 바람직한 결과를 최대화하기 위해서 환경에 대한 정보를 추구하고 처리하는 능동적 존재라고 보았다. 다시 말해, 인간이 상황에 따라 성격의 일관성이 다르게 나타나는 이유는 사람에 따라 상황을 다르게 해석하고 각 상황마다 사람들이 추구하는 목표가 다르기 때문이다.

Bandura(1977)는 인간의 행동과 성격에 영향을 미치는 요인으로 모방, 관찰, 대리적 학습을 중요하게 생각했다. 개인이 직접 경험하지 않더라도 단순히 모델이 하는 행동을 관찰함으로써 행동이 학습될 수 있다는 것이다. 또한, 직접 경험이든 간접 경험이든 부정적 결과에 대한 역기능적 학습이 성격의 발달에서 나타나는 부적응적 행동을 유발할 수 있다고 보았다.

또한, 그는 인간의 인지, 행위 과정에 미치는 자기효능감의 역할을 중요하게 인식했다(Bandura, 1986). 자기효능감은 목표를 달성하는 것과 같이 바람직한 결과를 가져오는 행위를 성공적으로 수행할 수 있다는 개인의 신념이다. 자기효능감은 특정 상황에서 자신의 능력에 대한 신뢰를 반영하기 때문에 그 상황에서의 수행에 사고, 정서, 행동 차원에서 다양한 영향을 미친다.

자기효능감은 실제 성취경험, 대리 경험, 언어적 설득, 정서적 각성으로부터 비롯된다. 실제 성취경험은 자기효능감에 가장 직접적이고 중요한 영향을 미치는 요인으로, 과거에 경험한 실제 수행의 성취를 말한다. 대리 경험은 타인의 성공과 실패를 관찰하고 자신과 타인의 관련성을 비교함으로써 자기효능감에 영향을 미친다. 언어적 설득은 타인으로부터 개인의 능력에 대한 신뢰 혹은 불신의 표현을 듣는 것이다. 마지막으로 정서적 각성은 개인이 특정 수행 상황에서 느끼는 정서적 경험을 의미한다.

Walter Mischel. Mischel(Mischel & Shoda, 1995)은 성격을 상황에 따른 행동의 독특하고 안정된 패턴으로 정의했으며, 성격을 형성하는 데 미치는 상황적 요인의 중요성을 강조했다. Mishcel은 성격을 개인이 속한 사회적 맥락 속에서 이해되어야 한다고 보았다. 성격은 개인과 환경의 상호작용을 통해 전 생애 동안 발달하고 변화한다(Mishcel, & Shoda, 2008). 성격은 선천적으로 타고난 요인과 함께 개인이 속한 사회와 문화에서의 후천적인 학습으로부터 영향을 받는다.

성격은 다양한 상황에서 일관성 있게 나타나기도 하지만, 상황 요인의 영향을 받아 가변적이기도 하다. Mischel은 심리검사로 측정된 포괄적인 성격 특질 혹은 유형의 대안으로 인지 사회적 개인 변인을 제시했다. 인지 체계는 상황적 요인과 반응을 매개한다. 인지 사회적 개인 변인이란 개인이 사회적 자극을 경험하는 데 영향을 주는 개인의 심리적 속성을 의미한다. 상황에 따라 개인마다 다른 인지적 능력을 사용한다는 점에서 성격은 개인마다 고유하다. 개인적 구성개념, 부호화, 목표, 기대, 능력, 자기초절체계 등이 인지 사회적 개인 변인에 포함된다(Mischel, 1995).

개인적 구성개념은 George Kelly가 제시한 개념으로, 개인이 자기, 타인, 세계 등, 자신의 인생 사건에 대한 정보를 해석하고 예언하는 데 사용하는 인지적 구조를 말한다. 부호화는 외부 자극을 이해하기 위해 지각되고 조직화된 내용을 의미한다. 개인적 구성개념과 부호화는 사람마다 개인차가 있으며, 행동에 영향을 미친다. 목표는 개인이 추구하는 결과에 대한 인지적 개념으로 동기적 힘을 가지고 있다. 기대는 특정 상황에서 행동으로부터 예견되는 결과를 의미한다. 능력은 인지적 행동적 능력을 포함하며, 개인이 목표를 달성하기 위해 필요한 능력을 말한다. 자기조절체계는 행동을 조절하기 위해 활용하는 규칙, 규준 등의 인지적 체계이다.

Julian B. Rotter. Rotter는 인간이 새로운 경험에 꾸준히 노출되기 때문에 성격은 가변적이고, 그러면서도 과거의 경험이 새로운 학습에 영향을 미치기 때문에 성격은 안정적이라고 보았다. Rotter는 성격은 사회적 맥락 속에서 학습되는 것이며 구체적 목적으로 동기화되는 것으로 가정했다.

이러한 성격에 대한 가정을 기반으로 Rotter는 인간의 행동을 설명했다. 우선, 강화 원리와 인지를 통합하는 시도를 했다. 개인마다 상황에 따라 다른 행동과 결과가 나타나는 이유에 대하여 기대와 강화 가치가 개인마다 다르고 상황마다 변화하기 때문이라고 설명했다. "특정한 상황에서 어떤 행동이 발생할 가능성은 그 행동이 그 상황에서 특정한 강화를 가져올 것이라는 기대와 그 강화가 가지는 가치의 함수"이다(Rotter, 1975).

그리고 사람들이 다양한 상황에서도 안정적으로 유지되는 일반화된 기대를 가지고 있음을 제시했다(Rotter, 1990). 일반화된 기대는 개인마다 다르지만 각 개인에게서 상황에 걸친 안정성이 나타난다. 대표적인 일반화된 기대로, 통제 소재(locus of control)가 있다. 통제 소재는 자신의 성공 혹은 실패가 내부 요인, 또는 외부 요인에 의해 결정된다는 기대이다. 통제 소재는 사람들이 강화의 원천에 대해 신념이 다르게 나타나는 이유를 설명한다.

5) 인지적 관점

Albert Ellis. Ellis는 성격에 대한 개인의 신념체계의 중요성을 강조했다. Ellis의 합리적 정서 행동 이론을 비롯하여 인지적 접근은 성격에 대한 명확한 정의는 제시하지 않지만, 신념이나 사고체계가 외부 자극으로부터 반응을 매개하는 방식을 통해 성격을 설명한다. Ellis는 외부의 자극에 대해서 인간의 인지, 정서, 행동이 밀접하게 상호작용한다고 보았으며 이를 ABC모델로 설명했다. A는 정서나 행동을 일으키는 촉발사건(혹은 선행사건)이고, B는 앞서 A의 촉발사건을 해석하고 평가하는 신념을 의미한다. C는 촉발사건과 그에 대한 신념으로부터 나오는 정서 또는 행동적 반응이다. 신념은 인지적 요인에 해당하며 촉발사건과 반응을 매개하는 역할을 한다.

Ellis는 생리적, 사회적, 심리학적 측면으로 구분하여 성격의 형성을 설명했다(노안영, 강영신, 2007). 인간 성격의 생리적 측면이란 인간에게 타고난 경향성이 있음을 말한다. 인간은 성장과 자아실현을 추구하려는 합리적 경향성과 만약 그것을 이루지 못했을 때 나타나는 자기, 타인, 세상에 대한 자기 파괴적인 비합리적 경향성을 모두 갖고 있다. 사회적 측면은 인간이 집단 내 소속되어 있기 때문에 나타나는 타인의 인정과 승인을 받으려는 욕구를 말한다. 즉, 성격은 타고난 경향성과 사회환경적 요인들의 영향을 받아 발달한다. 마지막으로, 심리적 측면은 개인이 현재 느끼는 정서에 초점을 맞춤으로써 정서를 심화시키는 경향을 말한다.

개인이 갖고 있는 신념체계의 합리성, 비합리성에 따라 건강한 성격과 건강하지 않은 성격을 가졌다고 판단할 수 있다. 인간이 건강하지 못한 성격, 심리적 부적응을 갖게 되는 이유는 비합리적 신념과 비합리적 사고 때문이다. 비합리적 신념은 자신, 타인, 세상에 대한 비현실적인 기대이다. 특히 비합리적 사고는 비합리적 신념으로부터 생시고, 이러한 사고는 관련 사건이 부정적인 결과를 초래하도록 만든다. 절대적인 강요와 당위, 파국화, 좌절에 대한 낮은 인내력, 자신과 타인에 대한 질책이 핵심 비합리적 사고에 해당한다.

Aaron T. Beck. Beck은 환경과 사회적 관계에 대한 반응인 인지 도식이 성격의 핵심이라고 보았다. 인지 도식은 다양한 상황에서 개인이 나타내는 독특한 자동적 사고와 그에 따른 정서 및 행동적 반응의 일관된 패턴이다. 생애 초기에 형성되기 시작하여 발달 과정 중 경험하는 다양한 경험으로부터 영향을 받고, 자기 영속화 과정을 통해 지속적으로 강화된다.

Beck에 의하면, 성격은 환경과 개인의 선천적인 기질이 적응을 위해 상호작용함으로써 형성되고 발달한다. 성격의 전형적인 패턴은 인류의 생존과 번식을 위한 적응 방략으로부터 비롯되었으며, 성격 장애와 정상 성격은 질적으로 구분되는 것이 아니라 적응 방략이 표현되는 정도의 차이일 뿐이다(Beck, 1976). Beck은 Ellis와 마찬가지로 성격 발달의 구체적인 단계를 제시하지는 않았다.

3. 결론

이처럼 성격을 보는 입장은 이론마다 다르고, 몇몇 입장은 서로 반대적인 입장을 취하기도 한다. 예를 들면, 특성적 접근은 성격을 상당히 개인의 안정적인 특성으로 보는 반면, 학습적 접근은 상당 부분 성격의 변화 가능성을 함축하고 있다. 또한 정신분석적 접근 특히, Freud의 입장은 성격을 어린 시절의 경험과 무의식적 욕구에서 찾는 반면, 인본주의적 접근은 인간을 좀 더 높은 수준의 욕구를 지향하는 성장 중심적인 존재로 이해한다. 이때 성격에 대한 다양한 접근을 우열로 구분하는 것은 보통은 가능하지 않다. 왜냐하면 각 접근이 개인의 성격과 관련된 행동을 잘 할 수 있는 영역이나 맥락이 서로 다를 수 있기 때문에, 모든 이론적 접근은 그 나름의 가치를 가지고 있다고 할 수 있다. 이러한 점에서 볼 때, 우리가 인간의 성격을 잘 이해하기 위해서는 다양한 이론적 접근을 잘 숙지하는 것이 필수적이다.

제4장

Cattell의 16 성격 요인(16PF)

앞에서 간단히 살펴본 것처럼, 성격에 대한 특질 이론은 인간이 보편적으로 갖고 있는 독특하고 안정적인 특질이 성격을 형성한다고 보는 입장이다. Raymond B. Cattell(1943)은 이러한 입장에 근거해서 16 성격 요인(16PF) 성격검사를 개발하였다. 이 검사는 RS-16PF검사의 기초가 된다.

1. Cattell의 이론적 입장

Cattell은 성격을 '한 개인이 어떤 주어진 환경에서 무엇을 할 것인지를 말해주는 것'으로서 일관성 있는 특질들의 집합이라고 정의했다. 즉, 성격을 통해 한 개인의 행동을 예측할 수 있으며, 그런 성격을 구성하는 요소가 인간의 특질이다. 하지만 특질을 통해 성격을 요소주의적인 관점에서만 바라본 것이 아니라 인간이 갖고 있는 여러 특질들을 동시에 다각적으로 접근하여 전체론적인 관점에서 이해하려고 했다. 또한 성격이 고정되지 않고 시간의 경과나 상황에 따라서 인생 전반에 걸쳐 변화한다고 보았다.

Allport의 연구에 영향을 받아 개인이 갖고 있는 특질이 성격을 구성하는 기본 요소라고 주장한 Cattell은 Charles Spearman의 요인 분석을 활용하여 특질을 범주화한 특질 이론을 만들었다. 그러나 Allport와 달리 개인의 특수성에 초점을 맞추지 않고 보편성에 초점을 맞추었다. Cattell은 인간은 중립적인 존재이며 인간이 갖고 있는 보편적인 특질들이 환경과의 상호작용을 통하여 행동을 유발한다고 생각했다. 또한, 그는 특질이 실재하는 것이 아니라 행동에 대한 객관적 관찰을 통해 추론한 가설적인 정신 구조라고 설명했다.

1) 특질의 유형

Cattell의 특질 이론에서 특질은 다양한 유형으로 구분된다. 먼저, 보편성에 따라 공통 특질과 독특한 특질로 구분된다. 공통 특질은 개인에게 정도의 차이는 있으나 일반적으로 누구나 갖고 있는 보편적인 특질이다. 독특한 특질은 특정한 개인, 소수에게만 나타나는 특질로 인간의 개인차를 반영하는 특질이다.

다음으로, 안정성 및 영속성을 기준으로 표면 특질과 근원 특질로 분류할 수 있다. 표면 특질은 겉으로 표현되는 다양한 행동 중에서 서로 관련성이 있다고 간주되는 일련의 행동으로 구성된 특질로, 영속성과 안정성이 비교적 낮다. 근원 특질은 성격의 핵심이 되는 특질로, 영속성과 안정성이 높아서 행동의 일관성을 결정짓는 특질이다. 하나의 근원 특질은 행동에 해당하는 여러 개의 다양한 표면 특질의 원인이다. Cattell은 근원 특질을 16PF(16 personality factor)로 설명했다. 근원 특질은 생물학적 영향으로 형성된 체질 특질과 환경적 요인으로 형성된 환경 조형 특질로 다시 분류된다.

마지막으로, 능력 특질, 기질 특질, 역동적 특질로 구분된다. 지능으로 대표되는 능력 특질은 상황을 해결하는 개인의 행동의 효율성을 결정하는 특질이다. 기질 특질은 상황에 대한 개인의 반응과 행동을 결정하는 특질로써 개인의 정서적 수준과 행동 스타일과 관련되는 특질이다. 역동적 특질은 동기, 흥미, 야망 등 행동을 유발하는 추진력을 의미하는 특질이다. 역동적 특질은 본능, 감정, 태도라는 3가지로 구분된다. 본능은 개인의 모든 행동을 유발하는 가장 기초적이며 선천적인 추진력을 의미한다. Cattell은 18가지 인간 본능을 주장한 William McDougall의 동기 이론에서 영향을 받아 인간의 행동을 동기화하는 선천적인 특질인 11가지 본능(분노, 호소, 호기심, 혐오, 군거성, 배고픔, 보호, 안전, 자기표현, 자기 복종, 성)을 제시했다. 감정은 후천적으로 형성되는 근원 특질이자 환경 조형 특질이다. 후천적 학습을 통해 형성되었기 때문에 더 이상 중요하지 않으면 소멸되거나 바뀔 수 있다. 태도는 내부의 욕구나 흥미가 외부로 표현된 것이다. 태도를 통해 에르그와 감정을 추측할 수 있다.

2) 유전과 환경의 관계

Cattell은 성격이 유전과 환경 두 가지 요인 모두에게서 영향을 받는다고 주장했다. 근원 특질과 본능이 유전적 요인으로 형성된 특질이고 표면 특질과 감정이 환경적 요인의 영향을 받아 형성된 특질이다. 환경적 요인과 유전적 요인은 상호작용하면서 개인의 성격 발달에 기여한다. 유전과 환경 외에도 학습이 성격 발달에 영향을 미친다. Cattell은 학습 이론의 고전적 조건형성과 조작적 조건형성 원리를 성격 발달에 적용했다. 고전적 조건 형성 원리처럼 인간은 환경 자극에 대해 정서적 반응을 나타내며, 조작적 조건 형성 원리에 의하면 인간은 특정 행동을 함으로써 본능을 충족하도록 학습한다. 또한, 성격 발달은 사회적 맥락에 영향을 받는다. Cattell은 Kurt Lewin의 장이론에서 영향을 받아, 개인의 성격이 좁게는 가족부터 넓게는 국가까지 개인이 속한 주위 환경에 영향을 받아 발달한다고 보았다.

Cattell은 성격이 유전과 환경, 학습, 사회적 맥락의 영향을 받아 6단계로 발달이 진행된다고 주장했다. 유아기는 출생에서 6세까지가 해당되며 성격 형성에서 가장 중요한 시기이다. 이 시기에 자아, 초자아, 사회적 태도가 형성된다. 아동기는 6세에서 14세까지에 해당하며, 심리적으로 문제가 발생할 확률이 낮고 부모로부터의 독립 경향성과 또래와의 동일시가 발달하는 시기이다. 청소년기는 14세에서 23세까지이며 정체성 확립과 신체적 변화로 혼란과 스트레스에 노출되는 시기이다. 독립성, 성, 자기표현 등이 발달한다. 성인기는 23세에서 50세까지를 의미한다. 인생의 생산적인 시기로 이전까지 발달한 성격이 안정되는 시기이다. 성인 후기는 50세에서 65세까지를 일컬으며 안정적이던 성인기에서 신체, 심리, 사회적 변화를 통해 다시 변화를 겪는 시기이다. 이 시기에 자신의 가치를 재검토하고 자기를 찾으려는 노력이 이루어진다. 65세 이후는 노년기에 해당하며 인생을 정리하고 상실과 그로 인한 고독 및 불안에 적응하는 시기이다.

3) 연구방법

Cattell이 성격 연구의 자료 조사와 통계 분석을 위해 주로 사용한 방법은 생활 기록법(L-data), 질문지법(Q-data), 검사법(T-data)이다. 생활 기록법은 통제된 실험실 상황이 아닌 일상에서 개인이 나타내는 행동을 관찰하여 평가하는 기법이다. 자연스러운 행동을 관찰할 수 있다는 장점이 있다. 질문지법은 검사자가 측정하고자 하는 내용의 질문지에 대해 피검사자가 스스로 평가한 자기보고식 평가 기법이다. 사회적 바람직성에 따른 응답을 제거할 수 없다는 한계가 있다. 검사법은 환경에 대한 개인의 반응을 관찰자가 판단하는 객관적인 검사로 투사검사가 해당한다. 피검사자가 자신이 받는 검사가 무엇을 측정하고 평가하는지 알지 못하게 하는 기법이기 때문에 솔직한 반응을 얻을 수 있다는 장점이 있다.

이렇게 얻은 자료들을 요인 분석을 사용하여 인간의 성격을 구성하는 수많은 특질들의 상관관계를 분석하고 상관이 높은 특질들을 집합으로 분류함으로써 16개의 보편적인 성격 특성 요인을 추출했다. 요인 분석의 다양한 형식 중에서 R기법과 P기법을 사용했다. R기법은 요인 분석의 가장 일반적인 형식으로 대규모 모집단에 존재하는 공통 특질을 추론하기 위해 사용되는 요인분석이다. 즉, 많은 수의 표면 특질로부터 점차적으로 축소시켜서 표면 특질의 근원이 되는 근원 특질을 추출하는데 사용된다.

먼저, 표면 특질들 사이의 공분산의 패턴을 확인함으로써 상호관련성을 살펴본 후, 상호관련성이 도출되면 추가적인 요인 분석 계산을 통해 각각의 표면 특질과 기저의 근원 특질 사이의 연관성을 측정한다. 표면 특질과 근원 특질 사이의 연관성 정도를 요인 부하량이라 하며 .30 이상을 유의미한 것으로 간주한다. 이와 달리, P기법은 특정한 개인만의 특질 구조를 밝히기 위한 특별한 요인 분석 기법이다. P기법은 일정 기간 동안 수많은 특질들을 반복적으로 검사한다. 그러므로 P기법을 통해 시간 경과에 따른 개인의 행동의 안정성과 함께 변화하는 행동의 측면들을 확인할 수 있다.

2. Cattell의 16PF

Cattell은 개인을 묘사하는 모든 성격 특성들의 목록을 성격 영역이라 명명했으며 이것이 특질을 파악하는 것의 토대라고 보았다. 그는 Allport와 Henry S. Odbert(Allport, Odbert, 1936)가 제시한 4,500가지의 특질 명칭을 조사하여 성격을 구성하는 46개의 표면 특질을 주장했다. 이후 요인분석을 통해 부하량이 낮은 항목들을 제외하고 최종적으로 가장 요인 부하량이 높은 항목들로 구성된 16가지 주요 근원 특질을 밝혀냈다. 이 16가지 근원 특질이 16PF 설문지를 구성한다. 개인의 행동에 대한 특질의 예측 정도는 각 특질마다 상이하다. 각 특질의 점수가 낮게 나오거나 높게 나왔다고 해서 반드시 성격에 부정적인 것은 아니다. 성격은 특질과 상황적 요인 사이의 상호작용에 따라 영향을 받기 때문이다.

16PF 척도는 1949년에 처음 출간되었다(Cattell, Mead, 2008). 정상 성격의 전반적인 영역을 종합적으로 측정할 수 있는 검사로, 성격에 대한 심오하고 전체적인 내용이 필요한 다양한 영역에서 널리 사용되고 있다. 1993년에 출간된 5차 개정판은 30여 개의 언어로 번역되어 사용되고 있다. 2001년에 다시 성별, 인종, 연령을 반영하여 재 표준화 되었다. 16PF 척도는 오랜 성격 연구와 타당도 검사를 기반으로 한 강력한 과학적인 평가 도구이다. 다층적 모델로 정상 성격에 대한 깊이 있는 평가를 제공하는 종합적 평가 도구이다. 또한, 검사

를 진행하고 점수를 책정하는 것이 쉽고 간단하다는 장점도 있다.

1) 온정성(Warmth: A)

의미. 온정성은 Cattell의 성격 영역 요인 분석에서 가장 먼저 나타난 요인으로, 총체적 요인 중 외향성/내향성에 지대한 영향을 미치는 핵심적인 요인이다. 온정성은 공감, 연민, 감정 이입 경향성 등으로 구성된다. 그리고 타인과 정서적 친밀감, 애착, 연결감을 형성하려는 인간의 기본 욕구와 관련이 있다. 즉, 정서적 연결감과 친밀감을 얻기 위해 타인에게 다가가려는 욕구를 반영한다.

온정성은 타인에 대한 수용 정도, 개방 수준과도 관련이 있으며 총체적 요인 중 강인성/수용성에 영향을 미친다. 온정성 수준이 높으면, 자신의 정서를 개방하는 것, 타인의 욕구에 신경 쓰는 것, 타인이 자신의 개인적인 느낌을 이야기하는 것을 경청하는 것을 좋아하며, 다른 사람과 함께 하는 직업을 선호한다. 반면, 온정성 수준이 낮으면, 남들이 보기에 형식적인 느낌을 갖거나 거리감을 가질 수 있다. 자신의 감정, 애정 등을 내보이는 것을 불편하게 생각한다. 이들은 함께 하는 직업보다 과학자나 개발자처럼 혼자서 하는 직업을 선호한다.

높을 때의 특징. 온정성 수준이 높은 사람은 강한 개인적 애착 관계를 형성하며 정서적으로 친밀한 관계를 형성하기 위해 필요한 기본적인 특질들을 많이 갖고 있다. 타인에 대한 순수한 관심을 느끼며 반응성이 높다. 타인과 친밀한 관계를 형성하고 상호작용 하는 것에서 가치를 느낀다. 이들은 타인과 친밀한 관계를 형성하지 못하는 상황이나 혼자 해야 하는 활동을 할 때 불편함을 느끼거나 비효율적이게 된다. 지나치게 높을 경우, 종종 기대 이하의 성취를 야기할 수도 있다. 대부분의 평가나 작업은 혼자서 해야 하는 경우가 많기 때문이다. 또한, 혼자 있는 것을 회피하기 위해 성숙하지 않은 사회적 관계를 형성하게 될 수도 있다. 타인과 밀접한 관계를 형성하고 포함되고자 하는 강렬한 욕구 때문에 타인의 의견에 반대하거나 자신의 의견을 표출하는 것을 방해할 가능성도 존재한다.

낮을 때의 특징. 온정성 수준이 낮으면 혼자 있는 것을 좋아하며 타인과 적당한 정서적 거리감을 유지하려는 경향이 있다. 그리하여 관계에 소극적인 태도를 보이고, 형식적인 관계를 선호한다. 타인과의 관계나 자신의 행동과 결정이 타인에게 미치는 영향에 대해 크게 신경 쓰지 않는다. 온정성이 낮은 사람은 독립적이기 때문에 감정적인 상황에서 객관적으로 바라보고 대처할 수 있는 능력을 갖고 있다. 명확하고 비판적으로 사고할 수 있지만, 단호하고 융통성이 없다는 평가를 받기도 한다. 지나치게 낮을 경우, 타인과의 친밀한 관계를 형성하고 유지하는 데에 있어 어려움을 겪는다. 타인과 함께 하는 상황에서 불편함을 느끼기 때문에 공동의 목표를 공유하는 상황에서 실수를 하거나 상대방이 친밀함을 표출했을 상황을 회피하기도 한다.

직업 선택에서의 의미. 온정성은 직업 선택 상황에서 큰 영향력을 미치는 요인이다. 온정성이 높은 사람은 대체로 사람들과의 만남이 빈번한 직장을 선호한다. 온정성이 높은 사람은 현실형(R, 실제형)에 속하는 직업 중 보살핌과 정서적 서비스를 제공하는 직업군(교사, 상담사, 간호사, 사회 복지사 등)에 많이 종사하는 것으로 파악되었다. 기업형(E)의 직업 중에는 감독관, 매니저, 경영자, 영업 등의 다양한 직업에서 나타났다. 온정성이 높으면 사회적으로 중요한 기여를 하는 것으로 비춰지기 때문에 온정성이 낮은 사람보다 승진할 확률이 높다. 이들의 업무만족도에는 업무 환경이 얼마나 화기애애한 지가 중요한 영향을 미친다. 반면, 온정성이 낮은 사람은 타인과 친밀한 상호작용을 할 필요 없는 객관적, 논리적, 관행적인 직업이 적합하다. 탐구형(I)에 속하는 많은 직업(물리학자, 화학자, 수학자, 엔지니어 등)과 다양한 예술형(A) 직업(작가, 조각가, 디자이너 등), 그리고 현실형 직업(전기 기술자, 삼림 감시원, 농부 등) 영역에 종사하는 사람들에게서 온정성이 낮게 나타났다.

상담 장면에서의 의미. 대부분의 심리 치료의 형태가 대인적으로 진행되기 때문에 온정성이 높을 때 치료가 더 쉽게 진행될 수 있다. 온정성이 높은 내담자에게는 치료자가 정서적 유대감을 통해 치료적 동맹을 형성하는 치료가 효과적이다. 온정성이 낮은 내담자는 감정과 관계에 집중하는 치료를 선호하지 않는다. 이들은 현재의 문제에 대한 명확하고 논리적인 치료를 선호한다.

2) 사고력(Reasoning: B)

의미. 사고력은 어떤 총체적 요인과도 관련이 없는 요인이지만 간단한 지능을 측정함으로써 개인에 대한 자세한 설명을 제공하는 데 도움을 준다. 인지적 능력이 인간의 기능의 많은 영역에 영향을 주기 때문에 16 PF의 다른 요인을 해석할 때 중요한 해석을 제공한다. 사고력은 간단한 지능 정보를 제공하여 Cattell의 성격 검사를 일반적인 성격 검사와 차별화한다. 하지만 정보의 수준이 부수적인 수준이기 때문에 신뢰도 높은 다른 지능 검사에 의해 결과가 번복될 수 있다. 따라서 지능 수준이 평가에서 중요할 경우, 추가 검사를 통해 보충해야 한다.

높을 때의 특징. 영리하며, 학습 능력과 높은 연관성이 나타난다. 추상적 사고 및 문제 해결 능력이 뛰어나다. 부분과 전체 사이의 관계를 파악하는 능력이 출중하다.

낮을 때의 특징. 추상적 사고를 요하는 문제 해결 능력이 떨어질 수 있다. 그러나 사고력 수준이 낮다고 해서 반드시 문제 해결 능력이 떨어지는 것은 아니다. 사고력이 낮게 나온 이유는 피검사자에게 난독증이 있거나 검사에 사용된 언어가 익숙하지 않은 언어이거나 제대로 된 학습을 받지 못했기 때문일 수 있다. 피검사자가 문제를 제대로 읽지 않았거나 잘못 이해했기 때문에 점수가 낮게 나올 수 있다. 집중력 문제가 있거나 검사에 흥미가 없고 동기화되지 않았을 때에도 점수가 낮게 나올 가능성이 있다. 그 밖에도 나쁜 인상을 주기 위해서 의도적으로 점수를 낮게 나오도록 하는 경우도 있다.

직업 선택에서의 의미. 과학자, 기술자, 치과 의사, 컴퓨터 프로그래머, 회계사, 교사, 높은 직위의 매니저 등의 직업군 종사자에게서 사고력 수준이 높게 나타났다. 사고력이 평균적으로 가장 낮은 직업 유형은 요리사, 일용직 노동자, 농부 등 많은 훈련이나 추상적 사고가 필요하지 않은 직업군이다.

상담 장면에서의 의미. 높은 사고력 점수는 치료나 상담 장면에서 제공되는 검사에 집중할 수 있는 능력을 의미한다. 따라서 검사로 인한 불안이나 좌절이 적게 나타난다. 사고력 점수가 높은 사람에게는 통찰에 기반을 둔 치료가 큰 효과를 보인다.

3) 정서적 안정성(Emotional Stability: C)

의미. 정서적 안정성은 총체적 요인 중불안(고/저)에 중요한 영향을 미친다. 정서적 안정성이 낮으면 총체적 요인 중 고 불안이 나타난다. 신경질적이고 정서적으로 반응하는 경향이 강하고, 낮은 자아존중감과 관련되기도 한다. 정서적 안정성 수준이 낮은 사람은 같은 상황에서도 다르게 행동하는 경향이 있다. 또한, 사소한 문제에 대해서도 자신이 감당하지 못한다고 느끼고 감정 기복이 잦다. 반면, 정서적 안정성 수준이 높은 사람은 침착하고, 안정적이며, 인내심이 높다. 따라서 총체적 요인 중 저 불안이 나타난다. 이들은 자신의 삶과 욕구를 통제할 수 있다고 느끼며, 대체로 일상에 대한 만족도가 높게 나타난다.

높을 때의 특징. 침착성, 높은 인내심, 차분한 기질을 갖고 있다. 한발 물러나서 새로운 시각에서 차분하고 현실적으로 현상을 바라볼 줄 아는 능력이 탁월하기 때문에 충동 조절 능력과 스트레스 및 문제에 대한 적응적 대처 능력이 뛰어나다. 따라서 무의미하게 소모하는 에너지가 적어 목표를 생산적으로 성취하는 경향이 있다. 그러나 인생의 문제나 부정적 감정을 수용하지 않으려고 할 경우에도 정서적 안정성 수준이 과도하게 높게 나타날 수 있다는 것을 주의해야 한다. 자신의 실제 모습보다 더 침착하고 능력 있는 사회적으로 바람직한 모습으로 자신을 왜곡하기 때문에 정서적 안정성이 높게 나타나는 것이다. 정서적 안정성이 지나치게 높게 나타나는 원인은 어린 시절에 겪은 과도한 스트레스 때문일 수 있다. 과도한 스트레스를 경험한 아이들은 일반 아이에게는 불필요한 대처 전략을 발달시키는 경향이 종종 나타난다.

낮을 때의 특징. 감정적이고 신경질적이다. 스트레스에 민감하게 반응하고, 적응적으로 대처하지 못한다. 좌절과 실망에 대한 인내력이 부족하다. 문제 상황에서 거리를 두고 생각하는 능력이 부족하다. 지나치게 낮을 경우, 미숙하고 다혈직적이며 불만족스러워 하는 경향이 있다. 자신의 삶에 대해 통제력이 낮아서 스스로 선택하기보다 수동적으로 반응할 수 밖에 없다고 생각한다. 자신의 감정을 명확하게 인식하지 못하고 혼란스러워 한다.

직업 선택에서의 의미. 일련의 문제가 지속되는 상황을 해결해야 하는 직업군에 종사하는 사람에게서 정서적 안정성 수준이 높은 경우가 많이 발견된다. 기업형(E)에는 경영자, 비즈니스 매니저, 영업직 매니저 등이 해당하고, 현실형(R)에는 경찰관, 소방관, 기장 등이 해당하며, 사회형(S)에는 학교 상담사, 간호사, 사회복지사 등이 이런 직업군에 해당된다. 반면, 정서적 안정성이 낮은 사람은 부담이 적고 스트레스가 적은 직업이 적합하다. 대표적으로 요리사, 점원, 집배원, 농부 등이 해당된다. 예술형(A) 직업에 종사하는 사람들에게서 정서적 안정성이 낮게 나타난다.

상담 장면에서의 의미. 정서적 안정성이 평균보다 높은 환자는 문제를 현실적으로 직면하며 해결을 위해 생산적으로 반응하기 때문에 큰 문제로 발전하지 않는다. 그러나 정서적 안정성 점수가 지나치게 높을 경우, 자신의 불안, 심리적 갈등, 문제 등을 인식하는 것을 거부하기 때문에 치료가 어려워진다. 이와 달리, 정서적 안정성이 낮게 나오는 것은 도움을 요청하는 신호이며 지지적인 상담에서 긍정적으로 반응하려는 의지를 나타낸다. 그러나 치료과정에서 나타나는 본질적인 문제에 대해서 제대로 반응하지 못할 수 있다는 점을 주의해야 한다. 자신의 문제를 해결하기 위한 적합한 수준의 객관성을 갖는 능력이 부족하고 치료자와 동맹 관계를 형성하는 데에 어려움이 있기 때문이다.

4) 지배성(Dominance: E)

의미. 지배성은 독립성/순응성 요인에 큰 영향을 미치는 요인이다. 지배성은 독선적이고 강압적인 태도와 관련이 있다. 지배성 수준이 높으면 독립성이 나타나고, 지배성 수준이 낮으면 순응성이 나타난다. 지배성 수준이 높은 사람은 자신이 하는 일에서 다른 사람과 경쟁하는 것을 즐기며 다른 사람의 잘못에 대해 비판하는 것을 주저하지 않는다. 필요할 경우 거칠고 날카로워질 수 있다. 반면, 지배성 수준이 낮은 사람은 독단적이라기보다 협조적이며 문제를 해결하기 위해 갈등을 회피하려는 경향이 있다. 남들이 자신에게 해가 되는 행동을 하는 경우에도 지적하지 않고 지나가도록 하는 경향이 있다.

높을 때의 특징. 지배성이 높으면 경쟁적이고 자기주장이 강하다. 상황을 지배하기를 좋아하기 때문에 사람들을 지도하려는 경향이 있다. 자신의 목표를 달성하기 위해 독단적으로 굴기도 하지만 문제를 직면해도 물러서지 않으려고 해결하려는 경향이 있다. 대체로 외향성이 높지만 내향적인 경우에도 지배성이 높을 수 있는데, 이럴 경우에는 새로운 기술의 선구자가 되기 위해 노력하거나 어려운 문제를 고집스럽게 붙들고 있는 등 사회적 상황이 아닌 곳에서 지배성을 표출한다. 지나치게 높을 경우, 오만함, 권위적, 고압적, 공격적, 통제적으로 비춰질 수 있다. 자신의 목표만 중요하게 생각하여 타인의 목표는 간과하거나 자신과 다른 관점에 대해서도 관대하지 못하기 때문에 배타적, 공격적, 통제적이기도 하다.

낮을 때의 특징. 협조적이고 포용적이다. 공손하고 겸손하다. 자신의 욕구보다 타인의 욕구를 더 존중한다. 그래서 갈등 상황에서 갈등을 해결하기 위해 자신을 희생하는 경향이 있다. 지나치게 낮을 경우, 다른 사람이 화를 내거나 반대할까봐 두려워서 자신의 의견을 표출하는 것을 꺼린다. 이것은 다른 사람에게 적극적이지 않는 모습으로 비춰질 수 있다.

직업 선택에서의 의미. 지배성이 높은 사람은 목표를 성취하기 위해 다른 사람을 지휘하고 관리하거나 영향을 미치는 직업이 적성에 맞을 수 있다. 대체로 마케팅 매니저, 경영자, 변호사, 협상을 성사시키는 영업직 등의 직업에 종사하는 사람들에게서 지배성이 높게 나타난다. 평균 이상의 지배성 수준은 교장, 인사관리자, 심리학자 등의 다양한 사회형(S), 연구자, 엔지니어, 기장, 건축가 등의 탐구형(I) 작가, 댄서 등의 예술형(A), 그리고 군인, 운동선수 등 몇몇 현실형(R) 직업 등 광범위한 영역에서 나타난다. 지배성이 낮은 사람에게는 규정이 정해진 직업 혹은 도움을 주는 직업 중, 대인 접촉이 적은 일을 하는 것이 적합하다. 농부, 기계 기사, 주부 등의 현실형(R) 직업과 사무원, 경리 등의 관습형(C) 직업, 그리고 수도사와 같은 사회형(S) 직업이 적합하다.

상담 장면에서의 의미. 대체로 충동성과 표출적인 행동이 특징이다. 지배성이 지나치게 높은 환자가 치료자를 찾는 경우는 치료가 필요한 상황이라는 엄청난 외부 혹은 내부의 압력이 있었기 때문이다. 특히, 자신이 상황을 통제하거나 문제를 해결할 수 없다고 느낄 때 엄청난 스트레스를 받아 치료를 받는 경우가 많다. 이들은 치료를 받는 것을 자신이 굴복하는 것으로 받아들이는 경향이 있기 때문에 치료 과정에 영향을 주려고 시도하기도 한다. 따라서 치료 장면에서 내담자가 느끼는 권력 역동을 파악하고 상호 협력을 위한 적절한 관계를 형성하는 것이 바람직하다. 지배성이 낮은 사람은 억제적이며 종속적이고 지나치게 겸손하다. 자신의 감정을 표현하고 대처하는 방법이 미숙하다.

5) 추진력(Liveliness: F)

의미. 추진력은 외향성/내향성에 영향을 미친다. 추진력이 높으면 외향성이 나타난다. 추진력은 높은 에너지, 태평함, 열정과 관련이 있으며 활기차고 자발적으로 다른 사람들에게 다가가는 경향을 말한다. 만약, 추진력 수준이 낮으면 진중함, 조용함, 가라앉은 분위기를 반영하며 내향성이 나타난다.

추진력은 절제/방종에도 영향을 미친다. 추진력 수준이 높다는 것은 제어되지 않는 자유롭고 충동적인 본성을 반영하기 때문에 방종이 나타난다. 추진력이 높으면 다른 사람들을 즐겁게 만드는 것을 즐기고, 즐거움과 활동성 한가운데 있는 것을 즐기는 경향이 있다. 반대로 추진력이 낮으면 진지하고 세심하며 제어된 기질을 반영하기 때문에 절제가 나타난다. 추진력이 낮으면 조용한 취미를 갖고 있으며 시선을 끌지 않게 단정하고 평범하게 입는 경향이 있다.

높을 때의 특징. 활동적, 적극적, 열정적, 낙천적이다. 즐거움을 추구하고 유쾌하며 사람들을 즐겁게 하는 것을 좋아한다. 자극에 대해 굉장히 민감하고 반응적이다. 즉흥적이고 자유분방하다. 사고가 집중적이라기보다 확산적이다. 따라서 세심하지 못하다는 평가를 받기도 한다. 지나치게 높을 경우, 행동의 결과에 대해 충분히 고려하지 않기 때문에 충동적이다. 생각이 짧고 미성숙하다는 평가를 받을 수 있다. 일상적이고 진부하거나 주의가 필요한 과제에 대한 집중력이 부족하다. 너무 오래 지속되는 일에 대해서는 쉽게 지루해하고 싫증을 느끼기 때문에 열정적으로 시작했더라도 마무리를 못 짓는 경우가 많다. 또한, 관계를 형성함에 있어 타인의 신뢰를 받지 못하기 때문에 깊이 있는 관계를 형성하지 못한다. 설사 관계를 형성했다고 하더라도 관계에 헌신하지 못하는 경향이 있다.

낮을 때의 특징. 세심하고 진지하다. 성미가 급하지 않고 신중하기 때문에 상황에 대해 숙고하여 반응한다. 길고 어려운 과제를 오랜 기간 집중하여 마무리할 수 있는 능력을 갖고 있다. 행동뿐만 아니라 사고 과정도 세심하고 꼼꼼하게 진행된다. 타인으로부터 신뢰를 받는다는 특징이 있다. 지나치게 낮을 경우, 관심사의 폭이 좁고 조용하기 때문에 대화 기술이 뛰어나지 않다는 평가를 받는다. 사회적 상황에서 자발적이지 않고 위축되어 보일 가능성이 있다. 대화를 잘 하지 않고 내성적이기 때문에 친밀한 관계가 적고 심지어 사회적 관계를 회피하는 경향도 있다.

직업 선택에서의 의미. 추진력 수준이 높은 사람에게는 열정과 에너지가 필요하면서 동시에 흥미와 다양함을 제공하는 직업 혹은 동시에 여러 과제에 집중해야 하는 직업이 적합하다. 기업형(E) 중에는 마케팅 매니저, 영업직 등의 직업과, 사회형(S)의 교장, 승무원 같은 직업, 그리고 디자이너와 같은 몇몇 예술형(A) 직업이 해당한다. 이들은 세심한 주의가 필요한 직업에 대해서는 지루함을 느낄 수 있다. 반면, 추진력 점수가 낮은 사람의 특징인 꾸준함, 높은 집중력, 세심한 주의력이 필요한 지속적이고 요구적인 직업에 적합하다. 추진력 수준이 낮은 사람은 진지하고 세심하기 때문에 신중한 의사 결정자이자 신뢰할 수 있는 노동자이다. 연구자, 엔지니어, 컴퓨터 프로그래머 등의 탐구형(I) 직업과 기계 기사, 생산직 근로자, 전기 기술자, 삼림 감시원, 농부 등의 현실형(R) 직업이 적합하다.

상담 장면에서의 의미. 추진력 수준이 높은 환자는 치료에 적극적으로 참가하며, 특히 집단치료를 좋아한다. 말이 너무 많기 때문에 치료 세션을 넘기는 경우도 많다. 그러나 자신의 심각한 문제에 대해 초점을 맞추지 못하거나 그런 문제에 대한 통찰이 부족하다. 지나치게 추진력이 높은 사람은 자신의 내면을 통제하지 못해서 내적인 감정을 충동적으로 표출하는 경우도 있다. 또한, 충동적인 성향 때문에 치료해야할 심리 문제에 꾸준히 집중하는 것이 힘들다. 반면, 추진력 수준이 낮은 환자는 치료자와의 상담 장면에서 조용한 태도를 보이는 경향이 있다. 그렇기 때문에 상담에 완전히 참가하도록 유도하기 위해서 치료자의 추가적인 노력이 필요하다. 추진력 수준이 낮은 사람들은 매사에 진지한 태도와 높은 자제력 때문에 안정을 취하거나 즐거움을 찾기 힘들기 때문에 치료자를 찾는 경우가 종종 있다. 지나치게 추진력 수준이 낮을 경우, 무망감, 비관을 느끼고 있을 수 있다.

6) 도덕성(Rule-Consciousness: G)

의미. 도덕성은 규칙과 기준에 대한 순응과 관련이 있으며, 초자아 개념과 유사하다. 절제/방종에 중요한 영향을 미친다. 도덕성은 문화적 이상과 가치를 포함하고 있기 때문에 사회적 바람직성으로 인한 왜곡이 나타날 수 있다. 도덕성이 높으면 의사 결정 과정에서 개인이 무엇이 옳고 바람직한지를 주의 깊게 생각하며, 도덕적 기준을 반드시 따라야 한다고 믿는 경향이 있다. 반면, 도덕성이 낮으면 규칙은 무시할 수 있으며, 규칙과 예의를 지키는 것보다 자신이 원하는 것을 자유롭게 하는 것이 더 중요하다고 생각하는 경향이 있다.

높을 때의 특징. 권위를 존중하며 전통과 규칙, 기준을 강하게 내면화한다. 어떻게 행동하고 어떻게 생각해야하는지에 대한 굳건한 양심의 기준이 존재한다. 도덕적 문제에 대해 민감하며 모든 것이 공정하게 진행되어야 한다고 생각한다. 규칙과 기준을 엄격하게 따른다. 절제와 자기 통제가 뛰어나다. 하지만, 실제 도덕성 수준과 상관없이 개인이 생각하기에 이상적인 모습이 높은 도덕성 점수로 왜곡되어 나타날 수 있다. 지나치게 높을 경우, 엄격하고 융통성이 부족하며 독선적이라는 평가를 받을 수 있다. 너무 높은 도덕적 기준이나 흑백 논리로 자신과 타인을 평가하기 때문이다. 또한, 규칙을 어기는 것에 대해 강력한 죄책감과 부적절함을 느끼기 때문에 유연성을 필요로 하는 상황에서 비효율적으로 행동하기도 한다.

낮을 때의 특징. 규칙과 규정을 준수하기보다 격식에 얽매이지 않는다. 이들은 고등 교육과정에서는 평균 정도의 학업 수행 능력을 보이지만 유연한 접근이 필요한 상황에서는 굉장한 성취를 보이기도 한다. 도덕성 수준이 낮게 나오는 이유는 개인의 내면에 옳고 그름에 대한 감각이 발달하지 못했거나 전통적인 관습이 아닌 가치를 따르기 때문일 수 있다. 지나치게 낮게 나올 경우, 정해진 규칙과 기준에 순응하는 데 어려움을 겪으며, 행동이 예측 불가능하다. 원하는 것을 얻기 위해 남을 속이거나 조종하는 경향이 있다. 관계를 형성하기 어려울 뿐만 아니라 형성된 관계도 오래 지속되지 못한다.

직업 선택에서의 의미. 도덕성 수준이 높으면 순응적이고 존중하는 태도를 가지고 있으며 상황에 적절하게 행동하기 때문에 많은 직업에서 선호된다. 대부분의 직업 종사자에게서 도덕성 수준이 평균보다 높게 나타났다. 도덕성 수준이 높은 사람에게는 대체로 형식화된 직업이 적합하다. 사무원, 경리, 은행 감독관 등 관습형(C)에 속하는 직업이 해당한다. 그 외의 직업 유형에 해당하는 직업들도 얼마나 구조화되어 있고 얼마나 정확하게 정해진 규칙을 따라야 하는지의 정도에 따라 도덕성이 높은 사람에게 적합도가 달라진다. 반면, 도덕성 수준이 낮은 사람은 규칙으로부터 상대적으로 자유로운 예술형(A)에 속하는 직업을 갖는 경우가 많다. 예술형이 아니더라도 창의성과 독창성이 필요한 직업이라면 도덕성 수준이 낮은 사람에게 적합하다. 과학자, 교수, 심리학자와 같은 탐구형(I) 직업 종사자들 중에도 종종 도덕성 수준이 평균 이하인 경우가 있다.

상담 장면에서의 의미. 도덕성 수준이 높은 환자는 자신과 비슷한 기준을 준수하는 치료자를 선호하는 경향이 있다. 다시 말해, 양식화되고 체계적인 치료를 선호한다. 이들은 치료자가 규칙과 기준을 명확히 준수하는 한 권위를 존중하며 치료자가 제시하는 과제를 성실하게 수행한다.

7) 사회적 대담성(Social Boldness: H)

의미. 사회적 대담성은 외향성/내향성에 영향을 미친다. 사회적 대담성 수준이 높으면 모험, 자극을 찾고 주목받기 위해 타인 앞에 나서도록 동기화되고 외향성이 나타난다. 사회적 대담성 수준이 낮으면 소극적이고 수줍어하며 이목의 집중되는 상황을 회피하는 경향이 있으며 내향성이 나타난다.

사회적 대담성은 독립성/순응성에도 영향을 준다. 사회적 대담성은 모험적이고 두려움이 없는 특징과 관련이 있다. 독립성은 도전을 선호하고 높은 위험 상황을 추구하는 경향과 관련이 있으며, 순응성은 타인에게 우호적이고 협력적인 경향과 관련이 있다. 따라서 만약 사회적 대담성이 높으면 독립성, 반대로 사회적 대담성이 순응성이 나온다.

높을 때의 특징. 사회적 대담성이 높은 개인은 사회적 상황을 포함한 전반적인 상황에서 도전과 모험을 좋아하고 위험을 감수하는 경향이 있다. 자신감이 넘치며 두려움이 적기 때문에 문제 상황에서 대범하게 대처한다. 외향적이고 주목 받는 것을 좋아한다. 타인의 반응에 크게 신경 쓰지 않기 때문에 타인과 반대되는 의견을 표현하는 것을 주저하지 않는다. 그러나 지나치게 높을 경우, 과시적으로 보일 수 있다. 타인의 감정에 대해 민감하지 않아서 거부 신호를 눈치 채지 못하고 후안무치하다는 평가를 받을 수 있다. 또한, 고위험 상황에 매력을 느끼고 안전한 삶에 대해 지루하다고 느끼기 때문에 건강이나 안전에 위험이 될 상황에 처하기도 한다. 사회화가 제대로 이루어지지 못한다.

낮을 때의 특징. 사회적 상황에서 낯을 가리며 내성적이다. 주목 받는 것을 회피한다. 낯선 사람 앞에서 이야기를 하거나 사회적 상황에서 주도적으로 무언가를 하는 것을 힘들어한다. 자신만의 확고한 의견을 갖고 있더라도 밖으로 표현하는 것은 주저한다. 이들은 주로 소수의 친밀한 친구와 함께 하는 상황을 선호하고 편안함을 느낀다. 자극에 민감하게 반응하고, 거리를 두고 관찰하는 것을 잘하기 때문에 사소한 변화를 잘 감지하고, 타인의 행동과 반응을 잘 파악하고 예측한다. 이러한 성향은 세심한, 수줍음, 투명성으로 다가와 다른 사람들에게 다정하다는 평가를 받기도 한다. 지나치게 낮을 경우, 사회적 접촉이나 위험을 과도하게 회피하기 때문에 최소한의 사회적, 직업적 기회마저 제한될 수 있다. 자신감이 부족하여 비합리적인 열등감이나 자의식을 갖는 경우도 있다.

직업 선택에서의 의미. 사회적 대담성이 높은 사람은 위험을 감수해야 하는 직업군에 적합하다. 기업형(E) 중, 영업, 매니저, 경영자, 변호사가 해당되고, 사회형(S) 중 장관, 교사, 교장, 경찰, 소방관, 기장, 운전자가 해당되며, 예술형(A) 중 음악가, 방송 종사자 등의 직업이 해당된다. 반면, 사회적 대담성이 낮은 사람에게는 사회적 상호작용이 많이 필요하지 않은 직업과 스트레스, 갈등, 위험이 적은 직업이 적합하다. 일반적으로 물리학자, 사서, 회계사, 엔지니어, 기계공, 농부 등의 직업군에 종사하는 사람들에게서 사회적 대담성이 낮게 나타난다.

상담 장면에서의 의미. 지나치게 사회적 대담성이 높은 사람은 자기애성 성격 장애를 진단 받을 수 있다. 이들은 사회화가 잘 이루어지지 않기 때문에 내재적 접근을 기반으로 하는 치료를 하는 것이 효과적이다. 사회적 대담성이 낮은 환자는 치료자와의 관계에서 편안함을 느끼거나 자신에 대해 이야기하는 것을 어려워한다. 특히, 외향성 척도가 낮을 때 이런 경향은 심해진다. 하지만 피드백에 세심하게 반응하기 때문에 만약 환자가 자신의 수줍음을 극복하고 치료자와의 관계에서 편안함을 느끼게 된다면, 치료에 효과적으로 반응할 수 있다.

8) 민감성(Sensitivity: I)

의미. 민감성은 강인성/수용성을 이해하는 핵심 요인이다. 민감성이 낮으면 객관적이고 현실적인 것에 관심을 가지며 감정을 배제하는 강인한 정신력을 지니는 경향이 있어 강인성이 나타난다. 반면, 높은 민감성은 감정을 잘 인식하고 감정 이입을 잘하는 경향이 있다. 민감성은 일반적으로 여성이 남성보다 유의미하게 높게 나타난다.

높을 때의 특징. 예술적이며 미적으로 민감하다. 자신과 타인의 감정을 인식하는 능력이 뛰어나며 공감을 잘하고 우호적이다. 지나치게 높을 경우, 정서적으로 취약하여 불쾌하거나 어려운 일을 회피한다. 감정을 배제하고 객관적인 상황에 초점을 맞추는 데에 어려움을 겪는다. 타인에게 의존적이거나 신경질적이다. 타인의 반응과 감정을 고려하느라 자신의 요구와 의견을 자유롭게 표출하지 못할 수도 있다. 바라는 수준의 관심과 이해를 베푸는 상대를 찾기 힘들기 때문에 대인 관계의 만족도가 낮을 수 있다.

낮을 때의 특징. 감정보다 객관적, 현실적, 기능적인 측면을 중시하는 경향이 있다. 따라서 위급상황에서 효율적이다. 그러나 자신 내부의 감정에 대해서 인지하는 능력이 부족하다. 지나치게 낮을 경우, 자신과 타인의 감정을 인식하고 공감하는 능력이 부족하여 고집스러워 보이거나 지나치게 논리적으로 보일 수 있다. 이들은 자신과 타인의 세심한 감정을 평가절하하는 경향이 있어 연약하고, 다정하며 요구적인 감정을 회피한다. 정서적 반응을 이해하지 못하며 부정적으로 반응한다. 결과적으로, 대인 관계 문제가 발생한다.

직업 선택에서의 의미. 민감성은 타인의 생각에 대한 정보와 세상에 대한 자신의 관점에 대한 정보를 제공한다. 그렇기 때문에 직업 적합도에서 다른 일차 요인보다 더 나은 지표를 제공한다. 민감성이 평균보다 높은 사람은 다양한 예술형(A) 직업에 적합하다. 작가, 시인, 사진가, 음악가, 디자이너 등이 해당된다. 그 밖에도 사회형(S)에 해당하는 직업 중, 교사, 상담사, 간호사, 성직자, 심리학자 등 사회적인 도움을 제공하는 직업이 적합하다. 민감성이 낮은 사람은 현실형(R) 직업(기계공, 삼림감시관, 소방관, 경찰관, 치과의사, 엔지니어, 기장 등)이나 관습형(C) 직업(회계사, 보험 계리사, 신용 관리자 등) 등이 적합하다.

상담 장면에서의 의미. 민감성이 높으면 치료 과정에 쉽게 적응한다. 은폐성이 높지만 않다면 높은 민감성은 자신의 감정을 이야기할 준비가 되어 있다는 것을 의미하기 때문이다. 그러나 높은 민감성을 가진 환자는 자신에 대한 비판에 민감하다. 따라서 수용적이고 지지적이며 정서 중심적인 치료를 적용하는 것이 바람직하다. 민감성이 지나치게 낮을 경우 자발적으로 치료자에게 자신의 문제를 상담 받기 위해 가지 않을 경향이 있다. 치료를 받는 것을 자존감에 대한 위협이라고 생각하거나 아무런 효과가 없다고 생각하기 때문이다. 민감성이 낮은 환자들은 논리적이고 체계적인 치료를 선호한다.

9) 경계성(Vigilance: L)

의미. 경계성은 고 불안(고/저)에 영향을 주는 요인이다. 경계성이 높다는 것은 경계심과 불신이 높다는 것을 의미한다. 경계성 수준이 높으면 타인의 동기와 의도, 그리고 부정의에 대해 민감하게 반응하게 되며 고 불안이 나타난다. 경계성 척도에 의하면, 높은 경계성 수준을 가진 사람은 솔직함은 불이익을 줄 수 있다고 생각하기 때문에 솔직하지 않으며 만나는 사람들 대부분을 불신하고 타인의 동기를 주의 깊게 관찰하는 경향이 있다. 반면, 경계성 수준이 낮으면 세상 사람들의 본성이 착하고 신뢰할 수 있으며 진실 되었다고 믿는 경향이 있다.

높을 때의 특징. 타인의 의도와 세상에 대해 의심이 많고 불신 수준이 높다. 비판적이고 회의적이다. 덕분에 쉽게 사기를 당하지 않는다. 경계성 수준이 높은 사람들은 사회적으로 불이익을 받는 하위 집단에 속하는 경우가 많다. 이런 배경에서는 높은 경계성을 갖는 것이 이득이 되었던 경험이 많았으며 강화를 받게 되어 경계성 수준이 높아진 것이다. 지나치게 높을 경우, 타인을 신뢰하지 못하고 경계심이 높아서 의도를 부정적으로 해석하기 때문에 신뢰를 받고 관계를 형성하는데 어려움이 있다. 더 나아가 적개심 등의 악감정이 습관화될 수 있다.

낮을 때의 특징. 공정성에 대한 믿음을 갖고 있고 인내심이 높으며 타인을 신뢰한다. 경쟁의식, 질투심이 낮아서 경쟁이나 지위 등에 관심이 적기 때문에 협동적이고 관대하다. 타인의 호의적인 행동과 상황을 있는 그대로 즐길 수 있다. 그러나 위험한 상황에서도 경계심이 부족하다. 지나치게 낮을 경우, 매우 공격적인 상황에서 지나치게 경계성이 낮은 사람은 타인의 의도나 동기를 신중하게 생각하지 않는다. 그래서 타인의 악의에 대처하지 못해 상처를 받거나 심할 경우, 사기를 당하거나 착취당할 수도 있다.

직업 선택에서의 의미. 거의 모든 직업에서 경계성 수준이 평균과 유사하게 나타난다. 평균보다 경계성이 높은 사람에게는 은행 감독관, 치료사, 변호사, 검사, 군인 등의 직업군이 적합하다. 예술형(A), 사회형(S) 직업에서 현실형(R) 직업보다 경계성 수준이 약간 높게 나왔다.

상담 장면에서의 의미. 경계성이 높은 환자는 치료자와 신뢰 문제가 있을 수 있다. 또한, 자신의 경계성의 부정적 측면을 인식하지 못하는 경우도 있다. 이런 환자에 대해 치료자는 직접적으로 접근하기보다 조심스럽게 접근해야 한다. 직접적으로 접근할 경우, 경계성이 높은 환자와 논쟁하게 될 수 있다. 반면, 경계성이 낮은 사람은 치료를 요청하지 않는 경향이 있다. 지나치게 경계성이 낮은 사람은 타인을 과도하게 신뢰하기 때문에 적개심을 인식하고 대응하는데 미숙하다. 심지어 타인의 악의를 부인하는 것에서 더 나아가 자신이 갖고 있는 악의마저 무시하기도 한다. 이들에게는 인간이 보이는 정상 수준의 공격성에 대해 익숙해지고 대비할 수 있도록 사람들의 동기를 파악하는 데 도움을 주는 치료가 필요하다.

10) 추상성(Abstractedness: M)

의미. 추상성 수준이 높은 사람은 실용적인 현상보다 공상, 생각에 더 많은 시간, 노력을 할애하는 경향이 있으며, 이런 생각들은 종종 다른 사람들이 이해하지 못할 정도로 심오하고 복잡하게 발전하기도 한다. 그래서 종종 현실적으로 노력해야할 때에도 시간을 허송세월하는 경향이 있다. 반대로 추상성 수준이 낮은 사람들은 구체적이고 실제적이며 현실적이며 당장 해야 할 일을 구체적으로 수행하는데 능통하다.

추상성은 강인성/수용성에 영향을 미친다. 추상성이 높으면 추상적 생각, 공상, 상상에 대한 개방성이 높다는 것을 의미하기 때문에 수용성이 높게 나타난다. 반대로, 추상성이 낮으면 현실적이고 실용적이며 강인성이 높게 나타난다. 총체적 요인 중 절제/방종도 추상성의 영향을 받는다. 추상성이 높으면 공상에 많이 몰두하기 때문에 창의적인 모습을 보이기도 하지만 멍하게 보일수도 있고 비현실적인 경향도 있기 때문에 방종이 나타난다. 반면, 추상성이 낮으면 구체적이고 실용적인 생각에 집중하는데 능숙하고 따라서 절제와 관련이 있다.

높을 때의 특징. 상상력과 창의성이 높다. 현실적인 생각보다 추상적인 생각을 많이 한다. 문제를 해결하기 위해 새로운 방법을 생각해내기도 한다. 지나치게 높을 경우, 공상에 빠져서 현실 적응이 어렵다. 상상에 빠진 나머지 현실 감각을 잃어버리게 될 수 있기 때문이다. 집중력이 부족하며 특히, 세세하고 일상적인 것에 집중하지 못한다. 꾸준한 주의가 필요한 작업을 잘 해내지 못한다.

낮을 때의 특징. 구체적이고 관찰가능한 객관적인 것을 중시한다. 지금 현재를 중요하게 생각하며, 현실적이고 정보를 모아 문제를 해결하는 것에 초점을 둔다. 기억력이 뛰어나고 특히 구체적인 내용을 잘 기억한다. 주위 환경에서 발생하는 관행적인 욕구에 기민하게 반응한다. 그리고 잘 확립된 절차를 따라 물체를 조작하고 과업을 수행하는 능력이 뛰어나다. 지나치게 낮을 경우, 눈앞에 놓인 구체적인 상황에 몰두하느라 한 발 물러나서 전체적인 그림을 그리는 것이 힘들 수 있다. 구체적인 정보들의 관계를 파악하여 하나의 의미 있는 전체로 만드는 능력이 부족하다. 상상력, 혁신, 창의성, 비전 등과는 거리가 멀다.

직업 선택에서의 의미. 추상성은 직무 만족도, 직무 수행과 밀접한 관련이 있는 척도이다. 추상성이 높은 사람은 창의성이 필요한 직업군에 적합하다. 예술형(A) 종사자에게서 높게 나타나며, 추상적이고 이론적 사고가 필요한 과학자나 추상적 관념이 필요한 성직자, 교사, 심리학자 등의 직업에 종사하는 사람들에게서도 추상성이 높게 나타난다. 낮은 추상성은 관습형(C) 직업에서 특히 많이 나타난다. 반면, 추상성이 낮은 사람은 잘 구조화되어 체계에 따라 진행되는 실무적인 작업, 주변 환경에 기민하게 반응해야 하며 세부 사항에 꾸준한 주의를 기울여야 하는 직업에 적합하다. 경리, 재무직, 신용 관리자, 데이터 입력 직원, 은행 매니저 등의 직업이 적합한 직업이다. 구체적인 현상에 집중해야 하는 현실형(R) 직업(전기 기술자, 기계 기사, 경찰, 소방관, 헬스 트레이너, 기장 등)도 적합하다.

상담 장면에서의 의미. 추상성이 높은 환자는 창의적이고 새로운 상담 기법을 활용할 때 효과적이다. 치료자-내담자 사이의 상호작용을 할 때, 추상성이 높은 치료자가 추상성이 높은 내담자와 함께 할 경우, 너무 추상적으로 이야기가 진행되다가 상담의 목표를 망각하게 될 수 있다. 반면, 추상성이 낮은 환자는 구체적이고 잘 구조화된 전통적인 상담 기법을 선호한다. 치료자-내담자 사이의 상호작용을 할 때, 추상성이 높은 치료자가 추상성이 낮은 내담자를 치료할 때에도 소통에 문제가 있을 수 있다. 추상성이 낮은 환자는 자신의 내면을 들여다보고 전체적인 그림을 그리는 능력이 부족하기 때문이다. 이들에게는 숙제를 제공하는 것과 같은 전통적이고 잘 구조화된 치료를 진행하는 것이 적합하다.

11) 은폐성(Privateness: N)

의미. 은폐성은 외향성/내향성에 영향을 주는 요인이다. 은폐성이 높으면 내향성, 은폐성이 낮으면 외향성이 나타난다. 은폐성 수준이 높은 사람은 문제를 직면할 경우 남들에게 털

어놓기보다 혼자 생각하는 경향이 있으며 개인적인 문제를 개방하는 데 능숙하지 못하다. 그래서 타인과 밀접한 관계를 형성하는 것을 어려워한다. 대신, 타인의 동기에 대한 통찰력이 높은 경향이 있다. 반면, 은폐성이 낮은 사람은 개방적이고 진솔하며 경계심이 적다.

높을 때의 특징. 자신의 사적인 생각이나 감정을 드러내는 것을 좋아하지 않는다. 자신을 숨기고, 자신이 원하는 사회적 인상을 얻기 위해 사회적 가면을 쓰는 경향이 있다. 대신 타인의 동기에 대한 통찰력의 수준이 높으며 눈치가 빠르다. 대체로 경쟁 수준이 높은 환경에서 자란 사람이 은폐성에서 높은 점수를 받을 가능성이 있다. 지나치게 높을 경우, 자신에 대한 정보를 제공하지 않기 때문에 타인과 친밀한 관계를 형성하기 힘들어질 수 있다.

낮을 때의 특징. 자신의 개인적인 이야기를 하는 것을 주저하지 않아서 심지어 처음 만난 사람과도 자신의 이야기를 할 수 있을 정도로 개방적이고 경계심이 적다. 생각, 의도, 행동이 투명하다. 순수하게 자신의 정서를 표현하는 것을 좋아하는 만큼 타인의 정서도 잘 수용한다. 타인의 관계에서 솔직하고 순진하다. 이들의 직접적인 성향은 전략적이지 못하고 생각이 부족한 것으로 받아들여지기도 한다. 지나치게 낮을 경우, 순진하고 단순하게 세상을 바라보는 성향이 나타난다. 요령이 필요한 상황에서도 지나치게 솔직하고 대담하게 행동할 가능성이 있다. 타인의 행동에 대한 통찰력과 의심이 부족하다. 악의를 가진 사람에게 조종당하거나 불이익을 받을 수 있다.

직업 선택에서의 의미. 관습형(C)에 해당하는 직업에서 은폐성이 높게 나타나는 경향이 있다. 비서, 사무원, 회계사, 경리 등 직무에 형식이 존재하며 친밀한 관계를 요구하지 않는 직업이 은폐성 수준이 높은 사람에게 적합하다. 또한, 홍보 매니저, 치료사, 변호사처럼 외교적 혹은 전략적 사고가 필요한 직업도 적합하다.

상담 장면에서의 의미. 은폐성이 높은 환자는 자신의 내밀한 이야기나 사적인 태도를 치료자에게 드러내기를 주저하는 경향이 있어 의도치 않게 치료의 진행을 힘들게 만든다. 자신의 사생활이 악용될까 두려워 친밀한 관계를 형성하기 위해 자신의 개인적인 이야기를 하는 것을 경계하기 때문이다.

은폐성이 낮은 사람은 상대적으로 은폐성이 높은 파트너와의 관계 문제로 치료자를 찾는 경우가 종종 있다. 은폐성이 낮은 파트너는 타인과 거리감을 두고 싶을 때만 의사소통을 멈추기 때문에 자신의 파트너의 높은 은폐성을 자신과 함께 할 때 불행한 것으로 해석한다.

반대로 은폐성이 높은 파트너는 은폐성이 낮은 파트너를 정보를 공유하기 위해서 끈질기게 성가시게 군다고 평가하여 자신의 사생활을 보호하게 만든다.

12) 불안(Apprehension: O)

의미. 불안은 총체적 요인 중 고 불안/저 불안에 핵심적인 역할을 한다. 불안은 자기 회의, 걱정하는 경향성과 관련이 있다. 불안이 높은 사람은 자신의 행동에 대해 자신이 없고 민감하게 반응하며 쉽게 죄책감과 불안을 느낀다. 반면, 불안이 낮은 사람은 자신감이 굳건하게 자리 잡고 있으며 다른 사람의 비판에도 쉽게 흔들리지 않는다. 자신의 결정에 대해서는 다시 생각하지 않는다. 이 척도는 사회적 바람직성으로 인한 왜곡이 발생할 수 있다. 여성에게서 평균적으로 남성에게서보다 유의미하게 높은 점수가 나타난다.

높을 때의 특징. 걱정이 많고 자신감이 낮다. 불안과 죄책감을 쉽게 느낀다. 잘못될 위험성에 대해 많이 생각하기 때문에 위험을 잘 준비하는 경향이 있다. 타인의 평가에 대해 민감하며 비난받을까 두려워 친밀한 관계를 형성하는 것을 어려워한다. 개인에게는 심리적 고통을 유발하지만 사회적으로는 이기심, 탐욕, 무책임성을 예방한다. 지나치게 높을 경우, 자존감과 자기 가치감이 낮다. 그래서 자기표현을 잘 하지 못한다. 또한, 자신을 정서적으로 부적응적이라고 평가하는 등 쉽게 자신을 비난하고 좌절한다. 심지어 자신이 통제할 수 없는 상황에서도 자신을 비난하는 경향이 있다.

낮을 때의 특징. 자신의 행동과 결정에 대해 높은 확신을 갖고 있으며, 따라서 걱정, 후회와 같은 심리적 고통을 덜 겪는다. 자신에 대해 대체로 긍정적으로 평가하며 마땅히 존중과 사랑을 받을 가치가 있다고 생각한다. 이런 특징은 이들로 하여금 사회적으로 지도하는 역할을 맡게 할 가능성이 있다. 하지만 타인의 섬세한 감정에 둔감하다. 지나치게 낮을 경우, 자신에 대한 타인의 의견과 피드백에 신경 쓰지 않아서 자기 평가나 자기 계발의 기회를 놓칠 수 있다. 높은 자신감으로 인해 회의감, 수치심, 죄책감 등의 피드백을 제공받지 못해서 자기를 제대로 평가하지 못하기 때문이다. 자신의 부족함을 드러내는 상황을 회피하기도 한다.

직업 선택에서의 의미. 불안 수준이 높은 사람에게 적합한 직업은 상대적으로 적다. 대체로 봉사하는 직업이 적합하다고 분류되는데, 수도사, 교사, 치료사, 사회 복지사 등의 사회형(S) 직업이 포함된다. 몇몇 예술형(A) 직업 종사자들에게서도 불안 수준이 높게 나타난다.

반면, 낮은 불안 수준은 다양한 영역에서 적합한 것으로 나타난다. 특히, 긍정적인 자기표현, 확신 있는 의사결정, 스트레스에 대한 대처가 필요한 직업군에서 적합하다. 기업형(E)에 속하는 많은 직업들(영업직, 매니저, 경영자, 은행가, 변호사 등)과 실제적이고 현실적인 현실형(R) 직업들(전기 기술자, 정비공, 건축가, 소방관, 경찰관 등)에 종사하는 사람들에게서 불안 수준이 낮은 것으로 나타난다. 이 밖에도 몇몇 탐구형 직업들(과학자, 공학자, 기장 등) 종사자에게서도 불안 수준이 낮게 나타난다.

상담 장면에서의 의미. 치료 장면에서 내담자가 보이는 높은 수준의 불안이 선천적인 것인지 최근에 겪은 상황에 대한 반응으로써 일시적인 것인지를 먼저 확인해야 한다. 만약 문제 상황에 대한 반응으로써 일시적으로 높은 불안 수준을 보인다면, 치료자는 해당 문제를 중점으로 내담자를 치료하기 위해 접근해야 한다.

불안 수준이 낮은 경우 대체로 심리적 불편함을 느끼지 못하기 때문에 자발적으로 치료자를 찾는 경우는 드물다. 불안이 낮은 사람은 공감, 민감성이 부족하여 친밀한 관계를 형성하는 데 어려움을 있으며 관계에서의 문제를 상대방에게 떠넘기는 경향이 있다.

13) 변화에 대한 개방성(Openness to Change: Q1)

의미. 변화에 대한 개방성은 강인성/수용성에 영향을 준다. 변화에 대한 개방성이 높으면 새로운 생각과 비전통적인 접근에 대해 개방적이어서 수용성이 나타난다. 반면, 변화에 대한 개방성이 낮으면 익숙하고 전통적인 방식을 선호하며 강인성이 높게 나타난다.

독립성/순응성도 변화에 대한 개방성의 영향을 받는다. 개방성이 높으면 혁신적인 생각과 독특한 관점을 도입하려는 경향이 있기 때문에 독립성이 높게 나타난다. 그러나 개방성이 낮으면 이미 확립된 규칙에 순응하는 경향이 있기 때문에 순응성이 높게 나타난다.

변화에 대한 개방성이 높은 사람은 지시를 따르기보다 혁신적으로 생각하고 행동하는 것을 선호하며 권위에 도전하고 현재 상태를 변화시킬 수 있는 방법들에 대해 고려하는 경향이 있다. 반면, 낮은 점수를 받은 사람은 전통적인 방식을 선호하며, 현재 상태를 유지하고 예측 가능하도록 행동하는 것을 선호한다. 이들은 질문과 변화 때문에 문제가 발생한다고 믿는 경향이 있다.

높을 때의 특징. 사고가 자유롭고 개방적이다. 검증된 방식보다 새로운 접근을 시도하는 것을 즐긴다. 단순히 변화를 추구하기 때문에 새로운 방식을 찾는 것이 아니라 발전을 위해 기존의 방식이 비합리적이라면 전통에 도전한다. 비판적 사고, 창의성, 탐구적 사고와 관련이 있다. 변화에 대한 개방성은 미래를 기대하고 적극적으로 준비하게 만드는 이점이 있다. 그러나 지나치게 높을 경우, 진보를 지나치게 중요시하다보니 전통적인 방법의 장점을 무시할 가능성이 있다. 또한 불공정함에 민감하기 때문에 기존의 위계 구조 아래에서 효율적으로 기능하지 못할 수도 있다.

낮을 때의 특징. 예측 가능한 상황을 선호하고 현재 상황에 안주하는 경향이 있다. 오래되고 잘 확립된 검증된 방식을 존중하며 고수하는 경향이 있다. 심지어 바람직하지 않을지라도 기존의 방식을 선호한다. 따라서 새로운 아이디어에 대해 의구심이 높다. 상상력이 부족하다고 비춰질 수 있다. 지나치게 낮을 경우, 변화가 필요한 상황에서도 변화를 시도하지 않는다. 변화를 일으키는 것과 변화로 인한 혼란에 대처하는 것이 미숙하다. 심지어 누구에게나 불가피한 인생의 변화일지라도 예측하지 못하는 방식으로 나타난다면 적응하지 못할 수 있다. 새로운 상황에 대한 유연성이 부족하기 때문에 문제를 해결하는 방식이 제한적이다. 그리고 완고한 도덕적 정당성을 갖고 보수적인 태도를 취하는 경향이 있다.

직업 선택에서의 의미. 기준에 얽매이지 않는 행동과 아이디어를 표출하는 것이 자유로울수록 변화에 대한 개방성이 높은 사람에게 적합한 직업이다. 이들에게는 예술형(A)과 사회형(S) 직업군이 적합할 가능성이 높다. 특히, 심리학자, 경영자처럼 유연성과 혁신적 아이디어가 필요한 사회형 직업이 해당된다. 마찬가지로, 과학자, 연구자, 공학자 등의 직업군에서도 변화에 대한 개방성이 높게 나타난다. 반면, 변화에 대한 개방성이 낮은 사람은 규칙과 기준을 따르는 성실한 노동자이다. 따라서 규칙과 체계가 정해진 관습적이고 꾸준함이 필요한 직업에 적합하다. 사무직, 사서, 보험 판매원, 신용 관리자, 경리와 같은 관습형(C) 직업 종사자들이 변화에 대한 개방성이 낮게 나타난다. 이들에게는 현재 상황을 보호해야하는 경찰, 소방관이나, 전통적이고 구조화된 과제를 수행해야 하는 현실형(R) 직업들도 적합하다.

상담 장면에서의 의미. 변화에 대한 개방성이 높은 환자는 급격한 변화와 진척을 원하고 이익을 위해서는 합리적인 위험을 감당하려는 경향이 있다. 변화에 대한 개방성이 높은 사람은 보람 없는 관계를 쉽게 저버리고 떠나는 경우가 많기 때문에 발생한 관계 문제로 상담을 찾는 경우가 많다. 이들은 자신의 급진적인 태도가 상대방을 괴롭힌다는 것을 인식하지 못하는 경향이 있다.

변화에 대한 개방성이 낮은 환자는 변화하려는 동기가 적기 때문에 치료가 매우 천천히 진행된다. 이들은 문제를 치료하기 위해 새로운 전략을 사용하고 그것에 새롭게 적응하는 것을 불편하게 생각한다. 그렇기 때문에 익숙하지 않거나 정통적이지 않은 방법을 치료에 사용할 경우 내담자의 신뢰를 얻거나 라포를 형성하기 어려울 수 있다. 많은 시행착오를 거쳐 확립된 치료를 선호하는 경향이 있다. 치료자가 변화에 대한 개방성이 낮은 환자를 치료할 때, 환자의 주저하는 태도를 해석하려고 하지 말고 하나의 성격 특징으로 인식해야 한다.

14) 독자성(Self-Reliance: Q2)

의미. 독자성은 외향성/내향성에 영향을 미친다. 독자성이 낮으면 다른 사람과의 관계와 사회적 지지를 얻도록 동기화되기 때문에 외향성이 나타난다. 반면, 독자성이 높으면 독립적이고 자기에게 의존성이 높은 경향이 있으므로 내향성이 나타난다. 독자성이 높은 사람은 다른 사람의 제안이나 개입 없이 혼자 결정하고 일하는 것을 선호한다. 반대로 독자성 수준이 낮은 사람은 함께 일하고 계획하는 것을 선호하며 독립적으로 일하는 것을 불편해한다.

높을 때의 특징. 사생활과 자신의 자주성을 중요하게 생각한다. 타인의 피드백이나 조언을 구하지 않는 경향이 있다. 타인이 자신에게 영향을 미치는 것만큼 자신이 타인에게 영향을 미치는 것도 선호하지 않는다. 지나치게 높을 경우, 다른 사람과 협동적으로 과제를 수행하는 데 어려움을 겪는다. 함께 일하는 상황에서도 문제에 중점적으로 행동하여 과제 수행 중에 일어나는 대인 관계적 측면에 관심을 기울이지 않는다. 또한, 타인과의 친밀한 관계를 형성하는 것을 불편하게 생각하기 때문에 관계를 적극적으로 회피하기도 한다. 타인에게 도움을 잘 요청하지 않기 때문에 거만하다는 평가를 받을 수 있다.

낮을 때의 특징. 혼자서 의사 결정하는 것보다 팀에서 함께 결정하고 일하는 것을 선호한다. 팀을 조화롭게 만드는 사람일 가능성이 높다. 다른 사람에게 도움이나 지지를 요청하는 데 주저하지 않으며 외부의 조언을 받아들이는 데 주저함이 없다. 마찬가지로 타인을 도움으로써 만족감을 느낀다. 지나치게 독자성이 낮을 경우, 혼자 하는 작업에 어려움을 느낀다. 타인의 도움이 불가능하거나 부족한 상황에서 수행이 저조하다. 또한, 사회적 관계로부터 배제되고 고립되는 것을 싫어하기 때문에 자신의 의견을 적극적으로 표출하는 것을 회피하고 소극적이게 되기도 한다. 자신과 타인 사이의 문제가 발생하거나 중요한 관계가 종료되었을 때 두려움과 불안을 느낀다.

직업 선택에서의 의미. 독자성이 높은 사람에게는 개인 사업이나 개인의 자원이 중요한 직업이 적합하다. 대부부의 시간을 혼자서 일해야 하는 예술형(A) 직업(작가, 음악가, 건축가 등)이나 탐구형(I) 직업(과학자, 심리학자, 컴퓨터 공학자 등), 그리고 몇몇 현실형(R) 직업(삼림 감독관, 농부, 목수 등)들이 해당된다. 만약 독자성과 함께 온정성 수준이 높을 경우, 컨설턴트도 적합한 직업일 수 있다. 독자성이 낮은 사람에게는 함께 일하는 직업이 적합하다. 초등 교사, 경찰, 사회 복지사, 간호사 등의 사회형(S) 직업 종사자들에게서 독자성이 낮게 나타난다. 은행 지점장, 서비스직과 같은 기업형(I) 직업 종사자에게서도 낮게 나타나는 경향이 있다.

상담 장면에서의 의미. 독자성은 상담 치료를 수용하고 치료자를 따를지를 결정하는 중요한 요인이다. 독자성이 높은 환자에게 그들의 생각과 반대되는 치료 과제를 시키는 것은 아무런 소용이 없기 때문에 그들에게 적합한 활동을 발견하는 것이 중요하다. 지나치게 독자성이 높은 사람은 협동적으로 과제를 수행하거나 도움을 요청하는 행위를 싫어하기 때문에 문제가 심각해져서야 상담을 받으러 오는 경우가 많다. 심지어 상담 장면에서도 자신의 문제를 말하는 것을 자신의 자주성에 대한 위협으로 받아들여 주저하고 침묵한다.

독자성이 지나치게 낮은 사람은 관계 문제 때문에 상담을 찾는 경향이 많다. 관계가 종식되는 것이 두려워서 반대 의견을 표현하거나 적극적으로 행동하지 못하는 문제가 발생하기 때문이다. 또한, 관계가 종식되는 경우 불안, 고독, 불편함을 느끼는 경우도 있다. 지나치게 독자성이 낮은 환자는 치료자와 의존적인 관계를 형성할 가능성이 있으며, 이들에게는 치료 관계가 종료된 후의 상황에서의 추가적 도움에 대한 계획이 필요하다.

15) 완벽주의(Perfectionism: Q3)

의미. 완벽주의는 절제/방종에 핵심적인 역할을 한다. 완벽주의는 인생에 대해 구조화되고 순차적으로 접근하려는 경향과 의식적 수준에서 목표를 성취하고 과제를 수행하려는 경향을 의미한다. 이 척도는 자기 수양, 자제, 충동 통제라는 특징을 기반으로 한다. 완벽주의 수준이 높으면 절제가 나타난다. 완벽주의가 낮은 사람은 체계적이지 못하고 준비성이 부족하며, 운이나 흐름에 맡겨 결정하는 경향이 있다. 반면, 완벽주의가 높은 사람은 조직화되어 있고 계획적이다. 구조화되어 있는 상황에서 편안함을 느끼며 해야 할 일을 남겨두는 것에 불편해하는 경향이 있다.

높을 때의 특징. 계획적이며 체계적이다. 세부 사항에 지속적으로 세심하게 신경을 쓰며 자신의 주위에 있는 것에도 관심을 기울인다. 구조적인 환경과 예측 가능한 상황을 선호한다. 또한, 자신이 하는 행동에 대한 기준이 높고, 충동 조절 능력이 훌륭하며 자기 수양적이다. 일반적으로 훌륭한 노동자, 좋은 이웃이라는 평가를 받는다. 지나치게 높을 경우, 자신이 감당할 수 없을 정도로 너무 높은 기준을 세우는 경향이 있다. 그렇기 때문에 목표를 달성하지 못하고 불편함을 느낄 가능성이 많으며, 처음부터 자신이 해결할 수 없을 거라고 생각되는 것에 대해서는 기피하는 경향이 있다. 또한, 지나치게 통제적이며 강박적으로 비춰질 수 있으며 안정감이 없어 보인다.

낮을 때의 특징. 비계획적, 비구조적이다. 운에 맡기는 경향이 있다. 과제나 목표 집중적이라기보다 즉흥적이다. 대신 문제에 대한 인내심이 높고 세세한 걱정을 하지 않는다. 지나치게 낮을 경우, 과제 수행이나 조직에 대한 준비가 부족하고 관심도 적다. 그래서 목표를 달성하지 못하는 경우가 많다. 사회적 기준과 타인의 행동에 대해 관심이 적기 때문에 사회화가 제대로 되지 않고 신뢰를 형성하기 어렵다. 이런 성향에 대해 스스로 만족하는 사람도 있지만 어떤 이들은 자신의 지나친 부주의함이 장기적으로 문제를 일으킨다는 것을 인식하고 불편함을 느끼기도 한다.

직업 선택에서의 의미. 높은 완벽주의는 조직적, 계획적이고 성실하기 때문에 많은 직업에 적합하다. 특히, 사무직, 경리, 회계사와 같은 관습형(C) 직업에 적합하다. 일을 제대로 해낸다는 특질 때문에 관리자, 매니저, 행정가와 같은 기업형(E) 직업도 적합하다. 그밖에도 정비사, 목수, 기계공과 같은 현실형(R), 컴퓨터 프로그래머, 기장, 치과의사, 과학자와 같은 탐구형(I) 직업군에 종사하는 사람들에게서 완벽주의가 높게 나타났다. 이와 달리, 완벽주의가 낮은 사람은 대체로 많은 직업군에 적합하지 않다. 자연스러움과 유연성이 장려되는 예술적이거나 창의적인 직업에 적합하다. 몇몇 서비스직 종사자에게서 완벽주의가 낮게 나타나기도 한다.

상담 장면에서의 의미. 완벽주의가 높은 사람은 체계적이고 잘 확립된 치료 과정을 선호한다. 편안한 분위기의 치료보다 좀 더 전문적인 분위기의 치료에서 만족도가 높다. 이들은 치료 과정을 개인적 표현의 장이라기보다 일종의 학습 과정으로 생각하기 때문에 치료자와 내담자 사이의 관계에 초점을 맞추지 않는 경향이 있다. 반면, 완벽주의가 낮은 사람은 상담 과정의 모호성과 자연스러움을 선호한다. 그래서 형식적이고 구조적인 치료 과정에서는 제대로 반응하지 못할 수 있다.

16) 긴장(Tension: Q4)

의미. 긴장은 불안(고/저)에 영향을 미치는 요인이다. 긴장은 신경질적 추동이나 원동력과 관련이 있다. 긴장이 높으면 불안이 높으며, 긴장이 낮으면 불안이 낮다. 긴장이 높은 사람은 추진력이 있지만 인내심이 부족하여 작은 변화에도 쉽게 당황하고 짜증스러워 한다. 긴장이 낮은 사람은 인내심이 높기 때문에 타인의 개입이나 방해에 크게 신경을 쓰지 않으며, 논쟁 상황에서도 느긋한 경향이 있다. 대신, 무언가를 해야 되는 상황에서 동기가 부족하기도 하다. 긴장 수준 역시 사회적 바람직성으로 인한 왜곡이 발생할 수 있다.

높을 때의 특징. 추진력이 뛰어나 일을 수행하고 목표를 성취하는데 긍정적인 영향을 줄 수 있다. 하지만 성미가 급하고 인내심이 부족하다. 외부의 영향으로 계획이 변경되는 등 문제를 마주했을 때 쉽게 좌절하고 짜증을 내는 안절부절못하는 경향이 있다. 지나치게 높을 경우, 신경질적이고 충동적이다. 쉽게 안정을 느끼지 못한다. 조급함 때문에 타인에게 억압적으로 행동하고 비합리적으로 비난하는 경향이 있다.

낮을 때의 특징. 전반적으로 여유롭고 쉽게 좌절하지 않으며 만족도가 높다. 방해를 받더라도 크게 신경을 쓰지 않으며 인내심이 많다. 논쟁에서도 평온한 상태를 유지하는 경향이 있다. 지나치게 낮을 경우, 추진력이나 열정이 부족하기도 하다. 현재 상황에 만족하고 안주하는 경향이 있다. 야망이 부족하다. 스스로를 변화시키려 하지 않는다. 수행이 저조하다.

직업 선택에서의 의미. 긴장은 직업 적합도에 대해 많은 설명을 제공하지 않는다. 높은 긴장 수준을 가진 사람들은 대체로 창의성이 필요한 예술형(A)에서 발견된다. 스트레스 상황을 자주 직면해야 하는 직업군에서 효율적으로 일을 수행한다. 소방관, 경찰관, 기장 등의 직업이 긴장 수준이 낮은 사람들에게 적합하다. 같은 이유로 사회형(S) 직업 중 사회 복지사, 간호사, 상담사 등의 직업도 적합한 직업이다.

상담 장면에서의 의미. 긴장이 만성적인지 상황에 의한 일시적인 것인지 원인을 파악하는 것이 중요하다. 긴장 수준은 검사 당시의 상황과 개인의 자기표현 성향의 영향을 많이 받는다. 개인이 갖고 있는 의식적인 자기개념이나 이상적으로 생각하는 사회적 인상도 긴장 수준에 영향을 준다. 또한, 치료자와의 의사소통 상황을 반영하기도 한다. 우선, 긴장 수준이 높다는 것은 환자가 자신의 현재 스트레스를 인식하고 있다는 것을 나타내기 때문에 치료 상황에서 긍정적인 측면이 있다. 스트레스를 인식하는 만큼 자신의 주관적인 고통을 해결하기 위해 노력하기 때문이다. 그러나 정서적 안정감이 동시에 낮을 경우, 안정감에 대한 불안한 요구가 나타난다는 문제도 있다. 긴장이 높은 환자에게는 이들의 증상을 직접적으로 알려주는 치료적 개입이 효과적이다. 반면, 긴장이 낮으면 개인이 아직 자신의 스트레스를 인지할 준비가 되어 있지 않다는 것을 나타낸다.

3. 16PF에 근거한 5개 이차 요인별 특징

1) Big 5 요인

Cattell은 일차 요인들을 다시 집단으로 묶음으로써 좀 더 광범위한 총체적 요인, 즉, 이차 요인을 만들었다. 하나의 총체적 요인에 포함되는 여러 일차 요인들은 인간의 행동을 결정하는 데 있어 함께 영향을 미친다. 각 총체적 요인이 가리키는 의미는 그것을 구성하는 일차 요인에 의해 결정된다. 같은 총체적 요인 수준을 가지더라도 그 수준이 나오도록 기여한 일차 요인의 특성의 차이에 따라 성격이 달라지기 때문이다. 대신, 총체적 요인은 중요한 개념적 틀을 제공함으로써 각 일차 요인의 의미와 기능을 이해하는 데 도움을 준다.

외향성/내향성(Extroversion/Introversion). 외향성은 타인과의 상호작용을 좋아하고 타인의 관심을 끌려는 특성이 높으며 대인관계를 쉽게 형성한다. 내향성은 타인과의 관계에서 만족을 찾기보다 혼자만의 시간에서 더 큰 만족을 느끼는 특성이 높다. 외향성/내향성은 온정성(A), 추진력(F), 사회적 대담성(H), 은폐성(N), 독자성(Q2)의 영향을 받는다. 예를 들어, 높은 외향성은 높은 온정성, 높은 추진력, 높은 사회적 대담성, 낮은 은폐성, 낮은 독자성과 관련이 있다. 외향성에서 높은 점수를 받은 사람은 관계 지향적이고 타인과의 시간을 중요하게 생각한다. 반면 낮은 점수를 받은 사람은 혼자 있는 것을 좋아하며 중요시한다.

고 불안/저 불안. 고 불안은 반응적이고, 타인과 세상에 대한 불신이 높으며, 경계심이 높다. 쉽게 불안해하고 긴장하는 경향이다. 자신의 정서적 반응을 통제하는 것을 어려워하기도 한다. 저 불안은 상황이나 자극 등에 대해 반응이 낮으며 쉽게 동요하지 않고 변화를 일으키기 쉽지 않은 경향이다. 불안은 정서적 안정성(C), 경계성(L), 불안(O), 긴장(Q4)의 영향을 받는다. 고 불안은 낮은 정서적 안정성, 높은 경계성, 높은 불안, 높은 긴장과 관련이 있다. 불안에서 높은 점수를 받은 사람은 쉽게 화를 내는 경향이 있다. 저 불안은 높은 정서적 안정성, 낮은 경계성, 낮은 불안, 낮은 긴장과 관련이 있다. 불안 점수가 낮은 사람은 대부분의 상황에서 평정심을 유지하는 경향이 있다.

강인성/수용성. 강인성은 사람들로 하여금 객관적이고 실용적으로 세상을 바라보게 만든다. 새로운 경험과 인물, 그리고 변화에 대해 개방적이지 않은 경향이 있다. 수용성은 경험에 대해 개방적이다. 그러나 자칫하면 외부의 영향을 적절히 배제하지 못해서 실용적이거나 객관적이지 못할 수도 있다. 강인성/수용성은 온정성(A), 민감성(I), 추상성(M), 변화에 대한 개방성(Q1)으로 구성된다. 강인성은 낮은 온정성, 낮은 민감성, 낮은 추상성, 낮은 변화에 대한 개방성과 관련이 있다. 수용성은 높은 온정성, 높은 민감성, 높은 추상성, 높은 변화에 대한 개방성과 관련이 있다. 강인성이 높은 사람은 예측 가능하고 구체적인 익숙한 상황을 선호한다. 반면 수용성이 높은 사람은 타인 및 새로운 상황에 대해 개방적이다.

독립성/순응성. 독립성은 자신의 의견을 형성하고 표출하는 데 어려워하지 않는다. 현재 상황을 변화시키는 데에 주저하지 않는다. 자신의 의견을 표현하기 위해 설득적이게 되지만 종종 강압적일 수 있으며 타인과 마찰을 일으킨다. 순응성은 조화를 중시하기 때문에 타인의 의견에 의문을 제기하기보다 수용하기를 택하는 경향이 높다. 자신의 의견을 표현하거나 설득해야 하는 상황에서 어려움을 느낀다. 독립성/순응성은 지배성(E), 사회적 대담성(H), 경계성(L), 변화에 대한 개방성(Q1)으로 구성된다. 순응성은 낮은 지배성, 낮은 사회적 대담성, 낮은 경계성, 낮은 변화에 대한 개방성과 관련이 있다. 순응성으로 분류된 사람은 자기 의견을 고집하기보다 타인의 의견을 따르는 것을 선호한다. 독립성은 높은 지배성, 높은 사회적 대담성, 높은 경계성, 높은 변화에 대한 개방성과 관련이 있다. 독립성으로 분류된 사람은 타인에게 영향을 받기보다 타인에게 영향을 주는 것을 선호한다.

절제/방종. 절제는 자신의 충동을 제어할 수 있는 특성을 의미한다. 방종은 자신의 충동을 잘 통제하지 못하는 것이다. 절제/방종은 추진력(F), 독자성(G), 추상성(M), 완벽주의(Q3)의 영향을 받는다. 절제는 낮은 추진력, 높은 독자성, 낮은 추상성, 높은 완벽주의와 관련이 있다. 절제적인 사람은 자신의 행동을 통제하기 위해 많은 자원을 사용한다. 반면 방종이라는 평가를 받은 사람은 자신의 행동을 통제하지 못하고 충동적인 경향이 있다. 이들은 추진력이 높고, 독자성은 낮으며, 추상성이 높고, 완벽주의가 낮다.

2) 16PF와 Big 5 사이의 연관성

오늘날 많은 요인 분석 연구자들에 의해 성격 특성은 5개 요인으로 발전하였다. 일명 Big Five라고 하는 5개의 특질 차원은 대부분의 성격을 포괄한다. 대표적인 학자인 Paul Costa Jr.와 Robert R. McCrae의 성격 5요인 이론에서 제시하는 5요인에는 경험에 대한 개방성, 성실성, 외향성, 우호성, 신경증 경향이 포함된다.

16 PF의 총체적 요인은 Costa와 McCrae의 Big 5 성격 특성의 각 요인들과 매우 유사하다. Big 5의 외향성과 16 PF의 외향성/내향성, Big 5의 신경증과 16 PF의 고 불안/저 불안, Big 5의 경험에 대한 개방성과 16 PF의 강인성/수용성, Big 5의 우호성과 16 PF의 독립성/순응성, Big 5의 성실성과 16 PF의 절제/방종은 서로 유사한 개념으로 밀접한 관련이 있다. 실제로, 성격의 5요인 이론은 Cattell의 16 PF를 요인 분석하여 발전한 개념이다.

4. 결론

지금까지 성격의 정의와 전반적인 특성, 성격에 대한 다양한 접근법과 함께 Cattell의 16 PF를 기반으로 한 성격의 특질 이론에 대해서 자세히 알아보았다. 성격은 일반적으로 다양한 상황 속에서 인지, 동기, 행동에 고유하게 영향을 미치는 역동적이고 조직화된 개인적 특징들의 조합이라고 정의할 수 있다. 이 교육용 자료에서는 성격에 대한 다양한 이론 중에서 Cattell의 특질 이론을 중심으로 살펴보았다. 좀 더 세부적으로, 성격 검사에 사용되는 Cattell의 16 PF를 자세히 알아보았다. 16 PF에는 온정성(A), 사고력(B), 정서적 안정성(C), 지배성(E), 추진력(F), 도덕성(G), 사회적 대담성(H), 민감성(I), 경계성(L), 추상성(M), 은

16 PF(Cattell)	NEO-PI-R(Costa와 McCrae)	Big Five(Goldberg)
외향성/내향성	외향성	(외부 상황으로부터의) 동요
고 불안/저 불안	신경증	정서적 안정성
강인성/수용성	개방성	문화 또는 지성
독립성/순응성	우호성	우호성
절제/방종	성실성	성실성 혹은 의존성

표 4-1 3가지 주요 5요인 모델 (Cattell, H. E. P. & Mead, A. D., 2008)

폐성(N), 불안(O), 변화에 대한 개방성(Q1), 독자성(Q2), 완벽주의(Q3), 긴장(Q4)으로 구성된다. 자료의 내용을 통해 각 항목의 의미, 높을 때와 낮을 때의 특징, 직업 선택에서의 의미, 그리고 상담 장면에서의 의미를 확인할 수 있다. 더 나아가, 16개의 근원 특질이 어떻게 외향성/내향성, 고 불안/저 불안, 강인성/수용성, 독립성/순응성, 절제/방종이라는 5개의 총체적 특질에 영향을 미치는지를 확인하였다. 이 교육용 자료가 성격 검사의 이해와 활용에 도움이 될 수 있기를 바란다.

제5장

디스크(DISC) 성격검사

DISC 성격검사는 개인의 동기와 욕구가 외부로 표출되는 과정에서 드러나는 행동패턴이 사람마다 다를 수 있다는 점에 주목한다. 이에 행동패턴을 크게 4가지로 구분하고, 패턴 간 조합에 따른 하위유형들을 통해 인간의 일정한 행동 경향성을 설명한다. 본 장에서는 DISC 성격검사에 대한 이해도를 높이기 위해 먼저 본 검사의 근간이 되는 이론적 배경을 알아본다. 그다음 DISC 성격검사의 4가지 행동유형과 하위유형의 특징들을 살펴봄으로써 자신과 타인에 대한 이해를 돕고자 한다.

1. DISC 성격검사의 이론적 배경

인간은 자신의 동기와 욕구를 충족시키기 위해 다양한 행동을 하는데, 오랜 기간에 걸쳐 반복적으로 행해진 일부 행동들은 자신을 표현하는 특정한 행동 양식으로 자리 잡는다. DISC 검사는 이러한 인간의 다양한 행동 양식을 4가지로 범주화한 것으로 자신의 내면에 대한 깊은 이해를 바탕으로 자신과 타인의 행동을 이해하는 방법을 제시한다. DISC검사의 각 유형을 자세히 살펴보기 전에, 역사적으로 인간의 행동을 구분지은 시도에는 어떤 것들이 있었는지 살펴보고 그것이 DISC검사와 갖는 연관성을 알아보고자 한다.

1) 히포크라테스의 기질론

고대 그리스 의사인 히포크라테스는 체액의 비율과 조합에 따라 인간의 기질을 4가지 유형으로 구분하였다(Merenda, 1987). 기질이란 타고난 성품의 결합체로서 개인의 적응적 기능에 영향을 주는 행동상의 개인차를 의미하는데, 그는 이러한 기질에 따라 인간의 성격과 행동이 다르게 나타난다고 보았다(Robert, 2002). 히포크라테스의 4가지 기질은 다혈질, 점액질, 담즙질, 우울질로 나뉘고 모든 사람은 이 중 하나의 기질만을 가지고 있는 것이 아니라 여러 가지 기질을 동시에 가지고 있다는 특징이 있다.

다혈질은 활발하고 적극적이다. 뛰어난 말솜씨와 타고난 재치로 타인을 잘 아우르고 긍정적인 관계를 형성한다. 감정이 풍부하고 인정이 많아 쉽게 사람을 사귄다. 그러나 즉흥적인 성격 탓에 감정기복이 심하고 안정적이지 못한 경향이 있다. 반면, 점액질은 온화하고 느긋하다. 매사에 차분하고 조용하게 행동하며 책임감이 강해 맡은 바를 성실히 이행한다. 다만 지나치게 내성적이어서 결단력이 부족하고 고집이 강해 인색하게 보이기도 한다.

담즙질은 경쟁적이며 지배적이다. 목표를 달성하기 위해 진취적이고 주도적으로 행동한다. 결단력이 강하고 생산적이라는 장점이 있으나 타인의 감정을 잘 이해하지 못하고 융통성이 부족하다는 단점이 있다. 우울질은 독립적이며 분석적이다. 생각이 깊고 집단에서 자기희생적인 면모를 보인다. 재능이 많은 완벽주의적 성향을 가지고 있으나 감정을 잘 다스리지 못하고 비관적이어서 타인과의 관계 형성에 어려움을 겪는다.

히포크라테스의 기질론은 최초로 인간의 행동유형을 구분하려는 시도라는 데 가장 큰 의의가 있다. 인간이 어느 한 가지의 기질만을 가진 것이 아니라 여러 기질을 동시에 소유하고 있다고 보는 관점과 두 가지 기질을 조합하여 살펴보았다는 점이 DISC검사와 닮아 있다고 할 수 있다.

2) Jung의 심리유형론

분석심리학의 창시자인 Carl Gustav Jung은 마음의 에너지 방향에 따라 인간의 행동을 구분했다(Jung, 1923). 인간은 같은 사물을 보더라도 서로 다르게 인식하고 판단하며 저마다의 다른 행동으로 이를 표출한다. 이러한 보편적인 행동 경향성은 인간의 무의식 속에 존재하고 개인은 선호에 따라 특정 행동유형을 발달시켜 나갈 수 있다고 보았다(Thompson, 1996). 구체적으로 삶에 대한 두 가지 태도(외향적, 내향적)와 네 가지 정신기능(감각, 직관, 사고, 감정)으로 분류하여 인간의 행동 경향성을 구분했다(Jung, 1923). MBTI는 Jung의 심리유형론에 판단과 인식 지표를 추가하여 만든 성격유형검사로 외향성-내향성, 감각-직관, 사고-감정, 판단-인식의 8가지 지표 조합을 통해 각자가 가지고 있는 성격 특성을 파악할 수 있도록 했다.

외향성과 내향성은 에너지의 방향에 따라 구분된다. 외부 세계에 관심이 많고 주의를 기울인다면 에너지가 외부를 향하는 것으로 보고, 주위를 설명하는 개념이나 생각 등 내부 세계에 더 관심을 가진다면 에너지가 내부를 향하는 것으로 본다. 또한, 감각과 직관은 정보를 받아들이는 인식 기능에 따라 구분된다. 오감을 사용하여 정보를 습득하고 현실에서 관찰 가능한 데이터를 선호한다면 감각적이라고 보고, 통찰과 영감에 의존하여 정보를 얻고 상징적이고 추상적인 데이터를 선호한다면 직관적이라고 볼 수 있다.

사고와 감정은 의사결정을 내릴 때 판단하는 방법에 따라 구분된다. 객관적인 시각으로 인과관계를 파악하는 유형은 사고적이고, 스스로가 중요하다고 여기는 가치를 기준으로 결정을 내리는 유형은 감정적이다. 마지막으로 판단과 인식은 외부 세계를 대할 때 선호하는 태도 양식에 의해 구분된다. 사고와 감정의 판단 기능을 사용하여 체계적이고 구조적인 행동을 지향하면 판단적, 감각과 직관의 인식 기능을 선호하여 유연하고 개방적인 행동을 하고자 한다면 인식적이라고 볼 수 있다.

Jung의 심리유형론은 오늘날 널리 이용되고 있는 성격유형검사인 MBTI의 기초가 되는 이론이라는 점에서 의미가 있다. 어떤 지표를 우선으로 사용하느냐에 따라 주 기능과 부 기능으로 구분하여 성격을 추론하고자 했는데(Briggs & Myers, 1976), 이는 DISC검사가 1차 유형과 2차 유형으로 나누어 행동유형을 살펴본 것과 관련이 있다. 또한 인간의 성격과 행동들 사이에 일관된 경향성이 있다는 사실을 가정한 유사점이 있다.

3) Levin의 장이론

독일의 심리학자 Kurt Lewin은 인간의 행동이 개인적인 특징뿐만 아니라 사회적 상황에도 영향을 받는다는 주장을 펼쳤다. 인간의 행동(B)을 개인의 고유한 특성(P)과 개인이 처해 있는 심리적, 물리적 환경(E)의 상호작용의 결과로 바라보는 것이 '장이론'이다(Levin, 1939). 그는 이를 수학적으로 표현하여 'B = f(P*E)'의 함수관계로 이해했다. 따라서 인간 행동과 개인의 특성, 그리고 주변 환경은 서로 순환적 인과관계에 있다고 할 수 있으며, 행동을 분석하고자 한다면 전체적인 상황, 환경에 기초하여 이해해야 한다는 것이 이 이론의 핵심이다. 예를 들면, 어떤 사람이 타인의 물건을 훔치는 행동은 물건을 도둑맞은 타인의 마음은 고려하지 않고 노력 없이 자신의 욕구를 충족시키고자 하는 개인의 심성과 타인의 물건을 훔칠 수밖에 없었던 절박한 환경의 상호작용에 의해 일어났다고 볼 수 있다.

Levin의 장이론은 행동을 바라보는 관점을 변화시켰다는 점에서 매우 큰 함의를 가진다.

이전의 사람들이 행동을 자극에 따른 하나의 반응으로만 보았다면 '장이론'의 등장 후 사람들은 개인과 환경의 상호작용의 결과로써 행동을 인식하게 되었다. 이 부분에서 개인이 환경 속에서 어떠한 행동 유형을 보이느냐에 관심을 가진 DISC검사와 맞닿아 있음을 확인할 수 있다.

2. DISC 성격검사의 특징

DISC 성격검사는 인간의 행동유형을 4가지 유형으로 구분한 검사이다. DISC 성격검사에 대한 깊은 이해를 위해 먼저 DISC 성격검사의 탄생배경과 특징을 알아보고 각 유형을 설명하는 6가지 요소에 대하여 살펴볼 것이다.

1) DISC 성격검사의 탄생

미국의 심리학자 William Moulton Marston은 그의 저서 『정상인의 감정(The Emotions of Normal People)』에서 히포크라테스의 기질이론을 4가지 행동유형으로 정리했다(Marston, 1928). 그는 행동유형이 개인의 특성과 환경의 상호작용에 의해 발생한 것으로 보고 반복적으로 나타나는 특정한 경향성이라는 사실에 주목했다. 주변 환경을 지각하는 방법과 정서를 표현하는 방식에 따라 지배(Dominance), 유인(Inducement), 복종(Submission), 순응(Compliance)으로 구분 짓고 DISC 행동 경향이라고 명명했다. [그림 5-1]에서 보듯이, 이 DISC 행동경향은 훗날 검사도구화 과정을 거쳐 주도형(Dominance), 사교형(Influence), 안정형(Steadiness), 신중형(Conscientiousness)으로 다시 구분되었고 지금의 DISC 성격검사로 불리게 되었다.

2) DISC 성격검사의 이해

DISC 성격검사는 행동 이면의 동기와 욕구에 대한 이해를 바탕으로 자신에게 뚜렷하게 나타나는 성격 특징을 파악할 수 있도록 돕는다. 더불어 자신의 강점과 약점을 발견하게 하고 이를 보완할 수 있는 방법을 제시함으로써 자신의 행동 유형을 조절, 발전시켜 나갈 수 있도록 했다. 또한, 자신과는 다른 행동 유형이 존재할 수 있음을 인식하는 것은 타인에 대한 공감 및 판단력을 향상시켜 타인의 행동을 이해하고 대응하는 방법을 습득하게 만든다.

DISC 성격검사를 분석할 때에는 다음의 세 가지 사실에 유념해야 한다(Marston, 1928).

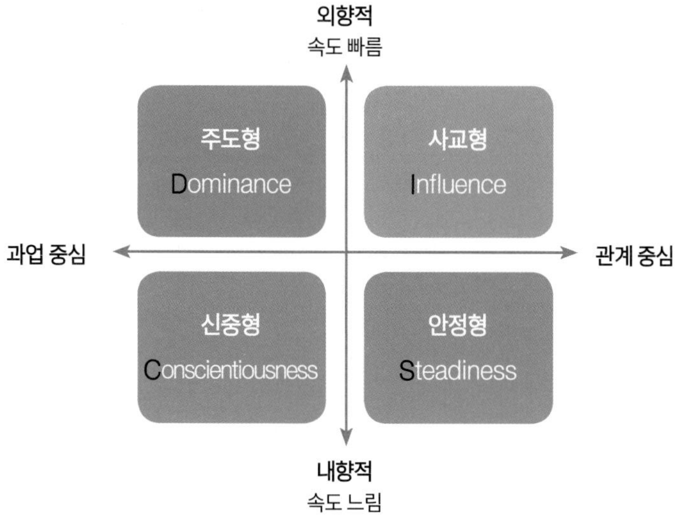

그림 5-1 DISC 모델

먼저, 모든 유형은 긍정적이며 최고의 유형은 존재하지 않는다. 행동유형은 옳고 그름의 기준으로 판단할 수 없다. 자신의 동기와 욕구가 주어진 환경 속에서 어떤 행동 양식으로 표출되는지를 보여주는 것이기 때문에 각 유형마다 강점과 약점이 존재한다. 다음으로, 사람은 한 가지 행동유형만으로 정의할 수 없다. 간혹 하나의 행동 유형이 유난히 두드러지는 경우가 있는데 이는 특정 행동 유형을 집중적으로 사용하여 익숙해진 나머지 자신의 독보적인 행동 유형으로 굳어진 것일 뿐이다. 마지막으로, 행동 유형은 영원하지 않는다. 행동 유형은 개인이 자라온 환경에 영향을 받으나 검사시의 상황과 환경에 따라 상이한 결과가 나타날 수 있다. 또한, 본인의 노력에 따라 자신의 유형을 보완하고 개선할 수 있으므로 행동 유형은 영구적인 특성이라고 볼 수 없다.

3) DISC 성격검사의 6가지 요소

동기부여. DISC검사는 심리학의 동기 및 욕구이론에 기초한다Marston, 1928). 인간은 특정한 동기에 의해 움직이게 되는데 이 동기를 유발하는 것이 욕구를 충족하고자 하는 마음이다. 현재의 안정적인 삶을 유지하고자 하는 욕구는 갈등 상황을 회피하거나 현실에 순응하는 행동을 하게 만들고, 완벽하게 업무를 처리하고자 하는 욕구는 꼼꼼하고 신중한 태도로 업무를 처리하게 만든다. 따라서 인간의 성격과 행동을 더 깊이 이해하기 위해서는 내면의 동기와 욕구를 파악하는 것이 필수적이다(Murray, 1938). DISC 성격유형 검사는 유형별 행동 기저의 동기와 욕구에 대한 정보를 제공하여 이를 바탕으로 개인의 욕구를 더욱 효과적으로 충족시킬 수 있도록 돕는다.

두려움. 동기 및 욕구와 더불어 또 다른 인간 행동의 기저에는 두려움이 작용한다(Marston, 1928). 각 유형들마다 독특한 행동 패턴을 보이는 것은 유형별로 두려워하는 감정과 상황이 존재하기 때문이고 이를 다루는 방법 또한 다양하다. 두려운 감정을 감추기 위해 지배적이고 강압적인 행동을 강화하는 사람이 있는 반면 두려운 상황을 극복하기 위해 상황에 적극적으로 개입하거나 도전하는 유형의 사람도 있다. DISC 성격유형 검사에서는 행동 유형별 두려움의 요소를 밝히고 그에 따라 나타나는 행동 패턴들을 설명한다.

선호. 행동유형별로 선호하는 환경이 존재한다(Marston, 1928). 인간은 자신이 선호하는 상황에서 행동할 때 더욱 뛰어난 업무 성과를 내고, 긍정적인 대인관계를 형성할 수 있다. 반대로 선호하지 않는 상황에서는 행동의 효율성을 감소시켜 의도하지 않은 결과를 마주하게 되거나 예상하지 못한 상황을 맞닥뜨리게 되기도 한다. 따라서 자신의 행동유형이 선호하는 상황에 대한 파악은 자신이 우선하는 목적과 가치를 달성하기 위해 부족함 없이 행동할 수 있는 기회를 제공한다. DISC 성격유형 검사는 행동유형별 선호하는 환경을 설명하고 적절한 행동 대응을 통해 이익을 극대화할 수 있는 방법을 제시한다.

갈등. 행동 유형별로 나타날 수 있는 스트레스 및 갈등 상황이 상이하다(Marston, 1928). 많은 현대인들이 겪는 대표적인 스트레스와 갈등 상황은 대인관계에서 비롯하는 어려움이다. 사람마다 삶을 살아온 방식이 다르고 가치관 또한 다르기 때문에 오해나 갈등이 발생하기 쉽고 적절하지 못한 의사소통 방식을 사용할 수 있다. 각각의 행동유형에서 발생하는 갈등 상황을 미리 파악할 수 있다면 적절한 대응을 통해 크고 작은 대인관계의 갈등을 최소화할 수 있을 것이다. DISC 성격유형 검사는 다양한 행동유형에 대한 이해를 통해 타인에 대한 공감 및 판단 능력을 향상시켜 유연한 대인관계를 형성할 수 있도록 돕는다.

남용. 행동유형별 특징이 과도하게 나타나는 경우가 있다(Marston, 1928). 자신의 행동유형상 장점을 적정 수준에서 사용하면 강점으로 작용하지만 이를 남용하는 경우에는 약점이 되어 갈등을 발생시키거나 상황을 악화시키는 문제 행동으로 변모할 수 있다. 따라서 개인은 자신의 행동 유형상 강점이 남용될 수 있는 상황과 기점에 대하여 이해할 필요가 있다.

보완. 유형별 약점을 보완할 수 있다. DISC 성격유형 검사의 궁극적인 목적은 자신의 행동 유형을 파악하여 더 나은 자기이해를 돕고 효과적인 집단 상호작용을 할 수 있도록 돕는 데 있다(Marston, 1928). 이 과정에서 자신이 부족한 점을 이해하고 보완하려는 노력은 향후 행동에 대한 지침을 제시한다는 점에서 매우 중요하게 여겨진다. 약점을 최소화할 뿐만 아니라 강점을 극대화시켜 더욱 유능한 삶을 살 수 있는 방법을 제공한다.

3. DISC 성격검사의 행동유형

DISC검사는 태도 성향과 가치의 우선순위에 따라 인간의 행동 유형을 주도형(D), 사교형(I), 안정형(S), 신중형(C)으로 구분한다(Marston, 1928). 이 중 가장 두드러지는 하나의 성향을 1차 유형이라고 하고 가장 두드러지는 상위 두개의 성향을 2차 유형으로 본다. 다음에서는 각 유형의 구체적 특징을 살펴볼 것이다.

1) 주도형(Dominance)

도전지향적. 주도형은 도전을 통해서 자신의 의미를 찾는다. 스스로 무언가를 추진하고 그 상황을 주도해야만 도전의 욕구를 달성할 수 있다. 따라서 환경에 대한 분명한 권한을 획득하거나 권한이 자신에게 부여될 때, 상황 및 조직을 통제할 수 있는 위치에 올랐을 때 행동한다. 또한 새로운 도전과 자기 개발의 기회가 주어졌을 때 적극적으로 행동한다. 신속한 의사결정과 지도력을 바탕으로 목표하는 바를 이루기 위해 강한 추진력을 발휘하여 빠르게 과업을 달성한다.

강한 이미지 추구. 주도형이 두려워하는 것은 통제권을 상실하고 이면의 소심하고 약한 모습이 드러나는 것이다. 이 모습을 감추기 위해 더욱 강인해 보이는 행동을 취하고 때로는 자기중심적이고 이기적인 태도를 보이기도 한다. 이 때문에 자신에게 친절을 베풀고 다가오는 사람도 경계하는 경우가 많다. 드러내고 싶지 않은 자신의 모습이 보이고 타인에게 압도당하는 상황을 마주하면 공격적인 성향을 보이기도 한다.

지위 보장의 욕구. 주도형이 선호하는 상황은 자신의 의사결정과 권한이 보장되는 환경이다. 자신의 목표 달성을 위해 어떠한 저항이나 장애물도 없는 상황을 희망하기 때문이다. 자신이 통제 가능한 상황에서는 빠른 판단으로 생각한 바를 행동에 옮기기 수월해 남들보다 더 많은 에너지를 쏟아내곤 한다. 또한 과정보다 결과가 주목받고 인정받는 결과 지향적 환경에 매력을 느낀다. 달성 가능한 목표를 세우고 원하는 결과를 얻으려 질주하는 모습은 주도형에서 가장 많이 관찰된다.

강압적 태도. 주도형과의 갈등은 대부분 지나치게 주도적이고 타인의 의견을 경청하지 않는 주도형의 태도로 인해 발생하는 경우가 많다. 자신의 권한이 보장되지 않는다고 느끼면 감정적으로 격해지는 경향을 보이고 폭력적인 행동으로 이어지기도 하며 타인의 견해나 감정을 더욱 무시하는 행동을 보이기 때문이다. 한편 주도형의 직설적인 말투 때문에 갈등이 발생하는 경우도 있다. 전체적으로 대화가 짧고 곧 바로 핵심만을 이야기 하는 경향이 있어 정확하게 정보를 전달할 수는 있으나 청자의 감정은 헤아리지 못해 오해가 생기게 된다.

자기중심적. 주도형의 특성이 두드러지게 되면 자칫 독재자라는 인상을 주기 쉽다. 업무에 대한 추진력은 훌륭하나 자기 자신만 아는 오만하고 타협을 모르는 사람이라는 평가를 받게 된다. 직설적인 표현들은 부드럽지 못해 무뚝뚝하고 공격적이게 보일 수 있다. 이러한 제한점은 참을성이 부족하고 쉽게 분노하는 비슷한 성향의 주도형의 사람을 만났을 때 다툼을 불러일으키는 원인이 된다.

직선적. 주도형의 장점을 살리고 단점을 보완하기 위해서는 가장 먼저 대화의 방식을 개선해야만 한다. 결과 지향적이고 직선적인 대화 방식이 아니라 청자에게 충분히 과정을 설명하고 이해시키려는 노력이 필요하다. 특히 타인에게 동의를 얻거나 도움을 받아야 하는 경우라면 이러한 태도가 더욱 요구된다. 타인의 의견을 경청하는 자세 역시 중요하다. 다양한 피드백을 수용하고 그에 따라 자신을 수정하는 자세도 도움이 된다. 또한 자신이 가진 추진력과 열정을 극대화하기 위해 행동하기 전 사전에 미리 충분히 고민하는 시간을 가지는 것이 도움이 된다.

2) 사교형(Influence)

인정의 욕구. 사교형은 타인으로부터 인정받고자 하는 인정 욕구가 강하다. 이 유형의 사람들은 타인과 어울리기를 좋아하고 말이 많은 경향이 있는데 이는 자신이 인정받을 수 있는 환경을 최대한 많이 조성해놓기 위함이다. 그러나 실제로도 사람들을 유쾌하게 만들어주는데 능력이 있으며 자신을 인정해주는 상황에서는 더욱 그 능력을 발휘한다. 또한 상황에 대한 흐름 파악이 뛰어나 타인의 감정이나 기분을 잘 파악하고 그에 맞추어 자유자재로 대화나 행동을 변화시킨다. 사람들이 자신이 원하는 방향대로 따라오기를 원하는 마음은 주도형과 같으나 강압적인 지시나 통제가 아니라 설득력 있는 말솜씨로 자신의 의견을 따르도록 한다는 점이 구분된다. 이러한 사교형이 가장 두려워하는 것은 사회적 인정을 상실해 자신이 거부되는 것을 느끼는 상황이다. 그렇기 때문에 타인과의 갈등 상황을 최대한 지양하려다보니 타인의 반응에 신경을 많이 쓰고 때로는 자신의 솔직한 의견을 이야기하지 못하기도 한다.

열정적. 사교형은 긍정적으로 자신을 인정해주고 다양성과 창조성이 보장되는 환경에 있는 것을 선호한다. 자신의 성공을 위한 환경을 보장받으면 상호작용 하는 사람들에게 긍정적 에너지를 마음껏 발산하고 동기를 부여하며 속한 집단이 더 좋은 결과를 이끌어 낼 수 있도록 주도한다. 사교형과의 갈등은 사람에 대한 지나친 관심 때문에 간섭하고 참견하는 것처럼 보이는 경우 발생한다. 이로 인해 타인과의 관계가 냉담해지거나 분위기가 부정적이게 되면 사교형은 더욱 큰 스트레스를 받게 된다.

감정적. 사교형은 자신이 긍정적이고 재미있는 사람이며 융통성이 있다는 것에 대해 인정을 받고 싶어 하기 때문에 이러한 욕구를 과하게 충족시키려는 경우 종종 진지하지 못하고 재미만 추구한다는 인상을 남기기도 한다. 한편으론 열정이 넘쳐 충동적이거나 다혈질처럼 보이기도 한다. 또한 다소 감정적인 부분을 보완하여 충동적이고 감정적인 상황에 덤덤해질 필요가 있다. 타인을 호의적으로 보는 것은 장점이지만 타인을 평가해야하는 상황에서는 객관적이고 현실적인 시각을 가지고 판단해야한다.

비체계적. 사교형의 장점을 최대한 살리기 위해서는 자신의 시간을 관리할 필요가 있다. 과제 혹은 목표보다 사람과의 관계를 우선시하다 보니 업무에 대한 마감일, 그 외 약속에 대한 마무리가 명확하지 않다. 이는 업무에 서툴고 부적합하다는 평가를 받기 쉽기 때문에 반드시 개선해야 한다. 자신이 해야 하는 일에 대한 우선순위를 확실히 할 때 사교형 장점의 효과를 극대화할 수 있다.

3) 안정형(Steadiness)

협조적. 안정형은 변화를 싫어한다는 것이 특징인데 안정되고자 하는 욕구가 강하기 때문이다. 이 욕구를 충족하기 위해 자신이 속한 집단의 구성원들과 원만한 대인관계를 유지하며 잘 협력하는 태도를 보인다. 이들은 집단 내에 머무를 때 안정적이라고 여기는 경향이 있는데 개인으로 일할 때보다 여럿이 일할 때 쉽게 자신을 드러내지 않아도 되기 때문이다. 안정형은 충성심과 인내심이 뛰어나고 타인을 돕거나 지원하는 일에 적극적이다. 그렇기 때문에 안정형의 사람들은 업무에서 주목받는 역할보다는 협력 및 조력자 역할을 맡는 경우가 많다. 타인과 협력할 수 있을 때, 자신의 책임과 권한선이 분명하게 정해져 있을 때, 안정적 환경이 보장될 때 강한 동기부여를 받는다.

변화회피. 안정형이 두려워하는 대상은 변화 가능한 상황뿐이다. 자신은 변화를 좋아하지 않으니 스스로 변화 가능한 상황을 만들지는 않지만 타인에 의해 변화하는 상황이나 자신에 대한 변화 명령을 몹시 꺼려한다. 안정이 가장 중요한 가치인 만큼 돌발 상황이나 비조직적이고 무질서한 분위기를 회피하고 싶어 한다. 강요에 의해 자신의 의견을 드러내야 하는 상황도 두려움의 대상이다. 이런 경우 극도의 불안감을 느끼거나 침묵으로 저항하곤 한다.

안정지향적. 안정형이 선호하는 환경은 예측 가능하고 잘 정돈된 환경이다. 안정된 환경이 보장되면 기술적으로 유능하고 구성원들과 조화를 이루는 일관된 모습을 꾸준히 유지한다. 다소 반복적인 업무더라도 안정형의 사람들은 기복 없이 처리할 수 있다. 그러나 만약 경쟁적이고 공격적인 환경에 놓인다면 극심한 스트레스를 받고 사기가 저하되어 오직 처한 환경을 회피하기 위해 모든 것을 양보하고 순종적인 반응을 보인다.

수동적. 이러한 안정형의 특성은 변화를 두려워해 발전이 없다는 것이다. 주어진 업무는 잘 하는데 혁신적인 일은 하지 않는 것처럼 보이지 않는다. 현실에 안주하려는 속성 때문에 소극적인 업무 태도를 가진 것으로 비춰질 수밖에 없다. 또한 갈등은 없으나 자신의 감정이나 의견을 잘 드러내지 않아 주위에서는 답답하다고 여기기 쉽다. 빠른 회신이 필요하거나 빨리 일을 처리해야 하는 상황에서도 여유를 부리며 미루기도 한다. 이렇듯 과도하게 느긋하고 의존적인 성향은 조직에서 중간 관리자 혹은 그 이상의 자리에 올랐을 때 의사결정의 적절한 타이밍을 놓쳐 유능한 지도자의 역할을 할 수 없게 된다.

고정적 성향. 안정형이 자신의 장점을 살리고자 한다면 변화하는 환경에 유연한 태도를 가질 수 있도록 노력해야 한다. 차분히 자신의 업무에 최선을 다하는 것도 좋지만 새로운 기술을 터득하고 성장할 수 있는 위로의 변화를 적극적으로 추구해야 한다. 자신을 낯선 상황에 노출시키고 적응하려 노력하는 것이 도움이 될 수 있다. 또한 자신의 안정을 위협하는 상황이 왔을 때 대담하고 적극적으로 반응할 필요가 있다. 변화 지향적인 사회에서는 환경에 휘둘리지 않고 변화에 적극 참여할 때 자신의 능력이 더욱 빛날 수 있다.

4) 신중형(Compliance)

분석적. 신중형은 무엇이든 정확하고 완벽하게 하고자 하는 욕구가 강하다. 따라서 정확성을 요구하는 상황이나 논리적이고 체계적 접근이 가능한 경우 동기부여를 받는다. 매사에 신중하고 과정과 절차에 치밀하며 객관적 통계자료나 데이터에 안정감을 느낀다. 또한 사물이나 환경에 대한 분석 능력이 뛰어나고 주어진 대부분의 일을 완벽하게 성취해낸다는 장점이 있어 업무에 능하다는 평가를 받는다. 신중형은 달성 가능한 목표와 그에 도달할 충분한 시간, 자원이 보장되고 업무 중심으로 돌아가는 환경에서 편안함을 느낀다. 불규칙적이고 일관성이 없는 환경에서는 무기력함을 느끼며 시간에 쫓겨 결과물의 질을 보장할 수 없는 위치에 있을 때 강한 스트레스를 받는다.

완벽주의. 신중이 과하게 되면 완벽주의의 함정에 빠지기 쉽다. 타인의 결과물에는 만족하기 어려워 고립되고 스스로 해결하기 어려운 상황일 때조차 타인에게 도움을 청하지 못한다. 또한 형식을 지나치게 중요시하고 완벽을 기하느라 행동이 다소 느린 경향이 있어 협업 과정에서 마찰이 있을 수 있다. 타인의 방식이 옳을 수도 있다는 열린 자세를 가지고 자신에 대한 평가를 비판이 아닌 조언으로 받아들일 수 있는 마음가짐도 요구된다. 무엇보다 여유로워질 필요가 있다. 자신의 모든 것이 다 완벽할 필요는 없으며 완벽할 수 없다는 사실도 받아들일 수 있어야 한다.

민감함. 신중형이 가장 두려워하는 상황이 자신이 비판받는 상황이다. 타인의 비판을 받지 않고자 더욱 완벽하게 일을 해내려는 모습을 보이는 것이며 자신의 결과물에 대한 구체적이고 세밀한 평가가 없는 간접적인 비판의 상황에서도 두려움을 느낀다. 또한 자신의 성취 기준보다 높은 과업을 마주하는 것을 두려워한다. 자신의 장점을 극대화하고 단점을 보완하고자 한다면 실수를 받아들이고 융통성을 길러야 한다. 예민하고 신중하다는 것은 때로 장점이면서도 사소한 것에 신경을 쓰느라 중요한 것을 놓치게 되는 반대 상황을 맞닥뜨릴 수 있음을 명심해야 한다. 개선의 과정에서 통제가 어려운 상황에서는 타인과 논의하며, 감정을 조절하고 표현하려는 연습이 필요하다.

좁은 인간관계. 많은 경우에 신중형의 대인 관계는 폭이 좁다. 타인과 관계를 맺는 것보다 일에 즐거움을 느껴 인적 네트워크를 확장하는 데 상대적인 시간을 덜 투자하기 때문이다. 신중형과의 주된 갈등은 개인적 의사소통을 회피하는 데서 일어난다. 업무뿐만 아니라 사적인 관계에서도 개인적인 대화를 하지 않고 논리적이고 공식적인 대화만을 하려고 한다. 좋은 대인관계를 이루어나가려는 노력이 요구된다. 초기에는 다양한 형태의 사람을 수용하고 저마다의 장점을 인정해주는 팀을 선택하여 일하는 방식에 익숙해지는 것이 도움이 될 것이다.

4. RS-DISC검사의 2차 유형

때로 사람들은 DISC의 4가지 기본 유형 중 오로지 하나에만 해당하기보다는, 몇몇 유형들이 혼합된 특성을 보이기도 한다. 여기서는 두 가지 기본 유형의 조합으로 이루어진 이러한 2차 유형을 알아보겠다.

1) DI(성과지향형, The seeker)

포용적 지도자. DI유형은 강한 주도형 성향에 사교형 성향이 결합된 유형이다. 주도형의 강한 추진력에 사교형의 설득력 있는 말솜씨가 더해져 행동의 시너지 효과를 발휘한다. 집단 공동의 목표를 달성하기 위해 자발적으로 상황을 주도하고 팀원의 협조를 이끌어낸다. 의사소통 능력을 활용하여 팀원을 잘 아우르고 목표하는 바의 대부분을 성취해낸다. 타인에게 지거나 뒤쳐지지 않으려는 성향이 강하지만 경쟁 자체를 즐기는 모습을 보인다.

추진력. 목표를 향한 강한 추진력을 발휘할 때 가장 큰 흥미를 느낀다. 일처리와 의사 결정의 속도가 빠르고 낯선 상황에 대한 적응력도 뛰어나 긍정적인 업무평가를 받는다. 그러나 목표를 달성하기 위한 지나친 추진력은 때로 자기중심적이고 공격적인 모습을 드러내게 하기도 한다. 타인의 의견을 존중하고 인정하려는 노력이 필요하다.

2) ID(모험가형, The risk taker)

활발한 지도자. ID유형은 강한 사교형 성향에 주도형 성향이 결합된 유형이다. 팀원들의 감정에 민감하고 세심하게 반응하며 팀이 직면한 위기를 해결해주는 해결사 역할을 한다. 원활한 의사소통이 가능한 자유로운 업무환경을 조성하고 유머감각을 발휘하여 팀원들과 친밀감을 형성한다. 혼자보다는 다수의 인원과 함께 일하는 것을 선호하며 지치지 않는 열정으로 팀원들에 동기를 부여하는 사람이다.

감정적. 팀원을 이해하고 자신을 표현하는 것에도 능숙하지만 다소 감정적일 수 있다. 타인의 말과 행동에 과한 의미를 부여하여 스트레스를 받기도 한다. 본인이 상황을 주도할 수 없거나 지위를 상실하는 경우 외부로 감정을 표출하여 공격적인 성향을 드러낼 수 있다. 때로는 냉정한 태도로 평정심을 유지하는 능력이 필요하므로 감정을 적절히 통제하려는 노력이 필요하다.

3) IS(친구형, The buddy)

넓은 대인관계. IS유형은 강한 사교형 성향에 안정형 성향이 결합된 유형이다. 관계를 매우 중시하는 성향으로 폭넓은 대인관계를 가진다. 풍부한 감정과 이해심으로 친밀한 관계를 맺고 다양한 인적 교류가 가능한 사교적 환경에서 일하기를 선호한다. 의사소통에 매우 능해 청자와 상황을 모두 고려하여 말하는 달변가임과 동시에 타인의 이야기에 귀 기울일 줄 아는 좋은 청취자이기도 하다.

비난 회피. 갈등이 존재하는 상황을 몹시 불편해하여 매사에 적을 만들지 않으려는 태도를 보인다. 이 또한 관계를 중시하는 성향에서 비롯한다. 타인을 지적하는 상황과 본인이 지적받는 상황 모두를 무시하고 꺼려하다가 상황을 악화시킬 수 있다. 비난을 회피하고자 지나치게 타인을 포용하고 신뢰한다.

4) SI(협력자형, The collaborator)

조화 추구. SI유형은 강한 안정형 성향에 사교형 성향이 결합된 유형이다. 전체적으로 느긋하며 타인을 이해하고 공감대를 형성하는 능력이 뛰어나다. 자신보다 타인을 우선에 두고 그들과 어우러지기 위해 노력한다. 혼자 일하는 것보다는 팀에 소속되어 일하는 것을 선호하며 갈등 상황에서는 평화 분위기를 유지하기 위해 적극적으로 중재에 나선다. 큰 변화가 많지 않은 환경에서 장기적인 안정이 보장되고 동료들과의 관계가 원만할 때 큰 만족감을 느낀다.

이타적. 자신의 이익보다 타인의 이익을 먼저 생각한다. 타인에 협력하고 공동체적 목표와 가치를 우선할 때 만족감을 느낀다. 배려심이 부족한 것으로 인해 적대적 관계가 형성되거나 평화가 위협받는 상황을 극히 싫어하여 타인을 이해하고 마음을 나누는 행동을 강조한다. 민감하여 상처를 받기 쉬우나 정작 자신의 감정은 잘 드러내지 않아 주변인은 알아차리지 못하는 경우가 많다.

5) SC(기술자형, The technician)

일관성. SC유형은 강한 안정형 성향에 신중형 성향이 결합된 유형이다. 오랜 기간에 걸쳐 형성해온 자신의 규칙대로 행동하고 업무를 처리한다. 급변하는 환경보다는 차분한 환경을 선호하며 안정적인 상황을 유지하는 것에 노력을 기한다. 새로운 환경에 적응하거나 혁신적인 아이디어가 적용되는 경우 쉽게 적응하지 못하는 모습을 보인다.

겸손함. 편법 없이 꼼꼼하고 완벽한 성격 탓에 업무 성과가 훌륭하다고 평가되지만 이를 인정받거나 주목받고자 하지 않는다. 특히 집단 장면에서 평소에는 자기 주장을 내세우지 않고 결정된 사항을 수용하고 따르는 편이나 문제 상황이 발생한 경우에는 뛰어난 일처리 능력을 적극 발휘하여 문제를 헤쳐나갈 수 있도록 돕는다. 주변에 사람이 많지만 좁고 깊은 대인관계를 선호하는 경향이 있다.

6) CS(안정지향형, The bedrock)

정확성. CS유형은 강한 신중형 성향에 안정형 성향이 결합된 유형이다. 대화를 하거나 의사결정이 필요한 모든 상황에서 분석적이고 꼼꼼한 성향을 나타낸다. 정확성에 대한 높은 욕구를 충족시키기 위해 객관적인 데이터에 근거하며 규정과 절차를 중시하는 모습을 보인다. 전체적인 결과물의 완벽성을 추구하느라 세세한 부분을 놓치기도 하고 기존의 방식에 얽매여 새로운 아이디어를 수용하지 못하기도 한다.

계획적. 예측불가능한 상황에 직면하지 않도록 매사에 신중하고 철저한 면모를 보인다. 일어날 수 있는 모든 상황을 고려하여 대안을 마련하고 자신의 계획대로 진행될 수 있도록 꼼꼼히 설계한다. 예상치 못한 상황이나 업무에 방해가 되는 환경을 싫어하여 여럿이 일하는 것보다 혼자 일하는 것을 선호한다. 업무 성과를 위해 독립심을 유지하는 것도 좋지만 협력 업무에서는 타인과의 관계를 유지하려는 노력도 필요하다.

7) CD(완벽주의자형, The perfectionsit)

완벽성. CD유형은 강한 신중형 성향에 주도형 성향이 결합된 유형이다. 원대한 목표를 이루고자 하는 욕망을 계획과 원칙에 의거하여 처리하는 것을 좋아한다. 눈에 보이지 않고 두루뭉술한 목적보다는 구체적이고 명확한 목적을 선호한다. 완벽한 성향 때문에 일련의 과정들을 모두 검토하느라 신속한 의사결정을 내리기 어렵다.

냉소적. 감정 표현에 익숙하지 않고 소통 기술이 부족하여 도움이 필요한 상황에도 타인의 협조를 구하는 데 어려움을 겪는다. 극도의 스트레스나 갈등 상황에서 정면승부하는 대신 회피하는 전략을 세우고, 문제에 대한 자신의 의견을 내거나 감정을 표현하는 대신 침묵하는 쪽을 택한다. 얼굴 표정이 제한적이고 무뚝뚝한 성격 탓에 냉담하거나 무관심해 보이기 쉽다.

8) DC(도전자형, The challenger)

진취적. DC유형은 강한 지배형 성향에 신중형 성향이 결합된 유형이다. 과업 중심적이며 항상 일을 생각하고 있는 경우가 많다. 자신의 주도하에 새로운 분야에 도전하는 것을 즐기며 모든 과정에 적극적인 태도로 임한다. 신속하게 목적을 달성하기 위한 성취 욕구는 꼼꼼히 살피며 정확도를 요구하는 성향과 충돌하기도 한다. 이러한 경우 적절한 합의점을 찾지 못해 과업의 진행을 지연시키는 상황이 발생할 수 있다.

직설적. 단도직입적인 날카로운 대화방식을 사용한다. 타인의 감정을 포착하거나 민감한 정보를 조심스럽게 전달하는 데 어려움을 느낀다. 신속하게 목표를 달성하는 리더자이지만 주도권을 행사하여 작은 부분까지 통제하려는 경향에 퉁명스러운 성향이 더해져 집단 업무에서 스트레스를 주는 존재로 인식될 수 있다. 필요에 의해 여러 사람과 어울려 일을 수행할 수도 있으나 많은 경우에 다수의 사람들과 함께 하기보다는 혼자 일을 처리하고자 한다.

5. 결론

지금까지 인간의 행동 원리를 알아보고 행동 유형을 측정하는 DISC검사를 살펴보았다. 인간은 균형 상태를 유지하기 위한 동기와 욕구에 의해 특정한 행동을 하고 이러한 행동은 오랜 시간 자신이 편하다고 인지해 두드러진 특정 방향으로 일어난다. 이때 자신과 타인의 행동이 어떤 양상으로 일어나는지 파악할 수 있다면 무수히 많은 인간관계상의 갈등을 해소하는 데 도움이 될 것이며 이러한 변화는 보다 나은 삶을 살게 할 것이다. DISC검사는 인간의 특정 행동 및 방향의 양상을 살펴보기 위한 검사로서 개인이 인식하는 환경과 그 속에서 행해지는 자연스러운 행동의 경향성에 주목한다. DISC검사는 쉽고, 빠르고, 정확한 진단이 가능하다는 장점이 있으며 다양한 행동유형 조합을 통해 자신과 타인의 행동을 이해하는 통찰력을 제공한다.

제6장

이고그램(Egogram) 성격검사

이고그램(Egogram) 성격검사를 제대로 실시하고 그 결과를 올바르게 이해 및 해석하기 위해서는 이고그램의 정의 및 배경을 비롯하여 이고그램과 관련된 여러 측면들을 포괄적이면서도 어느 정도 깊이 있게 파악할 필요가 있다. 이에 이 교육용 책에서는 먼저 이고그램이 무엇인지를 알아본다. 구체적으로, 이고그램의 정의와 이고그램의 근간이 되는 교류분석이론에 대해서 알아본다. 그다음 이고그램의 기초가 되는 자아상태의 구조와 기능에 대한 분석을 살펴볼 것이다. 마지막으로 이고그램의 실시 및 활용에 대하여 알아본다.

1. 이고그램의 특징

본 절에서는 우선 이고그램의 정의와 역사를 살펴보고, 그다음 이고그램 검사가 추구하는 목적을 알아보고자 한다.

1) 이고그램의 정의와 역사

이고그램은 교류분석(TA: Transactional Analysis)에서 제시하는 자아상태 기능을 바탕으로 한다. 이 교류분석은 Eric Berne이 창시한 하나의 성격이론이면서 동시에 개인의 성장과 변화를 위한 체계적인 심리치료 이론이다. 교류분석 이론은 어버이 자아(P), 어른 자아(A), 어린이 자아(C)를 근거로 사람들 간 또는 개인 내적 교류를 분석하는 성격이론이자 치료요법이다. 이러한 교류분석 이론을 바탕으로, John M. Dusay는 이고그램을 '각 개인의 성격을 형성하는 부분들 사이의 관계와 그 성격이 외부로 표출하는 심리적 에너지를 그래프로 나타낸 것'으로 정의했다(Dusay, 1977).

기본적으로 이고그램은 심리적 에너지의 양을 측정하는데 초점을 둔다. 심리적 에너지는 외부에서 관찰 가능한 사고, 행동, 정서 등을 통해 추론된다. 이를 바탕으로 개인의 자아 상태 및 성격을 파악한다. 그래프로 표현된 각 개인의 성격 프로파일은 개인마다 독특하게 나타난다. 또한 이고그램은 자아 상태를 긍정적이거나 부정적인 것으로 평가하지 않는다. 즉, 각 자아 상태는 긍정성과 부정성을 모두 가지고 있다.

Bern(1961)은 교류분석 이론에서 인간의 성격이 심리적으로 어떻게 구성되어 있는지를 보여주고자 했다. 그는 자아 상태의 구조를 세 가지로 구분하고 그것을 다시 5가지로 세분화 했다. 이렇게 세분화된 다섯 가지 자아 상태를 토대로 표출된 에너지 양을 순서대로 수치화 하여 그래프화한 것이 이고그램이다. 다섯 개 자아 상태에서 배열되는 심리적 에너지는 개인의 독특한 성격에 따라 다르게 나타나는데, 이를 통해 그 사람의 성격을 알아낼 수 있다.

Bern은 인간의 적응 문제를 대인관계 과정에서 발생하는 문제라고 인식했다. 따라서 대인관계를 원만하게 형성 및 유지하는 것이 필요하다고 인식했다. 그리고 자기이해와 타인이해, 그리고 자기와 타인의 관계에 대한 이해가 대인관계를 원만하게 유지하는 기반이 된다고 보았다. 특히 자기이해를 중요하게 생각했다. 이때 자기이해는 개인의 성격이 어떻게 구조화되어 있는지를 확인하는 것을 근간으로 한다. 그리고 성격의 구조는 자아상태 모델을 통해 알 수 있다. 자아상태 모델은 개인의 관찰 가능한 행동들을 토대로 사람들이 어떻게 기능하며, 어떻게 자신의 성격을 표현하는지를 설명한다. 교류분석이론은 개인의 성격을 분석함으로써 개인의 올바른 성장과 변화를 위한 심리치료 및 교육에 관련된 체계적인 이론과 방법을 제공한다.

Dusay가 개발한 초기의 이고그램은 자아 상태를 측정하기 위해 직관에 의한 측정방법을 사용했다. 그러나 직관을 활용한 방법은 여러 한계가 있었다. 우선, 검사를 받는 개인이 자아 상태를 개념적으로 이해해야 하며 이러한 개념적 이해를 보장하기 위해서 많은 시간이 필요했다. 두 번째로 검사가 사회적 바람직성의 영향으로부터 자유롭지 못했다. 세 번째, 자아 상태에 대한 설명이나 측정이 일관성 있게 이루어지지 않고 관찰자의 주관의 영향을 받았다. 네 번째, 절대 다수를 대상으로 하는 현장의 수요를 따라가기 힘들었다. 마지막으로, 객관성이 떨어졌다. 이러한 한계점을 극복하기 위해 정량적인 이고그램 척도 개발을 위한 노력들이 이루어지고 있다. 그 노력 중 한 예로, Heyer(1979)는 질문지법을 사용한 이고그램을 개발했다.

2) 이고그램 검사의 목적

이고그램은 다른 사람과 관계할 때 사용하는 에너지의 양을 5개의 자아상태에 대한 막대그래프로 나타낸 것이다. 이고그램은 사람 내의 심적 에너지의 양이 일정하게 유지된다는 항상성 가설에 바탕을 두고 있다. 예를 들어, 만약 어떤 사람이 자연스런 어린이에서 에너지를 증가시키기 시작한다면, 그의 다른 자아 상태에서는 사용할 수 있는 에너지가 줄어들 것이다. 그러므로 자신의 자아 상태를 변화시키는 좋은 방법은 활성화시키고자 하는 자아상태의 에너지의 양을 증가시키는 것인데, 낮은 자아상태의 에너지를 활성화시키면 높은 자아상태의 에너지는 자동적으로 낮아진다.

이고그램의 목적은 자신과 타인을 이해하고 통합적으로 자기와 타인의 관계를 이해하는데 도움을 주는 것이다. 다시 말해, 세 가지 자아 상태 모델에서 표현되는 5가지 자아 상태의 기능을 이해함으로써, 사회적 관계 맥락에서 특정 상황에 어떤 자아가 기능하는지를 밝힐 수 있다. 비판적 어버이(CP), 양육적 어버이(NP), 어른(A), 자유로운 어린이(FC), 순응적 어린이(AC) 각각의 에너지 양은 다음과 같은 막대그래프로 표현된다.

이고그램에 의하면, 모든 관찰가능한 행동이 다섯 가지 자아의 기능에 따라 다르게 나타난다. 관찰한 행동으로 다섯 가지 자아를 분류할 수 있고, 발생빈도를 측정함으로써 해당 자아가 표출하는 에너지를 막대그래프로 표시한다. 이고그램은 자아상태 내의 전체 에너지 양이 일정하다고 가정하기 때문에 한 자아 상태가 높으면 다른 자아 상태는 낮아진다. 이고그램에는 본질적으로 좋고 나쁜 자아상태가 존재하지 않는다. 각각의 자아의 기능에는 긍정성과 부정성이 모두 존재한다.

2. 교류분석(TA) 이론

국제교류분석학회(IATT)의 정의에 따르면, 교류분석 이론이란 '개인의 성장과 변화를 위한 체계적인 심리치료법이며 성격이론'이다. 간단하게 표현하면, 성격의 구조와 기능을 통해 개인의 심적 에너지 수준을 측정하는 성격이론이자 인간관계의 교류를 분석하는 이론이라고 할 수 있다.

1) 주요개념

심리치료이론으로서 교류분석이론은 구조분석, 교류패턴분석(대화분석), 게임분석, 각본

분석 등을 포함한다. 각 분석의 과정에는 인생태도 분석과 시간의 구조화 분석, 그리고 스트로크(Stroke)에 대한 분석이 포함된다.

구조분석. Bern은 자아 상태를 '일관된 행동유형에 상응하여 이와 직접적으로 관련되어 있는 감정과 경험의 일관적인 형태로서, 일정한 시기나 상황에서 성격의 한 부분을 드러내는 방식'으로 정의했다. 즉, 교류분석 이론에서 제시하는 자아 상태란 특정 시점에서 개인이 보이고 느끼는 상태를 묘사하는 것이다. 자아 상태는 말, 행동, 몸짓 등을 통해서 관찰할 수 있다. 또한 타인에 의해 관찰될 뿐만 아니라 스스로도 인식하고 지각할 수 있다. Bern에 의하면, 인간의 마음의 구조는 세 가지 자아 상태로 구분되며, 구조에 따른 기능이 다섯 가지로 세분될 수 있다.

구조분석은 성격이나 일련의 교류들에 대하여 자아상태 모델의 관점에서 분석하는 것으로, P(Parent)-A(Adult)-C(Child)의 세 가지 자아상태의 분석을 의미한다(Stewart & Joihes, 1987). 다시 말해, 자아 상태를 분석함으로써 성격을 분석한다. 각 자아 상태에 대한 자세한 내용은 아래의 자아상태의 구조 항목에서 살펴볼 것이다.

기능분석. 기능분석은 자아상태가 실생활에서 어떠한 기능을 하고 어떻게 반응하고 있는가를 분석하는 것이다. 다시 말해, 구조분석에서 분석한 자아구조가 특정 상황이나 맥락에서 어떻게 나타나고 어떠한 기능을 하고 있는지를 분석한다. 기능분석의 목적은 개인의 성격을 객관화하여 바라봄으로써 그 안의 부조화를 발견하는 것이다.

기능분석에서는 세 가지 자아 상태를 다섯 가지로 세분화했다. 구체적으로, 어버이 자

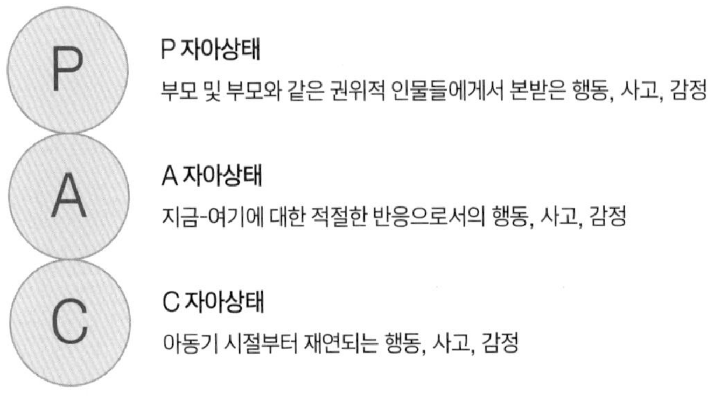

그림 6-1 **제1차 구조 모델(제석봉 외, 2010, p. 36)**

아 상태는 비판적인 어버이 자아(Critical Parent; CP)와 양육적인 어버이 자아(Nurturing Parent; NP)로 나누어진다. 또 어린이 자아 상태는 자유스런 어린이 자아(Free Child; FC)와 순응한 어린이 자아(Adapted Child; AC)로 기능이 분류된다. 어른 자아 상태는 그대로 사용된다.

교류분석. 모든 관계는 교류로 이루어지며, 교류적 자극과 교류적 반응을 주고받는다. 우리의 의사소통 과정 중에 일어나는 것을 설명하기 위해 자아상태 모델을 사용한다. 교류에는 상보 교류, 교차 교류, 이면 교류가 있다. 상보 교류는 교류 벡터가 평행을 이루고 자극을 보낼 때 기대한 자아 상태에서 반응이 오는 경우이다. 교차 교류는 교류 벡터들이 평행을 이루지 못하거나 자극을 보낼 때, 기대한 자아상태가 아닌 다른 자아 상태에서의 반응을 보내는 경우이다. 이면 교류는 사회적 수준의 메시지와 속에 깔려 있는 심리적 수준의 메시지가 동시에 전달되는 교류이다.

게임분석. 게임은 교류관계에서 한 사람에게 나쁜 감정을 주고 끝내는 일련의 교류이다. 이것은 친밀감을 방해하도록 되어 있다. 게임의 종류로는 '가엾은 나', '박해받는 자', '예, 그러나', '당신이 아니었으면', "당신이 하도록 시켰잖아요.", '소란', '나무다리' 등이 있다. Karpman(1968)의 드라마 삼각형은 심리적 게임에서 연출되는 박해자, 구원자, 희생자 간의 관계를 설명해 주고 있다. 예컨대, 가족구성원들 간에 희생자 역할을 하는 사람은 "나를 발로 차 주세요(Kick me)."라는 게임을 통해 박해자가 자신을 발로 차도록 하는 희생자 역할을 하고, 또 다른 구성원인 구원자는 불쌍하고 발로 차인 희생자를 무자비한 박해자로부

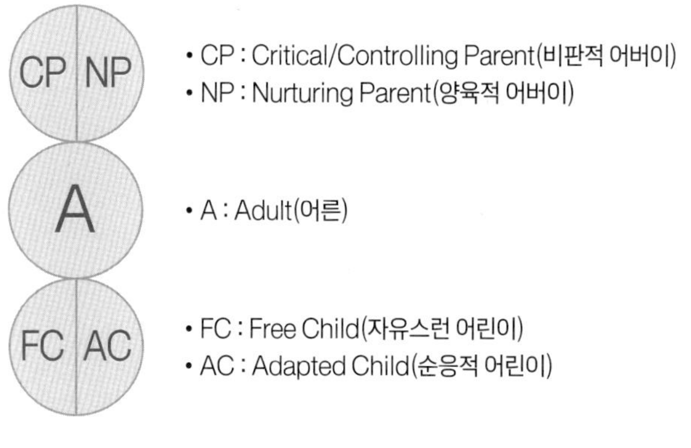

그림 6-2 자아상태의 기능분석

터 구하기 위해 끼어들게 된다. 그리고 희생자는 구원자를 힘들게 하고 구원자를 괴롭히는 박해자 역할로 변화되어 게임을 계속 반복하게 된다.

라켓분석. 게임 뒤에 맛보는 불쾌하고 쓰린 감정에 대한 분석을 말한다. 이러한 감정은 어렸을 때 부모에게서 자주 경험한 감정이다. 즉 우리가 어렸을 때 부모가 우리에게 한 행동들로부터 생긴 감정이다. 게임처럼 라켓 감정도 초기 결정을 지원하며, 개인의 삶의 각본의 기초가 된다. 부모의 행동으로부터 분노, 우울, 죄책감 등의 감정을 경험하는데, 이것을 라켓 감정이라고 한다. 라켓분석을 통해 우리들이 자신이 알지 못하고 비생산적인 방식으로 타인을 조작하거나 타인에게 반응하는 경향을 알아차리고 이것을 통제할 수 있도록 한다. 또한 교류분석에서는 개인의 라켓 감정을 이해하고, 이 라켓감정이 그의 게임, 결정, 그리고 삶의 각본에 어떻게 관련되는지를 이해한다.

각본분석. 삶의 각본(Life Script)은 심리적, 신체적 생존을 위해 우리가 어떻게 해야 한다는 것을 인생 초기에 형성한 것이다. 인생 각본은 우리가 통합한 부모의 메시지와 그런 명령에 부응하기 위해서 만든 초기 결정들, 초기 결정을 지속시키기 위해 하는 게임들, 우리의 결정을 정당화시키기 위해 경험하는 라켓 감정(불쾌하고 쓰린 감정), 우리의 각본이 어떻게 전개되고 끝나야 하는지에 대한 우리의 기대 등을 포함한다.

삶에 대한 계획은 자신이나 타인들에 대한 초기의 실존적 결정에 기초하고 있다. 아동기에 그들은 자신이 좋다 또는 좋지 않다, 그리고 다른 사람이 좋다 또는 다른 사람이 좋지 않다라는 기본적 신념체계를 갖게 된다.

금지명령과 초기 결정. 금지명령은 부모 자신에게 고통, 불안, 분노, 좌절, 불행을 준 주변 상황 때문에 부모의 내적 어린이 자아가 아이에게 주는 메시지이다. 이 금지명령은 아이들에게 남의 인정이나 사랑을 받기 위해 해야 할 일을 말해준다. "하자 마라.", "없어져라.", "가까이 하지 마라.", "중요한 사람이 되지 마라.", "어린애처럼 행동하지 마라.", "성장하지 마라.", "성공하지 마라.", "자신이 되지 마라.", "건강하게 되지 마라.", "소속되지 마라." 등이 있다.

스트로크(Stroke). 인간의 기본적인 동기는 자신의 존재를 인정받는 것이다. 스트로크는 다양한 신체접촉(어깨를 다독거려 준다), 언어(나는 너를 좋아한다), 몸짓(악수한다)으로 다른 사람으로부터 관심과 인정을 받고자 하는 기본 단위이다. 긍정적 스트로크는 인간의 생명을 최소한으로 유지시켜주는 일로부터 마음을 주고받는 일치감에 이르는 것으로, 적절한 이해와 평가, 경우에 합당한 인정과 칭찬, 마음을 주고받는 사랑의 행위 등이다. 이것은 사람을 기분 좋게 만들고 삶의 의미를 느끼게 하고 건전한 정서와 지성을 갖추게 한다. 그러므로 긍정적인 스트로크는 아이가 심리적으로 성장하고 발달하는 데 매우 중요한 역할을 한다.

부정적 스트로크는 한 인간이 지니고 있는 중대한 문제를 대단치 않은 일로 묵살해 버리거나 문제의 의미를 일부러 왜곡하는 것으로 관심의 결핍이나 잘못된 관심에서 유발된다. 부정적 스트로크는 '나는 틀렸다'의 입장을 유발하지만 스트로크가 없는 상태보다는 낫다. 부정적 스트로크는 아이의 성장에 방해가 되고, 아이를 위축시키고, 창피와 조롱받음으로써 존엄성을 잃게 된다.

인간은 삶의 경험 속에서 유쾌하면 기분 좋은 감정(황금 스탬프)을, 불쾌하면 나쁜 감정(회색 스탬프)을 수집한다. 이것을 상품권 수집이라고 하고 이러한 기분을 주고받는 과정을 상품권 청산하는 것이다. 이 상품권 수집의 목적은 좋은 기분은 좋게, 나쁜 기분은 나쁘게 심리적으로 청산하는 것이다. 그런데 인간의 언어표현에는 황금 스탬프를 수집하게 하는 적극적인 면보다 회색 스탬프를 수집케 하는 부정적인 면이 훨씬 많기 때문에 부정적인 스트로크의 교환이 강세를 보이게 된다.

재결단(Redecision). 초기 결정이 한번 만들어져도 바뀔 수 없는 것이 아니라 새로운 삶의 방향을 정해줄 새로운 결정을 할 수 있다(Goulding & Goulding, 1979). 사람들이 자신의 과거 결정을 이해하고, 미래에 영향을 줄 새로운 선택을 함으로서 초기 계획과 선택을 초월할 수 있다(Goulding, 1987). 예컨대, "성공하지 마라."라는 금지령을 받았을 때, "당신이 좋아하든 말든 나는 청산하고 있으며, 나는 성공을 좋아한다."라고 재결단할 수 있다.

인생태도. 인생태도란 개인이 자신과 타인에 대해 갖고 있는 기본적인 인식 형태이자 신념이다. 인생태도는 생후 약 5년 동안의 경험을 통해 형성되기 시작하며 이후 성장하면서 주위의 환경에 영향을 받아 수정될 수 있다. 인생태도에는 네 가지 유형이 존재한다. 첫 번째는 자기부정과 타인긍정, 두 번째는 자기부정과 타인부정, 세 번째는 자기긍정과 타인부정, 마지막으로 네 번째는 자기긍정과 타인긍정이다. 시간의 구조화는 개인이 자신에게 주어진 시간을 어떠한 범주에서 어떻게 사용하고 있는가를 분석하는 것이다.

첫 번째 인생태도 유형인 자기부정과 타인긍정은 자신은 부족하고 무가치하며 무기력하지만 자신을 둘러싼 타인은 가치가 있고 능력이 있는 존재라는 인식에서 비롯된다. 생애 초기에 처음으로 느끼게 되는 인생태도로, 이후의 삶에 영향을 미친다. 새로운 태도로 전환할 만한 경험이 존재하지 않는다면 그대로 유지된다. 이러한 인생태도는 타인으로부터 긍정적인 스트로크를 얻고 싶다는 강한 욕구를 갖게 한다. 또한, 자신을 부족하다고 생각하기 때문에 열등감이나 부적절감, 죄의식을 느끼기 쉬우며 심할 경우 타인에 대한 불신감을 갖기도 한다. 우울, 불안, 자살 성향과 관련이 있다.

두 번째 인생태도 유형인 자기부정과 타인부정은 나도 긍정적이지 않지만 타인도 긍정적이지 않다는 태도이다. 주 양육자로부터 적절한 보호와 돌봄을 받지 못할 경우 이러한 인생태도가 나타나게 된다. 즉, 주 양육자와 기본적인 신뢰감을 형성하지 못하면서 긍정적 스트로크가 끊어지게 되어 나타난다. 이 태도에 고착될 경우, 성인 자아로 성장할 수 없다. 무망감과 공허감을 느끼게 되며 타인과의 교류나 그것을 통한 타인의 애정과 관심을 거부한다. 심할 경우, 자살이나 타살 행위가 나타날 가능성도 있다.

세 번째 인생태도 유형인 자기긍정과 타인부정은 나는 긍정이지만 타인은 부정이라고 인식하는 태도이다. 어린 시절 권위적이거나 처벌적인 주 양육자로부터 받은 학대의 경험이 이러한 인생태도가 나타나는 데 영향을 준다. 주 양육자와 함께 할 때의 고통스러운 경험과 혼자 있을 때 느끼는 상대적인 안도감이 대조되면서 혼자 있는 것, 자신을 긍정적으로 인식하고, 타인은 부정적으로 인식하게 된다. 이러한 인생태도를 가진 사람은 의심이 많고 자기와 맞지 않은 것은 회피하거나 도피하는 성향을 보인다. 또한, 자신에게 도움이 되지 않는다고 판단되면 냉정하게 관계를 저버리는 경향이 있다.

네 번째 인생태도 유형인 자기긍정과 타인긍정은 자신과 타인을 모두 긍정적으로 인식하는, 가장 이상적인 삶의 자세이다. 자신과 타인의 가치를 인정하고 존중한다. 그리하여 타인과 성숙하고 원만한 관계를 형성할 수 있게 된다.

시간의 구조화. 시간의 구조화 분석은 개인이 시간을 어떻게 보내는가를 의식화하는 것이다. 개인이 사용하는 시간의 구조를 분석함으로써 바람직하게 시간을 재구성할 수 있도록 하는 것이 시간의 구조화를 분석하는 목적이다. 시간의 구조는 6개의 범주로 분류할 수 있다.

첫 번째는 철회 혹은 폐쇄로, 어린이 자아상태의 공상으로 인해 나타난다. 자기만의 공간에 틀어박혀 있는 것을 말한다. 두 번째는 단순한 정서적 교류나 전통 및 관습에 해당하는 의식이다. 어버이 자아와 어른 자아로 인해 나타난다. 세 번째는 활동으로, 생산적이거나 창조적인 몰입 혹은 관계를 의미한다. 활동을 하게 되면 폐쇄는 자연히 제거된다. 네 번째는 잡담이다. 가볍고 무의미한 상보교류이다. 향후의 관계 유지를 위해 무의식적으로 일어나는 선별 과정이라고 할 수 있다. 다섯 번째는 게임이다. 어버이 자아, 어른 자아, 어린이 자아에 의해서 나타나는 이면교류로, 비정상적으로 스트로크를 얻으려는 교류가 해당된다. 마지막으로, 친밀은 '지금 여기'에서 상호 간의 신뢰로운 교류를 의미한다. 어버이 자아, 어른 자아, 어린이 자아에 의해 나타나는 상보 교류라고 할 수 있다.

2) 교류분석이론의 활용

교류분석이론은 성격이론이자 심리치료의 이론 및 방법적 배경으로써 여러 유용성을 가지고 있다. 먼저, 교류분석이론은 대인관계의 역동을 설명하고 탐색할 수 있는 관점을 제공한다. 교류분석이론은 인간의 의사소통 이론을 보여주고, 아동발달 과정에서 어린 시절부터 형성된 인생 각본(life script)은 현재의 삶의 유형을 설명해 준다. 인생각본 틀 속에서 아동기의 전략이 자기 패배적이고 고통스러움에도 불구하고 현재의 삶에서도 계속 재연되고 있는지 그 이유를 잘 설명해 준다.

또한, 교류분석이론은 정신병리 이론으로 사용되며, 심리치료 체계를 제공해 준다. 교류분석이론은 정신역동을 설명하고 이해하는 데 사용된다. 정신치료의 방법으로써 교류분석이론은 자아상태 모델을 활용하여 자아성찰을 통한 자신의 현재 행동의 변화를 일으키는 데 도움을 준다.

이외에도 사회적 개입체계를 이해하는 데 활용되기도 한다. 교류분석은 심리치료 영역뿐만 아니라 개인 및 집단상담, 부부, 가족상담, 조직 컨설팅에도 널리 활용되는 이론이다. 교육적 상황이나 경영과 조직개발 영역에서도 많이 활용되며, 그 외에 사회복지, 경찰, 교회, 각종 단체의 조직개발과 커뮤니케이션, 리더십, 팀빌딩 등에서도 활용된다.

3. 자아 상태

Bern은 자아 상태를 '일관된 행동유형에 상응하여 이와 직접적으로 관련되어 있는 감정과 경험의 일관적인 형태로서, 일정한 시기나 상황에서 성격의 한 부분을 드러내는 방식'으로 정의했다. 자아상태의 구조는 어버이 자아상태(Parent ego-state; P), 어른 자아상태(Adult ego-state; A), 어린이 자아상태(Child ego-state; C)라는 세 가지 자아 상태로 구성된다.

자아 상태에서 작용하는 심리적 에너지의 양은 일정하다. 따라서 특정 자아상태가 높아지면 다른 자아 상태들은 낮아지게 된다. 자아 상태는 주관적 경험, 상황적 맥락, 시간 등과 상호작용하면서 변화하는 속성을 지닌다. 각 개인마다 자아상태가 방출하는 에너지의 프로파일은 다르며, 이것은 환경과 상호작용한다. 즉, 세 가지 자아 상태 중 주변 환경 혹은 상황에 따라 특정 자아 상태가 높거나 낮게 반응한다.

언어 혹은 얼굴 표정, 태도 및 자세, 몸짓과 같은 비언어적 표현을 통해 자아 상태를 관찰할 수 있다. 이를 바탕으로 Dusay는 직관법과 관찰법을 사용한 정성적 방법의 이고그램 척도를 개발했다. 그러나 정성적 방법은 이고그램 척도를 수행하는 개인과 관찰자의 경험과 주관의 영향으로부터 자유롭지 못하기 때문에 객관적으로 수량화하기 어렵다는 한계가 있다.

1) 어버이 자아상태(P: Parent)

어버이 자아상태는 생후 첫 5년간의 경험을 바탕으로, 주 양육자를 모방하여 형성되는 태도나 지각 내용 및 행동으로 구성된다. 이러한 자아상태는 형성 과정에서 무의식적으로 내면화된 것이라는 특징이 있다. 즉, 개인의 주체적인 판단에 의하여 교정되거나 비교의 대상과의 객관적이고 올바른 기준에 의한 검토 없이 부모나 주 양육자의 언어와 행동을 관찰한 그대로 수용한 것이다.

어버이 자아 상태는 도덕성과 가치판단의 근간이다. 어떻게 살아가야 하는가에 대한 엄격한 규정 및 규칙이라고 할 수 있다. 이런 점에서 어버이 자아 상태는 정신분석 성격구조 중 초자아와 유사하다. 그러나 주체적인 의미의 파악이나 분석 없이 무비판적으로 무조건 수용되고 내면화되었기 때문에 어버이 자아상태에서 비롯된 도덕성은 상황이나 주변의 맥락에 따라 융통성 있게 나타나지 못하고, 자신의 가치와 판단에 의해서 통제적이고 지배적, 권위적, 혹은 독선적으로 작용할 가능성이 있다. 또, 보호적, 양육적, 헌신적인 행동도 어버이 자아상태가 작용한 결과라고 할 수 있다.

2) 어른 자아상태(A: Adult)

어른 자아 상태는 생후 10개월경부터 형성되기 시작한다. 이 무렵부터 개인은 스스로 생각하고 느끼고 행동할 수 있게 되는데, 혼자서 할 수 있다는 자신감을 토대로 자각과 독자적인 사고로 형성되는 정보와 자료들이 어른 자아 상태를 구성한다.

어른 자아 상태는 마치 컴퓨터처럼 경험을 통해 수집한 외부의 자극을 평가하고 추리하여 미래의 행동 수행에 참고할 수 있도록 객관적인 자료들을 저장한다. 이러한 자료들은 사고와 행동의 객관적인 기준이 된다. 현실을 직시하고 사실에 입각하여 냉정하고 이성적으로 결정을 내린다. 즉, 이성적, 현실적, 객관적, 논리적, 합리적인 행동, 말, 몸짓 등은 어른 자아상태가 작용한 결과이다.

어른 자아 상태는 정신분석 성격구조 중 자아와 비슷한 기능을 한다. 그리하여 어버이 자아 상태와 어린이 자아 상태를 상황에 맞추어 적절하게 조절하는 역할을 한다. 자아가 초자아와 원초아를 완전히 억제하는 것이 아닌 것과 마찬가지로 어른 자아상태 역시 어버이 자아 상태와 어린이 자아 상태를 거부하는 것이 아니라 적절하게 나타날 수 있도록 조율한다.

3) 어린이 자아상태(C: Child)

어린이 자아 상태는 자연스럽게 나타나는 타고난 충동과 감정들, 그리고 생애 초기 약 5년 동안의 경험에서 느끼는 감정과 반응양식들로 구성된다. 생후 5년 동안 주 양육자와의 관계에서 경험하게 되는 느낌과 감정적인 반응이 축적되어 형성된 것이 어린이 자아 상태이다. 이 시기에는 자신의 감정을 표현할 수 있는 언어적 능력이 부족하기 때문에 느낌 차원의 감정적 반응체계가 주로 나타나는데 그것이 내면화된 것이다. 어린 시절의 경험뿐만 아니라 최근의 경험이라도 자신이 직접 한 경험이라면 어린이 자아 상태를 구성할 수 있다.

어린이 자아 상태는 성격 중 가장 타고난 부분이기 때문에 충동적이고 자발적이며 본능적이다. 자기중심적인 태도와 관련이 있으며 때로는 폐쇄적이거나 순응적 혹은 의존적인 태도가 나타나기도 한다.

4. 이고그램 성격검사의 척도

Dusay는 관찰 가능한 모든 언어적 혹은 비언어적 행동을 분석하면 다섯 가지 자아의 기능을 파악할 수 있고, 그것을 막대그래프로 표현함으로써 개인의 성격을 알 수 있는 이고그램 성격검사의 척도를 창안했다. 이고그램 성격검사는 모든 행동이 자아의 기능에 따라 달라지는 자아의 작용이라는 생각을 기반으로 한다. 또, 행동을 관찰하고 분류하여 빈도를 표시함으로써 자아의 에너지를 확인할 수 있다고 생각했다.

이고그램 성격검사는 개인의 내부의 심리적 에너지의 양을 일정하다고 인식한다. 만약 에너지가 불균형하게 배분된다면 여러 이상 행동이나 증상이 나타날 것이다. 또, 연령, 발달

단계, 생활경험 등 상황과 개인에 따라 상이하게 나타나지만, 특정한 삶의 방식에서는 보편적으로 나타나는 공통의 유형이 있다고 본다.

검사의 결과 그래프를 통해 심리적 에너지의 주도권을 잡고 있는 자아 상태를 파악할 수 있다. 일반적으로 심리적 에너지는 한 가지 자아상태가 우세하게 나타나기보다 동시에 두 개 이상의 자아상태가 높게 나타난다. 그러나 우세한 자아 상태는 상황 및 환경에 따라 변화한다. 이고그램은 심리적 에너지의 분배 상태와 개인의 사고방식 및 태도의 패턴을 발견함으로써 그것을 바람직한 방향으로 개선시키는 것을 목적으로 한다.

1) 비판적 어버이 자아(CP: Critical Parent)

정의 및 특징. 주 양육자를 모방 학습한 태도 및 지각내용이 개인에게 여과 없이 내면화되어 형성된다. 자신과 타인에 대하여 삶의 신념이나 가치를 판단하는 개인의 도덕성, 윤리관 및 가치 판단 기준이다. 부성적인 어버이(Father Parent; FP)라고도 부른다.

CP는 싫거나 역겨운 것을 보면 저절로 발동된다. CP는 화가 치밀거나 약이 오를 때 나와 의견을 달리하거나 무안을 당해도 쉽게 터져 나온다. CP의 마음씨에서 나오는 말은 거칠고 톡톡 쏘고 기분을 상하게 하며 차갑고 독선적인 인상을 준다. 주로 자신의 가치관이나 도덕적 기준, 생각하는 방법이 절대적이라고 보는 태도와 관련이 있다. CP 자아상태가 높으면 비판적이고 지배적인 성향이 나타난다. 명령조로 말하는 경향이 있으며 교만하고 오만한 태도와 자세를 보인다. 엄격하고 보수적이며 창의성이 제한되는 대신 성실하고 책임감이 높다. CP가 낮으면 관용적인 성향이 있다.

* 자주 사용하는 말: "안하면 안 된다.", "항상 그 모양이란 말이야.", "별 수 없군.", "바보! 그것도 못해.", "내 말대로 해!", "틀려먹었어.", "....만 아니었더라면 되는 건데.", "꼭 그렇게 해야 돼.", "하나마나지 뭐.", "도대체....", "어리석긴.....", "좀 묻지 마라.", "방해하지 마라.", "하는 척이라도 해봐라." 등 판단과 명령의 표현을 사용한다.
* 얼굴표정: 냉소적, 눈살을 찌푸리고, 턱을 세우고 화난 모습, 경멸의 인상.
* 몸짓, 자세: 손가락질, 책상 치기, 눈알을 아래위로 부라리거나 발을 구르거나 손을 흔든다. 고개를 가로저으며 부정의 표시, 얼굴을 번쩍 들고 콧날 위로 째려본다. 사람을 잡고 마구 흔들어댄다.
* 목소리: 비꼬는 듯, 벌을 주거나 업신여기는 듯하다. 버럭 소리를 질러서 사람을 놀라게 한다.

긍정성. 적절히 기능하는 CP는 사회체제나 규범에 제대로 적응하는 데 도움이 된다. 잘잘못을 지적하고 선악을 구분해주기 때문이다. CP는 일상에서 필요한 규범적 가치와 규칙을 준수하도록 가르친다. 이러한 기능을 바탕으로 개인은 도덕성에 따라 양심적으로 행동하는 경향이 높아진다. 결과적으로 사회의 규율과 규범, 규칙, 질서 등을 유지하는 기능을 한다.

또한, CP는 자신의 행동에 대한 책임감을 높이는 기능을 한다. 이들은 보수적이기 때문에 정해진 질서, 도덕성에 기초한 결정은 확실하게 지키려고 성실하게 노력한다.

CP는 이상을 추구하는 데에 있어 중요한 기능을 한다. 비판적 어버이 자아가 높은 개인은 자신의 신념 또는 가치관을 관철시키기 위해 스스로의 행동하게 한다. 더 나아가 이상을 추구하기 위해 조직을 이끌어 나가기도 한다.

부정성. CP는 가치 중심적이며 처벌적이고 완고하다. 자신의 가치관이나 기준이 절대적이라는 관점을 갖는 경향이 높으며, 따라서 권위적이고 엄격한 태도가 나타난다. CP 자아 상태에 있는 사람들은 항상 옳다고 느끼고, 실망하고, 분노하고, 통제하고, 비판하고, 다른 사람들을 깎아 내린다. 어떤 사실이나 내용이 지니고 있는 뜻을 생각하기 전에 자신의 판단을 부여하여, 자신의 생각이나 판단을 표준으로 삼고자 하는 욕망 때문에 객관적인 이해에 도달하지 못한다. 또한, 상대방의 가치를 받아들이지 않고 배타적으로 행동하게 한다. 이것은 타인의 창조성을 제한하는 행동을 야기할 수 있다.

CP의 엄격함은 타인만 대상으로 하지 않는다. 자기 자신도 엄격함의 대상이 된다. 특히, CP가 지나치게 높으면서 동시에 순응한 어린이 자아가 높은 개인은 본심을 지나치게 억압하는 경향이 있다.

CP가 지나치게 높은 사람은 상대에게 위압적이고 강압적인 언어나 행동을 보여 상대를 비판하고 제압하려 한다. 예를 들어, 이마를 찌푸리는 행동, 명령조로 지시를 하거나 강요하는 태도가 나타난다. 또, 거만한 태도나 자세를 보이며 상대를 무시하는 경향도 있다. 이것은 타인의 가치와 지나치게 충돌하고 갈등하게 만든다. 그 결과, 타인과의 부정적인 교류가 형성되는 데 영향을 미친다. 심지어 자신의 뜻대로 하려는 원래의 의도와 정반대로, 오히려 인생을 살아가는 것이 어려워지는 결과가 나타나기도 한다.

반대로, CP가 지나치게 약한 경우도 부적응적이다. 비판적 어버이 자아가 약한 사람은 사회적 규범이나 도덕, 가치관을 소홀히 하는 경향이 있다. 무절제한 행동 및 태도가 나타난다. 만약 CP가 낮으면서 동시에 자유로운 어린이 자아가 높을 경우, 감정에 따라 제멋대로 행동하는 경향이 높다. 그 결과, 타인과 신뢰할 수 있는 관계를 형성하기 어렵다.

2) 양육적 어버이 자아(NP: Nurturing Parent)

정의 및 특징. 주 양육자를 모방 학습하여 형성된 태도 및 지각 내용이 여과 없이 내면화된 자아상태이다. 타인에게 공감하고 동정적이며 친절 및 관용적인 태도와 관련이 있으며 타인의 성장을 돕고 양육하며 보호하는 기능을 한다. 모성적인 어버이(Mother Parent; MP)라고도 부른다.

* 자주 사용하는 말: "내게 맡겨둬요.", "잘했어, 수고 많았어.", "너 참 예쁘구나.", "조금만 더 하면 될 것 같은데.", "너무 걱정하지 마라.", "몸조심해라." 등으로 지지해주는 표현들이다.
* 얼굴표정: 미소를 띠거나 사랑스런 눈길을 보이거나 동정적인 태도
* 몸짓, 자세: 쓰다듬기, 안아주기 등
* 목소리: 부드러움, 큰 소리 내지 않음

긍정성. 온화하고 공감 능력이 뛰어나며 상대를 지지하고 격려한다. 친절, 동정, 관용적 태도 등이 NP와 관련이 있다. 도움이 필요한 타인을 돌보고 배려하는 행동이 나타나도록 기능한다. 구체적으로 살펴보자면, NP는 다른 사람을 위한 배려나 헌신적인 태도가 나타나게 한다. 특히, NP가 높은 사람은 자신보다 아랫사람에 대한 위로와 격려, 용서, 칭찬이 자연스럽다.

NP는 타인에 대해 수용적이다. 이런 경향은 교류 상황에서 타인에게 경청하도록 기능한다. 그 결과, NP는 상대방에게 행복감과 만족감을 제공하는 등, 긍정적 스트로크를 제공한다. 상대방에게서 신뢰를 받을 가능성이 높다. 뿐만 아니라, NP는 긍정적인 성격의 중요한 구성요소이다.

부정성. NP가 지나치게 기능할 경우, 상대를 지나치게 보호하고 간섭하게 된다. 그리하여 타인의 독립심이나 자주성을 해치게 된다. 상대의 자신감을 저하시키는 결과가 초래될 수 있다. 또, 상대로부터 예기치 못한 반항을 불러일으킬 가능성도 있다. 뿐만 아니라 NP가 지나치게 높은 사람은 지나치게 동정적이어서 남의 부탁을 거절하지 못하기도 한다.

NP가 낮을 경우에도 부적응이 발생한다. NP가 낮은 사람은 냉정하고 방임적인 성향을 보인다. 만약, NP가 낮으면서 동시에 CP가 높게 나타난다면 지나치게 엄격하고 유연성이나 여유가 부족한 사람이 될 수 있다.

3) 어른 자아(A: Adult)

정의 및 특징. A 자아 상태는 지식을 축적하고 사실에 입각하여 사물을 추리, 판단하거나 자극을 평가하는 기능을 하는 자아 상태이다. 현실 적응에 필수적이다. 어른 자아는 과거가 아닌 지금 현재의 상황에 직접적으로 반응하여 외부의 자극을 수집하고 추리 및 평가한 후 정보들을 저장한다. 그리고 이렇게 축적된 정보를 미래의 행동 수행에 대한 근거로 활용한다. 그리하여 보다 합리적이고 독립적으로 행동할 수 있게 한다. 이러한 어른 자아의 기능은 종종 컴퓨터에 비유되기도 한다. 또한, 어버이 자아와 어린이 자아의 기능을 조절하는 기능을 한다.

A 자아가 높으면 논리성에 기초한 의사 결정을 중요시하고 일에 헌신적이다. A 자아는 감정이나 가치의 영향으로부터 자유롭다. 그 결과, 때로는 유머가 부족하고, 감정을 잘 표현하지 않아서 따분해 보이는 인상을 줄 수도 있다. A 자아가 지나치게 높으면 기계적이며, 낮으면 즉흥적이다.

A 자아는 자기를 자각하고 독자적인 사고가 가능해지는 시기에 형성되기 시작한다. 스스로 할 수 있다는 능력감과 현실 검증에 대한 자신감을 갖게 되는 것이 어른 자아가 형성되기 위한 토대이다. 주로 10개월 무렵에 형성되기 시작하여, 언어 및 사고 능력이 발달함에 따라 함께 발달한다.

* 자주 사용하는 말: A 자아 상태에서 나오는 말들은 중후하고 정직하며 추측이나 억지가 없고 사실을 바탕으로 하는 말이라 믿음직하다. "어떻게 해서 그렇게 됐나요?", "어디서 그런 사건이 있었나요?", "왜 그랬을까요?", "나는 ~~라고 생각해.", "한번 알아봅시다.". "직접 해 보셨나요, 원인을 알아봅시다.", "의문이 생겼는데요." 등 사실을 바탕으로 한 육하원칙적인 표현들이다.
* 얼굴표정: 침착, 사려 깊다, 주의집중하고 눈을 똑바로 뜬다. 확신에 차 있고 눈과 눈, 얼굴과 얼굴을 마주 대하며 있는 그대로를 보여준다.
* 몸짓과 자세: 곧고 개방적, 시선을 가리지 않고 손짓한다. 되새김질을 하면서 남의 얘기를 듣고 납득되는 점을 활달하게 받아들이고 흥미와 의미를 향해 정신과 몸을 기울인다.
* 음성: 깨끗하고 온후하고 안정성이 높다. 정보를 교환하고 정직하고 확신에 찬 음색. 이 자아 상태는 어린이 자아 상태에 있는 꾀돌이(LP)가 성숙되고 확대된 상태를 뜻

한다.

긍정성. A 자아는 합리적이다. 사물을 이성적이고 논리적으로 접근하는 사고와 관련이 있다. 사실에 입각한 판단, 분석적이고 이성적인 계획, 그리고 이를 토대로 한 행동을 하도록 하는 것이 어른 자아이다. 이러한 이성적이고 합리적인 판단 및 처리는 생산적이고 적응적인 결과를 가져올 가능성이 높다.

A 자아는 어버이 자아와 어린이 자아가 가지고 있는 각각의 자아의 기능을 검토하고 통제하는 기능을 한다. 어버이 자아의 독선 혹은 편견이나 어린이 자아의 비현실적이고 부적절한 감정 등을 조정한다. 그로 인해 부적응 행동을 방지하고, 어버이 자아와 어린이 자아를 통합하여 적응성과 창조성을 적절하게 발휘하도록 기여한다. 뿐만 아니라, 자율적인 인간으로 기능할 수 있게 한다.

부정성. 감정이나 가치의 영향을 적게 받기 때문에, 감정이 통제되어 있고 감정적 반응이 무디다. 일을 수행함에 있어 업무 중심적이고 냉정한 태도가 나타난다. 주어진 업무 외의 다른 가치에는 무관심해지고 기계적으로 일을 수행하는 태도가 나타나기도 한다. 이런 태도는 타인으로 하여금 냉정하거나 차갑다는 인상을 줄 수 있다. 만약, 어른 자아가 지나치게 높으면서 동시에 자유로운 어린이 자아가 낮을 경우 폐쇄적이고 인생의 즐거움을 적극적으로 추구하지 않으며 업무 중독적인 모습이 나타날 수 있다. 또, 자기본위적이며, 타인을 무시하는 경향이 강하게 나타나기 쉽다.

그밖에도 A 자아가 지나치게 높은 사람 중에는 지식은 풍부하지만 실제 행동은 생각에 비례하는 만큼 나타나지 않는 경우도 종종 있다. 이성적이고 합리적인 생각에 치우쳐 생각과 현실적인 행동 사이의 괴리가 나타날 수 있다. A 자아가 낮아도 좋지는 않다. 정확한 판단을 하지 못하거나 이해가 부족하고, 일관성 없이 행동한다. 이러한 특징들과 함께 주관적으로 처리하는 성향이 나타나면서 타인과의 성숙한 교류가 이루어지지 못한다.

4) 자유로운 어린이 자아(FC: Free Child)

정의. 인간의 성격 유형 중 가장 자연스럽게 나타나는 타고난 순수한 감정의 한 부분이다. 생애 초기에 훈련 없이 내면화된 감정 혹은 감정의 반응 양식 중, 타인이나 외부의 반응 및 요구에 구애받지 않고 자신을 자발적이고 자유롭게 표현하는 기능에 해당한다.

FC 자아에 있을 때 웃고, 즐거움을 나누고, 흥분되고, 열정적으로 느끼고, 어떠한 억제도

없이 분노와 슬픔과 두려움을 자유롭게 표현하는 경향이 있다. 본능적이고 직선적이며 개방적이다. 그러나 외부상황이나 조건을 아주 무시해 버리는 마음씨로 속에 있는 기분이나 감정을 스스럼없이 말하는 경향이 있다. 따라서 사람을 당황하게 만들고 무례하다는 인상을 줄 수 있다. FC가 낮으면 폐쇄적이다.

* 주로 사용하는 말: "야! 신난다.", " 참! 멋지다.", "저것 좀 더 주세요.", "재수 없군.", "자! 날 좀 봐요." 등 솔직한 감정의 표현
* 얼굴표정: 기쁨에 들뜨거나 흥분한 모습, 눈물을 글썽이고 경탄의 눈으로 쳐다본다. 순진한 표정, 놀란 모습, 궁금증을 보이기도 하고 당황하는 기색도 보인다. 천진난만 모습.
* 몸짓, 자세: 활짝 벌리고 가슴속에 있는 것들을 몽땅 털어내는 시늉. 즐거움이 가득하고 기쁨이 넘치는 폭발적 자세
* 음성: 킬킬대거나 감미롭다. 큰소리를 내며 잽싸게 지껄인다, 다분히 장난기가 있고 배꼽을 쥐고 웃거나 눈물을 짜낼 정도로 간드러지는 소리, 자신만만하게 말한다.

긍정성. 감정과 행동을 자유롭고 자연스럽게 표출하는 기능을 한다. 같은 맥락에서 좋고 나쁨도 확실하다. 상황에 따라 감정 표현이 솔직하고 자유롭기 때문에 화를 내더라도 변화한 상황에 맞춰서 오래가지 않는다.

FC는 새로운 것에 흥미를 갖게 한다. 따라서 FC가 적절하게 높을 경우, 호기심이 많다. 이러한 특징은 창의력을 발휘할 수 있는 토대가 된다. 재미있는 것들에 왕성하게 반응하는 만큼 유머 감각이 풍부하다. 또 대체로 성격이 명랑하기 때문에 적절하게 기능한다면 상대에게 즐거움을 줄 수 있다.

부정성. 충동적이다. 언어 및 행동이 질서가 잡히지 않은 채 두서없이 나타날 수 있다. 또한, 자기도취적이기도 하다. FC의 이러한 충동성과 자기중심적인 특징은 개인의 감정이나 행동이 주위의 환경이나 맥락에 따라 급격한 변화를 일으키기도 한다.

FC가 지나치게 기능할 경우, 현실 감각이 부족하고 감정이 절제되지 않는다. 그리하여 실수나 경솔한 행동이 나타나기 쉽다. 또한, 책임감이 결여되어 있으며 고통을 회피하려는 경향이 있어서 자칫 가벼워 보이거나 무책임하다는 인상을 줄 수 있다.

타인에 대한 배려의 부족한 것은 FC가 가진 부정적인 기능이다. 자기중심적인 경향이 강하고 제멋대로이기 때문에 타인과 협조적인 관계를 형성하거나 유지하기 힘들다. 반대로

FC가 지나치게 낮아도 문제가 나타난다. FC가 낮으면 폐쇄적인 경향을 보이고 현실의 즐거움에 무관심하거나 무감각해질 가능성이 있다.

5) 순응한 어린이 자아(AC: Adapted Child)

정의. AC는 자유로운 어린이 자아가 주 양육자 혹은 주변의 성인들과의 관계 속에서 영향을 받고 훈련을 받아 형성되고 내재된 자아 상태이다. 주위의 인물과의 관계 속에서 애정을 상실하거나 결핍된 경험을 통해 형성하게 된 일종의 처세술이다. 즉, 자유로운 감정적 표현이 주 양육자의 양육 태도에 부응하기 위해 자제되어 내면화된 것이 AC이다.

솔직한 표현보다는 자신에게 영향을 미치는 권위자의 요구에 저항하지 않고 순응하려는 행동, 자제력 있는 태도가 나타난다. 주위를 의식하고 신경을 쓰면서 자신의 자유로운 감정을 억제하는 착한 아이 같은 특징을 보인다. 남의 비위를 맞추거나 주변 환경에 재빨리 적응하기 때문에 간살스럽거나 줏대가 없이 들리나 남의 속을 상하게 하거나 불손하지는 않다. AC가 높으면 순응적이고 타협적이다. 반대로 AC가 낮으면 자기중심적인 성향이 나타난다.

* 자주 사용하는 말: "제가 혹시 실례를 범했나요.", "해도 괜찮을까요?", "제가 한 일이 아닙니다.", "전 잘 못합니다.", "그렇다면 하시지요.", "좋으실 대로 해보시지요.", "떨려서 잘 안 되는데…" 등 눈치를 살피는 표현
* 얼굴표정: 두리번거리고 고개를 숙인다. 억지 미소, 부담감을 감추려 하고 확신 없이 알았다는 표정을 짓는다.
* 몸짓: 움츠려든다. 코를 만지작거리거나 두 손을 합친다. 뒤통수에다 손을 문대거나 우물쭈물한다. 손톱을 물어뜯고 의존하려는 몸짓.
* 음성: 허락을 구하는 음색, 맹세할 때처럼 다짐하는 대답, 침묵도 잘 지킨다.

긍정성. 상대에게 순응적이고 협조적이다. 의사결정에 있어서 신중하고 조심성이 있다. AC는 사회적 규범에 충실하고 자신을 적절하게 억제하도록 기능한다. 주위의 분위기에 순응하고, 타인과 타협할 수 있는 자제력 있는 태도가 나타난다. 타인과의 관계를 원만하게 영위한다.

부정성. AC가 지나치게 높을 경우, 타인의 시선에 민감하고 비위를 맞추기 위해 자신의 감정을 억압하는 태도가 나타날 수 있다. 주위의 영향에 순응하여 자신의 주체성을 상실하기

쉽다. 상실된 주체성은 욕구불만이나 열등감을 촉발하기도 한다. 즉, 타인의 눈치를 많이 본다. 부모 혹은 권위자의 기대를 합리적이든 비합리적이든 간에 따르려는 경향이 있다.

또, 자신에 대한 부정적 감정을 갖게 될 가능성이 있다. 주위에 영합하여 자신을 억압하고 규범을 지나치게 의식하기 때문이다. 예를 들어, 자기혐오, 열등감, 욕구 불만, 우울 등은 AC가 지나치게 높을 경우 쉽게 경험할 수 있는 감정이다. 이러한 감정은 억압된 상태로 존재하다가 가끔씩 폭발적인 분노나 반항으로 표출되기도 한다.

뿐만 아니라 AC가 지나치게 높으면 의존적 성향이 강하게 나타나기도 한다. 주위의 동정을 기대하는 모습을 보인다. 또한, 친숙하지 않은 대인관계를 힘들어 하며, 감정적인 대립을 회피하는 모습을 보인다. 반대로 AC가 지나치게 낮아도 부적응이 나타난다. 지나치게 낮으면 자기중심적이고 독단적인 태도를 가지게 된다. 만약 높은 FC가 동시에 나타나면 무책임하고 제멋대로인 성향이 강하게 나타난다. 그리하여 원만한 인간관계를 형성하는 것이 어려울 수 있다.

5. 결론

지금까지 이고그램의 정의와 특성, 그리고 이고그램의 기반이 되는 교류분석이론에 대해 전반적으로 살펴보았다. 이고그램은 개인의 자아 상태에서 흐르는 심리적 에너지를 관찰 가능한 행동을 통해 파악하여 그래프화한 것으로, 자기이해와 발달에 중요한 참고자료이다. 이고그램 검사를 통해 자기 인식과 타인에 대한 인식이 증진되고, 자신의 행동을 수정할 수 있는 기회와 타인과의 바람직한 관계를 유지할 수 있는 기반을 제공받는다. 인간관계에서의 교류는 개인의 생존에 필수적이며, 원만한 대인관계를 위해서는 자기에 대한 이해가 바탕이 되어야 한다. 뿐만 아니라, 이고그램 성격검사를 통해 부적응적인 태도나 정서를 발견할 수 있어 임상 장면에서도 효과적으로 활용할 수 있다. 이 밖에도 현재 이고그램은 임상적 진단과 교육 및 경영 등의 다양한 현장에서 성격에 대한 고찰과 대인관계 분석을 비롯하여 여러 가지 목적을 위해 활용할 수 있다.

제7장

에니어그램(Enneagram) 성격검사

오늘날 현장에서 가장 많이 사용하고 대중적으로 인기 있는 성격검사 중의 하나가 에니어그램(Enneagram)이다. 이에 본 장에서는 에니어그램의 특징을 살펴본 다음, 이 검사에서 제시하고 있는 9가지 성격 유형을 심층적인 기제, 장점과 단점, 그리고 성장을 위한 조언 중심으로 살펴본다. 독자들이 이러한 내용을 좀 더 쉽게 파악할 수 있도록, 본 장에서는 그것을 서술식으로 소개하기보다는 일목요연하게 정리해서 주제별로 나열하는 식으로 제시하고자 한다.

1. 에니어그램의 특징

1) 에니어그램의 정의

에니어그램(Enneagram)은 그리스어 Ennea(9)와 Gram(그림)의 합성어로, '9개의 점이 있는 그림'을 의미한다. [그림 7-1] (a)에서 보듯이, 에니어그램 도형은 인간이 가진 9가지 빛과 그림자, 그리고 9가지 유형 간의 역동(연결, 조화, 변화)을 상징적으로 보여준다. 또한, [그림 7-1] (b)에서 보듯이, 에니어그램은 인간의 성격을 '욕구'를 기준으로 9가지로 나누는 성격유형론이자, 자신의 성격유형을 넘어서는 지혜를 담은 영적 도구다. 그래서 에니어그램을 통해 자신이 가진 성격의 특징과 강·약점을 이해하고 성장과 번성에 대한 통찰을 얻을 수 있다.

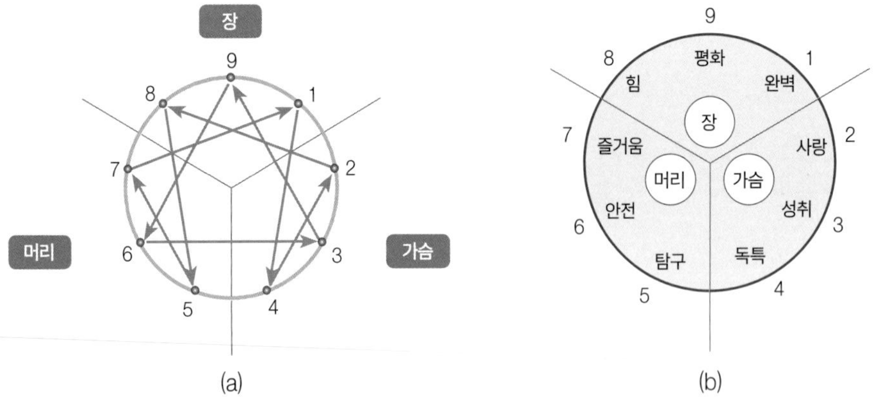

그림 7-1 에니어그램의 9개의 점, 에너지 중심, 그리고 욕구

2) 에너지 중심

[그림 7-1] (a)에서 보듯이 사람들은 세 가지 에너지 중심 즉, 머리 에너지, 가슴 에너지, 장 에너지를 가지고 있다. 사람들은 대부분 세 가지 에너지의 균형을 갖고 있지 못하다. 그래서 에니어그램은 에너지 중심에 따라 사람을, 머리형, 가슴형, 장형, 3가지로 구분한다. 머리, 가슴, 장의 에너지가 모두 열려 있고 막힌 곳 없이 흐를 때 가장 자유롭고 균형 잡힌 성격이 나타난다.

- 장 에너지 중심의 장형
  - 본능적 이끌림, 행동에서 에너지를 얻는다. 몸과 자신을 동일시한다.
  - 세상과 직접 접촉한다. 즉각적, 실제적 본능과 직관을 사용한다. 현재를 중시한다.
  - 몸, 기본적 삶의 기능, 생존에 관심이 있다. 환경에 저항하고 환경을 통제하고자 한다.
  - 내재된 감정은 분노와 화다. 경계를 중요하게 여기고 독립성을 추구한다.
- 가슴 에너지 중심의 가슴형
  - 감정, 느낌에서 에너지를 얻는다. 감정과 자신을 동일시한다.
  - 세상, 특히 사람에게 다가간다. 사람과 관계를 맺고 싶어 하고 감정, 꿈, 기억 등을 재현한다.
  - 자신의 정체성 및 타인에게 비쳐지는 자아 이미지에 관심이 있다.
  - 내재된 감정은 수치심, 슬픔이다. 타인의 인정과 관심을 추구한다.

• 머리 에너지 중심의 머리형
  - 생각, 사고의 과정을 통해 에너지를 얻는다. 생각과 자신을 동일시한다.
  - 세상을 관찰하고 객관적, 논리적으로 사고하고 분석한다. 미래를 대비하고자 한다.
  - 사태에 대처하기 위한 전략과 신념에 관심이 있다.
  - 내재된 감정은 두려움과 불안이다. 이해와 안전을 추구한다.

3) 9가지 욕구

에니어그램은 인간이 가진 핵심욕구를 9가지로 나누고, 어떤 욕구가 가장 강한가에 따라 유형을 구분한다. 우리가 각 욕구를 건강하게 활용할 때, 그 욕구는 우리가 각 유형에 맞게 살면서 건강하게 기능하고 성장하도록 돕는 에너지가 된다. 반대로, 우리가 그러한 욕구를 불건전하게 활용하면, 그것에 과도하게 집착하게 되어 삶의 다른 측면을 바라보지 못하게 된다.

[그림 7-1] (b)에서 보듯이 장형에는 8, 9, 1유형이 해당하고 이 유형은 각각 힘, 평화, 완벽의 욕구를 가지고 있다. 가슴형에는 2, 3, 4유형이 해당하고, 이 유형은 각각 사랑, 성취, 독특성의 욕구를 가지고 있다. 마지막으로, 머리형에는 5, 6, 7 유형이 해당하고 이 유형은 각각 탐구, 안전, 즐거움의 욕구를 가지고 있다.

4) 통합 방향과 분열 방향

보통 한 개인은 9가지 유형 중 자신의 욕구가 가장 강하게 나타나는 하나의 중심 유형이 있다. 이때 이 중심 유형 좌우에 있는 유형을 보통 날개라고 말한다. 각 날개는 중심 유형에 부속된 유형으로, 점수의 정도에 따라 이 중심 유형이 어느 날개로 기울어졌는지 어느 방향으로 움직이고 있는지를 볼 수 있다. 중심 유형은 하나의 날개를 취할 수도 있고 양쪽의 날개를 모두 취할 수도 있다.

뿐만 아니라, 자신의 중심 유형은 발달해 가면서 나아가는 방향을 보일 수 있다. 그 하나가 통합의 방향인데, 이것은 기분이 즐겁고 스트레스나 심리적 부담이 없을 때, 안정되고 행복할 때, 긴장이 이완되어 있고 자유로울 때, 특정 방향으로 성장과 발전이 일어나는 것이다. 그래서 우리가 현재에 존재할수록 통합의 방향으로 긍정적인 성격의 자질들이 나타나기 시작한다. 이 방향은 [그림 7-1] (a)에서 볼 때, 화살표 반대로 진행하는 방향이다. 즉, 1-7-5-8-2-4-1, 9-3-6-9-의 순서로 나아가는 방향이다.

반대로 스트레스가 증가하고, 기분이 최악일 때, 건강하지 않고, 불안정하고 긴장할 때,

지금의 불리한 상황을 개선하지 못할 때, 원하는 것을 얻지 못할 때, 우리는 분열 방향으로 나아가게 된다. 이러한 경우 자신이나 타인에게 부정적이고 편협하게 된다. 각 유형의 분열 방향은 1-4-2-8-5-7-1, 9-6-3-9의 순서로 나간다.

2. 개인의 에너지 프로파일

앞서 살펴본 에니어그램의 특성을 기초로, 이제 여러분의 에너지 파일을 작성할 수 있다. 먼저, 여러분이 자신의 성격 유형을 알아보기 위해 주어진 질문지에 응답을 하면, 그 결과를 [그림 7-2]과 같은 형태로 제시할 수 있다. 즉, 여러분이 각 유형에서 획득한 점수를 아래의 에니어그램 프로파일에 기입함으로써 자신의 성격 유형을 확인할 수 있다. 이 프로파일을 보고 아래의 질문들에 대한 답을 찾아가면 된다.

- 머리, 가슴, 장 에너지 중심
  - 가장 높은 에너지 중심은 무엇인가?

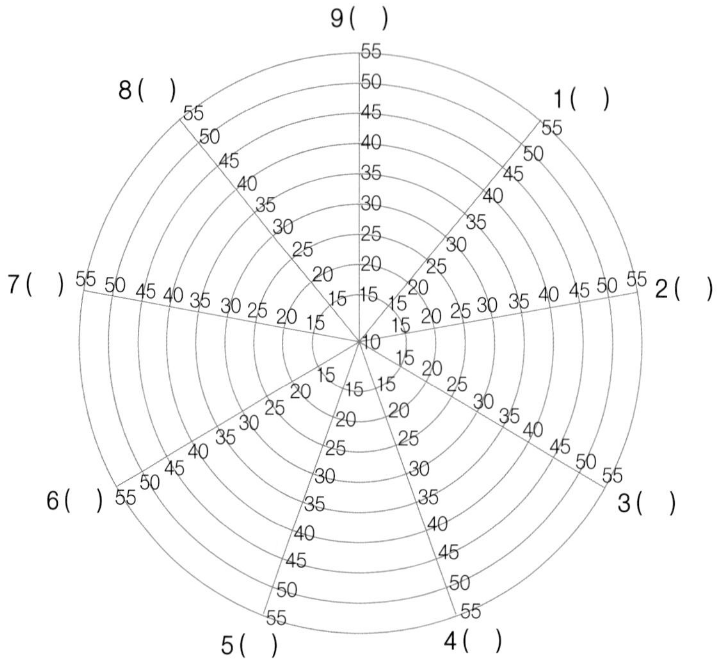

그림 7-2 **에니어그램 프로파일**

- 가장 낮은 에너지 중심은 무엇인가?
- 가장 높은 에너지 중심과 가장 낮은 중심이 내 삶에 어떤 영향을 미치고 있는가?

- 아홉 가지 욕구
  - 가장 높은 욕구는 무엇인가? 얼마나 높은가? (40점 이상인가?)
  - 아홉 가지 욕구 가운데 높은 세 가지는 무엇인가? 아홉 가지 욕구 가운데 낮은 세 가지는 무엇인가?
  - 높은 욕구와 낮은 욕구가 내 삶에 어떤 영향을 미치고 있는가?
- 통합 방향과 분열 방향
  - 나의 유형과 화살표로 연결된 두 유형의 점수는 어떠한가?
  - 내가 통합(성숙 혹은 안정적 상태) 방향에 있을 때 나는 평소의 나와 어떻게 다른가?
  - 내가 분열(미성숙 혹은 스트레스 상태) 방향에 있을 때 나는 평소의 나와 어떻게 다른가?
  - 나는 현재 어느 방향의 에너지를 더 많이 사용하고 있는가?
  - 나의 유형과 화살표로 연결된 유형을 좋아하는가, 싫어하는가? 그 이유는 무엇인가?
- 날개
  - 내 유형 옆의 에너지(날개 유형)를 얼마나 사용하고 있는가?
  - 현재 내가 사용하고 있는 날개는 무엇인가?
- 9가지 에너지의 전체 역동 보기
  - 아홉 가지 에너지의 높낮이는 현재 나의 상태를 보여준다. 에니어그램 프로파일 결과가 나에게 주는 메시지는 무엇인가?
  - 나의 성장을 위해 다루어야 할 이슈는 무엇인가?
  - 그 이슈를 다루기 위해서, 나는 어디에서부터 시작해야 할까?

3. 9가지 유형에 대한 이해

아홉 가지 유형은 모두 건강한 측면과 불건강한 측면, 즉 빛과 그림자를 가지고 있다. 각 유형이 건강한 수준이나 상태에서 자신이 가진 빛을 드러낼 때 그 모습은 모두 아름답다. 각 유형이 건강한 발달 수준에 도달하지 못했거나 스트레스 상황에 처할 때에는 자신이 가진 그림자들이 나타난다. 그림자를 통해 자신의 상태를 알아차릴 때 각 유형은 건강한 수준으로 옮겨갈 수 있다.

1) 8유형: 어려움에 맞서는 도전가

'힘'의 욕구를 가진 유형으로, 분출하고 확장하는 생명의 기운을 갖고 상황과 사람에 휘둘리지 않고 통제하고자 한다. 직관적으로 알아차리고 즉각적으로 행동하며 상황을 리드해가려고 한다. "해봤어?" "해보자." "해!"라는 말을 많이 사용한다. 분노를 느낄 때 바로 표출하며 분노 통제를 어려워한다.

- 심층 기제
  - 자기개념: 나는 강하고 자기주장적이며 독립적이다.
  - 세계 인식: 세상은 거칠다. 약한 것은 생존하지 못한다.
  - 기본 욕구: 힘 (자신의 삶, 환경의 통제 / 자기 세계의 확장)
  - 두려움: 남으로부터 해를 입고 통제당하는 것, 힘을 잃는 것
  - 묶여 있는 것: 욕망 (=강렬한 에너지, 외부로 확장), 타인을 대상화
  - 대처 전략: 자기 자신, 타인, 세상을 시험하기
- 장점
  - 삶과 환경을 주도적으로 통제한다.
  - 판단과 결정이 빠르고 실행도 빠르다.
  - 상대를 압도할 만큼 기운이 강하고 어려움이 닥쳐도 쉽게 굴하지 않는다.
  - 의사 표현이 직접적이고 거침이 없다.
  - 일이 되게 만드는 수완이 발달하였다.
- 단점
  - 힘을 과하게 써서 상대를 통제·억압한다.
  - 화, 분노를 조절하는 데 어려움이 있다.
  - 언어와 몸짓이 거칠고 공격적이다.
  - 전체적인 핵심이나 큰 그림은 잘 보나 세부와 섬세함이 부족하다.

- 성장을 위한 조언
  - 자기 자신 안에 있는 충만한 생명의 기운 느끼기
  - 평소 얼마나 과한 힘을 쓰고 있는가를 일상에서 알아차리기
  - 분노가 일어날 때 터뜨리지도 억압하지도 않고 그것과 함께 하기
  - 제압. 거부의 에너지가 밖으로 나가는 순간을 알아차리기
  - 취약함(연약함)을 드러내도 자신의 힘이 사라지지 않음을 보기
  - 사람에 대한 깊은 존중과 따뜻함을 표현하기
  - 속도를 조율하기

2) 9유형: 조화를 추구하는 중재자

'평화'의 욕구를 가진 유형으로, 사람들과 조화롭게 연결되어 갈등 없이 존재하고자 한다. 애써 무엇을 얻으려 하기보다 "지금 그대로도 괜찮다."고 자족하며 쉽게 움직이지 않는다. 자신을 주장하거나 드러내지 않고 전체의 흐름을 따라가나, 갈등이 있을 때 좋은 중재자가 된다. 분노를 무의식적으로 억압한다.

- 심층 기제
  - 자아 개념: 나는 평화롭고 편안하다.
  - 세계 인식: 내가 무엇을 한다고 하여 세상이 변하지는 않을 것이다.
  - 기본 욕구: 평화 (평화로운 마음/전체성)
  - 두려움: 자신의 세계와 마음의 평화를 잃는 것, 사람들과 단절·분리되는 것
  - 묶여 있는 것: 반추, 태만
  - 대처 전략: 하지 않기(단순하게 하기, 문제를 만들지 않기, 나를 드러내지 않기)
- 장점
  - 주변 환경, 사람과 잘 어울린다.
  - 여러 관점, 의견을 존중하고 수용한다.
  - 기본적으로 선한 의도를 갖고 있고, 원만하고 부드러운 인상을 풍긴다.
  - 직관력이 발달하였고 자연친화적이다.
  - 남의 말을 자르지 않고 잘 들으며 공감을 잘한다.

- 단점
  - 자기의 주장이나 의견을 잘 드러내지 않는다.
  - 생각, 생각의 표현이 명확하지 않고 추상적인 경향이 있다.
  - 우선순위를 정하거나 가부 결정을 내리는 데 어려움이 있다.
  - 중요한 것을 미룬다(부지런한 동시에 게으르다).
- 성장을 위한 조언
  - 화가 날 때 그것을 느끼고 표현하기
  - 미루고 있는 것을 다루기(우선순위를 정하기)
  - 몸의 활력(감각)을 깨우기
  - 자신을 소중하게 여기기(겸손과 자기 비하를 구분하기)
  - 삶의 철학에 기대어 현실의 문제를 회피하는 순간을 알아차리기
  - 멍해지는 순간을 알아차리기
  - 자신이 원하는 바를 명료하게 표현하기('No'를 분명하게 하기)

3) 1유형: 올바름을 추구하는 개혁가

'완벽'의 욕구를 가진 유형으로, 결함 없는 상태, 올바른 상태, 선을 지향한다. 목표한 바, 스스로 약속한 바를 달성하고자 하는 의지가 강하다. "~해야만 한다."와 같은 책무의 언어를 자주 사용하며 언어와 몸짓에 자신도 모르게 긴장이 나타나곤 한다. 분노를 의식적으로 억압하여 자주 짜증을 느끼고 화를 참는다.

- 심층 기제
  - 자아 개념: 나는 올바르다. 나는 객관적이고 합리적이다.
  - 세계 인식: 세상은 불완전하다.
  - 기본 욕구: 완벽(선함, 결함 없음, 진실함)
  - 두려움: 나쁜 것, 균형 감각이 없는 것, 결함이 있는 것
  - 묶여 있는 것: 분개, 판단
  - 대처 전략: 최선을 추구하기(높은 기준을 세우고 최선의 행동을 하기)
- 장점
  - 잘못된 부분을 잘 발견하고 바로 잡으려고 한다.

- 원리 원칙, 규정, 기준을 중시하고 공사 구분이 분명하고 엄격하다.
- 완벽하게 일을 처리하려고 노력한다.
- 책임감이 강하고 솔선수범한다.
- 일관성이 있고 세밀하다.

- 단점
  - 결정한 것은 쉽게 바꾸지 않는다. 융통성이 부족하고 완고하다.
  - 자신이 옳다는 생각이 지나쳐 독단, 독선으로 치우치기 쉽다.
  - 상대를 비난하거나 가르치는 것 같은 말투가 자주 나온다.
  - 자기 비판적이고 긴장되어 있다.
  - 세부에 집중하다가 전체를 놓치는 우를 범한다.
- 성장을 위한 조언
  - 내가 항상 옳은 것은 아니라는 것을 기억하기
  - "실수해도 괜찮다."라고 스스로에게 말해주기(자신을 온화하게 대하기)
  - 판단과 확신이 서는 순간을 알아차리기
  - 내가 해야만 한다는 의무감에서 자유로워지기
  - 너무 애쓰지 말고 즐기기
  - 모자란 것보다 채워진 것에 주의를 두기
  - 몸의 '긴장', 목소리의 '날'을 알아차리기

4) 2유형: 베풂을 좋아하는 조력가

'사랑'의 욕구를 가진 유형으로, 도움이 필요한 사람을 찾고 먼저 다가가서 자신이 가진 것을 베푸는 좋은 사람이 되고 싶어 한다. 마음이 움직이면 바로 행동하며, 사랑을 나누는 이타적인 삶을 살고 싶어 한다. 타인에게 필요한 사람으로 인정받음으로써 가슴 속에 내재된 수치심으로부터 벗어나려고 한다.

- 심층 기제
  - 자아 개념: 나는 돕는(주는) 사람이다.
  - 세계 인식: 세상에는 내 도움을 필요로 하는 사람이 많다.
  - 기본 욕구: 사랑(사랑받고 있다고 느끼는 것)

- 두려움: 사랑받지 못하는 것, 거절당하는 것
- 묶여 있는 것: 타인의 마음을 얻는 것, 교만
- 대처 전략: 타인에게 베풀기, 타인을 돌보기

• 장점
  - 사람에게 먼저 다가가서 친밀한 관계를 형성하는데 능하다.
  - 타인이 필요로 하는 것을 민감하게 파악하고 기꺼이 제공한다.
  - 사람을 돕는 것에서 기쁨과 보람을 느낀다.
  - 에너지가 밝고 낙천적이고 따뜻하다.
  - 다른 사람의 말을 들으며 반응(reaction)을 잘 한다.

• 단점
  - 자기 욕구를 잘 모르거나 충분히 돌보지 않는다.
  - 타인의 반응에 영향을 많이 받는다.
  - 홀로 있기를 어려워한다.
  - 자신과 타인의 경계가 흐릿하여, 타인의 공간을 침범한다.
  - 자신도 모르게 타인을 조종하려 든다.

• 성장을 위한 조언
  - 타인을 돌보듯 자기 자신을 돌보기
  - 자기 자신이 원하는 것이 무엇인지 알아차리기
  - 모든 사람에게 사랑받으려 하지 말기
  - 조건 없이, 기대 없이 돕고 베풀기
  - 타인을 도우려 할 때, 이 도움이 누구를 위한 것인지 알아차리기
  - 심리적 허기를 알아차리기
  - '도움을 청하기', '거절하기'를 배우기

5) 3유형: 성공을 원하는 자기개발가

'성취'의 욕구를 가진 유형으로, 가치 있는 성취를 통해 세상의 주목과 인정을 받고 싶어 한다. 세상이 원하는 바를 이룰 수 있는 역량을 갖추기 위해 끊임없이 자신을 개발하고, 효율적이며 실용적인 방법들을 찾는다. 성공적인 인물이 됨으로써 가슴 속에 내재된 수치심으로부터 벗어나려고 한다.

- 심층 기제
  - 자아 개념: 나는 유능하다.
  - 세계 인식: 세상은 성공한 자들을 가치 있게 여긴다.
  - 기본 욕구: 성취(성취를 통해 내가 가치 있는 존재임을 느끼기)
  - 두려움: 가치 없는 (쓸모없는) 존재가 되는 것
  - 묶여 있는 것: 기만, 허영
  - 대처 전략: 세상이 원하는 성취를 이루기, 적응하기, 최선을 다해 적응하기, 계속 무엇인가를 하기
- 장점
  - 목표를 설정하고 필요한 자원을 조달, 운용하여 가시적 결과를 내는 데 탁월하다.
  - 일을 신속하고 효율적으로 수행한다.
  - 할 수 있다는 자신감과 성취욕을 바탕으로 스스로 동기유발한다.
  - 끊임없이 자신의 역량을 개발해간다.
  - 세련되고 설득력 있게 전달한다.
- 단점
  - 자신의 가슴이 아닌 세상의 가치를 추구한다.
  - 일이 없으면 공허함 혹은 무가치감을 느껴서 일중독에 빠지기 쉽다.
  - 외양, 이미지에 치중한다.
  - 결과를 얻기 위해 올바른 진행 과정을 희생하기도 한다.
  - 경쟁적이고 자기 과시적이다.
- 성장을 위한 조언
  - 서두르고 조급해하는 자기 자신을 알아차리기
  - 타인이나 세상이 아니라 자신 자신이 진정으로 원하는 것을 따르기
  - 내면의 공허, 슬픔을 알아차리고 '일'로 도피하지 않기
  - 외부에서 내부로 주의를 전환하고, 아무 것도 하지 않는 시간 갖기
  - 자신 안의 감성과 진정성을 깨우기
  - 자신이 이미 있는 그대로 빛나는 존재임을 기억하기
  - 홀로 있을 때도 스스로 만드는 자기 이미지를 알아차리고 벗어던지기

6) 4유형: 낭만적인 개성주의자

'독특'의 욕구를 가진 유형으로, 내면으로 깊이 몰입하며, 자신만의 세계를 창조하고 싶어 한다. 아홉 유형 중 가장 섬세한 감성을 갖고 있다. 느낌 속으로 잘 빠져들고 평범한 것, 일상적인 것보다, 남다른 것, 특별한 것에 이끌린다. '나만의 정체성'을 확보함으로써 가슴 속에 내재된 수치심으로부터 벗어나려고 한다.

- 심층 기제
  - 자아 개념: 나는 남들과 다르다.
  - 세계 인식: 세상은 나를 이해하지 못한다. 세상은 무의미하다.
  - 기본 욕구: 독특함(자기다움, 개성), 깊고 의미 있는 소통
  - 두려움: 자기 정체성 상실, 무의미해지는 것
  - 묶여 있는 것: 시기(타인과 비교하고, 실망하고 좌절), 우울, 환상
  - 대처 전략: 자신의 창조물 만들기, 자기다움을 추구하기, 자기 자신에게 진실하기
- 장점
  - 관행, 인습에 매몰되지 않고 자기만의 관점, 세계를 창조한다.
  - 삶의 의미, 진실을 추구한다.
  - 자신의 감정을 솔직하게 표현하고, 깊게 교감하며 소통할 수 있다.
  - 감성이 섬세하고 표현적이다.
  - 아름다움을 발견하는 심미안이 있다.
- 단점
  - 과민하고 기분 변화가 크다.
  - 감정 속으로 움츠리고 자기 탐닉에 빠지기 쉽다.
  - 타인과 자신을 비교하고 질투한다.
  - 사람에게 먼저 다가가지 않고 사람을 빨리 판단하고 구분하고 차단한다.
- 성장을 위한 조언
  - '거울 방'에서 나와 타인과 세상에 먼저 다가가기
  - 평범한 일상 속, 모든 사람의 아름다움을 발견하기
  - 자신에게 결핍된 것이 아니라 갖춰진 것을 바라보기
  - 쉼 없이 변하는 감정의 실체를 알아차리고 감정과 자신을 동일시하지 않기

- 자신의 이야기로 빠지는 순간, 과잉 의미 부여하는 순간을 알아차리기
- 현실의 언어로 이야기하기(현실에 두 발을 딛고 서기)
- 사람에 대해 너무 빨리 판단하고 벽을 쌓지 않기

7) 5유형: 세상을 관찰하는 사색가

'탐구'의 욕구를 가진 유형으로, "이것이 진리인가?" "이것이 사실인가?"라고 질문하며, 탐구의 대상에 대해 완전하게 알고 싶어 한다. 사실을 수집, 관찰, 분류, 체계화하기를 즐기며 생각 속에서 안전함을 느끼고 충분히 준비되기 전까지 실행하려 하지 않는다. 전문가가 됨으로써 두려움을 극복하고자 한다.

- 심층 기제
  - 자아 개념: 나는 지각 있는 사람이다.
  - 세계 인식: 이 세상에는 내가 설 곳이 없다.
  - 기본 욕구: 탐구(사실, 진실, 진리를 아는 것)
  - 두려움: 무지해지는 것(무엇이 사실 혹은 진실인지 알지 못함)
  - 묶여 있는 것: 안전한 생각 속에 살고 행동하지 않는 것, 감정을 타인에게 드러내지 않는 것
  - 대처 전략: 독립적으로 살기. 필요를 최소화하기, 거리 두기, 관찰하기, 지식을 습득하기
- 장점
  - 명료한 앎을 통해 안전을 확보하려 한다.
  - 사실, 정보, 객관, 논리, 체계를 중시하고 추구한다.
  - 지적 호기심이 많고 집중력과 관찰력이 뛰어나다.
  - 깊은 사유의 과정을 거쳐 통찰력 있는 질문을 한다.
  - 초연하고 타인의 경계를 존중한다.
- 단점
  - "나는 아직 부족하다." 생각하며 준비 모드에서 벗어나지 못한다.
  - 안전한 생각 속으로 자주 도피하여, 관계에서 고립되고 실행력이 부족해진다.
  - 지나치게 절제하고 인색해지는 경향이 있다.

- 자기만의 세계에 혼자 있는 경우가 자주 있다.
- 감정을 억압 혹은 주지화하여 건조하고 냉정한 인상을 풍긴다.

- 성장을 위한 조언
  - 안전한 생각 속에서 나와 알고 있는 바를 세상에 펼치기
  - 생각(관찰)하기를 멈추고 직접 경험하기. 준비가 덜 되어도 행동해보기
  - 삶의 장엄함/경이를 느끼기
  - 머릿속 생각이 아니라 상대와 소통하기
  - 자신의 지식과 준비를 신뢰하기
  - 사람들과 함께 있을 때 뒤로 물러서는 순간을 알아차리기
  - 가슴을 깨우기

8) 6유형: 보호, 지지를 원하는 충성가

'안전'의 욕구를 가진 유형으로 그 무엇보다도 안전한 삶의 기반을 확보하고 싶어 한다. "이것은 확실한가?" 의심하고 확인하여 확신에 도달한다. 최악의 위험까지 예측하고 미리 충분히 준비하여 삶의 곳곳에 도사린 위험에 대비하고자 한다. 삶의 보호, 지지 기반을 확보함으로써 두려움을 극복하고자 한다.

- 심층 기제
  - 자아 개념: 나는 믿을 수 있는 사람이다.
  - 세계 인식: 세상은 안전하지 않다.
  - 기본 욕구: 안전 (삶의 안전한 방향과 기반을 확보하고 싶은 것)
  - 두려움: 믿을 만한 지원과 안내를 받지 못하는 것
  - 묶여 있는 것: 의심, 걱정, 불신
  - 대처 전략: 대비하기, 신뢰할 외부 대상을 찾기, 아는 바를 고수하기, 두려움에 대항하기
- 장점
  - 신뢰할 만한 대상을 찾고 그에 헌신한다(가족, 조직, 종교, 신념 등).
  - 예의 바르고 겸손하고 배려심이 많고 협력적이다.
  - 다양한 의견을 경청하고 심사숙고하여 신중하게 결정한다.

- 결정한 바에 대하여 실행력이 있고, 성실하고 책임감이 있다.
- 정보 수집 및 분석, 위험요인 파악, 다각적 대응방안 마련 등을 통해 통합적으로 문제를 해결한다.

• 단점
- 미리 지나치게 걱정한다.
- 의사결정에 시간이 많이 걸려, 결단하기가 어렵고 기회를 놓치기도 한다. .
- 자신, 타인, 세상에 대한 신뢰가 부족하다.
- 얼굴은 고요해보이나 내면은 고요하지 않다.

• 성장을 위한 조언
- 지나친 신중함으로 인해 놓쳐버린 삶의 기회들을 인식하기
- 자기 자신, 타인, 세상을 신뢰하기
- 미리, 지나치게 걱정하지 않기
- 두려움에 뿌리를 둔 과도한 헌신을 알아차리기
- 객관적 사실에 근거하지 않은 걱정이 연쇄적으로 일어나는 순간을 알아차리기
- 머릿속 재잘거림을 멈추고 내면의 안내를 만나기
- 자신이 받고 있는 지지와 지원을 기억하기

9) 7유형: 기쁨을 주는 열정가

'즐거움'의 욕구를 가진 유형으로, 즐겁고 흥미로운 활동들, 호기심을 불러일으키는 활동들에 즉각 뛰어들고 싶어 한다. "이것은 얼마나 재미있을까?" 상상하며 고양되고 열정적으로 뛰어든다. 외부 환경 속에서 새롭고 다양하고 즐거운 경험들을 계속 만들어냄으로써 두려움을 극복하고자 한다.

• 심층 기제
- 자아 개념: 나는 행복하다. 나는 열정적이고 자유롭고 재미있는 사람이다.
- 세계 인식: 세상은 즐겁게 경험할 것, 가능성으로 가득 차 있다
- 기본 욕구: 즐거움(행복하고 자유롭고 충만하게 사는 것)
- 두려움: 무엇인가 결핍되는 것, 고통스러워지는 것
- 묶여 있는 것: 계획(하고 싶은 것을 계속 떠올리는 것), 탐닉 (무언가 계속 경험하고

싶은 것)

  - 대처 전략: 재미있는 것을 추구하기, 모든 것에 관여하기, 부정적인 것을 회피하기

- 장점
  - 즐겁고 열정적이고 긍정적인 경험을 추구한다.
  - 새롭고 다양한 경험을 선호하고 기꺼이 시도한다.
  - 밝고 낙천적이고 사교적이며 경쾌하다.
  - 자유롭고 유연하고 참신한 아이디어가 많다.
  - 유머감각이 있어 유쾌하고 활력 넘치는 분위기를 만든다.
  - 빠르게 배우고 다재다능하다.
- 단점
  - 여러 가지를 벌려 놓으나 마무리가 약하다.
  - 쉽게 지루해하여 재빨리 다음으로 넘어간다.
  - 기쁨, 행복, 만족의 원천을 외부에서 찾는다.
  - 부정적 정서를 회피한다.
  - 깊이를 추구하지 않아 피상적으로 보일 수 있다.
- 성장을 위한 조언
  - 다음에 올 것에 주의를 뺏기지 말고, 지금 이 순간에 집중하기
  - 내면의 부정적 감정을 회피하지 않고 직면하여 경험하기
  - 기쁨, 행복, 충만함의 원천이 외부가 아니라 내부에 있음을 알아차리기
  - 내가 이미 가지고 있는 것에 감사하기
  - 빠르게 이유를 대며 변명할 때 합리화하기를 알아차리고 멈추기
  - 반응 속도를 늦추기. 침묵을 경청하기
  - 내가 원하지 않을 때 애써 분위기를 띄우려 하지 않기

4. 결론

에니어그램은 한 개인의 성격을 9가지 유형으로 분류하여 그 특징을 알아보는 성격검사이다. 지금까지 알아본 것처럼, 각 유형은 그 나름대로 작동하는 심층 기제가 있고, 그에 따른 장점과 단점이 있다. 이때 장점을 살리고 단점을 보완하기 위해서는 고려하고 개선해야 할

점들이 있다. 이러한 노력이 그 개인을 좀 더 발전하고 성장하는 방향으로 이끌 수 있다. 뿐만 아니라, 한 개인의 중심 유형은 날개라고 일컫는 좌우의 두 유형뿐만 아니라, 나머지 유형들과도 밀접한 관련성이 있다. 그래서 주변 상황과 개인적 상태에 따라, 자신의 발전 방향이 통합적으로 나아갈 수도 있고 반대로 분열적으로 나아갈 수도 있다. 이처럼 한 개인의 성격 특성을 제대로 이해하기 위해서는 작게는 중심 유형에서부터 크게는 전체 9가지 유형의 패턴과 연결성을 함께 고려할 필요가 있다. 이와 같이 다양한 차원에서 해석하고 평가함으로써 특정 개인을 좀 더 객관적이면서도 체계적으로 이해할 수 있다.

Ⅲ 부

학습과 진로

제8장

자녀교육과 부모역량

자녀의 올바른 성장과 발달을 위해서는 부모의 적극적인 지지와 발달에 적합한 지도가 필요하다. 좁은 의미에서는 자녀가 학교에서 주어진 학업을 즐겁게 수행할 수 있도록 하고, 넓은 의미에서는 사회에 이바지할 수 있는 역량과 자질을 함양할 수 있도록, 부모의 지도와 도움이 절대적으로 필요하다. 이 장에서는 자녀교육에 필요한 부모의 역량을 살펴보고자 한다. 먼저 학부모 자녀교육 역량의 기초가 되는 학부모의 양육태도를 알아보고 학부모 자녀교육 역량에 관련된 연구를 살펴본다. 그다음으로 RS-학부모 자녀교육 역량 검사의 영역별 세부내용과 그에 따른 특징을 알아본다.

1. 학부모의 자녀교육의 의미

자녀교육은 자녀가 올바른 사회의 일원으로 성장할 수 있도록 학부모가 도와주거나 가르쳐 주는 일을 의미한다. 자녀교육은 가족 간의 유대감을 증가시키고, 자녀의 학업 성취도를 높이며, 자녀가 올바른 길로 나아갈 수 있도록 지도해 주는 방법 중 하나이다. 그리고 이러한 자녀교육은 학부모의 양육태도에 따라 자녀의 성장과 발달에 결정적인 영향을 준다.

1) 학부모의 양육태도

학부모의 양육태도는 자녀 교육에서 중요한 역할을 한다. 학부모의 양육태도는 자녀의 정서적, 인지적 발달에 직접적인 영향을 미치며 학부모의 양육태도에 따라 자녀의 행동양식이 다르게 나타난다. 학부모의 양육태도에는 독재적, 권위적, 허용적 양육태도 등 세 가지가 있다(Baumrind, 1971).

독재적 양육태도. 독재적 양육태도는 학부모가 자녀에 대하여 높은 통제와 요구를 가지고 있는 부모 중심의 양육태도이다. 학부모는 자녀들에게 매우 엄격한 태도를 보이며 자녀의 행동을 완전히 통제하려는 모습을 보인다. 자녀에 대한 기대는 높지만, 자녀의 행동에 대해서는 큰 반응을 보이지 않는다. 자녀는 부모가 정한 규칙을 무조건적으로 지켜야 하며, 자녀가 복종하지 않을 경우 체벌을 활용하기도 한다.

독재적 양육태도는 자녀에게 지나친 복종을 강요하여 자책감을 심어줄 수도 있다. 또한 자녀는 사회적인 환경에서 자신의 선택에 대한 확신감과 책임감이 낮으며 수동적인 모습을 보인다. 사회적 관계에서 전반적으로 불안한 모습을 보이며 심한 경우 반사회적인 행동을 초래할 수도 있다.

허용적 양육태도. 허용적 양육태도는 아동에게 지나치게 애정을 쏟으며 별다른 통제나 요구가 없는 아동 중심의 양육태도이다. 학부모는 자녀에 대하여 큰 기대를 가지고 있지 않으며 자녀에 대한 규칙이 없다. 대부분의 상황에서 자녀는 자신의 의사결정을 자율적으로 하며, 학부모는 비지시적인 모습을 보인다. 또한 학부모는 자녀의 대부분 행동에서 수용적인 모습을 보인다.

허용적 양육태도는 자녀에게 무조건적인 수용을 해줌으로써, 자녀가 자신의 행동에 대한 책임감이 감소하고 자신의 충동적 욕구를 쉽게 통제하지 못하게 될 수 있다. 또한 사회적 관계에 있어서 다른 사람을 존중하지 못하고 학업 측면에서 의지가 부족하여 학업성취도가 낮게 나타날 수 있다.

권위적 양육태도. 권위적 양육태도는 자녀의 수준에 맞는 요구와 적절한 통제를 하는 아동 중심의 양육태도이다. 학부모는 자녀의 행동에 수용적이며 반응적으로 반응을 하며 자녀를 존중하는 태도를 보인다. 자녀의 자율성을 키워주는 동시에 적절한 기준에 따라 자녀를 통제하고 교육한다. 자녀가 잘못된 행동을 했을 경우에는 체벌이 아닌 자녀의 눈높이에서 논리적인 설명을 통해 충분히 이해할 수 있도록 도와준다.

권위적 양육태도는 명확한 기준을 가지고 자녀의 의사결정을 지지해주기 때문에 자녀가 자율성을 키우고 독립심을 기를 수 있도록 한다. 또한 사회적 관계에 있어서 남을 배려하고 자신의 행동에 책임감을 가질 수 있다. 자녀는 원만한 사회적 관계를 형성하고 학업에 관심을 가지고 적극적인 탐구를 통해 높은 학업성취도를 보일 수 있다.

2. 학부모의 자녀교육 이론

한국지역사회교육협의회는 부모 교육 사업을 담당하는 전문 인력들과 부모 교육 분야의 전문 강사들로 구성된 TFT에 참여한 부모교육 전문 강사들이 참여한 워크숍에서, 미국의 National Extension Parent Education Model을 기반으로 학부모의 자녀교육 역량의 세부 영역을 구성하였다. [그림 8-1]에서 보듯이, 이 영역은 총 6개로 이루어져 있다.

1) 자기 이해와 관리

학부모는 자녀의 교육에 전념하다 보면 자신의 개인적 삶을 제대로 영위할 수 있는 경우가 적다. 이러한 생활이 계속 지속될 경우 학부모는 신체적, 정서적 피로도가 높아지며 그로 인해 받은 스트레스는 자녀의 교육에도 부정적인 영향을 준다. 따라서 학부모는 자녀에게 올바른 교육을 위해서 자신을 관리할 필요가 있고 사회 구조적으로도 부모에게 도움을 주어

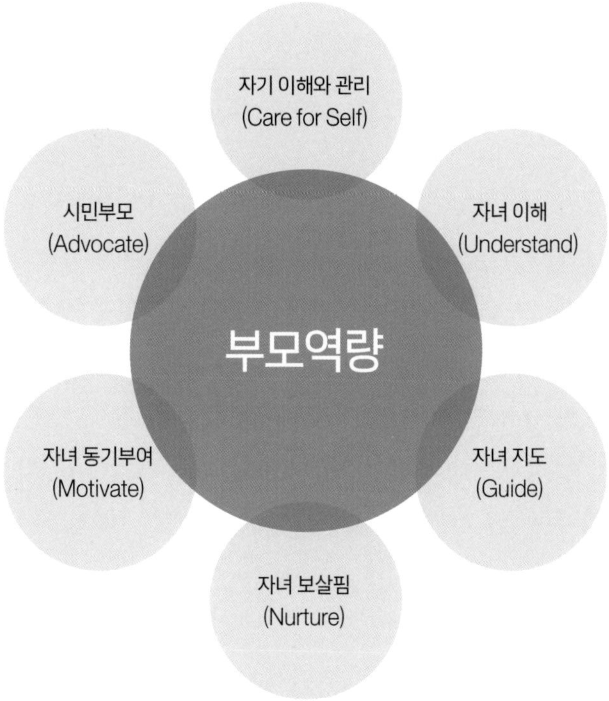

그림 8-1 **부모역량의 6대 영역**

야 한다.

스트레스. 부모는 자녀를 육아, 교육하면서 크고 작은 스트레스에 시달리게 된다. 자녀로 인한 스트레스가 학부모의 삶 전반에 큰 영향을 준다고 할 수는 없지만, 이러한 시달림이 계속되면 학부모의 삶에서 전반적인 스트레스 원인이 될 수 있다. 자녀를 양육하는 부모들은 계속되는 스트레스에 인해 자신의 개인적 일상생활이 방해받거나 일상생활에서 단순한 일을 반복해야 하는 상황에 놓이게 된다. 이러한 상황들이 누적됨에 따라, 자녀에 대한 반응이 적어지고 수동적인 모습을 보이는 지나치게 허용적인 양육태도를 보이거나, 혹은 지나치게 자녀를 통제하는 독재적 양육태도를 보일 수가 있다. 따라서 가정과 주변 사람, 지역사회에서는 이러한 어려움을 이해해주며 스트레스를 예방하거나 해소할 수 있는 환경을 마련해주어야 한다(Stevens, 1984).

지원제도. 자녀양육이 낯설고 어려움을 겪는 가정에게는 지역사회에서 다양한 지원제도를 제공해준다. 이러한 지원제도의 다양성은 한 가정에서의 어려움의 정도와 역동적인 관계를 가지고 있다(Saulnier, 1985). 일반적으로 지원제도는 한부모가정, 다문화가정, 맞벌이 가정 등 다양한 형태의 가정을 지원하고 있다. 하지만, 이러한 지원을 필요로 하는 가정의 경우, 지원제도로부터 소외되거나 잘 활용하지 못하는 특징을 보인다.

상호성 규범. '상호성 규범(norm of reciprocity)'으로 인해 일부 부모들은 다른 사람들로부터의 도움을 받아들이기 힘들어하는 경우가 발생한다. 상호성 규범이란 상호 간의 이익을 얻기 위해 물건이나 보상을 교환하는 과정으로서 다른 사람에게 도움을 받으면 그 사람에게 받은 도움을 돌려줘야 한다는 것을 의미한다. 이러한 상호성 규범은 학부모가 자신이 받은 도움과 관련하여 그에 따른 보상을 돌려줄 수 없는 경우에는 도움을 요청할 수 없게 만든다. 따라서 저소득층 가정의 경우 다른 사람의 도움을 가장 필요로 하지만, 이러한 상호성 규범으로 인해 주변 가정들과의 관계가 단절될 수도 있다. 하지만 상호성 규범은 가족관계나 친밀한 관계에서는 덜 중요한 것으로 나타났다(Shumaker, 1984).

2) 자녀 이해

부모는 자녀의 행동과 태도에 대하여 다양한 해석 방식을 가지고 있다. 이러한 해석 방식이 부모로부터의 일방향적 관계를 통해서 이루어지면 올바른 양육을 할 수 없다. 부모와 자녀의 관계는 양방향적 관계로 부모와 자녀가 모두 능동적인 참여자로서 상호작용해야 한다(Bigner, 1989). 특히 자녀의 다양한 특성들이 부모의 역할과 역량에 큰 영향을 미친다. 따라서 부모는 자녀의 특성에 대한 올바른 이해를 통해 자녀에게 필요한 욕구를 충족시켜 주어야 한다.

부모의 기대. 부모의 기대와 믿음은 자녀의 경험과 행동에 영향을 미친다. 또한 자녀의 학업성취도를 부모가 어떻게 판단하는지도 자녀에게 큰 영향을 미친다. 구체적으로 이러한 부모의 평가는 성적 점수와 같은 객관적 지표보다 학업에 대한 자녀의 자각에 더 큰 영향을 미친다(Phillps, 1987). 부모는 독재적인 양육태도보다는 자녀의 발달 수준에 적합한 기대와 자율성을 주고 적극적인 지지를 하는 권위적 양육태도를 가졌을 때 자녀의 학업성취와 정적인 관련이 있다.

부모의 지식. 자녀의 발달 단계와 자신의 양육방식을 제대로 이해하는 부모는 자녀 양육에 있어서 효과적으로 계획하고 교육할 수 있다. Belsky(1984)는 자녀의 능력에 적합한 발달과제를 제시하는 양육방식을 수행하는 부모들은 자녀의 정서적 안정, 사교성, 독립성 등이 높다고 주장하였다. 영아를 양육하는 부모들의 경우, 학부모들이 자녀를 양육할 때 직면하는 문제 상황에서 자녀의 목적과 욕구를 인지하고 발달 단계를 파악하는 것이 중요하다. 또한 자녀의 신호와 단서에 민감하게 반응해야 하며 자녀에게 자율성과 기회를 제공하고 적극적인 지지를 하는 것이 중요하다(Cook, 1991).

3) 자녀 지도

자녀를 지도할 때 학부모는 자녀에게 올바른 행동을 기대하고, 행동에 대한 제약을 설정하며, 자녀의 행동에 대하여 일관성 있는 모습을 보여야 한다. Montemayor(1986)은 자녀양육에서 효과적이지 못한 부모들은 보상과 처벌에 일관성이 없으며, 처벌을 더욱 빈번하게 사용하는 것으로 나타났다. 자녀에 대한 올바른 지도는 자녀의 비행 비율을 낮추고 정서적으로 안정되며 자신의 행동을 스스로 통제할 수 있다.

강화와 처벌. 강화는 특정 행동을 한 후 뒤따르는 결과가 그 행동의 가능성을 증가시키는 것을 의미한다. 이러한 강화는 정적 강화와 부적 강화로 나누어진다. 정적 강화는 특정 행동 후에 자녀가 선호하는 강화물을 제공해주어 그 행동의 발생확률을 증가시키는 것이다. 그에 반해 부적 강화는 특정 행동 후에 자녀가 싫어하거나 혐오하는 강화물을 제거하여 그 행동의 발생확률을 증가시키는 것이다.

처벌은 특정 행동을 한 후 뒤따르는 결과가 그 행동의 가능성을 감소시키는 것을 의미한다. 처벌은 정적 처벌과 부적 처벌로 이루어진다. 정적 처벌은 특정 행동을 한 후 자녀가 싫어하거나 혐오하는 강화물을 제공하여 그 행동의 발생확률을 감소시키는 것이다. 그에 반해 부적 처벌은 자녀가 특정 행동 후에 선호하거나 좋아하는 강화물을 제거하여 그 행동의 발생확률을 감소시키는 것이다.

자녀지도에 있어서 강화와 처벌은 일관성 있게 사용해야 한다. 특히 처벌의 경우 자녀의 바람직하지 못한 행동을 제거하는 것이 아닌 일시적인 억압일 뿐이며, 자녀에게 공포를 유발할 수도 있기에 주의해야 한다(Nemeroff & Karoly, 1991). Dubow 등(1987)은 아이의 의견을 잘 수용하면서 상대적으로 처벌을 덜 활용하는 자녀 양육 방식을 통해 자란 아이들은 20년 후에 높은 수준의 자아를 가진 성인으로 성장한다는 것을 발견하였다.

4) 자녀 돌봄

자녀를 돌본다는 것은 자녀가 건강한 성인으로 자랄 수 있도록 돕는 것으로, 부모로서 가장 중요한 행동이라고 할 수 있다. 자녀 돌봄은 자녀가 부모와 함께 있으며 편안함을 느끼고 자녀가 자신이 부모에게 하나의 인격체로서 받아들여진다고 확신할 수 있도록 자녀에게 보여주는 행동을 뜻한다(Rollins & Thomas, 1979). 따라서 자녀가 부모를 신뢰하고 부모 또한 자녀가 올바르게 자랄 수 있도록 자녀에게 관심을 갖고 돌보는 것이 중요하다.

애착. 애착은 인생 초기에 자신과 친밀한 사람에게서 느끼는 강한 정서적 유대감을 의미한다. 자녀와 부모의 애착에서 반응성과 민감성은 매우 중요한 요소이다(Thompson, 1998). 특히 Ainsworth(1978)는 부모와 자녀의 애착관계에 있어서 부모의 즉각적이고 세심한 반응이 중요하다고 주장하였다. 애착은 정서적, 사회적, 인지적 발달에도 큰 영향을 미친다. Cassidy(1988)는 안정적인 애착 유형의 자녀는 6세경에 자신에 대하여 긍정적인 인식을 갖고 자신의 결점을 수용하는 모습을 보인다고 밝혔다. 또한 Patterson 등(1989)은 부모의 다정함은 7세경 자녀들이 또래관계에서 거부당하거나 문제행동을 보이는 것을 예방한다고 주장하였다.

정서적 반응. 긍정적인 정서를 많이 경험하고 표현하는 부모는 자녀에게 더욱 좋은 돌봄 환경을 제공한다(Dix, 1991). Denham(1989)은 자녀에 대하여 부모가 정서적으로 반응하지 않거나 부정적으로 정서반응을 할 경우, 자녀들이 스트레스에 취약한 모습을 보인다고 주장하였다. 또한 자녀에게 긍정적이고, 열정적인 정서적, 낙관적 정서 반응을 하는 부모의 경우, 자녀들이 더욱 긍정적인 사회적 행동을 하는 모습을 보인다고 주장하였다.

5) 동기부여

부모는 자녀의 첫 번째 선생님이다. 따라서 부모는 앞으로 미래에 있을 자녀의 학습을 생각하고 자녀에게 다양한 동기부여를 통해 학습에 흥미를 갖고 수행할 수 있도록 해야 한다. 특히 학습에 관하여 강압적이고 통제적으로 교육하는 것이 아닌 자녀가 스스로 관심과 흥미를 가질 수 있도록 지지해주고 이끌어주어야 한다.

학습동기. 학습동기란 자녀가 학습에 대하여 도전적인 모습을 보이고 학습과정에서 보람을 느끼고 새로운 과제를 할 수 있는 원동력을 의미한다. 학습동기가 높으면 어려운 학습에 대해서도 적극성, 책임감, 모험심을 느끼며 과정 자체를 즐기는 모습을 보인다. 따라서 학습동기에 의해 동기화된 자녀는 학습과정에 끈기 있고 깊이 있는 모습을 보인다(Stipek, 1996). 부모가 가정 내에서 학습동기를 부여하는 좋은 방법은 일상적으로 일어나는 일들에 자녀를 참여시키는 것이다(Powell & Peet, 1992b).

학습기회. 자녀들에게 동기를 부여하기 위해서 학부모는 여러 학습기회를 제공해야 한다. 부모가 자녀에게 다양한 학습 기회를 제공하면, 자녀는 더욱 동기부여 되고 숙달된 학습자가 될 것이다(Bradley & Caldwell, 1979). 동기부여를 위해서는 다양한 학습기회를 제공해야 한다. 학부모가 감각적, 신체적, 지적 학습을 위한 다양한 기회를 제공한다면, 아이들은 숙련되고 동기 부여된 학습자가 될 가능성이 높아진다.

6) 시민부모

학부모는 자녀와 지역사회 아이들이 보다 좋은 환경에서 자랄 수 있도록 도와야 한다. 따라서 시민부모는 가정뿐만이 아닌 지역 사회의 아이들의 욕구 충족을 위해 지역사회와 폭넓은 연계를 해야 한다(Alvy, 1987). 또한 자녀와 지역 사회 아이들에게 필요한 자원과 서비스가 무엇인지 찾아내고 활용하며, 필요할 경우 지역사회 부모들과 함께 지역사회를 위해 직접적으로 사회적 변화를 실천해야 한다.

가족지향. 지역사회에서 제공하는 서비스들은 부모와 자녀가 실패한 후 사후대책을 제공하는 것이 아닌, 가정에 필요한 욕구를 미리 파악하고 사전에 제공해주어야 한다. 자녀 양육은 가족, 민간기업, 지역사회, 정부기관 등과의 상호의존적인 영향을 준다. 따라서 자녀와 지역사회의 아이들을 도와줄 수 있도록 정부와 지역사회에서 참여하는 프로그램에 적극적으로 참여해야 한다.

Weiss(1990)은 가정과 지역사회 기관들 사이에 존재하는 관계의 본질을 연구하여, 지역사회 기관들이 자녀지향이나 관료지향 서비스가 아닌 가족지향 서비스를 제공함으로써 제도적 차원에서 기여할 필요가 있다고 주장하였다. 따라서 지역사회의 서비스 기관들은 가정에서의 자녀양육에 필요한 기반과 지원제도를 강화할 도덕적 의무를 가지고 있다.

부모네트워크. 부모들 간의 커뮤니티와 그에 따른 서비스를 제대로 선택하기 위해서는 부모간의 네트워크가 중요하다. 지역사회 부모들과 우호적이고 친밀한 관계를 유지하며 상호협력적인 관계를 구축해야 한다. 특히 교육기관에서 학부모 운영위원회나 학부모회를 통해 기관과 지역사회, 가정 간의 긴밀한 연락망을 구축하고, 보다 좋은 교육환경을 위해 모두가 협조할 수 있도록 직접적인 참여가 필요하다. 광범위한 부모네트워크를 가진 학부모들은 부모교육에 더욱 반응적이며 원활한 커뮤니티를 할 가능성이 높다. 또한 학부모가 속한 환경에 따른 현실적인 제약들로 인해 학부모들이 학습활동을 유지하기 힘들고 그로 인해 긍정적 영향이 발생하는 것이 어렵게 만든다(Powell, 1986).

3. RS-학부모 자녀교육 역량검사

RS-학부모 자녀교육 역량 검사는 앞서 제시된 부모역량 영역에 따라 학부모가 자녀교육에 필요한 역량을 알아본다. 본 검사는 자기 이해와 관리, 자녀 이해, 자녀 지도, 자녀 돌봄, 자녀 동기부여, 시민부모 총 6가지로 나누어진다. 이 장에서는 각 영역별 개념적, 행동적 특징과 자녀교육 역량에 필요한 목표를 알아본다.

1) 자기 이해와 관리

개념적 특징. 학부모가 자기 자신을 이해하고 관리한다는 것은 자신에게 필요한 삶의 욕구를 자각하고 그에 맞는 분명한 방향을 설정하고 있는 것을 의미한다. 이러한 자기 이해와 관리는 자녀에게 직접적인 영향을 주는 것은 아니지만, 자녀와 가족 모두의 삶에 간접적인 영향을 미치는 안전, 예측가능성, 목적의식 등의 기초가 된다.

자신을 이해하고 관리할 수 있는 능력은 부모가 되기 이전에 부모가 된다는 것에 대한 동기를 획득함으로써, 그렇지 못한 부모들에 비해 자녀에 대한 동기부여를 더 잘 시킬 수 있게끔 한다. 부모됨에 대한 동기는 자기 확장, 창조와 성취감, 사랑과 애정의 욕구 그리고 희열과 행복 등이 있다. 이러한 동기들은 자녀양육으로 행복을 느끼며 부모로서 자신을 이해하고 성숙해질 수 있도록 도와준다(유영주, 김순옥, 김경신, 2002).

행동상의 특징. 자기 이해와 관리 영역에서의 행동상의 특징은 다음과 같다. 먼저 자신의 스트레스를 유동적으로 잘 관리할 수 있다. 또한 자신이 가진 강점이 무엇인지 스스로 알고 있으며 이를 적재적소에 맞게 활용할 수 있으며 가족이 삶에서 필요로 하는 자원(재정, 시간, 유·무형 자원)이 무엇인지 잘 파악하고 관리할 수 있다. 자녀 양육에서의 목표의식을 가지고 주변 사람들과 자녀양육을 위해 협력하는 태도를 보인다.

영역별 역량. 자기이해와 관리 역량은 지식, 기술, 태도 세 가지로 나누어진다. 자기이해와 관리 역량에 필요한 지식은 다음과 같다. 자신의 스트레스 징후와 그 원인을 찾아낼 수 있으며 이를 해소할 방법이 무엇이 있는지 명확하게 알고 있다. 또한 부모가 되기 전 부모됨에 따른 동기가 무엇인지 명확하게 알고 있다.

자기이해와 관리 역량에 필요한 기술은 다음과 같다. 효율적인 시간 관리를 위한 체계적인 방법과 기술을 가지고 있으며 가정에서의 자원과 예산을 수립하고 이행할 수 있다. 또한 자녀양육과 관련된 관계자들 사이에서 가치관의 갈등을 일으키지 않도록 효과적인 의사소통 기술과 전략을 가지고 있다.

자기이해와 관리 역량에 필요한 태도는 다음과 같다. 자녀양육에 있어서 자신감이 점차 증가 시킨다. 또한 자녀 양육에 있어서 자신의 강점을 이해하고 이를 활용할 수 있으며 실제로 어떻게 개발할 수 있는지 알고 있다. 또한 자녀와 부모 간의 갈등이나 의사결정 상황 속에서 자신이 적용시킬 수 있는 원칙들을 마련해놓고 있다.

2) 자녀 이해

개념적 특징. 자녀의 발달, 욕구, 특성을 이해하는 것은 부모의 자녀교육에 있어서 중요한 역량이다. 이는 자녀들마다 개인차가 있으며 저마다의 독특한 방식으로 세상을 바라보기 때문이다. 자녀의 특성을 이해하면 자녀가 건강한 성인으로 성장하는 데 도움을 줄 수 있다.

또한 부모가 자녀를 이해해주면 자녀는 부모를 신뢰할 수 있으며 긍정적인 관계를 형성할 수 있게 된다. 실제로 주변 환경에서 이해를 받는다는 것을 느끼지 못한 자녀들은 주변사람들을 배려하고 원만한 관계를 유지하는 존재로 성장하지 못한다.

행동상의 특징. 자녀 이해의 행동상의 특징은 다음과 같다. 부모는 자녀의 수준에 맞는 다양한 발달 특성을 세부적으로 관찰하고 이해할 수 있다. 또한 자녀의 주변 환경에서 일어나는 일을 제대로 파악할 수 있으며 그러한 환경에 적절하게 반응해줄 수 있다. 자녀와의 의사소통에 있어서 수용적이고 긍정적인 반응을 해줄 수 있다. 그리고 자녀의 비언어적 행동이나 단서, 표정을 읽고 원하는 요구에 맞게 반응해줄 수 있다.

영역별 목표. 자녀 이해 역량은 지식, 기술, 태도 세 가지로 나누어진다. 자녀 이해 역량에 필요한 지식은 다음과 같다. 자녀의 신체, 정서, 인지, 사회 발달에 대한 단계를 기술할 수 있으며 아동기와 청소년기를 거치면서 부모와 자녀 간의 상호관계가 변화하는 과정을 알고 있다. 자녀는 다른 아이들과 서로 다른 고유한 존재로서 개인차를 가지고 있다는 것을 이해한다. 임신 중 영양 섭취가 자녀에게 미치는 영향을 이해하고 있으며 임신 중 흡연, 음주, 약물복용이 자녀에게 어떤 부정적 영향을 주는지 알고 있다.

자녀 이해 역량에 필요한 기술은 다음과 같다. 자녀의 발달단계 관점에서 자녀의 다양한 특성을 길러줄 수 있는 환경을 적합하게 조성해준다. 또한 자녀의 발달단계에 적합한 난이도의 학습활동을 지도해준다. 자녀의 행동을 세밀하게 관찰하고 해석할 수 있으며 이를 활용해 자신의 양육태도를 조절할 수 있다. 또한 자녀의 언어적 표현뿐만 아니라 비언어적 표현도 알아챌 수 있다.

자녀 이해 역량에 필요한 태도는 다음과 같다. 자녀에게 필요한 기본적 요구들에 적절하게 반응한다. 자녀 양육에 있어서 자신의 행동과 태도를 스스로 평가하고 이를 통해 얻는 통찰을 기반으로 자신의 양육행동을 수정, 개선시킨다. 또한 부모가 자녀에게 요구하는 행동들이 자녀의 수준에 적합한지 스스로 평가할 수 있다.

3) 자녀 지도

개념적 특징. 자녀지도는 자녀가 가진 개인적인 강점을 개발할 수 있도록 하며 부모의 권위를 인자하게 표현하는 것이다. 부모들이 자신의 권위를 확립하기 위해 자신의 행동 간에 불균형을 겪기도 하는데, 부모는 자녀의 자율성을 기를 수 있도록 지지해주면서 자녀의 수준에 맞게 기준을 정하고 통제를 해야 한다. 이때, 부모가 정한 제약들을 자녀가 이해할 수 있도록 도와주어야 한다. 부모는 자녀에게 있어서 바람직한 모델이 되어 자녀가 부모의 모습을 모방하여 올바른 행동을 할 수 있도록 도와야 한다. 또한 자녀의 안전의 욕구를 충족시켜주기 위해 자녀를 보호해주어야 한다.

행동상의 특징. 부모는 자녀에게 올바른 행동을 보여주며 자녀의 발달단계에 적절한 지식을 제공해준다. 자녀가 자율성을 가지고 혼자서 판단할 수 있도록 지지해주고 이에 대한 책임감을 가질 수 있도록 한다. 자녀의 수준에 적합한 학습난이도를 제공해주고 그에 맞는 학습 환경을 제공해준다. 자녀의 문제에 대하여 관심을 갖고 깊이 있는 의사소통을 통해 해결방법을 찾도록 지원해준다. 자녀의 행동을 관찰하고, 주변 환경에 있어서 예의를 가르친다.

영역별 목표. 자녀 지도 역량은 지식, 기술, 태도 세 가지로 나누어진다. 자녀 지도 역량에 필요한 지식은 다음과 같다. 자녀의 행동에 규준을 정하는 것이 중요한 이유를 알고 이러한 규준이 자녀 양육의 가치기준을 기초로 이루어져야 한다는 것을 안다. 또한 자녀가 바람직하지 못한 행동을 하는 이유를 서술할 수 있다. 자녀의 지도에 있어서는 언제 합의를 할 수 있는지 알고 있다.

자녀 지도 역량에 필요한 기술은 다음과 같다. 자녀의 자율성에 관련된 지식을 기반으로 자녀가 스스로 의사결정하고 책임감을 가질 수 있도록 훈련시킨다. 또한 자녀 훈육 시 예방과 교육을 활용하고 자녀에 대한 신체적 체벌을 줄인다. 즉, 자녀의 바람직하지 않은 행동에 대한 일관된 훈육 방식과 절차를 정하여 행동한다. 자녀의 행동에 대하여 이성적인 합의를 이끌어 낼 수 있다.

자녀 지도 역량에 필요한 태도는 다음과 같다. 자녀의 바람직하지 못한 행동에 충동적인 반응보다는 자녀와의 신뢰를 기반으로 반영적 반응을 보이려는 모습을 보인다. 자녀의 행동에 대한 제한이 가치기준을 기초로 이루어지는지 지속적으로 평가한다. 자녀의 바람직하지 못한 행동을 판단하는 일관된 기준을 가지고 있다.

4) 자녀 돌봄

개념적 특징. 자녀를 올바르게 돌본다는 것은 자녀가 사회에서 필요로 하는 역량을 갖춘 성인으로 성장할 수 있게 도와주는 것이다. 자녀는 부모의 양육에 있어서 서로 다른 선호와 요구를 가지고 있다. 그에 대하여 부모는 자녀가 필요로 하는 요구에 즉각적이고 민감하게 반응하여 충족시킬 수 있도록 도와주어야 한다. 또한 자녀와 긍정적인 애착관계를 가지고 이를 지속적으로 유지해야 한다. 이러한 관계를 통해 자녀는 부모에게 편안함을 느끼고 신뢰할 수 있다.

행동상의 특징. 부모는 자녀에게 무한한 사랑과 관심을 표현해주며 자녀의 미래에 대한 희망을 알려준다. 자녀의 마음에 헤아려주며 자녀에게 주변 사람들에 있어서 봉사하고 친절해야 한다는 것을 가르친다. 자녀와 함께하는 시간을 진심으로 행복해하고 축하해준다. 자녀를 보호해주고 건강에 대한 기본적 욕구를 충족시켜준다. 자녀가 가정과 지역사회에 관심을 갖고 흥미를 느끼도록 도와준다.

영역별 목표. 자녀 돌봄 역량은 지식, 기술, 태도 세 가지로 나누어진다. 자녀 돌봄 역량에 필요한 지식은 다음과 같다. 자녀에 대한 애정을 언어적 표현뿐만 아닌 행동으로도 표현해야 함을 안다. 또한 자녀의 연령에 맞는 부모의 대화방식을 알고 있다. 자녀의 자존감을 높여주는 칭찬 방법을 알고 있다. 자녀 돌봄에 있어서 필요한 안정적인 애착관계를 서술할 수 있다.

자녀 돌봄 역량에 필요한 기술은 다음과 같다. 자녀와 함께 하는 활동 중 자녀가 즐길 수 있는 있는 활동을 계획하고 행한다. 일상생활에서 부모와의 활동을 할 때 자녀가 능동적으로 참여할 수 있는 전략을 알고 있다. 자녀의 정서적, 사회적, 지적 능력을 효과적으로 개발할 수 있도록 자녀의 수준에 맞게 대화할 수 있다. 자녀의 이름, 자녀의 탄생, 자녀의 성장이야기를 함께 나누며 가정에서 자녀의 소중함을 느낄 수 있게 한다.

자녀 돌봄 역량에 필요한 태도는 다음과 같다. 부모와 자녀 간의 긍정적인 관계를 형성하기 위해 지지와 격려, 자녀 행동 통제, 보살핌과 훈육 간에 적절한 균형을 유지한다. 또한 자녀를 가족 구성원 중 한 명으로 바라봐주며 존중하는 태도를 보여준다. 자녀의 영적 발달을 위해 지역사회와 가정에서의 활동에 지속적으로 참여시킨다.

5) 동기부여

개념적 특징. 자녀의 학업성취도를 높이기 위해서는 부모는 자녀에게 알맞은 동기를 부여해주어야 한다. 자녀에게 있어서 부모는 사회의 첫 선생님이기에 이러한 역할을 진지하게 수행하며 자녀에게 올바른 지식을 전해주어야 한다. 세심하고 효과적인 교육을 하는 부모의 자녀들은 다른 자녀들보다 더욱 성숙하고 자신감 넘치는 학습자의 모습을 보인다. 또한 이러한 자녀들은 학업에 있어서 긍정적인 관심을 보이며 높은 학업성취도를 보인다.

행동상의 특징. 자녀의 동기부여에 있어서 행동상의 특징은 다음과 같다. 부모는 자녀의 주변 환경과 상호작용하는 방법에 대하여 가르친다. 부모는 자녀의 탐구력, 상상력, 창의성을 길러주며 학습에 흥미를 갖도록 자극해준다. 자녀의 수준에 맞는 학습 환경을 만들어주며 자녀가 학습에 있어서 자발적으로 참여하며 자기 자신을 관리할 수 있도록 도와준다. 자녀가 학교생활을 하는 경우에는 자녀를 둘러싼 환경에도 신경을 써야 한다. 자녀의 또래관계에 관계에 관심을 가지며 자녀의 학급 교사와 원만한 관계를 유지하며 자녀의 학습에 대한 동기를 향상시킬 수 있도록 지속적으로 상호작용해야 한다.

영역별 목표. 동기부여 역량은 지식, 기술, 태도 세 가지로 나누어진다. 동기부여 역량에 필요한 지식은 다음과 같다. 부모가 자녀의 첫 번째 선생님임을 알고 그에 따른 역할의 중요성을 이해한다. 또한 자녀의 학습을 위해 필요한 가정 내 환경이 무엇인지 알고 있다. 부모는 자녀의 학업성취에 있어서 더 많은 칭찬과 격려가 필요하다는 것을 이해하고 있다.

동기부여 역량에 필요한 기술은 다음과 같다. 자녀의 수준에 맞게 현실적인 학업난이도와 학습 규칙을 확립한다. 또한 자녀가 학교에서 학업성취에 있어서 필요한 준비를 할 수 있도록 격려해준다. 자녀의 호기심과 창의력, 학업 동기를 상황에 맞게 자극해줄 수 있다. 자녀가 일상생활에서 다양한 기회를 제공해주어 언어활동을 증가시킬 수 있도록 한다.

동기부여 역량에 필요한 태도는 다음과 같다. 자녀가 학습에 있어서 자신감을 증대시킬 수 있도록 지지해주는 태도를 갖는다. 자녀의 학습패턴과 학습에 대한 요구, 특성을 정확하게 파악하고 있다. 자녀가 사회에서 영향력 있는 성인으로 성장하기 위해 부모로서 필요한 마음가짐과 태도를 갖는다. 자녀 주변의 환경과 교사들과의 지속적인 상호작용을 통해 개방적인 태도를 보인다.

6) 시민부모

영역별 목표. 시민부모는 자녀와 가정에게 필요한 서비스, 프로그램, 전문가와의 자발적인 접촉을 통해 자녀교육에 필요한 자원과 기술을 습득할 수 있어야 한다. 이러한 부모들이 자녀의 성장뿐만 아니라 다른 부모들과 연계하여 지역 사회의 아이들의 요구를 충족시킬 수 있다. 시민부모는 지역사회와 정부에서 제공하는 제도와 정책이 자녀의 교육에 있어서 불편함을 준다면 사회적 변화를 주도하고 자녀들에게 좋은 교육환경을 만들 수 있도록 행동으로 실천하는 모습을 보인다. 시민부모의 자녀들은 다른 자녀들보다 자신에게 필요한 자원을 융통성 있게 활용할 수 있고 자신에게 적절한 환경을 조성하기 위해 적극적인 태도를 보인다.

행동상의 특징. 시민부모는 자녀와 지역사회의 아이들의 발달에 필요한 환경을 구축하고 그에 따른 제도적, 재정적 행정적 자원들이 무엇인지 직접 찾아본다. 만약 부족한 자원이 있을 경우 이를 만들기 위해 적극적인 모습을 보인다. 또한 지역사회의 부모들과 지속적인 상호작용을 통해 협력적인 관계를 만든다. 시민부모는 자신이 자녀와 지역사회 아이들의 교육에 있어서 할 수 있는 일이 무엇인지 지속적으로 탐색하고 행동한다.

영역별 목표. 시민부모 역량은 지식, 기술, 태도 세 가지로 나누어진다. 시민부모 역량에 필요한 지식은 다음과 같다. 자녀의 교육에 필요한 프로그램을 제공하는 기관들의 주요 특징과 정보를 알고 있다. 또한 자녀의 돌봄과 교육에 적합한 서비스를 찾는 방법을 알고 있다. 자녀양육에 대한 정부의 기관이 어떤 것들이 있는지 알고 있다. 교사와의 올바른 대화방법과 교사와 부모간의 상호작용의 중요성을 알고 있다.

시민부모 역량에 필요한 기술은 다음과 같다. 자녀와 가정이 필요로 하는 자원이 무엇이며 이러한 자원을 제공하는 서비스에 대한 정보를 찾아서 작성해놓고 활용한다. 부모의 알 권리와 지켜야 할 권리가 무엇인지 알고 이러한 권리를 지역사회 부모들에게 알려주며 상황에 맞게 활용할 수 있다. 자녀양육과 관련된 기관을 방문할 때는 그와 관련된 주제와 질문들을 작성해놓고 적절하게 활용할 수 있다.

시민부모 역량에 필요한 태도는 다음과 같다. 자녀의 학교 행사나 부모회, 혹은 지역사회 내 모임이나 자원봉사에 적극적인 참여를 하는 태도를 보인다. 자녀를 돌봐주는 교육자, 교육 기관과 상호보완적 태도를 보인다. 지역사회에서 자녀를 위해 제공하는 제도나 서비스에 적극적인 관심을 갖고 활용하는 모습을 보인다.

4. 자녀교육 역량 강화 전략

부모학습과 관련된 다양한 기관들에서는 부모의 자녀교육 역량에 근거한 다양한 프로그램과 방법들을 부모들에게 효율적이고 효과적으로 전달할 수 있도록 지속적으로 고민해야만 한다. 또한 학부모들은 자신의 역량에 적합한 부모교육을 알아보고 자신에게 부족한 역량을 더욱 키울 수 있도록 노력해야 한다. 본 장에서는 자녀교육 역량을 강화하기 위한 다양한 방법과 전략을 살펴보고자 한다.

부모 교육 워크숍. 부모 교육 워크숍은 부모교육 전문가들이 교육과정에 따른 학습 자료들을 활용하여 육아 종합 지원 센터 또는 기관에서의 프로그램 일환으로 개최할 수 있다. 이러한 워크숍을 통해 학부모들이 자녀교육에 있어서 자신의 역량을 파악하고 올바른 자녀교육 방향을 결정할 수 있다. 부모 교육 워크숍은 다양한 주제에 맞게 부모의 역량을 개발하는 과정을 거치며 부모로서 시간관리, 예산수립, 스트레스 관리, 훈육 스킬과 같은 전문적인 기술을 배울 수 있다. 또한 부모 교육 워크숍은 전반적으로 자녀의 연령과 발달단계에 적합한 교육을 가르쳐 학부모가 자녀를 잘 이해하고 자녀의 행동을 관찰, 해석하는 다양한 기술들을 지도해 준다.

가족지원 프로그램. 가족지원 프로그램은 부모와 자녀, 가족구성원에게 다양한 기회를 제공해주어 가족기능을 향상시킬 수 있다. 이러한 프로그램은 저소득층, 한부모, 다문화 가족과 같은 다양한 가족유형에게도 적합한 주제와 방법을 가지고 가족의 요구를 충족시켜주는 서비스를 제공한다. 가족지원프로그램은 화목한 가정을 만들기 위해 여러 영역에서의 전문가와 강사를 초대하여 참여자의 특성에 맞는 교육을 제공한다. 또한 가정에서 프로그램에 대한 흥미가 일회성에서 끝나는 것이 아니라 가정에서의 연계활동, 추가적인 서비스 지원, 프로그램과 관련된 자원 지원 등과 같은 방법을 활용하여 지속적이고 적극적인 참여를 할 수 있도록 유도한다.

부모교육 칼럼. 부모교육 칼럼은 프로그램에 참여할 시간이 부족한 부모도 참여할 수 있고, 일상생활에서도 부모의 역량을 높일 수 있는 방법이다. 부모교육 칼럼은 대규모의 부모들이 접근할 수 있으며 자신이 원하는 관심분야를 자유롭게 찾아볼 수 있다. 부모가 원하는 주제와 관련된 칼럼을 지속적으로 구독할 경우 가장 큰 효과를 발휘한다. 따라서 부모는 자신의 관심분야에 적절한 칼럼을 찾아보고 구독하는 것이 효과적이다. 자녀의 발달과 그에 따르는 문제행동, 자녀교육에 필요한 지식이나 기술에 대하여 짧은 글을 통해서도 제공할 수 있으며, 보다 세부적으로 주제를 나눠서 제공할 수 있다.

부모회. 부모회는 자녀의 교육에 있어서 지역사회의 부모들의 모임을 뜻한다. 지역사회 부모들의 커뮤니티를 기반으로 다양한 정보와 지식을 공유하며 자녀양육과 관련 기관들과 협력적인 관계를 통해 자녀들에게 필요한 자원을 지원할 수 있다. 부모회는 자녀교육에 있어서 함께 자원봉사를 하거나 교육 자료를 기증하기도 하면서 교육기관에 다양한 방법으로 도움을 주기도 한다. 또한 전문가를 초빙하여 자녀교육역량 강화에 필요한 강연을 개최하여 다양한 부모들에게 정보를 제공한다. 게다가 부모가 자녀와 함께할 수 있는 시간을 제공해주는 여러 체험활동을 개최한다. 부모회는 정보를 교환하고 긍정적인 지역사회환경을 구축하는 것 뿐 아니라 부모들 간의 커뮤니티를 형성하고 소속감을 기를 수 있게 도와준다.

병원 프로그램. 일반적으로 신생아 부모들은 자녀교육에 대하여 두려움과 막연함을 가지고 있다. 하지만 한편으로는 자녀에게 적합한 육아를 배우고자 하는 의욕이 강하다. 일부 병원에서는 이러한 예비부모와 새로운 부모들을 대상으로 다양한 프로그램을 제공하거나 장소를 제공하기도 한다. 자녀양육과 관련된 전문가들은 이들이 궁금해하는 내용을 조사하고 이들을 지원한다. 또한 지역사회 기관, 프로그램, 전문 서적과 같은 유용한 자원들을 알려주며 프로그램을 진행한다. 전문가들은 산모의 출산, 산후관리, 산후조리와 같이 신생아를 맞이하는 부모의 역할과 개인 스트레스 대처법, 가정에서의 의사소통방법과 같은 자녀양육에 있어서 반드시 필요한 정보와 기술을 제공한다.

가정방문 프로그램. 가정방문 프로그램은 사회의 여러 방면에서 고립감을 갖고 도움이 필요한 소외계층에게 필요한 효과적인 교수전략으로 활용될 수 있다. 실제로 이러한 소외계층의 부모들은 자신의 자녀와 상관없는 서적이나 TV프로그램보다는 친구와 주변 사람들 혹은 전문가의 직접적인 도움을 자녀양육에 대한 유용한 정보원으로 활용한다. 따라서 가정방문 프로그램은 부모교육 프로그램에 참여할 시간적 여건이 부족하고 경제적 여건이 취약한 가정에게 적합하다. 대표적으로 조손, 싱글맘, 싱글대디, 리틀맘, 다문화, 장애부모 등에게 특히 영향력 있는 프로그램이다. 가정방문프로그램의 전문가들은 이러한 사람들이 특히 필요로 하는 정보가 무엇이 있는지 조사해보고 그에 적합한 자료를 활용하여 교육을 해야 한다. 또한 가정과 지속적으로 신뢰 관계를 구축하여 가정에서 필요한 자원이 무엇이 있는지 세밀하게 관찰해야 한다.

5. 결론

지금까지 RS-학부모 자녀교육 역량검사에 대하여 알아보았다. 자녀교육에 대한 학부모의 역량은 자녀의 학업 성취도를 높이고, 가족의 유대감을 증가시키며 지역사회 내 자녀들의 교육을 향상시킬 수 있는 방법 중 하나이다. 학부모 자녀교육 역량은 자기 이해와 관리, 자녀이해, 자녀지도, 자녀돌봄, 동기부여, 시민부모로 나누어져있다. 부모는 자신의 역량을 파악하고 다양한 전략을 통해 부족한 부분을 강화할 수 있어야 한다. 자녀교육 역량을 강화할 수 있는 전략으로는 부모교육 워크숍, 가족 지원프로그램, 부모교육 칼럼, 부모회, 병원 프로그램, 가정방문 프로그램 등이 있다.

제9장

학습자의 학습양식

학습자들마다 배우는 방식은 다를 수 있어서, 그 사람에게 맞는 효과적인 학습전략을 세우기 위해서는 그의 학습양식에 대한 이해가 선행되어야 한다. 이에 먼저 학습양식이라는 개념이 인지적, 정의적 측면에서 어떻게 정의되는지 살펴볼 것이다. 그다음 학습양식에 대한 다양한 이론적 접근을 알아볼 것이다. 마지막으로, 이러한 RS-학습자 유형검사의 이론적 배경 및 하위 유형들에 대한 내용을 상세히 고찰하겠다.

1. 학습양식의 개념

인간이 자신만의 성격과 행동 유형을 가지고 있듯이, 학습자도 학습 상황에서 반복적으로 사용하는 나름의 학습 경향성을 가지고 있다. 신체를 활동적으로 움직이며 정보를 습득하는 학습자가 있는 반면, 자리에 앉아 깊이 사고하는 과정을 통해 정보를 받아들이는 학습자도 있다. 한편으로 내면의 지적 호기심을 충족시키기 위해 주도적으로 학습하는 사람이 있고, 타인의 지시에 의한 학습이거나 그들의 기대에 부응하기 위한 학습을 하는 학습자도 있다. 이처럼 학습자들마다 다양한 학습 경향성을 띄는 이유는 개인마다 서로 다른 생물학적 발달적 특징을 가지고 있을 뿐만 아니라, 정보를 처리하는 방식과 학습동기에서 차이를 보이기 때문이다. 아래에서는 이러한 학습 경향성의 차이에 따른 학습양식의 정의를 살펴보고 이를 구분하는 것의 필요성에 대하여 알아볼 것이다.

1) 학습양식의 정의

학습양식에 대한 정의는 학자들마다 표현의 차이를 보이며 다양하게 제시되고 있다. 일반적으로는 학습 환경에서 학습자가 자주 사용하는 학습 특성을 학습 경향성이라고 하고, 이를 다양한 기준에 따라 구분지어 놓은 것을 학습양식이라고 한다(Schmeck, 1988). 그러나 학습양식이라는 용어 자체에 대한 의견조차 합의점을 찾지 못하고 있기 때문에, 여러 가지 측면에서 학습양식을 정의해볼 필요가 있다.

학습양식은 크게 인지적 측면과 정의적 측면에서 정의될 수 있다. 인지적 측면에서는 정보를 인지하는 방법으로써 학습양식을 바라본다. Gregorc(1979)에 따르면, 학습양식은 사물을 지각하는 방식과 정신적인 상호작용의 산물로 나타나는 행동이다. Dunn, Dunn & Price(1984)는 정보를 받아들이고 기억 체계에 저장하는 18개의 학습 습관을 학습양식이라고 보았고, Weinstein & Mayer(1986)는 학습양식이 아닌 학습전략이라는 용어를 사용하면서 학습자가 새로운 정보를 처리하는 행동 양식과 사고 체계라고 정의했다. 살펴본 것처럼 인지적 측면에서 학습양식을 이해하는 학자들은 학습 과정에서 인지적인 활동의 중요성을 매우 강조한다. 어떠한 다른 요인에 의해 학습을 진행하게 될지라도, 정보를 이해하고 처리하는 능력이 뒷받침되지 않으면 효과적인 학습이 일어날 수 없다고 보기 때문이다. 그러므로 인지적인 사고의 과정은 학습의 핵심 요소이며, 정보를 인식하고 기억 체계에 저장 및 인출하는 과정에 대한 개념이 필요하다고 볼 수 있다.

반면, 정의적 측면에서 학습양식은 학습 동기나 주의 및 성격 등이 학습에 작용하는 방식이다. 여기에는 학습자의 동기 및 인성적인 요소들뿐만 아니라, 학습 장면에서 다양한 요소들과 상호작용하면서 형성하게 되는 학습 태도와 학습 환경적인 부분이 포함된다. Grasha & Reichmann(1974)은 학습, 동료 및 교수자에 대한 태도와 교실에서 주어지는 다양한 자극들에 대한 반응을 학습양식이라고 정의하였다. Kolb(1984)는 유전과 개인적인 성격특성 등 인성적인 요소에 영향을 받는 것으로 학습양식을 정의한 한편, 외부의 자극을 처리하는 방식도 학습양식을 결정하는 요소라고 보았다. 이는 정의적 측면과 인지적 측면을 모두 고려한 학습양식의 정의라고 볼 수 있다. 정의적 측면에서의 학습양식은 학습의 주체인 학습자 외에도 여러 가지 요소들의 영향을 고려하고 있기 때문에, 인지적 측면의 학습양식이 다루지 못하는 부분까지도 명확히 설명할 수 있다는 특징이 있다(김은정, 2002). 특히 학습자 유형에 따른 교수 방법과 학습 효과를 극대화할 수 있는 학습 환경 조성에 대한 제안이 가능하다.

학습양식에 대한 두 가지 측면의 다양한 정의들을 종합해 보았을 때, 학습양식은 학습자 개개인이 학습 내용 및 학습 환경을 지각하고 처리하는 과정에서 반복적으로 나타나는 학습 특성이라고 볼 수 있다(고영남, 2013). 이를 통해 학습자는 저마다의 독특한 방식으로 학습한다는 사실을 확인할 수 있으며, 학습자에 따른 학습양식을 살펴볼 필요성이 제기된다.

2) 학습양식의 효과

학습양식에 대한 이해는 교육 현장에서 학습자 개인의 학습 역량을 향상시켜 학습 효과를 극대화시키는 데 그 목적이 있다. 개인의 특성과 선호를 고려한 학습 방법은 학습 성취도를 좌우한다(Keefe, 1991). 무엇보다 학습자 자신과 교수자에게 학습자 특성에 대한 정보를 제공하여 효과적인 학습 전략을 구성할 수 있도록 돕는다.

먼저 학습자는 자신의 학습양식을 파악함으로써 자신에게 적합한 학습 방법을 찾을 수 있다. 약점은 보완하고 강점은 활용하는 방법을 배우고 자신에게 도움이 되는 학습 형태 및 환경, 교수자를 찾을 수 있다. 자신과 맞는 학습 조건에서 학습한 학습자는 목표를 세우고 성취하는 기쁨을 경험하며 올바른 학습 습관을 형성하고 궁극적으로는 학습 성취도를 향상시켜 진로 설정에 도움이 될 수 있다.

효과적인 학습을 위해서는 교수자의 역할 또한 강조된다. 교수자는 학습 촉진자로서 학습자가 학습 방법을 터득하고 급변하는 사회에 적응하며 다양한 정보를 활용할 수 있도록 돕는 사람이다(Rogers, 1980). 학습자의 학습양식에 대한 이해를 바탕으로 수업을 구성하고 효율적인 자료를 제시하며 전달력을 높일 수 있는 지도방법을 고안할 수 있다. 또한 적절한 학습 환경을 조성하여 지식 습득 과정이 원활하게 일어날 수 있도록 돕고, 결과적으로 학습자의 학습 능력을 최대치로 끌어올릴 수 있다. 더불어 교수자는 다양한 학습자들의 요구에 대응할 수 있게 됨으로써 학습자들에게 더 나은 학습 기회를 제공할 수 있다.

2. 학습양식 이론의 분류

학습양식의 정의만큼이나 이를 설명하는 학습양식 이론 또한 매우 다양하다. 이에 본 절에서는 Lynn Curry(1983)의 학습양식 이론 분류법을 중심으로 다양한 학습양식 이론들을 이해해보고자 한다. 학습양식 이론들은 몇 가지 공통적인 특성에 따라 세 가지로 나누어볼 수 있다. 학습 환경처럼 외부적인 특성들과의 상호작용에 초점을 맞춘 선호환경 중심 학습양식 이론, 학습자가 데이터를 받아들이고 분석, 저장하는 방법에 따라 분류한 정보처리 중심 학습양식 이론, 그리고 학습자의 개인적인 성격특성에 기초한 성격 중심 학습양식 이론이 그것이다.

Curry의 학습양식 이론 분류의 특징은 각 분류들이 유기적인 관계에 있다는 것이다. 이들은 서로 분리되어 있는 것이 아니라 연계되어 있으며, 각 수준이 다른 수준에 영향을 주는 구조로 이루어져 있다. [그림 9-1]에서 보는 것처럼, 이러한 구조가 겹겹이 쌓여있는 양파 모양과 비슷하다고 하여 여러 층으로 구성된 분류 모형이 알려지게 되었다(Curry, 1983). 모형의 안쪽에 위치한 이론일수록 학습자 개인의 성격 특성에 기초하기 때문에, 잘 변하지 않는 안정적인 특성을 가지고 있다고 볼 수 있고, 바깥쪽에 위치한 이론일수록 외부 환경에 영향을 많이 받아 상대적으로 쉽게 변화할 수 있다고 본다.

3. 선호환경 중심 학습양식 이론

선호환경 중심 학습양식 이론은 Curry의 모형 중 가장 바깥에 위치한 이론이다. 학습에 대한 학습자의 기대와 수업 참여도, 교수자의 교수 방법 및 역량을 포함하는 학습 환경에 대한 학습자의 선호도를 중심으로 한다. 가시적으로 확인이 가능한 부분인 만큼 특정 학습 전략에 의해 쉽게 변화 가능하다.

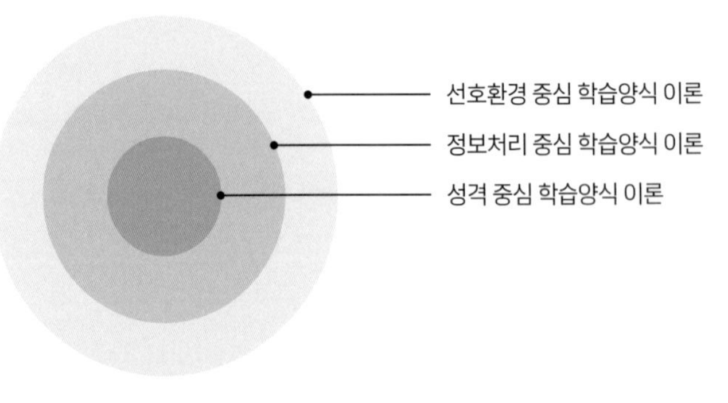

그림 9-1 Curry의 학습양식 이론 분류 모형

1) Grasha와 Reichmann의 학습양식 이론

개념. Grasha와 Reichmann(1974)의 학습 양식 이론은 학자와 학습 환경 간의 상호작용 형태에 따라 학습 유형을 분류한다. 앞서 살펴본 학습 양식들과는 달리 교수자와 동료들과 형성하고 싶은 상호작용 양식 패턴에 초점을 맞추고 있어, 사회적 상호작용 척도라고 볼 수 있다. 구체적으로는 학습에 대한 태도에 따라 '회피적-참여적 양식', 교수자 및 동료에 대한 시각에 따라 '협력적-경쟁적 양식', 수업 절차에 대한 반응에 따라 '의존적-독립적 양식'으로 나뉜다. 이 여섯 가지의 학습양식은 상호배타적이지 않고 한두 가지 학습양식을 더 선호하는 경향을 보이는 패턴을 가지고 있다.

회피적. 회피적 유형의 학습자들은 배움에 흥미가 없다. 수업 내용을 이해하거나 과제를 수행하려는 노력을 하지 않으며 학습에 대한 책임을 지지 않으려 한다. 계획적이고 조직적인 수업 형태를 싫어하고, 교수자나 동료들과 어울려야 하는 상황 자체를 회피하는 경향이 있다. 교실에 있는 것을 좋아하지 않고 수업 시간에 호명되는 것을 원하지 않는다.

참여적. 회피적 유형의 학습자와 반대되는 경향성을 가진다. 수업 내용을 이해하고 파악하는 것에 열정적이며 학습에 책임감을 가지고 있다. 수업과 관련된 활동뿐만 아니라, 수업 외적인 활동에도 흥미가 많고 동료들과도 원만한 관계를 유지한다. 강의와 토론식 수업을 선호하며 교과내용에 대한 이해가 높고 수업 내용을 잘 분석해주는 교수자와의 학습이 효과적이다.

협력적. 협력적 유형의 학습자들은 혼자보다는 여럿이 학습하는 것을 선호한다. 각자가 가진 지식과 정보를 공유하고 토론하며 학습하고, 집단프로젝트에서도 우수한 결과를 낸다. 수업 후에도 수업 주제에 대하여 이야기 나누는 것을 즐긴다.

경쟁적. 여럿이 학습하는 상황을 선호하지 않는다. 교실을 배움을 쟁취하기 위해 동료와 경쟁하는 장소로 여기며, 자신이 모든 주의 집중의 대상이 되어야만 한다. 토론 수업 및 집단 프로젝트 상황에서는 주도하기를 원하고, 학습을 통해 타인을 이기고자 하는 욕구가 강하다. 교사 주도적 수업을 선호하고 적절한 교사의 관심과 인정이 학습에 도움이 된다.

의존적. 주어진 학습 상황에는 충실하나 새로운 학습에 대한 지적 호기심은 없다. 스스로 학습 내용을 구조화하거나 학습 계획을 세우는 것에 흥미가 없고, 교사와 같이 권위적인 사람이 구체적인 지침을 내려주기를 원한다. 도전 상황을 마주하면 어려움을 느끼고 교수자나 동료의 격려를 받고자 한다. 교수 중심의 수업을 선호하고 학습자에게 여러 차례 과제를 상기시켜줌으로써 과제 수행력을 향상시킬 수 있다.

독립적. 자신의 학습 능력에 자신감을 가지고 있고 스스로 학습 상황을 주도하려는 성향을 가진다. 혼자 사고하고 공부하며, 더 중요하다고 판단되는 내용에 따라 학습 시간을 배분하고 속도를 조절할 만큼 학습 조절 능력이 뛰어나다. 독립적 유형의 학습자는 집단 토론 및 프로젝트에 참여하는 것보다 학습자 개인 중심의 자기 주도적 학습 형태를 선호하고, 교수자 별도의 감독이나 지시를 원하지 않는다.

2) Dunn과 Dunn의 학습양식 이론

개념. Dunn과 Dunn(1993)의 이론에서 학습양식이란 학습자들이 과제에 몰두하여 처리하고 내면화하는 방식을 말한다. 학습자들마다 저마다의 학습법을 가지고 있기 때문에, 누구에게나 동일한 학습법이나 교수법은 없다고 주장한다. 이러한 맥락에서 Dunn과 Dunn의 학습양식 이론은 학습자의 특성에 따른 환경적, 정서적, 사회적, 생리적 그리고 심리적 영역에서의 학습자 선호를 중심으로 이루어져 있다고 할 수 있다(Denig, 2004).

환경적 영역. 환경적 영역의 학습양식 요소에는 소음, 조명, 온도, 구조 등이 해당된다. 조용하고 밝은 환경에서의 학습을 선호하는가, 약간의 배경 소음이 있고 어두운 환경에서의 학습을 선호하는가, 혹은 따뜻하고 부드러운 좌석에서의 학습을 선호하는가, 서늘하고 형태가 견고한 좌석에서의 학습을 선호하는가 등 학습 환경에 대한 선호 정도를 나타낸다.

정서적 영역. 정서적 영역의 학습양식 요소에는 동기, 지구력, 책임감, 과제 구조화 등이 해당된다. 새로운 학습을 시작할 때 동기부여를 받는 곳과 학습 과제를 달성하는 끈기, 추진력 등에 영향을 많이 받는 학습 양식의 특징을 가지고 있다.

사회적 영역. 사회적 영역의 학습양식 요소에는 학습인원, 환경 민감성 등이 해당된다. 어떤 학습자들은 혼자 학습하는 개인학습을 더 선호하기도 하지만, 여럿이 학습하는 집단학습을 더 선호하는 학습자도 존재한다. 또한 학습 환경과 집단이 변화하는 것에 영향을 많이 받는가에 대한 여부도 포함된다.

생리적 영역. 생리적 영역의 학습양식 요소에는 주로 감각과 관련된 요소들이 포함된다. 학습자들마다 선호하는 학습 자료의 형태가 다르다. 일부 학습자들은 읽고 보는 시각적 자료를 선호하는 반면, 직접 학습 내용을 필기하며 만져볼 수 있는 촉각적 자료를 선호하기도 한다. 이 외에도 음식을 섭취하거나 이동하면서 학습하는 것이 도움이 되는 학습 특성이 포함된다.

심리적 영역. 심리적 영역의 학습양식 요소에는 정보처리 유형, 두뇌 사용, 충동성 유무가 있다. 학습을 시작할 때 전체 내용을 개관하는 통합적 정보처리자들이 있는 반면, 분석적 정보처리자들은 사실에 대한 조사를 통해 이해한다. 또한 충동적인 학습자는 학습 결론까지 신속하게 도달하고자 하지만, 숙고적인 학습자는 단계적이고 계획적인 학습을 통해 결론을 내고자 한다.

4. 정보처리 중심 학습양식 이론

Curry 모형의 중간층에 위치한 학습양식 이론들로 학습자들이 정보를 수집하고 처리하는 방식에 초점을 맞추고 있다. 비교적 안정적이지만 특정한 학습전략들에 의해 쉽게 변화가 일어날 수 있다.

1) Kolb의 학습양식 이론

개념. Kolb는 학습과정에서 학습자가 사용하는 정보지각과 정보처리 방식의 조합에 의해 학습양식이 결정된다고 보았다.(Kolb, 1984) Kolb의 학습양식 이론은 그의 경험학습 이론에 바탕을 두고 있다. 경험학습 이론의 관점에서 학습은 새로운 경험을 함으로써 학습자가 기존에 가지고 있던 경험적 사고체계를 수정해나가는 과정이라고 볼 수 있으며 경험과 개념화의 정보지각, 관찰과 실험의 정보처리의 순환 단계를 거쳐 완성된다. 먼저 학습자는 자신의 구체적 경험을 다양한 방식으로 관찰하며 반성한다. 그 다음으로 추상적인 인지 과정을 거쳐 특정 결론에 이르게 되고 그 결과에 따른 행동을 취할 때 학습이 이루어진다. 각 단계들은 자동적으로 일어나지 않으며 자신의 학습양식에 따라 네 가지 학습단계를 모두 완성해야 비로소 학습이 이루어졌다고 할 수 있다. Kolb의 학습양식은 '확산적 학습양식', '동화적 학습양식', '수렴적 학습양식', 그리고 '조절적 학습양식'으로 나뉜다.

확산적 학습양식. 구체적 경험을 통해 정보를 받아들이고 반성적 관찰을 통해 정보를 처리한다. 새로운 아이디어로 다양한 관점에서 문제 상황을 지켜보지만, 단일 해결책을 제시하는 것에는 어려움을 느낀다. 이들의 아이디어는 광범위한 분야에 대한 흥미에서 비롯되며, 자신의 경험이나 미래 모습과 어떤 관계가 있는지 연관 지어 학습하기를 선호한다. 타인의 이야기와 피드백을 경청하는 자세를 가지고 있으므로 집단학습이 더 효과적이며, 교수자는 학습자의 동기촉진자로서의 역할을 수행할 수 있다.

동화적 학습양식. 추상적 개념화를 통해 정보를 지각하고 반성적 관찰을 통해 정보를 처리한다. 실제 상황에 적용하는 것보다 문제 상황을 이해하고 논리적인 형태로 조직, 구성하는 데 관심이 있다. 안정적인 학습 환경에서 주제에 대한 깊은 탐구하기를 선호하므로, 논리적인 방식으로 문제를 제시하고 성찰할 수 있는 시간을 주는 것이 좋다.

수렴적 학습양식. 추상적 개념화로 정보를 받아들이고 직접 행동하며 정보를 처리한다. 자신이 이해하 아이디어와 이론을 실제 상황에 적용하는 것에 관심이 많고, 하나의 해결책을 제시해야 하는 문제에서 능력을 발휘한다. 목표가 뚜렷한 과제의 문제 해결을 선호하므로, 전통적인 평가 방식에 의해 동기 부여가 된다. 교수자는 학습자가 여러 번의 시행착오를 거쳐 활동적 검증을 할 수 있는 자유로운 학습 환경을 조성해주는 것이 좋고, 여러 가지 아이디어와 이론이 생각에서 그치지 않고 활동까지 이어질 수 있도록 이끌어 주는 것이 좋다.

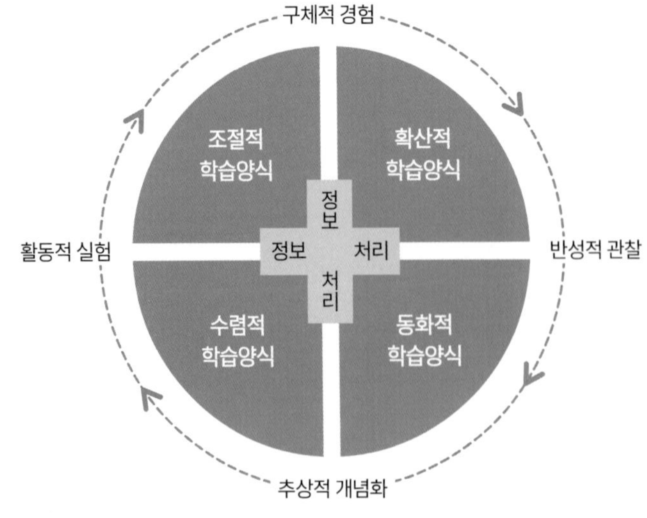

그림 9-2 Kolb의 정보지각, 정보처리 차원과 네 가지 학습양식

조절적 학습양식. 구체적 경험을 통해 정보를 지각하고 활동적으로 정보를 처리한다. 새로운 도전과 모험을 즐기며 낯선 환경에의 적응력 또한 뛰어나다. 주어진 수업자료를 현실 상황에 적용하여 해결하고자 하며, 수렴적 학습자들과 같이 직접 체험하고 활동하는 것을 선호하지만, 논리보다는 직관에 따라 학습한다는 차이가 있다. 이들은 이론과 계획이 현실 상황에 적합하지 않으면 포기하고 새로운 시도를 하려는 경향이 있어, 때에 따라 조급하고 충동적인 사람으로 보이기도 한다. 집단 및 협동 수업의 형태가 적합하며, 교수자는 개방적인 질문을 통해 학습자 스스로 해결 방안을 발견할 수 있도록 하는 것이 바람직하다.

2) Schmeck의 학습양식 이론

개념. 초기 Schmeck의 학습과정 검사(Inventory of Learning Process: ILP)는 학습과정에서 어떤 인지적 활동이 일어나는지를 알아보기 위해 개발되었고, '종합-분석', '정교화 처리', '사실 기억', 그리고 '학습 방법' 등 네 가지 척도로 구성되어 있다. '종합-분석'은 심층적이고 깊은 정보 처리를 담당하고, '정교화 처리'는 정보를 있는 그대로 받아들이지 않고 섬세하고 정교하게 정보를 처리하는 정도를 나타낸다. '사실 기억'은 일반적이지 않고 구체적인 정보에 대한 관심도를 의미하고, '학습 방법'은 정보처리 과정에서 반복 학습하는 정도를 가리킨다. 이 중 '종합-분석'과 '학습방법' 척도는 각각 '심층적 처리'와 '방법론적 학습' 척도로 명칭이 변경되었고, 학습자가 정보를 처리하는 방법에 따라 '심층적이고 정교한 양식'과 '피상적이고 반복적인 양식'으로 분류할 수 있다고 주장했다.

계속해서 Schmeck은 학습양식이란 특정한 학습 상황에서 나타나는 특정 전략일 뿐, 학습자 자신과 교수자에 의해 얼마든지 변화할 수 있는 것으로 보았다(Schmeck et al., 1977) 이러한 그의 관점에서 학습자들이 자신의 학습 활동에 대한 지각과 감정을 알아차리는 것은 매우 중요하다. 또한 교수자들은 학습자들의 성공적인 학습을 위한 멘토 혹은 코치의 역할을 수행할 수 있다. 특히 학습자들의 학습 양식에 맞추어 교수 방법을 수정하기보다, 학습자 자신이 학습 양식에 대해 깨우치고 그에 맞는 학습 전략에 그들이 적응할 수 있도록 해야 한다고 강조한다.

심층적이고 정교한 처리. 심층적 처리는 특정 정보에 대한 인지적 조작 정도를 의미한다. 심층적 처리 학습자들은 정보를 개념화하고 범주를 형성하여 이들을 비교하는 작업에 오랜 시간을 투자한다. 정교한 처리는 정보의 시각화, 요약 그리고 부호화의 정도를 나타낸다. 정교한 처리 학습자들은 새로운 학습 정보를 자신이 알고 있던 기존 지식 및 경험과 연관 지어 보는 태도를 보인다. 이 두 처리 방법을 합친 심층적이고 정교한 학습자는 다양한 정보를 분류하고 비교하는 경향이 있는 반면, 정보 자체에 대한 생각과 반복적인 학습은 지양한다. 자신의 폭넓은 지식과 경험을 바탕으로 정보를 시각화하여 이해하고 다시 자신의 언어로 풀어내는 과정을 거친다.

피상적이고 반복적인 처리. 피상적 처리는 사실적 정보를 선호하는 정도를 의미한다. 피상적 처리 학습자들은 자신의 언어로 변환한 정보보다 사실 그대로의 정보를 선호한다. 반복적 처리는 반복연습, 복습 등의 학습 형태를 의미한다. 이 두 처리 방법이 결합된 피상적이고 반복적인 학습자는 가공되지 않은 정보를 반복하고 암송하는 과정을 통해 학습을 하고, 학습 내용의 의미를 파악하기보다는 음운적이고 구조적인 측면에 더 초점을 맞춘다.

5. 성격 중심 학습양식 이론

Curry의 모형 중 가장 안쪽에 위치한 학습양식 이론들로, 학습 과정에서 나타나는 학습자의 성격적 특성에 기초한다. 학습자 자신을 제외한 외적인 요소들과 직접적인 상호작용을 하는 것이 아니라, 자신의 고유한 특성에 기초하여 영구적인 학습양식 이론들이다.

1) Witkin의 장독립성-장의존성 이론

개념. Witkin의 '장독립성-장의존성 이론'은 Kurt Lewin의 '장(field) 이론' 개념에 근거한다. Lewin의 '장 이론'을 살펴보면, 인간의 행동은 개인적 특성인 성격, 능력, 유전, 건강 등과 더불어 개인이 처한 사회적 상황과 관련되어 있다(Lewin, 1939). 따라서 인간행동과 개인의 특성, 그리고 주변 환경은 순환적 인과관계에 있다고 설명할 수 있으며, 인간의 행동은 실재하는 현실이 아니라, 자신이 중요하다고 생각하거나 의미를 두고 있는 심리적 공간 즉, '장(field)'의 영향을 받는다는 것이 이 이론의 핵심이다.

이 개념을 학습 장면에 대입해보면, 학습은 개인의 '장'에 존재하는 환경적 자극들의 새로운 의미를 찾고 관계를 구축해 나가는 인지구조의 변화 혹은 인지 재구조화의 과정이라고 할 수 있다. Witkin은 학습과정에서 배경이 되는 주변 '장'에 영향을 받는 정도에 따라 '장독립성'과 '장의존성'을 구분하였고(Witkin, 1967), 그의 '장독립성-장의존성 이론'은 오늘날 가장 많이 연구되고 널리 적용되고 있는 학습양식 중 하나이다.

장독립성. 사물을 지각할 때 사물의 배경이 되는 주변 장의 영향을 거의 받지 않거나 적게 받는 인지양식을 의미한다. 장독립적인 사람은 논리적이고 분석적이며, 문제 상황을 구조화하는 능력이 뛰어나다. 불필요한 정보는 걸러내고 중요한 정보를 식별해낼 수 있으며, 개인적, 내적 지향성이 강해 외부의 평가보다는 자신만의 기준과 가치를 충족시키는데 동기부여를 받는다. 이들은 성장과정에서 주변으로부터 자율적 사고와 행동을 하도록 촉진하는 자극을 받았을 가능성이 높다.

장독립적 학습자들은 정형화되지 않은 새로운 자료들에 흥미를 보이며 자신만의 방법으로 구조화 하려는 특성을 보인다. 그렇기 때문에 스스로 사고하고 구조화할 수 있는 시간이 보장되는 개별학습과 자기주도적 학습이 효과적이다. 장독립적 학습자를 지도하는 경우에는 학습자가 정보 자료를 스스로 선택하게 하고 다양한 방법을 통해 예측, 추론하게 하는 것이 효과적이다. 자기주도적 학습을 할 수 있는 환경을 조성해주되, 과제의 유용성을 제시해주고 적절한 목표를 설정 할 수 있도록 도와야 한다.

장의존성. 사물을 지각할 때 사물의 배경이 되는 주변 장의 영향을 많이 받는 인지양식을 의미한다. 장의존적인 사람은 총체적이고 종합적인 사고를 하며, 사회적 정보와 구조를 잘 수용한다. 장의 부분들을 전체 장에서 분리하는 데 어려움을 느끼기 때문에, 문제를 해결할 때 타인의 견해를 쉽게 받아들이며 외적인 준거에 의존하는 경향이 있다. 이들의 대인 관계적이고 외적 지향적인 특징은 타인에 대한 예민함을 요구하는 사회적 상황에서 유리하게 작용한다. 권위적인 인물이나 또래 집단의 영향이 큰 환경에서 성장했을 가능성이 크다.

장의존적 학습자들은 사회적인 정보나 내용을 다룬 자료를 잘 학습하고 제시된 형태를 기억하는 능력이 뛰어나다. 무엇보다 타인과의 상호작용을 통한 학습에서 높은 성취도를 보인다. 따라서 공동의 목표를 설정하고 동료와 함께 학습할 수 있는 협동학습이 적합하고, 원격학습이나 온라인학습은 지양하는 것이 좋다. 장의존적 학습자를 지도하는 경우에는 학습자에게 조직화된 자료를 제시하고 최대한 상세히 설명하는 지도법이 효과적이다. 주어진 정보와 구조를 기억하는 과제를 내주고 집중할 수 있는 환경을 조성해주는 것이 중요하다. 또 학습자의 학습속도에 맞추어 학습 목표를 강화하고, 언어적인 칭찬과 외적 보상을 통해 학습자가 계속해서 동기부여 부여받을 수 있도록 해야 한다.

2) Kagan의 숙고성-충동성 이론

개념. Kagan의 '숙고성–충동성 이론'은 '장독립성–장의존성 이론' 다음으로 가장 많이 연구된 이론이자 역사가 오래된 이론 중의 하나이다(고영남, 2013). 문제 상황을 해결할 수 있는 수많은 방법들 중 한 가지를 선택하는 데 걸리는 시간은 사람마다 다르다. 문제 상황을 바라보는 관점, 문제 해결을 위해 필요한 정보를 선별하고 처리하는 방식, 그리고 최종적인 해결책을 선택하기까지의 과정에는 개인차라는 것이 존재하기 때문에, 학습 장면에서도 가능한 한 여러 가지 해결 방안을 고려하는 학습자와 한 가지 해결 방안을 충동적으로 선택해 버리는 학습자로 구분할 수 있다고 보았다.

숙고성. 반응을 하는 시간이 오래 걸리고 오류가 적은 사람이다(Kagan, 1965). 반응 속도는 느리지만 반응의 정확성에 초점을 맞추기 때문에 문제 상황에서 가능한 해결책을 모두 고려한 후 결정을 내리는 신중한 모습을 보인다. 사고할 수 있는 충분한 시간이 보장된다면 비교적 정확한 판단과 결정을 내릴 수 있다. 자신의 실수나 오류가 무능력함으로 비춰질까봐 불안해하는 경향에서 비롯한다.

숙고적 학습자의 효과적 학습을 위해서는 선택한 결정의 결과에 대한 불안감을 떨쳐낼 수 있어야 한다. 자신이 해결하기에 어렵다고 판단되는 문제는 과감히 건너뛰고, 새로운 문제에 몰입할 수 있는 연습이 필요하다. 한 문제당 숙고 시간을 설정해놓고 약속한 시간만큼만 고민하는 방법이 도움이 된다. 교수자는 숙고적 학습자가 몇몇 문제를 해결하는 데 너무 많은 시간을 할애하느라 다른 문제를 해결하지 못하는 상황이 일어나지 않도록 지도해야 한다. 주어진 시간 내에 과제를 완성하는 것에 대한 중요성을 알려주고, 이에 대한 보상을 하는 것이 좋다.

충동성. 반응 시간이 빠르고 오류가 많은 사람이다. 반응의 정확성보다는 속도를 중시하기 때문에, 문제 상황에서 각 대안이 가지는 타당성을 깊이 생각하지 않고 즉시 결정을 내리는 모습을 보인다. 대안 선택 후 재빨리 관심을 다른 곳으로 돌리는 성향이 있다. 자신이 늦게 반응하는 경우 무능력한 사람으로 보일까봐 걱정한다.

충동적 학습자는 문제 해결 과정이 오래 걸리는 것에 대한 두려움에서 탈피할 수 있어야 한다. 자신의 응답에 대한 충분한 근거를 찾는 방식의 학습이 도움이 된다. 충동적 학습자의 경우에는 빠른 응답을 위해 문제를 꼼꼼하게 살피지 못하거나 답안 작성에서 실수하는 경우가 잦다. 스스로 반응 속도를 조절, 통제하며 사고할 수 있는 능력이 필요하므로, 교수자는 응답을 재촉하지 않고 충분히 숙고시간을 가질 수 있도록 기다려주는 것이 좋다.

6. 학습자유형검사의 이론적 배경

학습자유형검사는 Carl Gustav Jung의 심리 유형론에 기초하여 만들어졌다. 아래에서는 Jung의 분석심리학에서 주장하는 내용을 살펴보고 그가 확립한 정신 구조를 알아볼 것이다. 그다음 분석심리학의 무의식 개념과 연계된 6가지 심리 유형을 자세히 다룬다.

1) Jung의 분석심리학

스위스의 정신과 의사이자 분석심리학의 창시자인 Jung은 인간의 정신이 의식과 무의식을 포함한 여러 요소들의 집합체로 구성되어 있다고 보았다(Jung, 1946). 여기서 무의식은 다시 개인 무의식과 집단 무의식으로 나누어지는데 Jung은 집단무의식을 중심으로 분석심리학의 개념을 확립해 나갔다. 아래에서는 분석심리학의 주요 개념들에 대하여 살펴본다.

의식(자아). 의식은 인간의 정신 내에서 우리가 알고 있는 부분이며 자아에 지배되는 영역을 의미한다. 인간은 자아를 통해서 자신을 표현하고 현실을 인지하는데, 자아가 외부에 지향하는 방향에 따라 성격이 결정된다. 이에 따라, 자아가 외적 세계나 타인을 향한 성격 태도는 외향성, 자아가 개인의 내적 주관적 세계로 향한 성격태도는 내향성으로 정의된다. 또한 Jung는 정신적 기능의 구성요소를 사고, 감정, 감각, 직관으로 구성하였고 이 요소들은 합리적 차원(사고-감정)과 비합리적 차원(감각-직관)으로 나누어진다.

무의식. 무의식은 의식이 아닌 영역으로 자아에 의해 지배되지 않는 영역을 의미한다. 인간에게 의식은 아주 작은 부분이며 우리에게 더 큰 영향을 미치는 것은 무의식이다. 무의식은 혼란을 초래하고 증상을 발현시키기도 하지만 영적이고 창조적이며 성장의 근원이 된다고 보았다. 또한 무의식은 지식 및 학습, 경험의 기억, 대인관계, 특정 대상을 향한 주관적 반응 등을 포함하며 개인의 역사를 반영하는 개인무의식과 세계의 역사 및 진화와 관련하여 인간 마음에 내재되어 있는 집단무의식으로 구분된다.

개인 무의식. 개인 무의식은 개인의 과거 경험에 바탕을 둔다. 의식에 근접해있어 쉽게 의식화될 수 있다. 여기에는 의식되었으나 시간이 지남에 따라 잊히거나 억압되어 잠재의식이 되었다가 간헐적으로 지각되는 모든 종류의 무의식이 해당된다. 망각된 경험, 외상, 욕구

등이 포함된다. Jung의 개인무의식은 Freud의 전의식과 유사해보이지만, 개인 무의식은 무의식까지 포함하는 개념이라는 점에서 차이가 있다.

집단 무의식. 집단 무의식은 분석심리학의 핵심개념으로 선조들이 역사와 문화를 통해 공유해온 보편적인 진화 경험의 집약체이다. 즉, 인류 역사를 통해 전해 내려온 일반적인 심리성향과 구조로서 개인의 정신이 닿기 어려운 깊은 수준에 위치하고 있다. Jung은 집단 무의식의 구조적 요소로 '원형'이라는 용어를 사용한다. 원형은 인간의 심리가 가지고 있는 본능의 자화상으로서 의식을 초월하는 개념이다. 대표적인 예로 태양, 어머니, 죽음, 창조신화 등을 인간의 원초적 심상이라고 할 수 있다. 개인의 심리 속에 공통적으로 존재하는 원형으로는 사회적 요구에 반응하여 나타나는 공적인 얼굴인 '페르소나(persona)', 남성의 내면에 존재하는 여성지향성인 '아니마(anima)', 여성의 내면에 존재하는 남성지향성인 '아니무스(animus)', 성격의 어둡고 악한 부분을 나타내는 '그림자(shadow)', 성격 요소 간의 조화와 통합을 이루어주는 '자기(self)'가 있다.

개성화. Jung은 의식(자아)이 자기를 실현해 나가는 것을 인간이 추구해야 할 최종 목적이자 삶의 의미라고 하였다. 정신 내 의식과 무의식을 통합하여 이를 추구하는 과정을 개성화 혹은 자기실현화 과정이라고 칭했다. 인간은 인생의 전반기에는 현실에 적응하기 위해서 환경과 상호작용을 활발하게 하며 자기의 방향이 외부로 향하지만, 후반기에 도달할수록 자기실현과 개인의 삶의 의미를 발견해나가면서 자기의 방향이 내부로 향하게 된다. 자신의 내면을 탐구하는 후반기부터 개성화가 가능해진다. 개성화는 개인의 모든 정신적인 요소들을 완성시켜 개성을 실현시키는 것을 목표로 한다.

2) Jung의 심리유형론

Jung은 인간의 판단을 결정하고 제약하는 것은 그 사람의 유형이라고 보았다(Jung, 1971). 유형이란 개인이 가진 인간관, 세계관 및 가치관을 의미하며, 대인 간 의사소통을 방해하는 오해, 논쟁, 편견도 기본적으로 이 유형의 차이에서 비롯한다고 보았다. 인간은 모든 영역에서 선호하는 특성 즉, 심리유형이 있으며, 어떤 심리유형을 가졌다고 하는 것은 옳고 그름의 가치가 부여되는 것이 아니다. Jung은 인간의 심리유형을 무의식과 연계하여 일반적인 삶의 태도를 외향, 내향으로 나누고, 이를 정신의 기능 요소인 사고, 감정, 감각, 직관과 연계하여 여덟 가지 유형으로 구분했다(Jung, 1971). 아래에서는 심리유형론을 구성하는 6가지 개념을 살펴본다.

외향형. 결정이나 행동의 대부분이 주체의 의견에 의하지 않고, 객관적인 상황에 의해 좌우되면 이를 외향형이라 한다. 외향형은 외부세계의 사람이나 객체에 적극적, 긍정적이고 주의를 기울인다. 반면 주체에는 소홀하다. 환경에 영향력을 행사하고 싶어 하고 객체에 부합하는 방향으로 행동하고 판단하는 경향이 강하게 나타난다.

내향형. 내향형은 객체의 인상이 주체 안에서 형성된다. 내향형은 자신에게 몰입하여 주체를 지키는 데 적극적이고 반면 객체에는 소홀하고 분명하지 않은 태도를 취한다. 객체를 인식할 때 주체 안에서 형성된 것에 의거하여 바라보며, 최종적인 판단과 행동은 주관적 속성들에 의해 결정된다.

사고. 사고란 결정을 내리기 전 주어진 관념을 법칙에 연관시키는 정신 기능이다. 목적이 있고 판단을 내리고자 하는 의지가 있는 능동적 사고와, 직관적으로 발생하는 일종의 비합리적인 사고인 수동적 사고로 나뉜다. 사고의 내향, 외향을 결정하는 것은 판단의 기준이 주관적인지의 여부에 따라 나뉜다. 사고 과정에서 주관적 사고를 중심으로 객관적 사실을 무시한다면 그것은 내향적 사고이고, 절대 불면의 진리를 주장하며 사실에 기초한 사고를 한다면 이는 외향적 사고에 해당된다. 그러나 사고의 유형이 다르다고 해서 완전 대립의 관계에 있는 것은 아니고 목표가 다를 뿐 서로 보완하는 관계에 있다고 볼 수 있다.

감정. 감정은 객체를 향한 정서적 힘이며 특정 관념과 자아 사이에 발생하는 과정이다. 이는 의식, 지각과 관계없이 하나의 독립된 정서로 나타날 수 있으며 외부 자극에 영향을 받지 않는 완전한 주관적 과정이라고 볼 수 있다. Jung은 감정과 정감을 구분했는데, 감정이 고양되어 신체적으로 느낄 수 있을 만큼이 되면 정감이 된다고 보았다. 즉, 정감은 감정이 감각과 섞여 있는 것이며, 감정은 사고와 직관 등 다른 기능이 섞여있는 것이다. 감정의 경우 그 방향에 따라 내향적 감정과 외향적 감정으로 구분할 수 있다. 감정이 자신의 내부를 향한다면 내향적 감정, 내부가 아닌 환경, 외부를 향한다면 외향적 감정에 해당된다. 감정과 사고는 서로 정반대의 위치에 자리한다.

감각. 감각은 물리적 자극을 인식하게 하는 기능으로 지각과 비슷한 뜻으로 사용되기도 한다. 감각은 구체적 감각과 추상적 감각으로 나뉜다. 구체적 감각은 감정, 상상, 사고와 섞여 나타나며 추상적 감각은 무언가와 섞이지 않고 자체적인 원리에 따라 지각하는 것인데 대표적으로는 미적 감각이 해당된다. Jung에 따르면, 감각의 근원 형태는 구체적 감각이고 감각이 의식적 지각이라면 그 대척점에 있는 직관은 무의식적 지각이라고 할 수 있다. 감각을 내향, 외향과 연결해서 살펴보면, 감각이 객체에 의해 결정되면 외향적 감각이고 감각이 주관적으로 결정되어 드러나지 않은 이면을 파악하고자 한다면 내향적 감각에 해당된다. 내향적 감각은 현실을 지각하지 않고 원초적 심상을 지각하며 말보다는 그림이나 소리 등을 통해 나타난다.

직관. 직관은 무의식적인 방법으로 인식을 유도하는 기능이다. 이성적 과정을 거쳐 판단하는 것이 아니라 직접 발견하고 지각하기 때문에 본능적 파악으로 분류된다. 특정 개념에 도달하기 어려워 우회하여 인식해야 하는 상황이 오면 그 과정을 거치지 않거나 배제하며 인식한다. Jung은 직관을 구체적 형태와 추상적 형태로 구분한다. 구체적 형태의 직관은 사실에 대한 반응과정으로서 사실적 인식을 하고 추상적 형태의 인식은 목적 혹은 의도를 요구하며 관념과 관련된 인식들을 중개한다. 또한 직관은 무엇을 향하고 있느냐에 따라 내향적 직관과 외향적 직관으로 나뉘는데, 내향적 직관은 무의식적이고 신화적인 것에 대한 방향성을 나타내며, 외향적 직관은 이성적이고 감각적인 부분을 배제한 의식적인 것에 대한 방향성을 띈다.

7. 학습자 유형검사의 하위 유형

Jung의 심리 유형론에 입각한 학습자 유형검사는 표현적-숙고적, 구체적-추상적, 과제적-관계적, 체계적-개방적, 좌뇌형-우뇌형의 다섯 가지 차원의 상위 척도로 구성되어 있다. 아래에서는 각 척도에 대한 하위 유형의 개념과 유형별 특징을 살펴보고 그에 따른 학습 및 교수법 등을 제안하고자 한다.

1) 표현적 유형

특징. 표현적 유형의 학습자는 활동적으로 정보를 찾는다. 여기서의 '활동'은 보고 듣는 것을 넘어 토론, 논쟁, 브레인스토밍과 같이 적극적인 학습활동을 의미한다. 표현적 유형의 학습자들은 직접 아이디어를 내고 다양한 대안을 찾아 시도하는 등 행동을 통해 외적으로 정보를 처리하는 과정에서 학습이 이루어진다. 신체를 움직이는 활동이 주를 이루는 학습에서는 두각을 나타내지만, 강의 장면과 같이 수동적인 자세가 요구되는 학습에서는 무기력한 모습을 보인다. 다른 학습자들과 함께 집단으로 학습하기를 선호한다. 그룹을 지어 육체적인 활동을 하거나 여럿이 토론하며 다양한 의견을 교환하는 것을 좋아한다.

학습 및 교수법. 교수자는 학습자가 능동적, 활동적 학습을 할 수 있도록 돕는 데 초점을 맞추어야 한다. 지식을 주입하는 형태의 교육보다는 학습자 스스로가 문제점을 찾고 해결방안을 찾아가는 학습자 주도 형태의 교육이 바람직하며, 발표, 토론수업을 적극 활용하는 것이 좋다. 또한, 소집단을 구성하여 문제에 대한 해결방안을 집단에서 찾을 수 있도록 지도하고, 해결방안을 계획하고 수행하는 과정까지 학습할 수 있도록 지도할 필요가 있다. 실제적인 내용의 피드백을 주는 것이 효과적이다. 눈에 보이는 성과물을 도출할 수 있는 학습활동을 통해 성취감을 얻도록 한다.

2) 숙고적 유형

특징. 숙고적 유형의 학습자는 내성적으로 정보를 조사한다. 학습행동을 수행하기 이전에 수많은 행동 시뮬레이션을 통해 끊임없이 사고하는 과정을 거친다. 따라서 숙고적 유형의 학습자는 제시된 주제나 정보에 대하여 생각할 기회가 제공된 상황에서 탁월한 학습효과를 보이며, 학습자 스스로에게 집중할 수 있는 혼자만의 시간이 주어진 경우 더욱 향상된 성과를 보여준다. 혼자 혹은 소수의 친구들과 함께 조용히 생각하면서 학습하는 것을 선호하고 자신이 이해한 후 행동을 실행하는 특징이 있다.

학습 및 교수법. 교수자는 학습자가 학습한 내용에 대하여 자기성찰할 시간을 보장해주어야 한다. 자신의 생각을 방해받지 않고 집중할 수 있는 조용한 학습 환경을 조성해주는 것도 중요하다. 근본원리에 대한 이해를 바탕으로 학습할 수 있도록 돕고 스스로 검토해볼 수 있는 다양한 자료를 제공해주는 것도 좋다. 개인학습의 형태가 가장 적합하지만 집단, 토론학습을 하게 될 경우에는 자신의 생각을 정리하여 충분히 생각한 후 의견을 제시할 수 있도록 지도해야 한다. 학습자의 흥미나 적성을 고려하여 적절한 학습을 제안한다.

3) 구체적 유형

특징. 구체적 유형의 학습자는 오감을 사용하여 정보를 받아들이고 사실적이고 실재적인 상황에 주의를 기울인다. 정확한 사실을 파악하고 명쾌한 해답을 찾는 것에 능하며, 핵심 내용과 수치 암기에도 재능을 보인다. 타당한 절차와 이론에 대하여 학습하는 것을 좋아하고,

새로운 것에 대한 호기심보다는 기존 지식을 활용한 학습형태를 선호한다. 더불어 이미 학습한 정형화된 방법으로 문제를 해결하는 것을 좋아하고, 실생활에 적용할 수 있는 실용적인 공부를 지향한다. 체계적으로 학습계획과 방법을 설계하고 이를 실천하고자 노력한다.

학습 및 교수법. 관찰가능하고 만질 수 있는 상태의 구체적 자료를 통해 학습할 수 있도록 실제적인 자료를 제공한다. 이러한 구체적인 학습 경험은 학습의 첫 단계에서 이루어져야 하며, 해당 학습을 통해 학습자가 기대한 바를 성취할 수 있음을 인지시켜주어야 한다. 구체적인 것과 세부사항에 대한 정보를 선호하지만 복잡한 것은 좋아하지 않기 때문에 간결한 수치와 데이터를 제시하여 이해도를 높이는 것이 효과적이다. 이해한 바를 자신이 설명할 수 있는 단어, 개념, 상징체계로 변환할 수 있도록 지도하는 것도 도움이 된다. 학습자가 학습한 내용을 현재 자신의 삶에서 적용할 수 있는 방안을 설명해줌으로써 성취감을 부여할 수 있다.

4) 추상적 유형

특징. 추상적 유형의 학습자들은 자신의 상상력을 최대한으로 발휘하여 정보를 수집하며, 의미와 관계의 인식에 집중한다. 개념의 큰 틀이 확립되면 하위 개념의 의미와 그들 간의 관계를 파악하기 위해 노력하고, 그 과정은 구조화되거나 일상적이지 않은 방법을 통해 이루어진다. 사실에 대한 기억, 세세한 관찰보다는 자신의 통찰에 의존하기 때문에, 자유롭고 창의적인 학습을 지향하는 개방형 학습형태를 선호한다. 기존에 학습한 기술을 사용하기보다 매 과제마다 영감에서 비롯한 새로운 학습방법을 발견해서 사용하며, 자신만의 고유한 학습방법을 정립하기도 한다. 이 때문에 새로운 개념과 예외 및 특이사항을 다양한 문제에 잘 적용하는 능력이 있다.

학습 및 교수법. 학습자가 문제 해결방안을 선택하고 자신의 방식대로 문제를 해결할 수 있는 환경을 조성해주어야 한다. 보편적인 정답은 아니더라도 학습자의 창조적인 방안을 존중해준다. 하나의 답보다는 여러 가지 답과 의견이 존재하는 형태의 문제를 제시하는 것이 좋다. 개념의 원리를 이론적으로 설명해주고 상상력을 발휘하여 이해할 수 있는 다양한 새로운 자료들을 제공해줄 필요가 있다.

5) 과제적 유형

특징. 과제적 유형의 학습자는 논리적이고 객관적인 정보를 분석하는 것을 추구한다. 정서적이고 개인적인 개념에 영향을 받지 않고 진리를 탐구하는 것을 학습의 목표로 여긴다. 분명한 목표를 가진 구조화된 수업을 선호하고 객관적 자료와 근거가 제시될 때 가장 효과적으로 학습한다. 인과관계가 명확한 주제에 대하여 토론하고 비판적인 분석을 주고받는 것을 좋아한다. 논리적 원칙에 따라 의사결정하고자 하며 논리적 사고를 할 수 없는 복잡한 상황은 회피하는 경향이 있다.

학습 및 교수법. 교수자는 논리적 시각과 정보를 제공해주는 전달자로서 논리적 사고를 할 수 있는 체계적 과제와 객관적 자료를 제시해주어야 한다. 학습자가 달성할 것으로 기대되는 목표를 명시해주고 수행에 대한 구체적인 피드백과 개인의 성취 정도를 평가해주는 것이 좋다. 교수자 중심의 강의와 토론 학습이 적합하지만, 이러한 집단학습 상황에서는 정답뿐만 아니라 타인의 의견과 감정을 이해하고 존중하는 것 또한 학습할 가치가 있음을 인지시켜줄 필요가 있다.

6) 관계적 유형

특징. 관계적 유형의 학습자는 사람 중심적인 가치에 기초하여 정보를 수집한다. 자신의 감정은 물론 타인의 감정에도 영향을 받으며 이들과의 의사소통을 통해 과제를 수행하는 것을 선호한다. 개인학습보다는 집단학습이 적합하며 집단 구성원들을 대하는 것과 집단 내 인간관계에도 관심이 많다. 또한, 학습 내용을 사람과 관계와 연관시켜 이해하며, 이것이 인간의 삶에 어떻게 적용되는지, 타인을 돕기 위해 활용할 수 있는지의 여부에 흥미를 가진다. 교수자를 포함하여 함께 학습하는 구성원들과의 관계가 원만하고 조화로울 때 가장 높은 개인 학습 성과를 나타낸다.

학습 및 교수법. 이들은 엄격하고 정숙한 교실 내 학습을 선호하지 않기 때문에, 집단 과제를 통해 인간관계 중심의 학습욕구를 충족할 수 있도록 지도해야 한다. 본격적인 학습에 앞서 학습자와의 친밀감, 유대감을 형성하는 것이 중요하고 끊임없이 질의응답을 주고받으며 의사소통하는 것이 학습효율을 높이는 방법이다. 교수자는 학습자와의 관계를 가치 있게 생각하는 사람으로서, 성과보다는 목표를 달성하기 위한 학습자의 노력과 그 과정을 지켜보고 존중해주는 태도를 가지는 것이 좋다. 개인과제뿐 아니라 타인의 과제에 관심을 가지고 도울 수 있도록 하고 그 과정에서 자신도 새로운 학습을 할 수 있도록 지도한다.

7) 체계적 유형

특징. 체계적 유형의 학습자는 정보를 추상적으로 지각하고 반성적으로 처리한다. 정보의 지각과 처리가 용이한 구조적이고 순차적인 학습과정을 선호하며 학습 초기에 학습목표와 성과에 대한 명확한 정의가 내려져 있는 경우가 많다. 체계적인 학습 틀이 구성되어 있고 그 안에서 안정적으로 과제를 수행할 때 최고의 성과를 보인다. 학습 시행착오가 적기 때문에, 신속한 과제수행과 의사결정을 할 수 있다는 것이 특징이다. 이들은 정해진 순서대로 학습하면서 만족감을 느끼고 주어진 과제를 끝까지 수행해내는 것에 가치를 둔다.

학습 및 교수법. 구조적인 학습 환경을 조성하고 정해진 순서에 맞추어 학습할 수 있도록 지도한다. 교수자는 학습자가 인지하고 있는 학습 틀을 해치지 않고 그것에 주의를 기울여 정보와 자료를 제공하며 학습에 일관적인 태도를 보이는 것이 중요하다. 또한, 원리와 개념을 먼저 파악한 후 응용할 수 있도록 지도하고, 정확한 인과관계를 파악할 수 있도록 돕는다. 체계적 유형의 학습자들은 강의형태의 수업이 효과적이며, 집단보다는 혼자 학습하고 분석하는 개인형태의 수업이 좋다.

8) 개방적 유형

특징. 개방적 유형의 학습자는 학습 환경의 영향을 가장 많이 받는 유형이다. 계획된 구조 없이 개방적인 환경에서 자유롭게 탐구하며 학습하기를 선호하며, 변화 가능한 과제와 학습목표를 선택한다. 또한, 자신의 호기심에서 비롯하여 스스로 학습하고자 하는 욕구가 있을 때, 수행한 학습에서 높은 성과를 나타내고 계속해서 다양한 자극과 새로운 경험이 있는 학습을 추구한다. 학습 내용이 자신과 높은 관계성을 가질 때 흥미를 느끼고 이에 기초하여 사회통합적인 방향으로 학습이 진행할 때, 이해도와 수행력이 향상된 모습을 보인다. 항상 새로운 것을 추구하는 성향 때문에 집중력이 다소 낮고 산만한 경향이 있다.

학습 및 교수법. 유연한 학습 환경을 조성하고 자유로운 환경에서 주도적으로 학습할 수 있도록 지도한다. 학습효과를 극대화하기 위해 학습자 개개인의 속도대로 학습하되, 학습이 자신에게 가지는 의미를 정확히 파악한 후 학습할 수 있도록 한다. 그러나 사회적인 측면에서의 학습의미를 파악하는 것에는 어려움을 느낄 수 있으므로, 먼저 개인적인 학습의미를 이해하고 사회적 차원의 의미로 연결될 수 있도록 지도하는 것이 효과적이다. 학습주제마다 새롭고 다양한 형태의 자료를 제공하여 관심과 흥미를 유지하도록 하는 것이 좋다. 정형화된 교실 수업이 적합하진 않지만 협동학습이나 타 교과와의 통합학습이 방법이 될 수 있다.

9) 좌뇌형

특징. 청각적이고 언어적인 측면이 발달한 좌뇌형 학습자는 체계적, 분석적, 순차적으로 정보를 처리한다. 이들은 청각을 포함한 언어적 정보에 민감하게 반응하고 전체보다는, 전체를 이루고 있는 구성물들을 탐구하는 것에 흥미를 느낀다. 따라서 문제를 해결할 때에도 문제를 작은 부분으로 쪼개어 단계적으로 처리하는 것을 선호하며, 문제의 발생원인과 과정, 결과 등 일련의 흐름을 파악하고자 한다. 지적 호기심이 강하고 핵심을 파악하는 능력이 뛰어나 현실 감각이 탁월하다. 정확한 데이터를 다루며 명확한 답이 존재하는 과목을 선호하며, 인지, 추리, 읽기 과정의 학습을 좋아한다. 과정보다는 결과를 중요시하는 경향이 있어 경쟁과 순위에 민감하다.

학습 및 교수법. 차분하고 안정된 공간에서 독립적인 학습을 할 수 있도록 한다. 명확한 지시와 설명을 통해 과제를 지시하고 글로 쓰인 자료를 제시한다. 강의식 형태의 수업이 적합하며 구조화되어 있고 순서에 입각하여 수업을 진행하는 것이 효과적이다. 교수자는 지식을 전달하고 학습자 스스로가 추가적인 사실을 발견할 수 있도록 격려한다. 학습자가 성취욕구를 충족할 수 있도록 돕는 것이 중요하지만, 무리한 목표를 세울 경우 수정해줄 필요가 있고 세부적인 사항에만 신경을 쓰다가 전체 흐름을 놓치는 상황에 주의해야 한다. 학습한 내용을 자신만의 스타일대로 정리하여 타인에게 가르치는 방식의 학습법이 도움이 된다.

10) 우뇌형

특징. 시각적 측면이 발달한 우뇌형 학습자는 직관적, 공간적, 전체적으로 정보를 처리한다. 시각적이고 공간감이 느껴지는 자료에 효과적으로 반응하며 세세한 것보다는, 전체적인 것을 탐구하고 패턴을 찾아 통합적인 처리를 하는 것에 흥미를 느낀다. 호기심이 강하고 상상력이 풍부하며 넘치는 에너지를 가지고 있어 활동적인 학습형태를 선호한다. 사물을 바라보는 색다른 시각이 요구되고 자신의 감정을 자유롭게 표현할 수 있는 과목에 능하다. 비언어적, 시공간적, 형태적, 창의적인 처리과정을 선호한다. 또한, 관계를 형성하고 유지하는 것을 중요시하는 유형으로, 여러 사람을 이끌어 나갈 수 있는 통솔능력과 자신감을 가졌다. 감정기복이 큰 편이고 좋고 싫음의 구분이 뚜렷하다는 특징이 있다.

학습 및 교수법. 개방적이고 활동적인 공간에서 무리 지어 학습할 수 있는 공간을 제공한다. 체험적이면서 학습자가 선택 가능한 과제를 주어주고 직접 조작할 수 있도록 지도한다. 다양한 매체와 색채를 활용한 시각적 자료가 학습이해도를 높이는 데 도움이 된다. 학습자 주도의 집단 학습이 적합하며, 교수자는 학습자의 관심과 시선을 이끌어 학습동기를 유발하고 활동적인 수업을 진행하는 것이 좋다. 학습자의 자발적이고 독창적인 활동들을 격려하고 학습내용을 확장하여 습득할 수 있도록 돕는 것이 바람직하다. 학습자와의 정서적인 관계 형성이 중요하며 성과에 대해서는 가시적인 칭찬을 해주는 것이 좋다. 무조건적인 장시간 학습을 권장하기보다, 학습자 개개인에 맞는 적정학습시간을 찾고 점차적으로 집중할 수 있는 시간을 늘려나가는 방법이 좋다. 선행학습은 우뇌형 학습자들의 호기심을 떨어뜨려 학습동기를 저해할 수 있으니, 호기심을 해치지 않는 선에서 선행학습을 시행하는 것이 효과적이다.

8. 결론

학습양식이란 무엇을 기준으로 삼느냐에 따라 학자들마다 다양한 정의를 내리고 있지만 종합적으로 학습자 자신의 특성을 고려하여 학습 관련 정보를 처리하는 경향성을 의미한다. Curry의 학습양식 이론 분류모형에 따르면, 학습양식은 크게 세 가지로 나누어 볼 수 있다. 학습환경과 관련된 학습자의 선호에 따른 학습양식 이론과 학습자의 정보수집과 처리방식에 관한 정보처리 학습양식 이론, 그리고 학습자의 성격적 특성에 기초한 학습양식 이론이다. 학습자유형검사는 분석심리학의 창시자인 Jung의 심리유형론에 입각하여 만들어졌으며 앞서 살펴본 것처럼 표현적-숙고적, 구체적-추상적, 과제적-관계적, 체계적-개방적, 좌뇌형-우뇌형의 다섯 가지 차원의 상위 척도로 구성되어 있다. 학습자와 교수자에게 적합한 학습양식을 제안하여 보다 효과적인 학습이 이루어질 수 있도록 돕는다.

제10장

진로적성에 대한 종합적 접근

적성은 '어떠한 일에 적합한 성질이나 능력'이다. [그림 10-1]에서 보듯이, 적성을 연구하는 심리학에서는 적성의 구성요소를 성격, 능력, 흥미, 가치관으로 구분한다. 한 개인에게 이러한 적성의 모든 구성요인이 특정 과업을 지향하는 방향으로 향하고 있다면, 그 과업에 대한 그 개인의 적성은 가장 완벽하다고 할 수 있다. 그러나 대부분 개인은 이러한 차원에서 각기 다른 특성을 가지고 있기 때문에, 이 4요소가 모두 같은 방향으로 나아가기는 쉽지 않다. 즉 성격과 흥미에는 적합하지만 능력이 부족할 수도 있고, 반대로 능력상으로는 뛰어나지만 흥미가 부족하여 집중력이 떨어지는 경우도 있다.

우리가 자신의 적성을 탐구하고 그에 부합하는 일을 해야 하는 이유는 적성에 맞는 업무를 수행하면 긍정적인 성과를 보이며 삶의 피로도나 스트레스가 낮게 나타나기 때문이다.

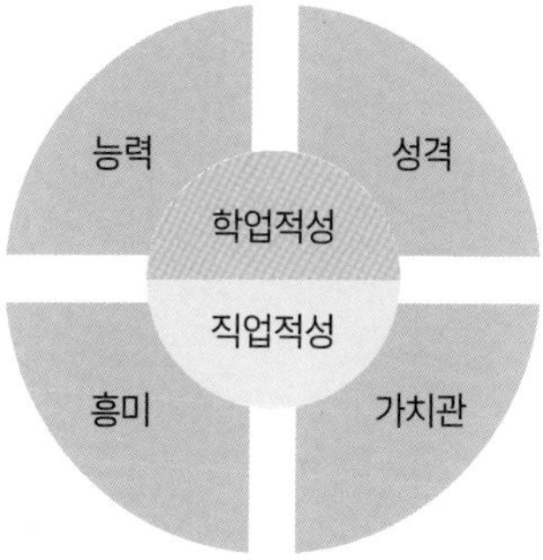

그림 10-1 진로적성의 구성도

또한 자신에게 알맞은 적성을 선택하면 직무에 대한 만족도가 높아지고 궁극적으로 삶의 질이 향상될 수 있다. 이것이 바로 우리가 적성의 요인을 이해하고 자신이 해당하는 적성이 무엇인지 찾아야하는 이유이다. 즉 우리는 적성의 구성 요인을 종합적으로 분석하여 자신에 대한 이해도를 높일 필요가 잇다. 그리고 스스로 그러한 점들을 파악하지 못할 경우는 진로교사, 진로상담사, 취업담당관, 커리어 상담사가 면대면 상담을 하거나 컨설팅을 하는 것이 필요하다.

이에 본 장에서는 진로적성을 구성하는 요소로 성격, 능력, 흥미, 가치관을 좀 자세히 알아보겠다. 그다음 RS-진로종합적성검사에서 다루는 각 검사별 의미와 특징을 알아볼 것이다. 성격에 대해서는 이 책의 앞부분에서 여러 장에 걸쳐 알아보았다. 이에 본 장에서는 Carl Jung의 성격유형론이 적성과 어떻게 연관될 수 있는지를 중심으로 살펴볼 것이다. 능력은 지능의 측면에서 Gardner의 다중지능이론을 중심으로 살펴보고, 흥미는 Holland의 이론을 살펴볼 것이다. 마지막으로, 가치관은 Spranger의 가치관 유형을 중심으로 알아볼 것이다.

I. 적성의 성격 차원

성격은 자신을 이해하는 대표적인 척도이며 일반적으로 부르는 적성의 개념이다. 특정 직무에 있어서 '누가 이 일에는 딱이야.'라고 표현할 때 보통 성격의 부합도를 의미하는 경우가 많다. 각자가 선호하는 생활환경과 삶의 양식이 있는 것처럼 직업에서도 자신의 성격과 유사한 일을 할 경우 업무 만족도가 높아지며 업무과정에 있어서 편안함을 느낄 수 있다. 이에 이 장에서는 직무적성에 맞는 성격 유형을 알아보고자 한다. 먼저 성격정성검사의 기초가 된 Carl Jung의 이론적 배경을 알아본다. 그 다음 성격 4유형론에 따른 성격 유형과 특징을 살펴본다. 그 다음으로 RS-성격적성검사에서 다루는 성격 유형과 그에 따른 학습방법과 어울리는 직무 유형을 알아본다.

1. 성격의 개념

성격은 자기이해를 위한 대표적인 척도이며 일반적인 적성의 개념이다. 성격은 꾸미지 않고 자연스럽게 나타나는 사고와 행동으로서 심리학자들에게 일찍부터 연구 대상이 되었다.

미국의 성격심리학자인 Allport(1937)는 "환경에 따라 개인의 독특한 행동과 사고를 나타내는 개인의 신체적, 정신적 체계의 역동적 조직"이라고 정의하였다. 적성의 구성요소로서 성격은 자신이 맡은 일에 대하여 자연스럽게 어우러지는 것을 의미한다.

Maddi(19996)는 성격을 "사람들의 심리적 행동에서 공통성과 차이성을 결정하는 일련의 안정된 경향성 및 특성이며, 이러한 심리적 행동은 시간에 따라 연속성을 가지고 어떤 순간의 사회적, 생물학적 압력의 단일한 결과로 쉽게 이해될 수 없다."라고 주장하였다. 이처럼 성격은 개인의 일관적인 행동적 특성이나 경향성을 의미하기에 만약 성격을 이해한다면 그 사람 개인을 이해할 수 있다.

성격은 직업생활의 전반적인 영역에서도 큰 영향을 미친다. Carl Jung은 인간의 성격은 개인이 세상을 인지, 판단하는 특징들이 서로 다르기 때문에 각기 다른 유형으로 분류될 수 있다고 주장하였다. Jung(1991)에 따르면 성격은 외향성-내향성과 판단유형의 사고형-감정형을 조합하여 총 4가지 유형론으로 구분된다. 이러한 성격 유형은 본인의 잠재력과 자질이 업무와 적합하며 잘 적응할 수 있는지 여부를 알아보는데 도움을 준다.

2. Carl Jung의 이론적 입장

이번에는 Jung의 분석심리학과 성격 4유형론에 입각한 이론들의 특징을 알아볼 것이다. 구체적으로 Jung의 분석심리학의 개념을 정의해보고 그가 확립한 정신의 구조를 알아볼 것이다. 그리고 성격 4유형의 종류의 개념과 특성을 알아볼 것이다. 성격 4유형론은 Jung의 심리유형론에 따라 구분된 여덟 가지 유형 중 4가지를 의미하며, 외향적 사고형, 외향적 감정형, 내향적 사고형, 내향적 감정형으로 구성되어 있다.

1) 분석심리학

Jung은 스위스의 정신분석학자이며 분석심리학의 창시자이다. Jung은 인간의 성격을 나타내는 정신을 의식과 무의식 두 가지 범주로 나누는데, 여기서 무의식은 다시 한 번 개인무의식과 집단무의식으로 나누어진다고 주장하였다. Jung의 분석심리학은 집단무의식을 중심으로 점차 성장해왔다. Jung은 성격이 선천적인 것 뿐 아니라 후천적으로 변화할 수 있으며, 이러한 성격은 미래에 추구하는 목표와 포부에 의해서 만들어진다고 주장하였다(Jung, 1971).

의식. 의식은 자아에 따라 조절되고 정신 구조 내에서 우리가 인지적으로 판단할 수 있는 부분을 의미한다. 인간은 자아를 중심으로 자신을 표현하고 현실을 지각한다. 그에 따라 성격은 자아가 외부를 판단하고 지향하는 방향에 따라 결정된다. 의식을 외적세계로 향하게 하는 성격지향성은 외향성, 의식을 자신의 내적세계로 향하게 하는 성격지향성을 내향성이라고 주장한다. 또한 Jung(1971)는 정신적 기능의 구성요소를 사고, 감정, 감각, 직관으로 구성하였다. 이러한 구성요소는 합리적 차원(사고-감정)과 비합리적 차원(감각-직관)으로 나누어진다.

개인무의식. 개인무의식은 개인의 과거사를 중심으로 만들어진다. 의식에 가까이 위치하기에 쉽게 의식화될 수 있다. 이는 의식적으로 생각하지만 정신적으로 크게 중요하다고 생각하지 않는 것, 고통에 의해 망각한 경험, 공포, 욕구 등을 의미한다. Jung의 개인무의식은 Freud의 전의식과 비슷해 보이지만 개인무의식은 의식 속에 존재하지 않는 무의식까지 포함하고 있다.

집단무의식. 집단무의식은 Jung이 창안한 개념으로서 분석심리학의 중점이 되는 요소이다. 집단무의식은 개인의 경험이 아닌 이제까지의 인간 역사와 문화를 통해 이어져온 보편적인 진화적 경험들의 집합이다. 즉, 인류의 역사 속 보편적인 심리적 경향성과 구조를 의미한다. 집단 무의식은 정신과 의식이 도달하기 어려운 매우 깊은 수준에 자리 잡고 있으며 개인의 정신적 토대가 된다.

개성화. Jung은 성격이 발달함에 따라 자기실현과정이 진행된다고 주장하였다. Jung은 의식과 무의식을 통합하여 전체화하는 자기 계발 과정을 개성화라고 칭하였다. 인생의 전반기에는 현실과 사회적 환경에 적응하기 위해 주변과 상호작용을 필요로 한다. 그에 따라 자기(self)의 방향은 외부로 향하지만, 인생의 후반기가 될수록 자아실현을 통해 삶의 전반적인 의미를 찾아가기 때문에 자기의 방향은 내부를 향하게 된다. 이러한 성격의 분화와 통합은 자기(self)를 점차 발달시킨다.

2) 성격 4유형론

심리유형론은 Jung이 주장하는 외향, 내향적 성격분류와, 이를 정신의 구성요소인 사고, 감정, 감각, 직관과 연계하여 여덟 가지 유형으로 구분한 유형이다. 이 여덟 가지 유형 중 외향적 사고형, 외향적 감정형, 내향적 사고형, 내향적 감정형을 성격 4유형이라고 일컫는다. Jung의 성격 유형을 16개 유형으로 알고 있는 사람들이 많다. 하지만 사실, Jung의 이론은 위의 4가지 기본 차원에 감각(S)-직관(N) 차원을 추가하여 원래의 여덟 개 유형 구분을 제시하였고 후에 Katharine Cook Briggs와 Isabel Briggs Myers가 MBTI 유형을 완성하면서 판단(J)-인식(P) 차원을 추가하여 16개 유형으로 완성시켰다. 따라서 Jung의 이론은 원래 16가지 유형론이 아니다.

외향적 사고형. 외향적 사고형은 성격 에너지가 외부세계를 지향하는 외향성과 객관적 기준을 기반으로 계획하고 정보를 처리하는 사고형의 유형이다. 이들은 객관적이고 논리적인 사고를 정신적 판단에서 최우선으로 여기며 실제 현상이나 법칙의 발견, 새롭고 논리적인 결과물을 발견하는데 관심을 가진다. 이들은 자신의 감성적인 측면을 절제하기에 개성이 없거나 냉정하다고 느껴질 수 있다. 또한 이러한 억압에 따라 독선적이며 편견을 가지고 있거나 허세를 부릴 수 있다.

외향적 감정형. 외향적 감정형은 성격 에너지가 외부세계를 지향하는 외향성과 주변의 환경에서 자극을 받았을 때 자신과 다른 사람의 감정에 중점을 두는 감정형의 유형이다. 외향적 감정형은 특별하게 사고하는 것을 선호하지 않아 주변 상황이 변화함에 따라 감정도 함께 변한다. 이들은 감정에 중심을 두고 판단하여 기분파처럼 느껴지기도 한다. 외향적 감정형 사람들은 주변 사람들에게 순응하는 태도를 보이는 경우가 많아 이는 그들을 변덕스럽게 느껴지기도 한다. 외향적 감정형은 인간관계에서의 상호작용을 좋아하며 잘 적응하지만 사소한 이유나 상황에 따라 대상에 대한 생각이 쉽게 바뀔 수 있다.

내향적 사고형. 내향적 사고형은 성격 에너지가 자신의 내부 세계를 지향하는 내향성과 객관적 기준을 기반으로 계획하고 정보를 처리하는 사고형의 유형이다. 내향적 사고형은 그들의 생각을 내면으로 집중시킨다. 이들은 외향적 사고형과 비슷한 성격특성을 보이기도 하는데, 이념이나 관념에 관심을 가지고 인간에게 흥미를 느끼지 않아 감정이 없거나 딱딱하게 보일 때도 있다. 내향적 사고형은 완고하며 독단적일 수 있다. 이들은 자신의 존재가치나 관념, 이념에 몰두하는 모습을 보인다.

내향적 감정형. 내향적 감정형은 성격 에너지가 자신의 내부 세계를 지향하는 내향성과 주변의 환경에서 자극을 받았을 때 자신과 다른 사람의 감정에 중점을 두는 감정형의 유형이다. 내향적 감정형은 말수가 적고 침착하고 책임감이 강한 경향이 있다. 이들은 자신의 감정 상태를 쉽게 표현하지 않아 마음이나 기분상태를 쉽게 파악하기 힘들다. 조용한 외적인 모습과 다르게 내적으로는 열정적인 신념을 가지고 있다.

3. RS-성격적성검사

RS-성격적성검사는 Jung의 성격 4유형에 따른다. Jung의 심리유형론에 입각하여 행동유형에서의 외향성-내향성과 판단유형에서 사고형-감정형을 조합하여 4가지 유형론을 활용한다. [그림 10-2]에서 보듯이, RS-성격적성검사에서는 인간의 성격을 리더형, 사교형, 분석형, 조화형으로 구분하였으며 태도와 기능의 두 가치 축에 의해서 결정된다. 성격 4유형에 따르면 외향형과 사고기능이면 리더형이며, 외향형과 감정기능이면 사교형에 속한다. 반면 내향형과 사고기능이면 분석형이며, 내향형과 감정기능이면 조화형에 속한다.

1) 리더형

리더형은 결과를 성공적으로 이끌기 위하여 적극적으로 환경을 조성하고 지도력을 발휘하는 유형이다. 이들은 객관적 기준에 따라 사고하고 생활하며 여러 가지 경험들을 종합하여 결론을 도출하거나 새로운 사실들을 알아낸다. 외향적 사고를 활성화시킴으로서 단체를 조

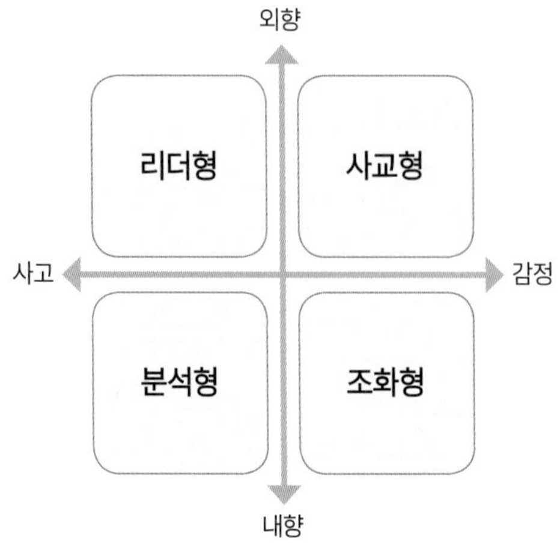

그림 10-2 **Jung의 성격 4유형**

직화시키고 공평한 판결을 내리는 조정자 역할을 한다. 기준에 따라 진행되는 사고기능에 따라 생활하며 여러 가지 경험들을 종합하여 결론을 도출하거나, 또한 목표를 달성하기 위해서 도전적인 정신을 가지고 맞서며 모든 일에 자신감을 가지고 시작하는 성격이다.

이들은 객관적으로 비판에 능하고 냉정한 판단력을 가진다. 그래서 차분하고 조심스러운 사람으로 평가를 받는다. 또한 정의에 투철하고 목표 지향적이다. 지적 호기심이 강하며 스트레스를 능숙하게 조절하고 감정을 잘 표현한다. 하지만 경쟁이 전제조건이라면 직선적이고 주변 사람들에게 요구가 많아진다. 또한 공격적인 성향이 강하게 나타난다. 리더형은 다른 사람의 간섭이나 통제 선호하지 않으며 상호 협조적인 면이 부족하다. 따라서 타인에 대한 감정을 이해하고 배려하는 방법이 필요하다.

리더형의 학습방법은 논리적이고 효과적인 활동들에 따른 학습방법이 좋다. 목적이 분명하고 구체적이며 체계화된 학습을 통해 점차 지식을 습득하며, 적극적인 발표수업이나 주변사람과의 토론을 통해 새로운 지식을 경험하고 주변사람들에 의해 자극 받을 수 있는 학습 방법이 좋다. 리더형은 승부욕을 발휘하며 새롭고 모험적인 직업을 선호하기에 지휘관, 정치가, 조직대표(CEO), 형사, 감독과 같은 직업이 대표적이다.

2) 사교형

사교형은 선천적으로 조화로운 인간관계를 원한다. 이들은 타인을 설득하거나 지지하는 상황을 즐겁게 여긴다. 낙관적이며, 주변사람들과의 적극적인 의사소통을 좋아한다. 이들은 대인간 상호작용에 큰 관심을 가지며 목표를 달성하는 것보다는 주변 사람들과의 폭넓은 관계를 유지하고자 한다. 또한 우호적인 분위기를 만들고 강한 동료애를 가지고 있다. 환경의 변화에 잘 적응하는 모습을 보인다.

사교형은 주변 환경에 대한 적응력이 뛰어나고 타인의 기분을 잘 맞추는 장점이 있다. 이들은 사람을 신뢰하고 의지하며 헌신적인 모습을 보인다. 또한 정서적인 경험이 풍부하고, 감정 회복이 빠르다. 사교형은 정이 많고 정직한 대인관계를 유지한다. 사교형은 다른 사람의 태도에 민감하기에 변덕이 심하고 일관성이 없기도 하다. 게다가 기분파와 같이 충동적인 모습을 보이기도 한다. 또한 계획성이 부족하며 깊게 생각하는 것을 싫어한다. 의사결정 및 판단이 느리고 우유부단하여 놀기 좋아하고 현실에 안주한다.

사교형은 여러 사람들과 교류를 통해 학습하는 방법을 선호한다. 자신의 생각을 언어적으로 전달하거나 표현하는 발표수업, 현장 탐방, 주변 사람들과의 토론 수업이 효과적이다.

사교형은 집중력이 부족하기에 풍부한 자료를 적극적으로 활용한 학습전략도 유용하다. 그렇기에 대인간의 접촉이 많고 열정적일 수 있는 직업을 선호한다. 사교형은 영업직, 서비스 관련 전문직, 마케팅, 엔터테이너 같은 직업이 대표적이다.

3) 분석형

분석형은 자신의 감정을 잘 표현하지 않는다. 하지만 많은 관찰과 분석을 통해 객관적인 기준에 따라 완벽한 결과를 창출해 낸다. 또한 모든 일에 신중하며 주관에 따라 행동을 한다. 분석형의 성격을 가진 사람들은 장기간의 집중력을 가지고 있으며 자기절제하는 모습을 보인다. 목표 지향적인 특징을 가지고 있기에 계획성이 뛰어나지만 타인의 감정에 소홀하며, 독단적일 수 있다.

분석형은 문제해결력이 강하다. 또한 끈기 있게 문제를 성공적으로 해결하고자 하며 중도포기를 싫어한다. 이들은 인간관계에서의 갈등이나 경쟁을 싫어한다. 분석형은 말이 아닌 글을 통한 의사소통을 선호한다. 분석형의 단점으로는 대인관계에서 사교성이나 감정표현이 부족하다. 주변 사람에 대한 배려와 관심이 거의 없기 때문에 차갑게 보이거나 고집 있어 보인다. 또한 순발력과 융통성이 부족하다.

분석형은 다른 유형들에 비해 집중력이 강하다. 관찰하고 분석을 통해 객관적이고 논리적인 지식의 체계를 구성한다. 분석형은 체계적인 교육절차와 실 사례를 활용한 학습방법이 효과적이다. 타인과 접촉하지 않고 개인 공간에서 혼자 몰두할 수 있는 업무환경이나 객관적 사실, 논리적 시스템을 활용하는 전문적인 직업을 선호한다. 분석형은 연구 개발직, 전문직, 분석가, 교사, 과학자와 같은 직업이 대표적이다.

4) 조화형

조화형은 다른 사람과 협동하는 것에 흥미를 가지며 안정적이고 평화로운 환경을 좋아한다. 친숙하고 친근한 대인관계에서는 높은 사교성을 보여주지만 자신의 감정은 쉽게 표현하지 않는다. 또한 반추적 사고를 통해 주변 상황을 판단한다. 정서적인 감수성이 높아 주변 사람에게 공감하고 잘 수용해준다.

조화형은 우호적이고 협동하고자 하는 특성으로 인해 대인 적응 능력이 강하다. 자신의 경험에 따라 판단하기에 환경 변화가 적을 경우 높은 집중력을 보인다. 타인을 이해하고 지지해주며 주변 사람들을 배려한다. 상대방의 의견을 잘 포용해주며 겸손하고 헌신적이지만, 의사판단이 느리다. 어떤 과업에 있어서 완벽하게 처리해야 한다는 강박성이 있기도 하다. 또한 경쟁상황과 같은 과업지향적인 환경을 선호하지 않는다.

조화형은 개인적인 학습과제를 선호하며, 자신의 생각과 사고를 표현할 때 글쓰기를 활용한다. 감각적으로 다양한 자료를 활용하여 풍부한 경험을 할 수 있는 활동을 선호하고 체계적이고 계획적인 방법은 선호하지 않는다. 단기적으로 좋은 성과를 내야 한다는 압박감을 싫어하며 타인에게 도움을 주며 여유로운 직업이 적절하다. 조화형은 교사, 공무원, 성직자, 상담자, 정신과 의사, 카페나 제과점 같은 소규모 자영업 같은 직업이 대표적이다.

4. 결론

지금까지 RS-성격적성검사에 대하여 알아보았다. RS-성격적성검사는 Jung의 분석 심리학의 성격이론을 기반으로 한다. 구체적으로 Jung이 제시한 인간의 주요 성격 4유형인 외향적 사고형, 외향적 감정형, 내향적 사고형, 내향적 감정형을 기반으로 만들어졌다. 본 검사는 리더형, 사교형, 분석형, 조화형 4가지로 구성되어 있다. 리더형은 승부욕이 강하고 도전적인 직업을 선호하며 사교형은 열정적이고 대인관계에서의 상호작용이 많은 직업을 선호한다. 분석형은 타인과 접촉이 적고 혼자 몰두할 수 있는 직업을 선호하고 조화형은 경쟁상황이나 갈등상황이 적은 환경과 여유로운 직업을 선호한다. 이러한 직무스타일을 통해 향후의 진로선택에서 자신에게 적합한 적성이 무엇인지 알아보고 그에 맞는 직업을 찾을 수 있다.

II. 적성의 능력 차원

어떤 업무에서 자신의 적성을 발휘하기 위해서는 그 업무를 수행할 수 있는 능력이 있어야 한다. 능력은 자신이 맡은 업무를 다른 사람들보다 효율적으로 처리할 수 있다는 것을 의미한다. 만약 자신이 해당 업무를 좋아하지 않아도 그 업무에 대한 이해도가 높고 성공적인 결과가 나온다면 그 일은 능력상 부합하는 것이다. 이러한 능력은 직업분야마다 중요도가 상대적으로 다르게 나타난다. 예를 들어 기능적인 요인에 따라 평가되는 분야는 예술이나 스포츠계열에 부합하며 수리적, 논리적 요인에 따라 평가되는 분야는 통계, 전산계열에 부합한다고 볼 수 있다. 이와 같은 능력을 보여주는 하나의 지표가 지능이다. Gardner는 지능이란 문화적으로 유용하게 사용 할 수 있는 물건이나 정보를 처리하는 생물학적, 심리학적 잠재력이라고 정의하였다(Gardner, 1999). 이에 이 장에서는 지능의 의미를 알아보고 지능과 관련된 이론을 살펴본다. 그 다음으로 RS-다중지능검사의 기본적인 영역과 특성을 살펴본다.

1. 지능의 의미

최근까지 지능과 관련된 다양한 검사들이 개발되어 왔으며 지능의 개념은 추상적으로 여겨지며 과거에서부터 여러 가지로 정의되어 왔다. Snyderman과 Rothman(1987)은 다양한 전문가들이 제시한 지능검사의 타당성에 대하여 조사해보면서 지능의 주요 요소가 무엇인지 알아보았다. 그들에 따르면 지능의 주요 다섯 가지 요소는 추상적 사고와 추론능력, 문제해결능력, 지식획득능력, 기억력으로 나타났다. 이에 따라 오늘날의 지능은 문제를 처리하고 해결하는 개인의 인지과정과 이를 학습하는 능력을 의미한다.

Kaufman(1990)은 이 지능의 임상적 접근과 개념적 접근에 초점을 맞추었다. 임상적 입장에서는 지능을 개인이 사회에 적응하기에 필요한 잠재력이나 전반적인 능력으로 정의하였다. 따라서 임상적 입장에서의 지능검사는 개인의 특성, 동기와 같이 개인의 지능을 진단하고 판정하였다. 반면 개념적 입장은 지능을 과학적으로 분석하고자 하였다. 집단을 대상으로 검사를 실시하며 지능을 다양한 하위요소로 구분하였다. 또한 지능 관련 구조모형을 만들거나 다른 변인들과의 상관관계를 분석하면서 지능에 대한 이론을 확립하였다.

2. 다중지능이론

다중지능이론은 지능이 한가지로 이루어진 것이 아닌 다양한 영역으로 구성되어 있으며 이러한 지능은 사회적 환경에 따라 상호보완적이라고 주장한다. 다중지능이론의 관점에서 지능을 설명하는 이론으로는 대표적으로 Gardner의 다중지능이론과 Robert J. Sternberg의 지능 삼원론이 있다.

1) Gardner의 다중지능이론

Gardner는 지능은 기존 IQ검사를 통해 측정하는 단순한 것이 아닌 여러 가지로 구성되어 있다고 주장하며 사람들이 개인의 잠재력을 발현시킬 수 있도록 지능의 가치를 확장시켰다. 그는 지능을 '문화적 환경 내에서 발생한 문제를 해결하거나 문제와 관련된 물건을 만드는 능력'이라고 개념화하였다(Gardner, 1999). IQ검사는 기억력, 이해력, 추리력, 계산력 등을 측정하기 때문에, 사회적, 정서적 능력은 측정하기 어려웠으며 지능 서열화에 따른 부작용이 있었다. 또한 정서지능을 측정하는 EQ검사의 경우 감성, 공감에 대하여 측정하였으나, 반대로 논리 수학적 지능은 측정할 수 없었다. 이에 따라 Gardner는 IQ, EQ, 그리고 음악 영역까지 포함하여 총 8가지 영역을 측정하고자 하였으며, 인간의 지적 능력에 대한 폭넓은 이해가 가능하게 하고 개개인에 따라 적합한 지적 능력을 식별하고 개발할 수 있게 하였다.

[그림 10-3]에서 보듯이, 다중지능이론의 8가지 유형 분류는 기존의 지능검사에 비하여 유형론적 분류 방식이 강하고 여러 가지 성격을 가지고 있다. 기본적으로 언어지능, 수리논리지능은 다른 검사에서도 종종 활용되지만 자연지능, 개인내적지능, 음악지능 등은 다중지능검사에서만 보이는 척도이다. 특히 음악지능 유형의 경우 다양한 예술 분야 중에 오직 음악지능만을 따로 독립하여 구분했다는 점에서 흥미롭다.

다중지능이론에서 언어지능은 쓰기, 읽기, 말하기와 같은 언어적 기능에 대한 민감성을 의미한다. 수리논리지능은 논리적, 수리적 유형에 대한 능숙도와 분석하는 능력을 의미한다. 음악지능은 음정, 박자, 음색을 만들고 감상하는 능력이며 공간지능은 시공간차원에 대

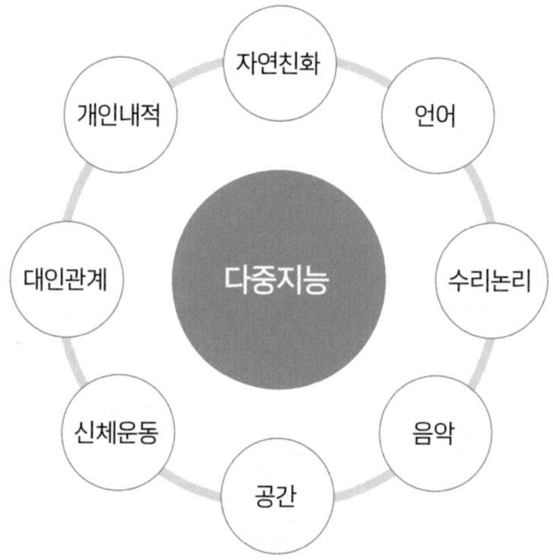

그림 10-3 Gardner의 다중지능이론

한 민감하게 반응하고 다룰 수 있는 능력이다. 신체운동지능은 신체움직임을 능숙하게 조절하고 신체의 일부분을 활용하여 자유자재로 표현할 수 있는 능력이다. 대인관계 지능은 타인의 기분, 동기, 정서를 구분하고 이끌어주는 능력이며 개인내적지능은 자신의 감정을 잘 파악하여 정서를 조절하는 능력이다. 마지막으로 자연친화 지능은 다양한 종을 구분하고 종 사이의 관계성을 규정할 수 있는 능력이다(Amostrong, 2000).

이러한 능력은 말 그대로 '기능과 효율성'에 초점을 둔다. 즉, 자신이 어떤 일을 맡았을 때 상황에 관계없이 남들보다 잘할 수 있는가를 의미한다. 다중지능이론에서는 지능이 후천적으로 학습이나 다양한 활동을 통해 변화 가능한 능력으로 이해한다. 즉, 인간의 지능이 IQ 및 EQ와 같은 단순한 지적능력이 아닌 여러 가지 다양한 지능으로 구성되어 상호협력하고 있다고 본다.

2) Sternberg의 지능삼원론

Sternberg(1985)는 지능을 인지적 관점에서 보고 지능을 '개인의 삶과 관련된 주변 환경에 대한 적응, 선택, 형성을 지향하는 정신적 활동'이라고 정의하였다. 그는 문제를 해결하거나 지식을 획득할 때같이 일상에서 지능의 기능에 관심을 가지고 지능삼원론을 주장하였다. 지능삼원론은 분석적 지능, 경험적 지능, 실제적 지능으로 나누어지며 세 가지 모두 조화롭게 작용해야한다고 주장하였다.

분석적 지능. 분석적 지능은 새로운 지식을 얻고 지적 활동과 연관된 지능이다. 분석적 지능은 학업 영역에서의 지능과 일치하며 분석, 평가, 판별하는 능력과 관련이 있다. 따라서 분석적 지능은 과거부터 알려졌던 지능 개념과 가장 유사하다. 이 지능은 메타요소, 수행요소, 지식습득 요소라는 세 가지 요소로 구분되어 있다. 메타요소는 문제를 해결하는데 인간의 정신과정을 통제하고, 제어하는 요소로서 일을 진행할 때 계획하고 점검하며 평가한다. 수행요소는 메타요소의 하위요소로서 메타요소가 세운 계획을 실행으로 옮기고자 하며, 과제 입력, 추론, 비교, 정당화를 한다. 마지막 지식습득요소는 메타요소와 수행요소로 인해 얻은 새로운 정보를 활용하는 방법을 습득하는 요소이다. 지식습득요소는 선택적 부호화, 선택적 조합, 선택적 비교를 한다.

경험적 지능. 경험적 지능은 일상생활에서 경험의 역할을 강조하며 이에 따라 새로운 상황에 대처하는 능력이다. 이 지능은 문제 상황을 효율적으로 다루기 위한 해결책을 찾는 능력으로서 상황에 따른 행동과, 상황에 대한 경험의 양 간의 관계를 처리한다. 경험적 지능은 참신성과 자동화를 다루는 능력으로 구성되어 있다. 참신성은 새로운 상황에 방법을 찾고 독창적으로 대처하는 능력이며 자동화는 이러한 상황이 여러 번 수행된 후 추가적인 인지적 노력 없이 처리할 수 있는 능력이다. 경험적 지능이 높은 사람은 매우 창의적인 사람이 될 수 있다.

실제적 지능. 실제적 지능은 개인이 당면하는 문제에 자신의 지능을 적절하게 적용하는 능력을 의미한다. 이 지능은 외부환경이나 일상생활에서 활용 가능한 실용적인 능력을 의미한다. 실제적 지능은 살아가는데 있어서 환경에 적응하기 위해 경험하고 습득하는 지능이다. 누군가의 가르침으로 인해 지식을 얻는 것이 아닌 일상적인 경험이나 생활 속 상식들을 통해 얻을 수 있다. 실제적 지능을 통해 개인은 자신이 원하는 환경을 선택하거나 이러한 환경을 조성할 수 있다.

3. RS-다중지능검사의 구성요소

RS-다중지능검사는 Gardner의 다중지능이론에 기초하여 만들어졌다. 그는 인간의 지능이 단일한 것이 아닌 여러 가지 능력으로 구성되어있다고 주장하였다. 그에 따라 본 검사는 지능을 여덟 가지 유형으로 나누었으며 언어지능, 수리논리지능, 음악지능, 공간지능, 신체운동지능, 대인관계지능, 개인내적지능, 자연친화지능으로 구분된다. 본 검사를 통해 개인의 강점을 파악하고 그와 관련된 직업을 탐구해 볼 수 있다.

1) 언어지능

언어지능은 문법과 어휘인식, 글의 맥락과 논리적 흐름을 파악하는 능력, 유창하게 어휘를 구사하는 능력을 의미한다. 언어지능은 전반적인 언어를 활용하는 능력이기에 외국어를 습득하는 능력도 포함되어 있다. 이 지능은 단어의 소리, 의미에서의 감수성이나 언어의 여러 기능에서 예민하게 구분할 수 있다. 또한 읽기, 토론, 낱말 맞추기 등을 잘하며 다양한 단어를 잘 활용하여 표현하거나 문학작품에 대한 기억력이 우수하다. 언어지능은 어휘읽기, 듣기, 작문, 토론, 논쟁 등의 학습방법을 활용가능하다. 언어지능의 하위요소는 말하기, 쓰기, 읽기, 듣기이며 소설가, 변호사나 웅변가와 같은 직업이 적합이다.

2) 수리논리지능

수리논리지능은 다양한 숫자와 관련된 문제를 인식하고 부호화 하는 능력이 우수하다. 다양한 요소들을 분류, 범주화할 수 있는 논리적 사고, 가설을 논리적으로 풀어나가는 능력을 의미한다. 이 지능은 논리적 문제나 방정식을 풀어가는 과정에 흥미를 가진다. 또한 논리적 과정이 필요한 문제를 보통 사람들보다 빠른 속도로 해결한다. 문제 파악에 있어서는 체계적이고 객관적인 방법을 사용한다. 수리논리지능은 과학자, 수학자와 같은 직업이 적합하다.

3) 음악지능

음악지능은 박자를 인식할 수 있는 능력, 악기와 악보를 인식하는 능력, 작곡의 원리를 이해하는 능력이 뛰어나다. 음악지능은 음악, 곡조, 멜로디에 대한 인식과 민감성이 높게 나타난다. 또한 악기 연주를 하거나 지휘, 음정에 맞춰서 정확하게 노래 할 수 있다. 그리고 음악의 형태를 잘 파악하고, 음악의 종류를 잘 구별할 수 있다. 음악지능은 기존의 음악을 다른 형태의 음악으로 변화시켜 자신의 생각이나 감정을 표현할 수 있다. 음악지능은 가수, 작곡가, 연주자와 같은 직업이 적합하다.

4) 공간지능

공간지능은 원근, 방향, 길이와 같이 3차원 공간을 입체감 있게 인식하거나 표현할 수 있는 능력이나 평면에 공간적인 특성을 표현할 수 있는 능력이다. 공간지능은 색깔, 선, 형태, 공간 등 이들 간의 관계에 대한 뛰어난 민감성과 시각 능력을 가지고 있다. 이들은 도표, 지도, 그림 등으로 자신의 생각을 잘 표현하고, 시각적으로 나타낼 수 있는 그리기, 만들기 등을 좋아한다. 또한 숫자를 익히는 것에 강하다. 공간지능이 높은 사람들은 그림을 통해 생각하고 시각 세계를 정확히 인식하며, 그 인식한 것을 자신만의 시각적 경험으로 재현할 수 있다. 공간지능은 조각가, 조종사, 건축가와 같은 직업이 적절하다.

5) 신체운동지능

신체운동지능은 운동을 할 때 힘, 속도 등 필요한 요소를 적절하게 조절해 균형감각 있게 활용할 수 있는 능력, 도구를 유용하게 활용하거나 신체를 효율적으로 활용하는 능력이다. 이 지능은 생각이나 느낌을 신체표현으로 나타내는 능력이 뛰어나다. 손으로 무언가를 활용하는 능력이 뛰어나며 손재주가 좋다. 몸의 균형 감각이 다른 사람들보다 발달하였으며 소근육과 대근육을 상황에 맞게 적절히 활용한다. 신체운동지능은 운동선수, 조각가, 무용가, 외과의사와 같은 직업이 적합하다.

6) 대인관계지능

대인관계지능은 다른 사람들의 기분, 감정, 동기 등을 식별하고 구분할 수 있는 능력과 대인관계에서 나타나는 여러 가지 다양한 비언어적 신호, 단서, 암시 등을 구분하고 효율적으로 대처하는 능력이다. 이 지능은 다른 사람들과 상호작용하고 그들의 행동을 해석하는 능력이 뛰어나다. 다른 사람의 특성이나 상황을 정확하고 빠르게 파악하는 민감성을 가진다. 전반적으로 타인에 대한 관심이 많고, 집단의 갈등상황에서 문제 해결에 대하여 능숙하게 리더십을 발휘한다. 상대방의 기분을 이해하고 배려하며 공감하는 능력이 뛰어나다. 타인의 동기, 의도를 고려해 상대방의 관점에서 인식한다. 이 지능은 정치인, 상담사, 교사와 같은 직업이 적합하다.

7) 개인내적지능

개인내적지능은 감정을 조절하고 통제하며 이를 발전시키는 능력이다. 이들은 자신의 미래 목표를 위해 감정과 행동을 적절하게 조절할 수 있다. 개인내적지능은 자기 자신을 이해하고 받아들일 수 있는 인지능력을 가지고 있다. 이들은 자신의 상단점을 파악하고 자신의 목표를 위한 효과적인 계획을 잘 세운다. 또한 대인 관계에 있어서 자아를 통제하여 행동할 수 있는 능력이 뛰어나다. 개인내적지능은 작가, 예술가, 종교지도사와 같은 직업이 적절하다.

8) 자연친화지능

자연친화지능은 동, 식물의 특성이나 행동에 관심을 갖고 능숙하게 다루는 능력이다. 이들은 동, 식물이 직면한 문제를 빠르게 파악하며 상황에 따라 해결할 수 있는 능력을 가지고 있다. 자연친화지능은 동물이나 식물 채집, 관찰을 좋아하며, 이를 구별하고 분류하는 능력이 뛰어나다. 여러 종들 간의 관계나 특징을 파악하고 밝힐 수 있다. 자연친화지능은 수의사, 사육사, 지질학자, 농부와 같은 직업이 적절하다.

4. 결론

지금까지 RS-다중지능검사에 대하여 알아보았다. RS-다중지능검사는 Gardner의 다중지능이론 8가지 유형을 기반으로 한다. 이 8가지 유형은 언어, 수리논리, 음악, 공간, 신체운동, 대인관계, 개인내적, 자연친화로 구성되어있으며 인간의 지적 능력에 대한 폭넓은 이해가 가능하게 하고 개인의 특성에 맞는 다양한 지적 능력을 개발하게 할 수 있다. RS-다중지능검사는 단순한 지적능력검사들과는 다르게 인간의 지능에 대한 폭넓고 다양한 가능성을 알아볼 수 있다. Gardner는 모든 사람들은 8가지의 지능영역을 모두 가지고 있으며, 적절한 환경에 따라 각 영역을 개발할 수 있다고 보았다. 따라서 본 검사를 통하여 자신의 지능 중 어떤 영역이 높은지 알아낼 수 있으며 자신의 강점을 개발하고 약점을 보완하여 잠재력과 가능성을 극대화할 수 있다.

III. 적성의 흥미 차원

자신에게 알맞은 직업을 갖기 위해서는 그 직업이 자신의 흥미와 일치할 필요가 있다. 흥미는 선호하는 일과 행동을 의미한다. '선호하는 일'의 의미는 개인이 그 일을 함으로서 기쁨과 행복감을 느끼는 것이다. 따라서 흥미가 오래 지속되는 일을 하는 사람은 상대적으로 높은 수준의 직업만족도를 가지고 있을 것으로 예상할 수 있다. 그러나 흥미요인은 성격, 능력과 같은 요인과 완전히 다른 것으로 측정하기 어렵다. 왜냐하면 성격 속에 흥미가 포함되어 있기 때문이다. 성격이 인간행동의 전반적 원리를 설명한다면, 흥미는 성격의 한 부분으로서 작용한다. 예를 들어 외향적인 성격의 사람은 주변 사람을 만나거나 대화하는 것을 선호할 수 있고, 야외활동도 선호할 수 있는데, 이는 성격 안에 흥미요소가 동시에 나타나는 것이다. 이 장에서는 직업흥미검사의 개념과 그 목적에 대해서 알아보고자 한다. 그 다음으로 직업흥미검사의 이론적 배경이 된 연구와 검사를 살펴본다. 그 다음으로는 RS-직업흥미검사에서 다루는 영역별 의미와 특징을 알아본다.

1. 직업흥미검사의 개념

흥미는 '선호하는 일과 행동'을 뜻한다. 여기서 '선호'는 그 행동을 하였을 때 행복감을 느끼고 즐거운 것을 뜻한다. 직업에 대한 흥미는 이러한 개인의 흥미가 직무에 반영되는 것으로서 자신의 직업적 흥미가 자신의 업무를 원활하고 성공적으로 수행하도록 동기부여를 한다. 따라서 개인의 직업흥미는 업무능력과 정적인 상관관계를 가진다. Holland(1973)는 성격의 특성을 진로와 관련하여 직업흥미검사를 구성하였다. 그는 "직무 선택은 성격 표현이다."라고 말하며 사람들은 자신의 성격과 비슷한 직무를 선택하며 이러한 직업흥미는 성격의 일부로서 표현된다고 주장하였다.

직업흥미검사는 Hollnad 이론에 입각하여 만들어졌으며 실재형(R), 탐구형(I), 예술형(A), 사회형(S), 기업형(E), 관습형(C)으로 구성되어 있다. 이 유형들은 자신을 둘러싼 문제를 다루는데 필요한 태도와 기술을 각기 다르게 가지고 있다. 직업흥미검사에 따른 성격유형은 자신에게 부여된 과업을 대처하는 방식이나 유사한 직무의 사람들의 성격특성을 파악할 수 있다. 또한 자신에게 적합한 직무의 종류를 알고 자신에게 적합한 작업환경을 알아볼 수 있다.

직업흥미검사는 졸업을 앞두고 있거나 구직중인 사람들, 그리고 자신의 진로를 확실하게 정하지 못한 사람들에게 유용하다. 뿐만 아니라 진로흥미검사는 이러한 진로탐색 과정에서 자신에게 적합한 삶의 스타일을 파악하고 그에 맞는 직무를 찾는 것이 목적이다. 즉, 삶의 전반에 있어서 방향을 설정하는 것과 관련이 있다.

2. 직업흥미검사의 이론적 배경

직업흥미검사는 직업 심리학자인 Holland의 직업선택이론에 반영되어 있는 6개의 분류로 검사자의 흥미에 관한 전반적인 전망을 제공한다. 본 장에서는 Holland의 직업선택이론의 특징과 구성 대해 알아보고, 직업선택이론을 근간으로 하는 또 다른 검사인 STRONG검사에 대하여 알아본다.

1) Holland의 직업선택이론

미국의 직업심리학자인 Holland는 직무에 따른 사람들의 성격적 특질과 업무환경을 분석하여 그에 따른 공통점을 발견하고 여섯 가지 유형으로 구분하였다. 그는 동일한 직업에 종사하는 사람들은 비슷한 성격 특성을 가지고 있으며, 삶의 패턴과 유형, 주변 사람들, 여가활동과 같이 업무 이외의 상황에서도 유사한 방식으로 행동한다고 주장하였다.

Holland(1997)에 따르면 직업선택이론은 네 가지 가정을 기초로 한다. 첫째, 사람들을 여섯 가지의 유형 중 하나로 설명할 수 있다. [그림 10-3]에서 보듯이, 여섯 가지 유형은 현실형, 탐구형, 예술형, 사회형, 진취형, 사무형이다. 둘째, 사람뿐만 아니라 환경 역시 여섯 가지로 구분할 수 있다. 이 환경은 현실형, 탐구형, 예술형, 사회형, 진취형, 사무형으로, 일반적으로 자신의 성격유형과 일치하는 환경에서 살아간다. 셋째, 사람들은 자신의 기술과 재능을 발휘하고, 자신의 개성과 가치를 표현하고, 자신에게 맞는 역할을 수행할 수 있는 환경을 찾는 경향이 있다. 마지막으로, 성격과 환경의 상호작용에 의해 개인의 행동이 결정된다. 사람들의 성격과 직업 환경에 대한 지식은 진로선택, 직업 성취와 같이 중요한 결과를 예측할 수 있다.

현실형의 사람들은 객체 지향적이며 구체적이고 현실적인 문제들을 추구한다. 탐구형의 사람들은 새로운 이론들의 발견하고 분석하는 등 학문적인 분위기를 선호한다. 예술형의 사람들은 심미적인 자질과 창작활동에 가치를 두며 다양한 예술 활동 참여를 좋아한다. 사회형의 사람들은 다른 사람과의 상호작용을 좋아하고 다른 사람에게 지지하고 공감하는 것을 선호한다. 그리고 진취형의 사람들은 권력과 지위를 추구하며 개인이나 조직의 목적을 위해 다른 사람을 지도, 통제하는 활동을 선호한다. 마지막으로 사무형의 사람들은 지도적인 위치보다는 체계적이고 구체적인 작업을 선호한다.

2) STRONG검사

STRONG검사는 1927년 미국의 직업심리학자인 E.K STRONG에 의해 처음 개발한 이후,

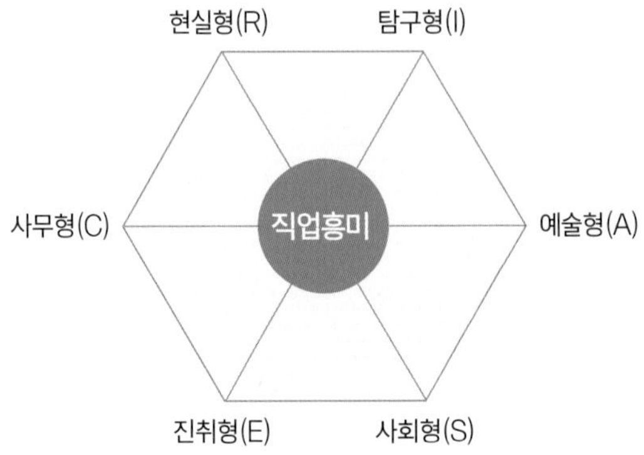

그림 10-4 Holland의 직업흥미유형

관련 이론의 개발과 더불어 끊임없이 변화해 왔다. 이 검사는 다양한 직업적 특징과 개인적 흥미간의 관계를 파악할 수 있는 흥미검사이다. STRONG 검사는 개인의 가치와 직무스타일, 적합한 환경, 업무 상 선호하는 인간관계 등과 관련 있는 척도별 점수(GOT, BIS, PSS)를 제공한다.

Strong은 특정 직무에 따라 유사한 흥미 패턴이 있다고 주장하며 이러한 흥미패턴을 구체적으로 알아보고자 하였다. STRONG검사는 앞서 말한 바와 같이 3가지 척도로 구분되어 있다. 우선 일반직업분류 척도인 GOT(General Occupational Themes)와 기본흥미척도인 BIS(Basic Interest Scales), 마지막으로 개인특성척도인 PSS(Personal Style Scales)로 구성되어 있다. 이를 통해 개인의 전반적인 흥미를 탐색해보고 이 흥미가 직무와 어떻게 관련되어 있는지, 그리고 이러한 발견들을 통해 개인의 진로와 직업탐색에 어떻게 활용할 수 있는지 살펴볼 수 있다.

일반직업분류척도(GOT). 일반직업분류척도의 점수는 개인의 흥미와 직무성향에 대한 전반적인 정보를 제공한다. GOT에서 점수가 높으면 그 사람이 선호하는 활동이나 주된 관심영역, 적합한 직무환경과 동료로써 적합한 성격과 같은 광범위한 유형의 정보를 제시해준다. 따라서 개인이 어떤 직무를 적합하고 편안하게 느끼는지, 어떤 동료와 일을 할 때 호흡이 좋은지 파악하기 위해서 GOT점수를 사용할 수 있다.

기본흥미척도(BIS). 기본흥미척도는 일반직업분류(GOT) 6가지 영역에 따른 25개의 세부항목으로 각 흥미유형에 적합한 직무유형과 특징을 세분화하여 나타냈다. BIS는 STRONG 검사의 결과로 측정된 개인의 흥미유형에 대하여 구체적인 직무유형 뿐 아니라 관련 직업, 흥미에 따른 여가활동 등 다양한 요소들을 세분화하여 제공한다.

개인특성척도(PSS). 개인특성척도는 업무, 학습, 사람, 모험심 등 일상생활과 연관된 4개의 척도로 구성되어 있다. 일반직업분류척도(GOT)나 기본흥미척도(BIS)에 부가적인 설명을 하거나 추가로 강조할 것이 있을 경우 활용할 수 있으며, GOT 및 BIS와 함께 해석하여 직업 선택의 범위를 좁힐 수 있다. PSS를 통해 자신의 직무 만족도을 향상시키거나 업무 습관을 올바르게 익히는데 도움을 줄 수 있다.

3. RS-직업흥미검사

RS-직업흥미검사는 Holland의 여섯 가지 흥미 유형에 따라 구성되었다. 흥미유형은 현실형(R), 탐구형(I), 예술형(A), 사회형(S), 진취형(E), 사무형(C)로 나누어져 있다. 이러한 유형은 진로와 직업 관련해서 좋아하는 활동과 가치, 성격이 무엇인지, 그리고 자신의 흥미에 맞는 직업이 무엇인지 알아봄으로써, 직업적 성격유형을 찾는데 도움을 줄 수 있다. 본 장에서는 각 유형의 특징과 그에 따른 직업이 무엇이 있는지 살펴보고 장점과 단점에 대해 알아본다.

1) 현실형(R)

현장형은 실용적이고 검소한 성격을 가지고 있다. 이들은 신체적으로 건강하며 단순하다. 또한 질서정연하며 상식을 중요시한다. 현실형은 연장, 기계, 도면과 같은 것을 활용하는 기술에 적합하다. 또한 동식물을 잘 다룰 수 있다. 이들의 주 관심영역은 기계, 공구, 실외활동, 장비활용, 건설 등이 있다. 이들은 누군가를 가르치거나 치료하는 활동과 같이 사회적 활동을 좋아하지 않는다. 또한 현실형의 경우 주로 기계를 다루는 기술자 또는 운동선수, 정비사엔지니어, 정비사와 같은 직업이 대표적이며 컴퓨터 공학, 농학, 지질학, 환경계열의 전공이 특징이다.

2) 탐구형(I)

탐구형은 탐구심이 많고, 논리적, 분석적이다. 이들은 지적 호기심이 많으며 새로운 이론에 대하여 가설을 세우고 사실관계를 밝히고자 한다. 사물이나 자료를 분석하고 연구하는 것에 가치를 두고 있다. 탐구형은 분석적이고 비판적이며 내성적이다. 또한 신중하고 정확한 모습을 보인다. 이들은 문제를 해결하거나 수학이나 과학같이 학문적으로 실험하며 탐구하는 것에 가치를 두고 있다. 그러나 이들은 사회적인 관계를 선호하지 않으며 지나치게 반복적인 일에는 쉽게 지루해한다. 합리적이고 지적인 유형이며 이에 따라 새로운 사물이나 현상에 기초한 이론적 공헌을 하기도 한다. 탐구형의 경우 과학자, 수학자, 물리학자, 사회학자, 심리학자와 같은 직업이 대표적이며 의학이나 이학, 과학과 같은 계열을 특징으로 갖는다.

3) 예술형(A)

예술형은 상상력이 풍부하고, 감정적이다. 이들은 자유분방하고 개방적이다. 따라서 독창적인 사고를 한다. 이들은 예술작품을 만들거나 자신의 생각을 예술로 표현하고자 한다. 예술성은 변화, 창의성, 다양성을 선호하며 다양한 예술 활동을 통해 자신의 감정을 표현하고자 한다. 자유롭고 개성이 강하며 무질서하고 혼란스러운 모습을 보이기도 한다. 또한 충동적이며 직관적인 단점을 가지고 있다. 예술형은 체계적이고 관습적인 업무에 흥미가 없다. 이 유형은 예술가, 음악인, 드라마작가, 소설가와 같은 직업이 대표적이며 예술, 음악, 미술, 창작과 같은 계열을 특징으로 갖는다.

4) 사회형(S)

사회형은 사람들과 어울리기 좋아하고, 친절하다. 공감을 잘하며 감성적이다. 이들은 조화, 관용, 봉사에 큰 관심을 두고 이상적인 사람들이다. 또한 다른 사람에 대한 이타심이 강하여 지역사회의 봉사활동이나 단체활동과 같은 활동에 큰 관심을 가진다. 이들은 사람들과 어울리기를 좋아한다. 또한 주변 사람들에게 상냥하며 친절하다. 하지만 기계나 사물을 다루거나 체계화된 업무에 흥미가 없다. 사회형은 다른 사람을 가르치거나 정보를 제공하거나 사회의 문제를 해결하는 것과 같은 서비스정신을 가지고 주변에서 존중받기에 적절하다. 교사, 간호사, 사회복지사와 같은 직업이 대표적이며 간호학, 교육학, 치료학, 사회사업과 관련된 계열을 특징으로 갖는다.

5) 진취형(E)

진취형은 지배적이고 통솔력을 가지고 있다, 언변이 뛰어나며 설득력이 높다. 이들은 외향적이고 열정적이며 모험심이 강하다. 진취형은 목적을 달성하기 위해서 그 과정을 주체적으로 계획하고 주변사람들을 관리하고 지휘하는 일을 선호한다. 그리고 그에 따른 명예와 인정을 추구한다. 진취형은 리더십을 가지고 있으며 사회, 정치 분야에 관심이 많지만 논리적이거나 상징적인 활동에는 관심이 적다. 이들은 지략가적인 면모를 가지고 있으며 어려운 일에 있어서도 도전적이다. 진취형은 사업가, 정치인, 판사와 같은 직업이 대표적이며 법학, 마케팅, 정치, 조직관리와 관련된 계열을 특징으로 갖는다.

6) 사무형(C)

사무형은 정직하고 체계적이며, 조심성이 있고 세밀하다. 이들은 변화를 추구하지 않으며 원칙과 계획에 따른 업무를 선호한다. 사무형은 효율성과 능률을 중요시하며 자신이 맡은 일에 책임감이 강하다. 또한 원칙에 따라 데이터를 처리하거나 계산적인 업무를 선호한다. 숫자를 다루는 것에 능숙하고 꼼꼼하다. 이들은 직업적으로 안정적인 것을 선호하기에 모험적이거나 비체계적인 활동은 선호하지 않는다. 사무형은 융통성이 부족하고 보수적이라는 단점이 있다. 사무형의 경우 투자분석가, 회계사, 은행원, 사무행정관과 같은 직업이 대표적이며 재무, 회계, 행정, 경제학, 경영과 관련된 계열을 특징으로 갖는다.

4. 결론

지금까지 RS-직업흥미검사에 대하여 알아보았다. RS-직업흥미검사는 Holland의 직업선택이론을 기반으로 구성되어있다. Holland는 대부분의 사람들이 여섯 유형 중 하나로 분류될 수 있으며 여섯 종류의 환경이 있다고 주장하였다. RS-직업흥미검사는 6개의 유형으로 구성되어있다. 6개의 유형은 현실형, 탐구형, 예술형, 사회형, 진취형, 사무형으로 나누어져 있다. 본 검사를 통해 자신의 흥미가 무엇인지 알아보고 그에 맞는 직업선택에 도움을 줄 수 있다.

IV. 적성과 가치관

직업에 대한 적성은 그 개인이 추구하는 가치에 따라서 달라질 수 있다. 일반적으로 생각할 수 있는 직업가치관은 경제적 가치, 사회적 가치, 자아실현의 가치, 타인봉사의 가치 등인데, 그중 어디에 가치를 두느냐에 따라 추구하는 직업이 달라질 수 있다. 예를 들어 '경제적 지위'를 자신의 직업적 가치로 설정하면, 그 사람은 경제적 가치에 중점을 두고 직업을 선택할 것이다. 이처럼 직업가치관은 직업과 관련된 다양한 욕구 및 가치들에 대해 각 개인이 상대적으로 무엇을 얼마나 더 중요하게 여기는가에 대한 정보를 제공함으로써 진로선택 및 진로상담 과정에서 매우 중요한 의미를 갖는다. 이에 따라 본 장에서는 직업가치관의 정의와 특성에 대하여 살펴보고자 한다. 먼저 직업가치관검사의 개념과 목적을 알아본다. 그 다음으로 직업가치관검사와 관련된 연구들을 살펴본다. 그 다음으로는 RS-직업가치관검사에서 다루는 요소별 특징을 살펴본다.

1. 직업가치관검사의 개념

진로적성에서 기본적으로 개인의 특성과 일치하는 직업을 가졌을 때, 가장 큰 만족도와 성취감을 느낄 수 있다. 흔히 개인의 특성을 고려한다고 하면, 흥미와 적성을 중심적으로 생각할 수 있으나 가치가 흥미보다 더욱 근본적인 의미를 가지며 개인의 진로선택과 밀접하게 관련이 있다.

Super(1973)는 진로적성에서 가치가 흥미보다 더욱 본질적이고 자신의 인생에서 원하는 것을 확인하는 것이 그러한 가치와 관련된 분야나 활동을 선택하는데 도움이 된다고 주장하였다. 진로 선택 및 직업만족에서 가치의 중요성은 일반적으로 가치 중심적 접근 모델로 강조되는 경향이 있다. 이 모델에서는 개인의 흥미는 개인의 내적 가치에서 시작하며 이러한 가치는 매우 근원적이며 크게 영향을 미친다는 것이다(Dawis & Lofquist, 1984).

2. 직업가치관검사의 이론적 배경

RS-직업가치관검사는 Spranger의 가치관 유형에 근거한다. 아래에서는 Spranger의 가치관 유형이 어떠한 이론적 근거에 의한 것인지 알아볼 것이다. 구체적으로 가치관 유형이 생겨난 Spranger의 심리학이 무엇인지 살펴보고 그가 추구했던 심리학과 가치관의 종류, 가치관에 따른 인간의 주요 유형을 알아볼 것이다.

1) Spranger의 심리학

Eduard Spranger는 독일의 철학자이자 교육학자이다. Spranger는 Wilhelm Dilthey의 영향으로 처음에는 역사철학을 연구하였으나, 점차 심리학과 교육학에 관심을 가지게 되었다. Spranger(1928)는 심리학이 자연과학에서 주장하는 심리학과는 구분되며 정신이 개인의 일상생활에서 나타나는 방식에 따라 여섯 가지 유형으로 구분된다고 주장하였다. 개인은 하나의 유형에만 속하지 않을 수 있으며 여러 유형에 걸쳐 복합적인 가치관을 가질 수 있다고 주장하였다. 이러한 가치관 유형을 이론형, 경제형, 심미형, 사회봉사형, 정치형, 종교형 등 6가지로 구분하였다. 유형에 따라 세상을 바라보는 개인의 태도와 세계관을 파악할 수 있다.

2) Spranger의 가치관 유형

Spranger의 가치관 유형에는 여섯 가지가 있다. 그중 심미형, 사회봉사형, 종교형은 내적 가치관이며, 이론형은 중립적 가치관, 정치형과 경제형은 외적 가치관 유형이다. 내적 가치관을 추구하는 가치유형은 지금까지 언급한 성격, 능력, 흥미검사에서 개인의 흥미나 성격요인에 비중을 두고 있다. 외적 가치를 추구하는 유형은 능력요인에 비중을 두고 해석한다. 마지막으로 내적, 외적 가치를 합해서 추구하는 중립적인 가치관은 세 요인을 같은 비중에 두고 해석한다.

Spranger의 6가지 가치관 유형 중 이론형은 사물의 진리를 탐구하고 가르치는 일에 보람을 느끼는 유형으로, 내적가치와 외적가치가 통합적으로 작용한다. 경제적 유형은 경제적 활동에 큰 비중을 두는 유형으로 외적 가치관을 가지고 있다. 심미적 유형은 다른 어떤 것보다 아름다움을 추구하는 것이 중요하다고 여기며 내적가치관을 가지고 있다. 사회봉사형은 다른 사람을 사랑하고 사회의 발전과 복지를 위해 일하는 것을 최고의 가치로 여기며 내적 가치관을 가지고 있다. 정치적 유형은 권력을 가지고 다른 사람을 통제하고 관리하는 것을 최고의 가치로 여기는 외적가치관 유형이다.

3. RS-직업가치관검사

RS-직업가치관검사는 Spranger의 가치관 유형에 따라 인간의 유형을 이론형, 경제형, 심미형, 사회봉사형, 정치형, 종교형인 6가지로 구분하여 측정한다. 다음에서는 각각의 6가지 유형에 대하여 자세히 알아볼 것이다.

그림 10-5 Spranger의 6가지 가치관 유형

1) 이론형

이론형은 중립적 가치관으로서 진리를 추구하고 추상적인 가치를 중요시한다. 또한 세상을 논리적인 시각에서 보며 이론을 추구하는 타입이다. 이론형은 모든 일에 대하여 논리적 사고를 통해 판단하는 것을 좋아한다. 또한 이 판단의 기준은 이치와 사리에 맞는지를 보고 기준에서 벗어나는 것을 싫어한다. 이론형은 지식을 추구하는 것을 중요시한다. 객관적이고 논리적인 것을 좋아하기에 과학을 중심 가치분야로 여긴다. 또한 가장 중요하게 생각하는 것이 진리를 탐구하는 것으로서 지식을 얻고 이론화하고, 체계적으로 구축하는 것을 목표로 한다.

이론형의 주변 사람에게 공감을 하거나 이해하는 능력이 서툴기 때문에 대인관계에서 어려움을 겪을 수 있다. 이론형의 사람들은 적응력이 부족할 수 있다. 이론형 인물은 사람들과의 이해관계에서 비판적이고 이성적인 태도를 보인다. 게다가 지식과 이론을 일반화하려고 하기에 전체적으로 특이점이나 특별한 요인들을 인식하지 못하는 경우가 있다. 이론형 가치관의 사람들이 선호하는 직업은 과학자, 연구원, 교사 등이 있다.

2) 경제형

경제형은 외적 가치관으로서 현실적으로 사고하고 전반적인 행위의 가치를 경제적인 효과에 둔다. 이들은 힘에 큰 가치를 두고 주요 가치 영역은 경제 분야이다. 경제형 가치관의 사람들은 부자가 되는 것을 목표로 경제적 성공에 매우 관심이 많다. 이들은 사업가과 같은 면모를 가지고 상당히 현실적이며 실용적인 모습을 보인다. 특히 다른 사회적인 가치관보다 경제적인 면에서의 성공을 원하며 대부분의 판단 기준이 돈에 기반을 두고 있다.

경제형 가치관은 종종 다른 가치들과 충돌한다. 특히 경제형 가치가 높은 사람은 인간관계도 이해관계로 생각하는 경향이 있기에 냉정해보이기도 하며 돈을 쉽게 쓰지 않아 인색하다고 불리기도 한다. 경제형 가치관의 사람들이 선호하는 직업은 투자분석가, 무역가, 기업인, 사업가 등이 있다.

3) 정치형

정치형은 외적 가치관으로서 다른 사람을 관리하는 것을 주된 행동목표로 두고 전체 조직을 움직이는 것에 가치를 두는 유형이다. 이들은 주변 세상을 지배와 피지배 관계로 구분하여 생각한다. 또한 권력과 인정에 대한 욕구가 커서 다른 사람을 지휘하거나 감독하는 것을 좋아한다. 정치형은 정치적인 분야뿐만이 아닌 여러 다양한 분야에서도 이러한 가치를 추구한다. 이들의 인생에 있어서 대부분은 개인의 명성과 영향력을 얻기 위해서 행동하고 그러한 성공을 위해 적극적으로 도전하고 노력한다.

정치형은 삶을 힘과 권력을 얻기 위한 수단으로 생각하며 투쟁을 삶의 일부라고 생각한다. 이에 따라 주변 사람들도 단순하게 목적을 위한 수단으로만 생각한다는 단점이 있다. 권력을 가졌을 때 자기과시욕이 강하다. 경제형의 가치관의 사람들이 선호하는 직업은 정치인, 총리, 국회의원, 지도자 등이 있다.

4) 심미형

심미형은 아름다움을 추구하는 것을 중점적인 가치로 둔다. 심미형은 내적 가치관을 추구하며 주된 가치분야는 예술이다. 이들은 자신의 감정과 표현을 예술로 승화시키고자 하며 다른 사람들보다 예술적 판단에 더 민감하다. 심미형 사람들은 아름답게 살고 싶어 하며 미적 경험과 가치에 따라 판단한다. 이상주의적이고 자유로운 경향을 가졌으며 사리사욕과 같은 개인의 이기심이나 욕심을 싫어한다.

심미형은 전체적으로 사회적인 변화에 관심이 적다. 이들은 계획된 일을 싫어하며 만약 현실적인 문제가 있을 경우 이를 도피하고자 한다. 또한 환경에 있어서 예술적으로 표현하고 적응하는 것이 다른 사람들에게는 독특하게 보일 수도 있다. 심미형의 사람들이 선호하는 직업은 예술가, 화가, 디자이너, 성악가 등이 있다.

5) 사회봉사형

사회봉사형은 내적 가치관 유형으로서 다른 사람에게 많은 관심을 가지고 인간관계와 의사소통에 가치를 두는 타입이다. 이들은 사람들에게 사랑을 주고 서로 돕고 살아가는 세상에 관심을 가지고 인간관계가 단순한 이해관계가 아닌 지속적으로 교류하며 사회진보와 복지를 위해 전념하고 스스로 헌신해야 한다고 생각한다. 이들은 사회적인 차별 없이 모두 소중한 삶과 가치를 가졌다고 생각한다.

사회봉사형의 단점으로는 주변사람들의 말이나 행동에 쉽게 휘둘린다는 것이다. 또한 결단력이 없는 모습을 보이기도 한다. 이들은 객관적이거나 이론적 지식에는 큰 관심이 없다. 사회봉사형 가치관은 사람들끼리 협동하는 것을 중요시하기에 인간관계 속에서 대인간 의사소통과 관련된 업무에 적합하다. 사회봉사형의 사람들이 선호하는 직업은 상담사, 사회복지사, 의사, 간호사 등이 있다.

6) 종교형

종교형은 내적 가치관유형으로 종교적인 가치에 따라 행동하고 성스러운 것을 추구한다. 이들에게 신앙심은 삶을 살아가는 가치이며 삶에 있어서의 정신적 의의를 찾고자 한다. 다른 사람의 행복을 생각하며 성실한 모습을 보인다. 이들의 행동은 신에 대한 봉사를 뜻하며 초자연적이고 절대적인 것을 숭배한다.

종교형의 사람들이 지나치게 가치에 심취할 경우 이성을 잃고 무비판적으로 종교를 숭배할 수 있다. 이러한 행동으로 주변사람에게 피해를 줄 수 있으며 자신의 삶을 잃어버리게 될 수 있다. 종교형 가치관의 사람들은 특정 종교적 가치관에 따라 적합한 직업이 있다. 종교형의 사람들이 선호하는 직업은 목사, 신부, 스님 등과 같은 종교와 관련된 직업이 있다.

4. 결론

지금까지 RS-직업가치관검사에 대하여 알아보았다. RS-직업가치관검사는 Spranger가 제시한 인간의 주요 가치관 유형인 이론형, 경제형, 심미형, 사회봉사형, 정치형, 종교형인 6가지로 구성되어 있다. 그 중 심미형, 사회봉사형, 종교형은 내적 가치관이며 이론형은 중립적 가치관, 정치형과 경제형은 외적 가치관 유형이다. 본 검사를 통하여 자신이 외적, 내적, 중립적 가치관 중 어디에 위치해 있는지 탐색 해 보고 직업과 관련된 자신의 가치관과 특성들이 어떤 유형에 더 큰 비중을 차지하는지 알아볼 수 있다. 또한 RS-직업가치관검사를 통해 향후의 진로선택 및 진로상담 과정에서 자신에게 맞는 직업을 찾을 수 있다.

IV 부

관계와 소통

제11장

결혼과 부부관계

결혼생활의 만족도는 결혼생활의 성공과 지속 여부를 예언하는 중요한 요인일 뿐만 아니라 개인의 신체적, 심리적 안녕감에도 영향을 미치는 요인이다. 본 장에서는 결혼생활 만족도의 개념과 이론적 접근을 알아보고자 한다. 그 다음으로 결혼생활 만족도에 영향을 미치는 구성요소를 살펴볼 것이다. RS-결혼만족도 검사에서는 하위 구성요소를 13가지 요인으로 세분화하여 결혼생활의 만족도를 설명한다. 결혼과 부부관계에서의 만족도에 대한 이해는 이 검사를 실시하고 해석하는 데 도움이 될 것이다.

1. 결혼만족도에 대한 소개

결혼생활에서의 만족도는 결혼생활의 행복과 적응 수준 그리고 갈등 등의 요소와 높은 상관관계가 있다. 개인의 심리적, 신체적 안녕에 영향을 미치는 요인이자 이혼의 가장 큰 예측 변인 중 하나이다. 아래에서 결혼생활 만족도의 개념과 이론에 대해서 자세히 살펴볼 것이다.

1) 결혼만족도의 개념

결혼생활 만족도는 결혼의 질을 나타내는 개념이다. 결혼의 질은 결혼생활에서의 성공과 실패를 결정하는 가장 기본적인 요인으로, 자신의 결혼생활에 전반적으로 만족하고 갈등에 잘 적응해 나가고 있을 때 결혼의 질을 높게 평가한다.

만족의 정의에 대한 연구자들 사이의 의견 차이에 때문에, 결혼만족도의 개념도 일치된 정의가 존재하지 않는다. 대체로 객관적 측면과 주관적 측면이라는 크게 두 가지의 정의로 만족을 정의한다. 우선, 만족에 대한 '한 개인이 가지는 기대와 그 사람이 실제로 받는 보상 사이의 일치 정도'라는 정의(Burr, Leigh, Day, & Costantin, 1979)를 바탕으로 Lewis와 Spanier(1979)은 결혼만족도를 '부부 관계의 다양한 차원과 평가수준에 관한 결혼한 부부의 주관적 평가'라고 정의했다. 즉, 결혼만족도란, 개인이 결혼에 대해 가지는 기대와 실제 결혼생활에서 경험하는 현실 사이의 일치 정도를 의미한다. 같은 맥락에서 Lenthall(1977)은 '한 개인이 결혼에 대해 가지는 기대와 실제로 받는 보상이 일치하는 정도'로 결혼만족도를 정의했다.

Hawkins(1969)는 만족을 만족과 불만족 사이이라는 연속선 위에서 개인이 주관적으로 경험하는 감정이자 태도에 대한 측정 도구에 불과하다고 정의했다. 이 정의에 따라 Hawkins는 결혼만족도를 결혼생활 전반에 대한 배우자의 행복과 만족의 주관적인 감정으로 정의했다. Jacobson과 Margolin(1979)도 결혼만족도에 대해 "개인이 결혼생활 전반에서 경험하는 즐거움, 만족, 행복 등의 주관적 감정 또는 태도"라고 비슷한 정의를 내렸다.

현대의 커플에게 결혼생활 만족도는 결혼생활에서 중요하게 추구되는 가치이다. 이것은 결혼생활이 얼마나 지속될지 여부를 알려주는 지표인 결혼의 안정성보다 더 중요한 요소로 간주되기도 한다(정옥분, 정순화, 홍계옥, 2006). 결혼생활 안정성이 높다고 해서 결혼생활 만족도가 반드시 높은 것은 아니지만, 결혼생활 만족도가 높으면 결혼생활이 안정적으로 유지된다.

2) 결혼만족도의 이론

결혼만족도 연구는 가족에 대한 과학적 연구가 시작됨에 따라 본격적으로 연구되기 시작했다. 결혼만족도를 설명하기 위해 사회교환이론의 관점을 활용할 수 있다. Thibaut와 Kelly(1959)는 사회교환이론을 통해 인간관계에서 일어나는 교환 과정이 인간관계의 형성, 유지, 해체 등 관계의 역동성에 영향을 미친다고 설명했다. 인간은 자신의 행위에 대하여 상대방으로부터 합당한 보상적 행위를 받으면 행위를 지속하지만 기대한 반응을 받지 못하면 해당 행위를 중단하게 된다. 결혼 관계에서도 같은 맥락에서의 교환 행위가 이루어진다. 부부가 결혼 생활을 영위하면서 서로에게 기대하는 반응을 주고받을 수 있으면 결혼만족도가 높아진다.

결혼만족도를 설명하는 이론으로 자원이론, 성역할 이론, 관계성 이론이 있다(조혜선, 2003). 자원이론은 가족에게 공급할 수 있는 자원의 양과 종류에 따라 개인이 부부관계에서 차지하는 권력과 결혼생활에서 느끼는 만족도가 달라진다고 설명한다. 개인이 가족에게 공급하는 자원에는 교육, 수입, 직업, 의사결정능력, 동반자적 능력 등 다양한 자원이 포함되며, 그 중에서 특히 경제적 자원이 중요한 요소이다. 자원의 종류가 중요할수록, 그리고 자원의 양이 많을수록 더 많은 힘이나 권력을 차지하게 되며 더 많은 혜택을 누리게 된다. 더 많은 혜택을 누리게 됨에 따라 결혼생활에서의 만족도도 높아진다. 그러나 부부 중 한 쪽이 더 많은 권력을 갖고 있는 불평등한 부부는 평등한 권력관계의 부부보다 상대적으로 결혼만족도가 낮게 나타난다.

성역할 이론은 성에 대한 역할기대의 효과를 중심으로 부부관계를 이해하는 이론이다. 부부의 가족 내 역할에 대한 기대인 성 역할관이 결혼만족도에 직접적으로 영향을 미친다고 설명한다. 성 역할관은 가정 내에서 가사노동의 역할 분담 등, 성별에 따라 어떤 것이 적합한 행동인지를 규정한다. 전통적 성 역할관은 여성이 가사노동을, 남성이 재정적 부양을 담당해야 한다는 기대이다. 이와 달리 현대적 성 역할관은 여성과 남성에게 부여되었던 전통적인 의무에서 벗어나 여성도 재정적 부양자의 역할을 할 수 있으며 남성도 가사노동자의 역할을 할 수 있다고 본다. 전통적 성 역할관보다 가족 내 역할 분담이 평등하게 이루어지며, 성에 따른 역할이 유동적이다. 성 역할관은 가정 내의 역할 분담을 통해서 실제적으로 드러난다. 부부의 성 역할관이 일치할 경우 전반적으로 결혼생활 만족도가 높게 나타나는 경향이 있다.

관계성 이론은 부부 관계에서 의사결정이 일어나는 과정과 맥락에 따라 성 역할관이나 자원의 의미가 달라질 수 있다고 본다. 부부관계에는 경제적 자원이나 성 역할만큼 감정에도 의존한다. 따라서 경제적 이해관계나 성 역할로는 설명하지 못하는 의사결정이 이루어지기도 한다. 관계성 이론에 따르면 결혼생활에서 나타나는 갈등 그 자체보다 갈등에 대처하는 과정이 보다 중요하다. 다시 말해, 갈등이 존재하더라도 부부가 가지는 의사결정 과정과 맥락에 따라 갈등의 체감 효과는 달라진다. 갈등을 유연하게 대처할 수 있다면 갈등을 효과적으로 해결하여 결혼만족도에 큰 영향을 미치지 않을 수도 있다. 따라서 부부의 의사소통능력이나 관계성의 질과 같은 요소가 결혼만족도를 설명하는 데 더 중요하다.

3) 결혼만족도에 영향을 미치는 요인

결혼만족도는 개인이 결혼생활의 만족도에 대해 내리는 주관적인 평가로써, 객관적으로 동일한 상황일지라도 어느 영역을 더 중요시하느냐에 따라 사람마다 만족도가 다르게 나타날 수 있다. 개인이 중요시하는 영역에서 기대수준이 충족되면 만족도가 높아지며, 그렇지 못할 경우 만족도는 상대적으로 하락한다. 개인에게 중요한 영역은 삶의 경험과 조건, 생애 발달 단계에 따라 달라진다.

결혼만족도에 영향을 미치는 요인은 연구마다 분류하는 방법에 있어서 의견의 차이가 있다. 그 중 한 가지 분류법으로, 결혼 전 요인, 사회인구학적 요인, 그리고 상호작용 요인으로 구분할 수 있다(정옥분, 정순화, 홍계옥, 2006). 결혼 전 요인은 교제기간, 결혼 동기, 어릴 때의 행복감, 원가족과의 관계 등이 포함된다. 사회인구학적 요인은 사회경제적 지위, 성별, 부인의 취업에 대한 남편의 지지여부, 자녀수, 결혼에 대한 주변인의 지지정도 등이 포함된다. 마지막으로 상호작용 요인은 결혼 이후에 발생하는 요인으로, 부부간 애정표현, 성적 조화, 상호유사성에 대한 지각, 상호매력 인지 수준, 의사소통 등이 포함된다.

심리적 요인과 대인간 요인, 사회 인구학적 요인으로 결혼만족도에 영향을 미치는 요인을 구분하기도 한다(김희진, 2004). 심리적 요인은 개인 내적 요인으로, 성격, 가치관, 자아개념, 자아존중감, 애착정도 등이 포함된다. 대인간 요인에는 의사소통 유형, 갈등해결 방식, 역할 분담 등이 포함된다. 사회 인구학적 요인은 성별, 연령, 학력, 자녀 수, 소득 수준, 종교 등이 포함된다.

결혼만족도는 여성이 남성보다 상대적으로 낮게 나타나는 경향이 있다(Vaillant & Vaillant, 1993). 여성이 남성보다 결혼만족도가 낮게 나타나는 이유는 결혼에 대해 기대했던 것만큼 실제 결혼생활이 충족시켜주지 못하며, 직업, 사회생활 등, 여성이 남성보다 포기해야하는 것이 더 크기 때문이라고 설명할 수 있다. 학력은 결혼만족도와 정적인 상관관계를 갖는 것으로 나타난다(지혜정, 2006). 학력수준이 낮을수록 결혼생활의 전반적인 영역에서 불만족 수준이 높은 것으로 나타났다.

일반적으로 결혼 초기에 결혼만족도가 가장 높게 나타나며, 자녀를 양육하고 결혼 기간이 지속됨에 따라 서서히 하락한다(Vaillant & Vaillant, 1993). 그러다가 자녀가 성장하여 독립하게 되면 다시 상승하는 U자 형태를 띠는 경향이 있다. 자녀를 양육하면서 부모 역할을 새로이 맡게 되고 그로 인해 겪게 되는 역할 긴장과 결혼기간이 지속되면서 부부간 활력과 만족도가 떨어지는 것이 결혼만족도가 하락하는 이유라고 할 수 있다. 자녀가 독립한 중·노년기에 결혼만족도가 다시 상승하는 현상은 자녀 양육으로 인한 여러 역할에서 벗어나 생활이 단순해진 것으로 설명할 수 있다. 그러나 중·노년기에 반드시 결혼만족도가 상승하는 것은 아니며 꾸준히 하락하여 황혼 이혼에 이를 수도 있다.

2. RS-커플진단/결혼만족도 검사

결혼생활 만족도는 결혼생활의 다양한 측면을 이해하는 준거자료로 여러 연구가 진행되어왔다. 결혼만족도 척도 연구는 1970년대에 급격한 발전을 이루었다. 결혼만족도 척도가 개발됨에 따라 부부 관계에 대한 연구도 활발하게 이루어졌다. 결혼만족도 척도는 결혼만족을 단일한 개념으로 측정하는 단일 차원 척도와 결혼생활이 여러 하위 영역으로 구성된다고 보는 다차원 척도로 구분된다. 단일 차원 척도 중 대표적인 척도로는 Schumm과 동료들(1983)이 개발한 캔사스 결혼만족도 척도(Kanssas Marital Satisfaction Scale, KMSS)와 Roach, Frazier와 Bowden(1981)이 개발한 결혼만족도 검사(Marital Satisfaction Scale, MSS)가 있다. 단일 차원 척도는 결혼생활의 만족도를 간단하게 측정할 수 있다는 장점을 가진다.

다차원 척도 중에는 Spanier(1976)이 개발한 부부관계 적응 척도(Dyadic Adjustment Scale, DAS)와 Snyder(1981)가 개발한 결혼만족도 검사(Marital Satisfaction Inventory, MSI)가 대표적인 척도이다. 다차원 척도는 결혼생활의 다양한 영역을 통해 결혼만족을 측정하기 때문에 결혼만족에 대한 심층적 이해가 가능하다는 장점이 있다.

그러나 결혼만족도에 대한 일치된 정의가 존재하지 않듯이 결혼만족도의 하위 요인에 대해서도 연구마다 차이가 나타난다. 본 검사는 결혼만족을 설명하기 위해 여러 가지 하위척도를 사용한다. 자아존중, 탈권위주의, 전반적 만족도, 가치관, 생활습관/가사, 성/정서적 유대, 의사소통, 갈등해결, 공유 활동/여가, 자녀문제, 재정관리/일, 가족 분위기, 시가/처가/친척/친구라는 13가지 요인을 측정함으로써 결혼만족도를 설명한다.

1) 자아존중

의미. 자아존중 척도는 자신이 능력과 대인관계 측면에서 얼마나 유능하고 가치 있다고 생각하는지를 보여주는 척도이다. 자아존중감은 자아에 대한 긍정적인 태도와 만족 그리고 존경의 정도이다. Rosenberg(1965)에 의하면, 자아존중감은 자신에 관한 긍정적 혹은 부정적 평가와 관련하여 자기존경의 정도와 자신을 가치 있는 사람으로 생각하는 정도이다. Coopersmith(1967)는 자아존중감을 개인이 자신을 유능하고 중요하며 가치가 있다고 생각하는 정도에 대한 자기평가로 보았다(최경숙, 2007). 이때의 자기 평가는 개인이 그 자신의 기준과 가치에 따라서 자신의 행동, 능력, 속성을 평정하는 것으로, 자신의 가치를 결정하기 위한 판단과정으로 보았다.

자아존중감은 다양한 경로를 통해서 결혼만족도에 영향을 미친다(박상화, 하창순, 2016). Satir(1972)에 의하면, 자아존중감은 의사소통 방식을 선택하는 데 영향을 미친다(지혜정, 2006). 자아존중감이 높을수록 긍정적인 의사소통 행동이 많이 나타난다. 또한, 자아존중감은 우울증에 영향을 주기도 한다(지혜정, 2006). 우울은 결혼만족도와 밀접한 상관이 있는 요인이다. 결혼생활이 불만족스러운 사람은 결혼생활이 만족스러운 사람보다 우울증 발병 확률이 높아지며, 반대로 부부 중 한 사람이 우울을 경험할 경우 부부 전체의 결혼만족도가 낮아지게 된다.

높을 때의 특징. 자아존중감 척도에서 높은 점수를 받을 경우, 자신을 존중하고 자신에게 긍정적인 태도를 보이고 있다고 할 수 있다. 자아존중감이 높은 사람은 자기 확신이 높다. 자신을 있는 그대로 수용하고 가치 있다고 생각한다. 이들은 수행결과를 자신의 능력과 관련시키는 경향이 있으며, 자기 자신과 타인의 능력을 잘 인식한다. 또한, 책임감이 있고 자신 있게 행동하기 때문에 타인에게 좋은 인상을 주는 능력이 우수하며, 대인관계 또한 원만하다. 사회적 관계에서 안정감을 느끼고 소속감을 느낀다. 도전 의식이 높다.

자아존중감이 높은 사람은 부부 관계에서 자신의 역할 수행에 긍정적이고 배우자와 친밀한 관계를 유지한다. 부부가 공동으로 의사를 결정할 확률이 높다. 갈등 상황에서 기능적인 의사소통 유형을 사용한다. 배우자의 이야기를 경청하고 생각과 감정을 수용하면서 긍정적인 정서 표현을 하는 능력이 우수하다. 또한 자신의 의견을 진솔하게 전달할 줄 알며, 협상을 통해서 문제를 해결하는 경향이 있다. 특히 남성의 경우 자아존중감이 높을수록 갈등 상황에서 부인의 생각과 감정을 수용하며, 긍정적인 정서를 표현하고, 진솔하게 자신의 의견을 전달하며, 협상을 통해서 긍정적으로 문제를 해결하려 한다.

낮을 때의 특징. 자아존중감 척도에서 낮은 점수를 받은 사람은 자신의 가치에 대한 확신이 부족하고 회의적이며 자신을 무가치한 인물로 보는 경향이 있다. 열등감이나 우울감을 느낄 가능성이 높다. 이들은 심리상태가 불안하며 스트레스 지각 수준이 높다. 행동이 불안정하고 소극적이고 대인관계를 형성하는 것을 어려워한다. 타인에게 의존하는 경향이 강해서 문제를 스스로 잘 해결해나가지 못한다. 또한, 실패를 두려워하고 도전 정신이 부족하여 모험을 하는 일이 적다.

자아존중감이 낮은 사람은 부부 간 친밀한 관계를 형성하기 어렵다. 자신이 인정을 받는 것에 집중하기 때문에 배우자를 이해하는 데 어려움을 겪는다. 부부 관계에서 경험하는 스트레스나 갈등 상황에서 역기능적 의사소통 방식을 선택하는 경향이 높게 나타난다. 이러한 역기능적 의사소통은 부부 갈등 상황에서 문제를 해결하지 못하고 부정적인 반응을 야기한다.

또한, 자아존중감은 우울증과 부적 상관관계를 갖는다. 자아존중감이 낮은 사람은 우울감을 느낄 확률이 높으며, 이것은 자신의 결혼만족도를 하락시킬 뿐만 아니라 배우자의 결혼만족도까지 저하시킨다.

2) 탈권위주의

의미. 탈권위주의 척도는 배우자나 자녀 등 다른 사람에게 자신의 권위를 내세우지 않는 정도를 알려주는 척도이다. 권위주의는 기존의 사회적 위계에 대한 수용 및 인정을 의미하는 개념이다. Adorno 등(1950)에 의하면 권위주의적 성격의 사람은 강자에 대한 복종, 약자에 대한 가혹함, 권력과 지배가 중요하다는 신념을 가지고 있으며, 사회적 지배 성향과 밀접한 상관이 있다. 권위주의는 어떠한 일에 대하여 권위를 내세우거나 권위에 순종하는 사고 및 행동방식과 관련된다. 자기와 타인에 대해 고착화된 신념을 갖고 있으며 경계심이 많고 변화를 좋아하지 않는다. 개방성과 부적 상관관계가 있다. 탈권위주의는 이와 반대되는 개념이다.

부부 사이에도 권력 관계가 존재한다. 개인이 결혼생활에 가져오는 자원은 권력의 기반이 된다. 부부 사이의 권력은 배우자의 감정과 행동에 영향을 미침으로써 원하는 바를 성취할 수 있는 능력으로, 의사결정, 갈등 해결 방식 등에서 배우자에 대한 상대적 영향력을 통해 나타난다(권석만, 2015). 부부의 권력 구조는 신체적 폭력과 유의미한 상관관계를 가지며, 불평등한 권력 관계일 때 신체적 폭력이 나타날 가능성이 높다(김재엽, 1997). 권력의 과정과 결과는 결혼생활의 만족도와 안정성뿐만 아니라 부부의 신체적, 심리적 안녕감도 영향을 미치는 것으로 나타난다.

권력 구조에 따라 가족의 적응력이 달라진다. 적응력은 가족이 기본적인 안정을 유지한 채로 스트레스나 갈등 상황 등, 다양한 변화에 적응할 수 있는 능력을 의미한다. 적응력의 수준에 따라 경직된 가족, 구조적 가족, 유연한 가족, 혼돈된 가족으로 구분할 수 있다(권석만, 2015). 적절한 수준에서 적응력을 유지하는 가족을 건강한 가족이라고 하며, 가족의 건강성은 결혼만족도와 정적 상관관계를 갖는다.

적응력이 적절하게 유지되는 가족에는 구조적 가족과 유연한 가족이 포함된다. 구조적 가족은 기본적으로 높은 안정성을 유지하면서 변화에 대해서도 융통성을 지닌 가족이고, 유연한 가족은 변화에 융통성 있게 적응하는 능력이 뛰어나면서 동시에 안정성도 유지하는 가족을 말한다. 구조적 가족과 유연한 가족은 민주적인 방식으로 의사결정이 이루어지며, 가족 내 역할 분담이 잘 되어 있다.

경직된 가족은 변화를 지나치게 억제하는 가족이다. 권위주의적인 리더십을 갖고 있으며 가족 규칙을 엄격히 준수할 것을 요구한다. 문제 상황에서 유연하게 적응할 수 있는 능력이 부족하다. 반면에, 적응력이 지나치게 높은 가족도 역기능적인 가족으로 분류된다. 혼돈된 가족은 지나치게 변화지향적인 가족을 의미하며, 가족 내 리더십이 부재하고 규칙이 부재하거나 잘 지켜지지 않는 등, 방임적이고 가족 체계가 불안정하다. 문제에 대하여 기능적으로 대처하지 못한다.

높을 때의 특징. 탈권위주의 척도가 높을 경우 타인의 의견에 개방적이다. 자신과 다른 생각이나 자신에 대한 건전한 비판도 그대로 수용한다. 가족 구성원 사이의 의사결정 과정이 합의나 토론을 통해서 민주적으로 이루어진다. 자신의 생각을 가족구성원에게 무조건 따르도록 강요하지 않는다. 서로에게 밝고 친절하며 서로를 인정하고 지지해줄 가능성이 높기 때문에 결혼생활에서 느끼는 만족도가 높고, 안정적이다. 그러나 지나치게 높을 경우, 가족 내 규칙이 부재하거나 가족 구성원 간 역할의 경계가 불분명할 수 있다. 자녀에 대한 무관심이나 방임적인 양육태도는 탈권위주의가 지나치게 높을 때의 특징이다.

낮을 때의 특징. 탈권위주의 척도가 낮게 나오는 가족은 대체로 권력이 일부 가족 구성원에게 집중되어 있으며, 권위에 따라 일방적이고 강요적으로 의사결정이 일어난다. 비판을 수용하지 않으며 가족 규칙을 엄격히 준수하도록 강요한다. 이러한 가족은 융통성, 타협가능성, 문제해결능력이 부족하기 때문에 문제가 발생했을 때 문제에 유연하게 적응하지 못한다. 신체적, 정신적 건강이 악화될 수 있으며 가족원과의 관계에서 갈등을 경험할 가능성이 높다. 부부 사이에 폭력을 경험할 가능성이 높다.

3) 전반적 만족도

의미. 전반적 만족도 척도는 자신이 배우자와의 결혼생활에 어느 정도 만족하고 행복해 하는지를 보여주는 지표이다. 결혼생활의 전반적인 측면에 대해 개인이 주관적으로 느끼고 있는 만족도와 분위기, 기대를 평가한다. 부부 관계에서 문제를 발견하기 위한 일종의 선별 검사이자 결혼생활의 성공여부나 안정성을 예측하는 기능을 한다.

부부의 결혼생활의 적응, 만족도, 부부 관계의 미래에 대한 기대, 다른 부부와의 비교 등 결혼생활과 배우자에 대해서 지니고 있는 태도가 전반적 만족도에 영향을 미친다. 결혼생활에 대해 주관적인 만족도와 행복도가 높은 부부는 결혼만족도가 높게 나타난다.

전반적 만족도는 결혼하기 전에 갖고 있던 결혼생활에 대한 기대와 실제 결혼생활 사이의 차이와 밀접한 관련이 있다. 격차가 클수록 결혼생활에 대한 전반적인 만족도는 감소하게 된다. 또한, 배우자에 대한 기대와 배우자의 실제 수행의 차이도 전반적 만족도에 영향을 미치는 요인이다(연규진, 연문희, 양지웅, 2013). 즉, 결혼생활을 하면서 경험하는 모든 요인들이 전반적 만족도에 복합적으로 영향을 미친다.

높을 때의 특징. 전반적 만족도가 높을수록 결혼생활을 만족스럽게 느낀다. 배우자와의 결혼을 후회하지 않고, 지금까지의 결혼생활이 기대만큼 성공적이며, 앞으로도 그럴 것이라고 생각한다. 또한, 지금의 결혼생활에 권태나 실망을 거의 느끼지 않는다. 배우자에게 긍정적인 태도를 갖고 있으며, 높은 친밀감이 형성되어 있다. 배우자를 좋은 동반자로 생각한다. 스트레스나 문제를 직면했을 때 긍정적인 면에 초점을 두어 대처하며, 부부간 의견의 일치정도가 높기 때문에 부부간 갈등을 적게 지각하고, 스트레스를 적게 받는다. 결혼생활에서 느끼는 행복감과 결혼생활의 안정성이 높게 나타난다.

낮을 때의 특징. 전반적 만족도가 낮을수록 결혼생활에서 심각한 불만족을 가지고 있음을 나타낸다. 결혼생활과 기대 사이에 극심한 괴리를 느끼고 있으며, 결혼생활에 대해 후회한다. 부부간 친밀감이 낮고 적대감이 높으며 불만 수준이 높아서, 부부간 갈등이 비교적 높은 편으로 문제 해결을 위해 개입이 필요한 상태이다. 의사소통이 원활하지 않고 서로를 비판적으로 지적하고 불만을 표현하는 등, 부정적인 언어사용과 반응이 주로 나타나고, 책임을 회피하는 경향이 있다. 결혼생활의 결과에 대해 부정적인 기대를 가질 확률이 높다.

4) 가치관

의미. 가치관 척도는 부부의 가치관이 어느 정도 비슷한지를 보여주는 척도이다. 가치관은 개인이 중요하게 여기는 것으로서, 개인의 사고와 행동을 결정하는 데 중요한 영향을 미친다. 결혼만족도에 영향을 미치는 개인 내적 요인 중 하나이다. 결혼만족도에 영향을 미치는 가치관의 영역은 여러 가지가 있을 수 있다. 결혼에 대한 전반적인 태도, 종교에 대한 가치관, 인생에서 중요하다고 생각하며 가치를 두는 것, 사회를 바라보는 관점, 도덕에 대한 가치관 등이 결혼만족도와 유의미한 상관관계를 보인다(김희진, 2004). 특히, 결혼생활에 관한 중요한 차원의 가치관일수록 결혼만족도에 더 많은 영향을 미쳤다. 부부가 결혼 후 자신과 배우자의 역할 및 기대에 대해서 일치 정도는 결혼만족도에 중요한 영향을 미친다(김미정, 2001).

유사성은 인간관계에서 호감을 일으키는 요인으로, 관계를 형성하고 유지하는 데 중요한 역할을 한다. 특히 친밀한 관계에서 중요한 역할을 한다. 부부가 서로 삶의 중요한 면에 대하여 유사한 관점을 갖고 있다고 지각하는 정도는 배우자를 긍정적이거나 부정적으로 느끼는 데 영향을 준다. James R. Hine(1980)이 제시한 성공적인 부부의 특징 중, 인생관, 가치관, 역할 기대가 일치함이라는 특징을 통해 유사성이 결혼생활의 성공과 정적인 상관이 있음을 알 수 있다(권석만, 2015).

가치관의 유사성은 결혼만족도와 밀접한 관련이 있다. 가치관 및 신념이 일치할수록 결혼만족도가 높아지게 된다. 가치관의 유사성이 결혼만족도에 영향을 미치는 이유에 대해서 인간이 사회비교를 통해서 자신의 선택에 대한 타당성을 인정받고자 한다는 경향성으로 설명할 수 있다. 또한, 가치관의 불일치가 갈등을 일으키는 요인 중 하나이기 때문이라고 설명하기도 한다(Cook & Jones, 2002). 이 설명에 의하면 가치관이 유사할수록 갈등을 발생시키는 원인이 감소하기 때문에 결혼만족도가 높아진다고 설명하기도 한다.

높을 때의 특징. 가치관 척도가 높을수록 부부가 가치관이 유사함을 의미한다. 종교와 삶의 목표, 돈에 대한 철학, 자녀의 양육에 대한 방식, 정치적인 이념이나 사회적인 문제에 대한 입장이 배우자와 비슷하다. 여러 가지 측면에서 유사성이 높은 부부일수록 갈등을 적게 경험하고 문제가 발생하더라도 더 잘 대처한다. 부부간 친밀감과 결속력을 높게 지각하기 때문에 결혼생활에 대해 더 만족하며, 결혼생활이 오래 지속될 가능성이 높다. 각자가 느끼는 주관적인 행복감도 높은 것으로 나타났다.

낮을 때의 특징. 가치관 척도가 낮을수록 가치관의 일치도가 낮다. 가치관의 불일치로 인한 부정적인 감정을 느끼고, 갈등을 경험할 확률이 높다. 부부간 결속력이 낮으며, 관계가 단절될 수 있다. 결혼생활을 지속할 가능성이 낮다.

5) 생활습관/가사

의미. 생활습관/가사 척도는 생활습관이 배우자와 어느 정도 유사한지 그리고 가사를 배우자와 공평하게 분담하고 있는지를 보여주는 지표이다. 그 중 생활습관은 결혼 생활 중에 부부의 가치관이 반영되어 나타나는 행동, 습관을 의미한다. 생활습관에서의 차이는 결혼 후 부부가 결혼생활에 적응하는 것을 방해하는 요인이며, 부부 갈등의 주요 원인이다(김미정, 2001). 가치관과 마찬가지로 생활습관이 유사할수록 결혼만족도가 높아지는 경향이 있다.

가사는 부부가 결혼생활 중에 수행하는 가사 노동과 상대방의 가사 노동에 대한 인식을 반영한다. 가사분담은 결혼만족도에 영향을 주는 요인이지만, 가족 주기에 따라 영향을 미치는 정도는 조금씩 차이가 있다. 여기서 가사는 가족원들의 소비를 충족시키지만 임금으로 환산되지 않는 가내 노동을 총칭한다(이여봉, 2010). 부부간 가사분담의 형평성과 그에 대한 인식의 정도는 부부의 관계와 감정에 영향을 주며 결과적으로 결혼만족도에 영향을 미친다. 부부가 가사를 분담하는 것은 기존에 가사를 주로 담당하던 사람의 신체적, 정신적 부담을 덜어주고, 정서적 지지를 주는 기능을 한다. 또한, 부부간의 역할 갈등을 완화하고, 부부 관계를 원만하게 유지하도록 도움을 준다.

가사분담이 평등에 가깝게 이루어질수록 부부간 결속도가 높으며, 결혼만족도가 높아진다. 실제적인 가사분담의 형평성보다 가사분담의 형평성에 대한 인식이 결혼만족도에 중요한 영향을 미친다(홍윤정, 1996). 만약 배우자가 약속한 가사분담 몫을 수행하지 않으면 결혼만족도는 감소한다. 배우자의 불충분한 수행에 대한 인식이 자신에 대한 존중과 지지가 부족하다고 생각하게 하여 부정적인 감정을 유발하기 때문이다(김미령, 201).

높을 때의 특징. 생활습관/가사 척도가 높을수록 생활습관이 유사하다. 식성, 수면습관, 청결도, 일처리 방식 등 일상과 관련된 습관에서 배우자와 높은 유사성을 보인다. 생활습관이 유사하기 때문에 결혼생활에 더 쉽고 빠르게 적응한다. 생활습관의 차이로 인한 갈등을 거의 경험하지 않는다. 또한, 가사분담이 형평성 있게 이루어졌거나 공정하다고 인식한다. 가사분담에 대한 객관적인 수치가 공평하지 않더라도 주관적으로 만족함을 느끼고 있을 가능성이 있다. 여성과 남성 모두 가사분담이 자신에게 유리하다고 인식할 때 결혼만족도가 가장 높았다. 여성은 자신에게 유리하다는 인식을 가질수록, 남성은 실제 가사분담에 할애하는 시간이 적을수록 결혼만족도가 높은 것으로 나타났다.

낮을 때의 특징. 생활습관/가사 척도가 낮을수록 생활습관의 차이가 크다. 생활습관의 불일치로 인한 불편감을 느끼고, 배우자와 다툼이 발생할 수 있다. 결혼생활에 적응하는 것에 어려움을 겪는다. 결과적으로 전반적인 결혼만족도가 하락한다. 또한, 가사분담이 불균형하게 이루어졌거나 불균형하다고 인식한다. 약속된 가사분담의 몫을 배우자가 수행하지 않는다고 생각할 때, 배우자가 자신을 존중하지 않는다고 느끼고 배우자에 대한 불만이 증가한다. 배우자에 대한 신뢰 수준이 저하되어 부부 갈등을 겪을 가능성이 높다. 결과적으로 이혼, 별거 등, 결혼생활에서 부정적인 결과를 경험하게 될 가능성이 높다.

6) 성/정서적 유대

의미. 성/정서적 유대감 척도는 배우자와의 성 관련 만족과 문제, 정서적인 유대의 정도를 보여주는 지표이다. 성적 유대감과 정서적 유대감은 배우자와의 성적 활동에 대한 만족도와 배우자에게 느끼는 정서적 친밀감의 정도를 측정하며, 결혼생활의 행복감과 직결되어 높은 결혼만족도를 예측하는 중요한 요인 중 하나이다.

성적 유대감은 배우자와의 성관계에 대해서 개인이 주관적으로 내리는 평가이다(김진영, 2005). 이 평가에는 성적 활동이 가지는 의미에 대한 표현과 같은 정서적 측면이 포함된다. 정서적 유대감이 수반되지 않는 성행위는 부부의 결혼만족도를 상승시키는 데 유의미한 영향을 미치지 않는다(정재완, 2016). 부부간 성적 활동은 단순한 신체적 행위만이 아니라 부부의 의사소통을 반영한다. 즉, 부부가 신뢰와 애정을 바탕으로 성적 활동을 하며 즐거움과 기쁨을 나누는 것을 성적 유대감이라고 하며, 성적 유대감은 정서적 유대감과 상호작용하여 부부의 결혼만족도와 직결된다. 부부간 성생활을 하지 않거나 만족스럽지 않을 때 결혼생활의 친밀감이 유지되기 어려우며 결혼만족도가 저하된다. 성적 유대감은 정서적 유대감과 함께 결혼만족도에 영향을 미친다(김미령, 2011).

정서적 유대감은 배우자에 대한 애정이나 지지, 정서적 친밀감, 정서적 이해와 공감을 통해 표현된다. 성공적인 부부의 특징에 대한 많은 연구에서 결혼만족도와 밀접한 상관이 있는 것으로 밝혀졌다. Bowman과 Spanier(1978)은 부부의 심리적 특징을 조사하면서 성공적인 부부에게서 공통적으로 나타나는 심리적 특징을 제시했다. 그 중에는 다음과 같은 특징이 포함된다. 성공적인 부부는 배우자의 삶이 풍요로워지도록 서로 도우며, 배우자의 행복에 대해 깊은 관심을 갖는다. 또한, 배우자를 깊이 이해하고 수용한다. 가족과 배우자에 대해 자발적인 책임감을 느낀다(권석만, 2015).

Hine(1980)은 성공적인 부부는 다음과 같은 특징을 포함하여 여러 공통된 특징을 가지고 있다고 보았다. 우선, 지속적으로 애정 교환이 이루어지는 부부에게서 결혼만족도가 높게 나타날 가능성이 높다. 배우자에게 헌신하며 성실한 태도를 갖는 것은 성공적인 결혼생활을 위해 필요하다. 또한, 성공적인 부부는 서로에게 칭찬이나 감사 등의 강화와 지지를 보낸다(권석만, 2015).

높을 때의 특징. 성/정서적 유대 척도에서 높은 점수를 받은 사람은 결혼생활에 대해 만족스럽게 생각한다. 배우자와 애정이 깊고 지지적인 관계를 유지하고 있는 경향이 있다. 이들은 부부간 성 행위에서 만족하는 정도가 높으며, 애정표현의 빈도가 높고 만족스럽다. 구체적으로 살펴보면, 의사소통의 양이 증가하며, 감정의 교환이 자연스럽고 따뜻한 느낌을 주고받는다. 부당하게 성행위를 시도하거나 거부하지 않는다. 또한 배우자의 외도에 대해 걱정하는 수준이 낮은 편이다. 이들은 갈등이나 스트레스 상황에서 상황적 측면에 초점을 맞추는 경향이 있으며, 신체적, 정서적 심리적 행복감이 높게 나타난다.

낮을 때의 특징. 성/정서적 유대 척도에서 낮은 점수를 받은 부부는 성적, 정서적 유대감을 낮게 느끼고 있다. 부부간 사랑과 애정 표현이 부족하고 불만족 수준이 높다. 배우자에게 정서적 거리감을 느끼고 있으며 친밀감이 부족하다. 배우자로부터 충분한 이해를 받지 못한다고 생각할 수 있다. 성적 활동이 부족하고 낮은 만족도를 보인다. 이러한 성적 활동에서의 불만족이 부부 관계 전반에 확장될 수 있다.

7) 의사소통

의미. 의사소통 척도는 배우자와 의사소통을 개방적이고 건설적으로 잘 하고 있는지를 보여주는 지표이다. 의사소통은 부부간 상호작용의 중요한 부분으로써, 친밀감을 증가시키고 정서적 지지를 가능하게 하는 기반이며 갈등 해결의 중요한 수단이다. 결혼만족도에 가장 중요한 예측 요인으로 지목되고 있다(김미정, 2001). Minuchin(1974)에 의하면, 의사소통은 부부 간의 상호 이해와 수용의 폭을 넓히는 역할을 한다. 이것은 결혼 생활에 대한 적응 수준을 높임으로써 결과적으로 결혼만족도가 높아지게 된다(김민녀, 2003).

의사소통은 갈등해결의 도구이다. 의사소통은 언어적인 형태뿐만 아니라 침묵, 표정, 몸짓 등의 비언어적인 형태를 통해 이루어지는 상징적 상호 교류 과정이라고 할 수 있다. 상징에 대한 이해를 공유하고 있을 때 상징을 통해 전달되는 사고를 공유할 수 있다. 상징에 대한 이해가 기반이 되지 않을 경우 원활한 의사소통이 이루어지지 못하여 갈등해결이 어려우며, 결과적으로 결혼만족도가 저하된다.

결혼만족도를 향상시키기 위해서 효율적인 의사소통을 하는 것이 중요하다. 사실과 감정을 적절하게 전달하는 의사소통을 효율적인 의사소통이라 한다. 효율적인 의사소통은 상대방에 대한 이해와 수용의 폭이 확장시키며, 친밀한 관계를 형성하는 데 도움을 준다. Gibb(1965)는 부부의 의사소통을 기능성에 따라 지지적 의사소통과 방어적 의사소통으로 구분할 수 있다(권석만, 2015). 지지적 의사소통은 순기능적 의사소통이다. 부부가 지지적 의사소통을 사용할 경우 결혼만족도가 높아지는 경향이 있다. 이와 달리 방어적 의사소통은 부부관계의 역기능을 초래하는 의사소통이다.

의사소통은 상호 교류의 과정으로써 서로에게 영향을 미치기 때문에 부부가 만족스러운 결혼생활을 영위하기 위해서는 부부가 모두 효율적인 의사소통 기술을 가지고 있어야 한다. 의사소통 유형을 언어 표현 정도와 감정 노출 수준에 따라 차단형, 억제형, 분석형, 친숙형으로 분류하기도 한다(Hawkins, Weisberg, & Ray, 1980).

차단형이란 언어화 정도가 폐쇄적이고 감정 노출 정도가 낮은 유형이다. 문제의 핵심을 피하거나 숨김으로써 피상적인 주제로 대화를 주로 이어나가는 경향을 보인다. 억제형은 언어화 정도는 낮지만 감정 노출은 높은 유형이다. 이들은 자신의 문제나 감정에 대해서 분명하게 언어화를 하지 않지만 비언어적 형태로 감정 상태를 노출시킨다. 분석형은 언어화 정도는 개방적이지만 감정 노출은 낮은 유형이다. 문제를 다양한 측면에서 탐색하고 자신의 생각을 명백하게 언어화하며 상대의 견해를 존중하는 개방적인 태도를 보인다. 그러나 자신의 감정 표현은 노출하지 않으려는 경향이 있다. 마지막으로 친숙형은 자신과 타인의 내적 상태에 대해서 언어화 정도와 감정 노출이 모두 높은 유형이다. 생각과 감정을 모두 상세하게 이야기하는 경향이 있다.

일반적으로 차단형과 억제형의 의사소통은 역기능적 의사소통으로 분류된다. 그러나 분석형과 친숙형의 의사소통은 극단적인 형태가 아닌 한 기능적 의사소통이 될 수 있다. 또한, 의사소통의 유형 외에도 각자가 갖고 있는 의사소통 유형의 차이가 원활한 의사소통을 방해하는 요인이 되기도 한다.

한편, 의사소통 기술 자체보다는 의사소통에서 나타나는 지속적이고 반복적인 패턴이 결혼만족도와 더 직접적인 관련이 있다고 보는 입장도 존재한다. Andrew Christensen과 Megan Sullaway(1984)는 의사소통 패턴을 상호 건설적 패턴과 상호 회피적 패턴, 요구-철회 패턴으로 분류했다. 상호 건설적 의사소통 패턴은 갈등상황에서 문제를 긍정적으로 해결하고, 배우자를 깊게 이해할 수 있도록 최선을 다하는 것으로, 결혼생활의 만족과 행복을 증진시킨다. 상호 회피적 의사소통 패턴은 갈등을 해결할 수 없는 문제로 인식하게 하고, 부정적인 정서를 느끼게 하는 의사소통 패턴으로, 불만을 증가시켜 부부관계를 악화한다. 요구–철회 패턴은 배우자 중 한 명은 대화를 시도하려 하지만 다른 배우자는 침묵하거나 자리를 피하는 등 대화를 회피하려 하는 의사소통 패턴이다(박영화, 고재홍, 2005).

높을 때의 특징. 의사소통 척도가 높은 부부는 기능적인 의사소통 방식을 주로 사용한다. 의견일치도가 높고 부정적인 감정을 덜 주고받는다. 또한, 배우자의 비언어적 의사소통을 더 정확하게 이해한다. 이들은 배우자의 감정을 상하지 않게 자신의 생각과 감정을 표현하고 조정할 수 있는 능력을 갖고 있다. 이들은 자신의 감정과 느낌에 대해서도 충분히 이야기하고 충실하게 자신의 정보를 제공한다. 자기를 노출하는 것은 친밀한 관계를 형성하고 유지하기 위한 중요한 요인이다.

이러한 부부는 서로가 평등한 관계라고 인식하며, 이러한 인식을 바탕으로 상대방을 있는 그대로 존중하고 인정하는 경향이 있다. 상대방에 대해 성실히 경청하고 공감적으로 이해하며 상대방의 경험을 인정한다. 이들은 의사소통을 많이 하며, 특히 애정 표현을 많이 하고, 서로의 긍정적인 측면에 대해서 더 많이 이야기한다. 무엇보다도 이들은 자발적으로 문제해결을 위해 노력하는 특징을 갖는다. 갈등 상황에서 문제를 회피하지 않고 서로 대화를 통해서 해결한다. 따라서 스트레스를 적게 지각하며, 결혼만족도가 높게 나타난다(정옥분, 정순화, 홍계옥, 2006).

낮을 때의 특징. 반면 의사소통 척도가 낮은 부부는 의사소통의 양 자체가 적으며, 역기능적으로 의사소통한다. 갈등 상황에서 상대방을 비난하고 불평, 조소하는 등 부정적인 의사소통 방식을 사용한다. 서로 부정적인 반응을 주고받으며 갈등이 악화되고 관계가 손상된다. 또한, 일방적으로 자신의 의사만 전달하거나 상대방을 통제하려는 경향, 그리고 자기 책임을 회피하려는 방어적인 경향이 나타나기도 한다. 개인이 가지고 있는 의사소통 유형이 차단형이나 억제형일 때 이런 경향이 높게 나타난다. 상대에 대한 우월감이나 무관심이라는 특징과 함께 나타나기도 한다. 문제를 해결하는 데 초점을 맞추기보다 감정에 초점을 맞추기 때문에 갈등 상황을 해결하지 못하고 결혼만족도가 하락한다. 스트레스 지각 수준도 높게 나타난다.

8) 갈등해결

의미. 갈등해결 척도는 갈등이나 문제를 평화적이고 건설적으로 해결하는지를 보여주는 지표이다. 서로 다른 환경과 경험을 통해 각자의 개성을 형성한 두 명의 개인이 서로에게 적응하면서 친밀감을 유지하는 것은 쉽지 않은 일이다. 결혼 전에 갖고 있던 기대는 결혼생활을 영위하면서 좌절되게 되고, 이것은 당황과 실망, 불만 등의 감정을 야기한다. 이러한 감정은 갈등으로 이어질 수 있다. 부부가 결혼생활에서 갈등을 경험하는 것은 자연스러운 일이며 불가피한 일이다.

갈등의 존재 유무는 결혼 만족도에 부정적인 영향을 미치지 않는다. 갈등이 없다고 해서 가족이 잘 기능하고 있다고 단정할 수 없다. 오히려, 결혼 생활 중 경험하는 갈등은 개인의 욕구와 감정을 표현하는 작업이자 문제 해결의 시발점으로써, 의미 있는 관계를 형성하는 과정이 될 수 있다(Gottman & Krokoff, 1989).

갈등 경험보다 갈등을 해석하고 대처하는 갈등대처 방식이 결혼만족도에 중요한 영향을 미치는 요인이다. 갈등대처 방식은 갈등 상황에서 문제를 처리하고 직면해 나가는 방식을 의미한다. 갈등대처 방식을 구분하는 방법은 연구마다 다양하다. 우선, 문제 중심적 대처와 정서 중심적 대처로 구분할 수 있다(장문선, 김영환, 2002). 문제 중심적 대처는 갈등을 유발하는 환경을 변화시키거나 해결할 수 있는 적극적인 방식을 모색하는 대처방식이다. 반면, 정서 중심적 대처는 갈등상황과 관련된 정서를 처리하기 위해 노력하는 대처 방식이다. 갈등 상황 자체를 변화시키기보다 상황을 무시하거나 긍정적으로 왜곡하여 해석, 체념하는 등의 방식을 사용한다.

또한, 자신과 타인에 대한 관심에 따라 갈등대처 양식을 구별하기도 한다(Kilmann & Thomas, 1975). 회피형은 갈등을 유발시키는 문제에 대해 침묵하고 회피한다. 조절형은 타인의 욕구를 충족시키기 위해 자신의 욕구를 무시한다. 자신에게 잘못이 없을 경우에는 타인에게 분노와 같은 부정적인 감정을 느낄 수 있다. 경쟁형은 타인의 욕구를 무시하고 자신의 욕구만 추구한다. 타인과 친밀한 관계를 형성하기 어렵다. 협력형은 자신과 타인의 욕구를 모두 충족시키기 위해 노력한다. 절충형은 자신과 타인이 모두 수긍할 수 있는 방법으로 부분적으로나마 욕구를 만족시킨다. 친밀감과 응집력을 높인다(반신환, 유옥, 2011).

이밖에도 갈등을 해결하기 위해서 사용하는 전략에 따라 이성적 문제해결, 언어 공격, 신체적 폭력으로 갈등대처 방식을 구분하기도 한다(Straus, 1979). 이성적 문제해결은 갈등의 원인이 되는 문제에 대해 함께 의논하거나 정보를 활용하여 문제를 해결하는 전략이다. 언어 공격은 배우자에게 상처를 주는 말을 하는 것이고, 신체적 폭력은 육체적 힘이나 완력을 사용하는 것이다. 갈등을 어떻게 해결했느냐에 따라 서로에 대한 이해와 유연한 적응이 가능할 수 있다. 기능적으로 해결된 갈등은 결혼만족도에 긍정적인 영향을 미친다. 그러나 부부간 갈등이 건설적으로 해소되지 못할 경우에 결혼만족도가 하락하게 된다(조유리, 김경신, 2000).

높을 때의 특징. 갈등해결 척도가 높을수록 갈등 상황을 원만하게 기능적으로 대처한다고 해석할 수 있다. 이들은 갈등 상황을 배우자와 함께 논의하면서 서로 합의할 수 있는 해결방식을 찾기 위해 노력한다. 자신의 욕구뿐만 아니라 배우자의 욕구에도 관심을 가지며 모두 피해를 보지 않는 방식으로 갈등을 해결하기 위해 노력한다. 최소한 부분적으로라도 부부의 욕구를 충족시킴으로써 서로가 수긍할 수 있는 방식으로 갈등을 해결하려한다. 언어나 신체적 폭력을 사용하지 않고, 문제를 회피하거나 서로 무시하는 일도 거의 없다. 소모적인 신경전을 벌이지 않고 쉽게 화해하기 때문에 갈등이 결혼만족도를 저하시키지 않는다.

낮을 때의 특징. 갈등해결 척도가 낮은 부부는 갈등 상황을 기능적으로 해결하지 못한다. 이들은 역기능적인 갈등해결 방식을 보인다. 우선, 갈등상황에서 침묵하거나 자리를 피하는 등 갈등을 회피하면서 개선되기를 기다리는 경향이 있다. 회피는 갈등상황에 대해 생각할 시간적 여유를 가지고 갈등을 보다 잘 해결할 기회를 제공하도록 기능하기도 하지만, 갈등을 위한 적극적인 노력을 기울이지 않는다는 점에서 대체로 갈등 상황을 심화시킨다. 갈등 상황을 회피하는 것은 부정적인 감정을 직접적으로 표출하는 것보다 결혼만족도를 더 저하시키기도 한다.

자신의 의견만을 관철시키기 위해서 배우자를 좌절시킨다. 언어적이거나 신체적 폭력을 사용하여 문제를 해결하려는 경향을 보이기도 한다. 혹은 자신의 욕구는 무시하면서 타인의 욕구를 충족시키기 위해서 노력하기도 한다. 자신에게 잘못이 있을 경우에는 큰 문제가 되지 않으나, 그렇지 않을 경우, 배우자에게 분노의 감정을 갖게 되는 원인이 될 수 있다. 이러한 갈등해결 방식들은 갈등을 유연하게 해결하지 못하고 새로운 갈등의 원인이 된다. 결과적으로 결혼만족도에 부정적인 영향을 미치며 부부 관계를 약화시킨다.

9) 공유 활동/여가

의미. 공유 활동/여가 척도는 부부가 다양한 활동을 공유하는 정도를 보여주는 지표이다. 부부가 배우자와 함께 시간을 보내는 정도와 부부간 동료의식, 공유 시간에 대한 부부의 관심을 측정한다. 여가란 생활을 유지하기 위해 필요한 시간 외의 남는 시간에 자발적으로 선택하여 만족을 얻는 능동적인 활동을 의미하며, 공유 활동은 부부가 함께 보내는 것을 의미한다(이여봉, 2010). 함께하는 활동과 여가는 결혼만족도에 영향을 미치는 중요한 요인이다.

함께 활동을 공유하고 여가를 보냄으로써 부부는 서로에게 집중하고 친밀감을 쌓을 수 있는 기회를 갖는다(최규련, 1998). 활동을 공유함으로써 부부는 서로를 이해하고 공감할 수 있게 된다. 또한, 공유 활동과 여가는 결혼생활에서 경험하는 부정적인 행동을 변경시킬 기회를 제공하고 스트레스와 갈등의 완충 작용을 한다(Hill, 1988). 이러한 활동을 통해서 경험한 즐거움은 결혼만족도의 주요한 요인이다.

공유 활동이나 여가 시간이 결혼만족도와 정적인 상관관계를 갖고 있다. 특히, 공유 활동이나 여가 시간의 절대적인 양보다 결혼생활의 질을 향상시킬 수 있는 여가활동을 선택하는 것이 중요하다(이기영, 김외숙, 구혜령, 1995). 그러나 부부가 처음부터 공통된 취미나 여가를 갖는 것을 기대하기는 어렵다. 따라서 공통된 취미나 여가를 찾기보다 함께 공유하는 것 자체에 우선 집중할 필요가 있다. 무엇보다 부부가 공유 활동과 여가 시간에 대한 가치를 잘 인식하고 있는 것이 중요하며, 결혼생활의 만족을 높이기 위해 적극적으로 노력할 필요가 있다.

높을 때의 특징. 공유 활동/여가 척도가 높은 부부는 부부간 함께하는 시간 및 활동이 많은 것으로 해석할 수 있다. 부부가 함께 즐길 수 있는 취미를 충분히 가지고 있으며, 서로를 좋은 친구라고 생각한다. 부부가 서로를 이해하고 공감할 수 있는 기회를 제공받을 가능성이 높다. 다양한 활동을 공유함으로써 미래에 부부가 공통된 취미나 관심사를 가질 확률이 높아진다. 이것은 다시 부부가 함께 보내는 시간을 증가시켜 결혼만족도가 높아지는 선순환이 일어난다. 취미뿐만 아니라 함께 식사, 쇼핑, 외출을 하는 활동도 결혼만족도에 긍정적인 영향을 미친다. 배우자와 많은 시간을 함께 하기 때문에, 결혼생활에서 즐거움을 느끼며 배우자와의 결속감을 높게 지각한다. 또한, 배우자를 이해하고 공감할 수 있는 기회가 증가되어, 배우자와 갈등을 겪을 가능성이 낮다. 성공적인 결혼생활을 할 가능성이 높다.

낮을 때의 특징. 공유 활동/여가 척도가 낮게 나타나는 경우, 부부가 공유하는 취미가 부족하거나 함께하는 활동이나 함께 보내는 시간이 적다. 불충분한 공유 활동과 여가로 인해 부부간 불만이 높은 상태이다. 부부 사이에서 고립감이나 소외감을 느끼고 있을 수 있다. 결혼만족도가 낮게 나타난다.

10) 자녀문제

의미. 자녀문제 척도는 부부가 자녀의 양육과 관련된 문제를 어떻게 해결하는지를 보여주는 지표이다. 자녀 양육 과정에서 부부가 겪는 갈등 수준과 부모-자녀 관계의 질에 대한 평가라고 할 수 있다.

자녀 양육 시기에 부부의 결혼만족도가 하락했다가 자녀가 성장해서 독립하게 되면 결혼만족도가 다시 상승하는 경향이 있다(Vaillant & Vaillant, 1993). 자녀는 결혼만족도에 영향을 미치는 요인이지만 자녀의 존재 유무 자체가 결혼만족도에 직접적인 영향을 미치는 요인이라는 증거는 충분하지 않다. 자녀가 없는 부부일수록 이혼이 용이하기 때문에 결혼만족도 조사의 표본에 포함되지 않았을 가능성이 존재한다. 자녀의 존재 자체보다는 자녀를 양육하면서 새롭게 부여받은 부모 역할에서의 긴장과 개인 시간 및 부부 간 대화의 빈도의 축소, 그리고 경제적 부담 등이 결혼만족도를 하락시키는 요인이라고 설명할 수 있다.

특히 남성보다 여성이 자녀의 유무에 따른 결혼만족도의 차이가 상대적으로 크게 나타났다. 이것은 자녀 양육은 여성에 의해 전담되는 것이라는 기존의 인식에서 나타난 결과이다. 그러나 현대 사회에서 여성의 사회참여가 증가됨에 따라 자녀 양육은 여성의 몫이 아닌 부부 공동의 몫이 되었다. 남성의 자녀 양육 참여는 결혼만족도를 높이는 요인이다.

자녀 양육 과정에서 부부는 부모로서의 역할과 생활 패턴에서의 변화에 대해 서로 다르게 지각할 수 있으며, 이러한 차이는 갈등을 초래한다(강옥련, 허철수, 박태수, 김성봉, 2013). 이 갈등에 잘 대처하지 못하면 부부 사이에 갈등이 심화될 뿐만 아니라 자녀의 신체적, 정신적 건강에도 부정적인 영향을 미칠 수 있다. 자녀 양육 과정에서 부부의 결혼만족도는 부모 자녀 관계의 만족도와 안정성에도 영향을 미친다(국성민, 2008). 자녀와의 관계는 결혼만족도와 밀접한 상관관계를 갖는다. 자녀와의 긍정적인 상호작용, 자녀와 경험하는 갈등 등에 대한 평가와 같은 양육 효능감은 부부의 결혼만족도와 유의미한 상관이 있다(윤기봉, 김소영, 2020).

자녀문제는 부부가 경험하는 갈등의 한 유형으로, 다른 의사결정 상황과 마찬가지로 부부가 어떻게 해결해나가는지의 과정이 결혼만족도에 영향을 미친다(우수정, 이영, 2010).

또한, 결혼만족도가 자녀 문제에 있어서 적극적인 양육 참여에 영향을 미치기도 한다. 부부 관계가 지지적이고 친밀감이 유지될 때, 자녀 양육에 적극적으로 참여하는 경향이 있다(Feldman, 2000; 이미현, 2015).

높을 때의 특징. 자녀문제 척도가 높을수록 부부가 자녀 문제에 대해 일치된 견해를 보일 가능성이 높다. 부부가 함께 자녀 양육 문제를 의논하고 양육한다. 자녀 문제로 다투거나 갈등을 겪는 일이 거의 없다. 또한 자녀와의 관계에 대해서도 높은 만족도를 느낀다. 자신과 배우자가 부모역할을 성공적으로 수행할 수 있다는 효능감을 느낄 가능성이 높다. 이러한 부부는 자녀와 많은 시간을 함께 하면서 자녀에게 필요한 도움을 주고자 노력한다. 자녀의 의견을 수용하고 지지하기 때문에, 자녀와 친밀하고 편안한 관계를 유지한다.

낮을 때의 특징. 자녀문제 척도가 낮으면 부부가 자녀 양육 문제라는 갈등을 잘 대처하지 못하고 있음을 의미한다. 자녀 문제와 관련하여 부부가 광범위한 측면에서 갈등을 빚고 있다. 자녀 양육에 대한 책임 분담과 훈육 방식, 자녀에 대한 가치관 등에서 부부간 의견의 차이가 크고 갈등의 빈도가 높다. 자녀와의 관계에서도 불만족 수준이 높게 나타난다. 부모로서의 자신의 역할 수행에 대해 비효율적이라고 평가하고, 자녀 양육에 대해 불만족을 느낀다. 또한, 자녀와 친밀한 관계를 형성하는 데 어려움을 겪는다.

11) 재정관리/일

의미. 재정관리/일 척도는 가계의 재정적 문제를 얼마나 잘 관리하고 있는지 보여주는 척도이다. 가정의 경제적 자원을 관리함에 있어서 겪게 되는 배우자와의 갈등을 평가한다. 경제적 문제에 대한 걱정 수준, 배우자의 재정 관리 능력에 대한 신뢰도, 경제적 문제로 인한 배우자와의 갈등 등의 내용이 포함된다.

경제적 자원과 사회경제적 지위는 결혼만족도와 높은 상관을 보이는 요인이다(Cutright, 1971). 경제적 문제는 부부 사이에서 빈번하게 발생하는 갈등의 주요 원인이다. 대체로 수입이 증가할수록 결혼만족도가 증가하는 경향이 있다. 또한, 경제적 자원은 결혼 안전성에 중요한 영향을 미친다. 경제적 자원은 부부간 갈등의 가장 보편적인 원인 중 하나이다. 경제적 자원이 가족의 행복을 보장하는 것은 아니지만 최소한의 욕구를 충족시킬 수 있는 자원을 확보하는 것은 중요하다.

일에 대해서 배우자가 지지하는 정도는 결혼만족도에 영향을 미치는 요인이다. 여성의 경우 취업 유무가 결혼만족도에 어떠한 영향을 미치는지에 대해서는 연구마다 결과에서 차이가 있다. 그러나 일반적으로 미취업 상태의 여성이 취업을 하는 것은 부부의 결혼만족도에 긍정적인 영향을 미칠 수 있다고 평가한다. 여성의 취업은 가정의 경제적 자원을 확보하는 데 일조할 뿐만 아니라 여성의 지위를 향상시킴으로써 가족 내 의사 결정이 민주적으로 이루어지는 데 영향을 미친다. 특히, 아내의 일에 대해 남편이 인정하고 긍정할 때 결혼생활에서의 긍정적인 평가가 높게 나타난다(김진영, 2005).

높을 때의 특징. 재정관리/일 척도가 높은 가정은 재정적으로 여유가 있어서, 돈 문제로 인한 갈등이 없는 편이다. 경제적 문제에 대해서 부부가 일치된 견해를 갖고 있으며 만족하는 경향이 있다(Olson & Olson, 2000). 재정관리/일 척도가 높은 부부는 경제적 자원을 어떻게 지출하고 저축할 것인지와 같은 자원 사용 및 관리 방식에서 서로에게 신뢰를 갖고 있으며 높은 일치도를 보인다. 부부가 지출을 협의해서 결정하고, 결정된 예산을 지키기 위해서 노력한다. 계획적으로 소비하는 경향이 있다. 따라서 재정을 안정적으로 운용할 수 있다. 중요한 부채에 대한 부담을 적게 지각한다는 특징도 있다. 또한, 이 점수가 높은 부부는 자신의 일에 최선을 다하고 만족할 가능성이 크다. 경제적 책임을 부부가 공유하고 있으며 배우자의 일에 대한 지지도가 높다.

낮을 때의 특징. 재정관리/일 척도가 낮으면 경제적 문제로 인한 갈등을 겪는 빈도가 높다. 이러한 부부는 경제적 문제에 대해서 부부간 일치도 및 신뢰도가 낮다(Olson & Olson, 2000). 다시 말해, 소비와 저축에 대해서 부부 사이에 의견의 불일치가 나타난다. 우선, 경제적 우선순위에 대한 부부간 차이를 보인다. 또한, 재정 관리를 위해 예산을 세우고 지키는 데 충분한 노력을 기울이지 않는다. 소득이나 지출에 대해 비현실적인 기대를 갖고 있기도 하다. 비현실적인 기대는 과다한 지출로 이어질 수 있으며, 배우자를 무책임하거나 이기적이라고 인식하는 원인이 된다. 또한, 부부가 자신의 일에 대해 만족하지 못하는 경향이 있다. 가족의 재정 상황에 대해 책임을 공유하는 수준이 낮으며 배우자의 일에 대한 지지도가 낮다.

12) 가족 분위기

의미. 가족분위기 척도는 가족의 분위기가 밝고 따뜻하며 수용적인지를 보여주는 척도이다. 가족 관계에서 나타나는 정서적 친밀감과 수용 및 존중 정도를 파악할 수 있다. 가족 구성원 사이의 응집성, 유대감, 친밀감, 결속력, 가족 구성원 사이의 상호 존중 및 수용, 지지 정도 등, 가족의 정서적 기능에 초점을 맞춘다(양옥경, 2001). 가족생활의 질은 가족 구성원의 정신건강과 행복에 중요한 영향을 미치는 요인으로, 가족 분위기는 결혼생활 만족도와 밀접한 상관이 있다. 가정이 화목하고 건강할 때 결혼만족도 역시 높아지게 된다.

건강한 가족 분위기를 조성하는 데에 있어서 가족 구성원 사이에서 나타나는 정서적 표현이 중요한 영향을 미친다. 특히, 가족 구성원 간 정서적 교류에 자발적으로 참여하여, 상황적 맥락과 자극에 적절한 정서 표현을 하고, 적절한 수준에서 정서적 반응을 하는 것이 중요하다. 또한, 가족 구성원 개개인의 생각, 느낌, 행동을 이해하고 수용하며, 자신의 견해와 느낌을 명확히 표현하며 책임을 질 수 있어야 한다. 가족 구성원에 대한 공감도 건강한 가족 분위기를 형성하는 데 중요하다. 가족 구성원에게 관심을 가지고 적절하게 가치를 표현해야 한다.

건강한 가족은 가족 구성원의 신체적, 심리적, 사회적 성장과 발달을 지원한다. 가족 구성원은 의사결정과 의사소통, 문제 상황을 대처함에 있어서 기능적으로 활발하게 상호작용한다. 또한, 가족의 역할과 규칙이 적절하게 기능하며 융통성 있게 유지된다(유영주, 1994).

높을 때의 특징. 가족분위기 척도가 높은 가정은 서로에게 관심이 많고 필요할 때 도움을 제공하는, 사랑이 넘치는 가정이다. 가족 구성원과의 관계에서 행복도가 높으며 가족이 구성원의 요구를 충분히 만족시켜준다고 지각한다. 서로를 존중하고 인정한다. 가정의 분위기가 긴장되지 않고 밝다. 가족구성원은 가정에서 안정감을 느낀다. 만족스런 부부관계를 형성하는 경향이 있다.

가족 분위기 척도가 높은 가족은 함께 다양한 활동을 즐기며, 친밀한 관계를 형성하고 유지한다. 가족 구성원으로부터 공감적이고 지지적인 반응을 받는다. 정서적으로 유대감을 느끼고, 동시에 가족 구성원의 독립성과 자율성, 개별성을 인정한다. 눈치를 보면서 자신을 숨기는 일도 거의 나타나지 않는다. 가족 구성원 사이에 기능적이고 원만하게 상호작용을 한다. 문제나 위기 상황을 직면했을 때, 가족이 상호 협력할 수 있으며, 문제를 해결하기 위해 적극적으로 대처한다. 구체적으로 살펴보면 부부간 의사소통이 평등한 관계에서 민주적인 과정을 통해 기능적으로 일어난다. 부모와 자녀 사이의 의사소통도 원활하게 나타난다. 또한, 가족 내에서 경험하는 스트레스 수준도 낮으며 삶에 대해 높은 만족도를 보인다. 신체 및 정신 건강 수준이 높다.

낮을 때의 특징. 가족분위기 척도가 낮게 나타나는 가정은 분위기가 건강하지 못하며 가족에 대한 불만족 수준이 높다. 가족과 정서적 지지와 이해를 주고받는다고 느끼는 수준이 낮다. 정서적 유대감과 결속력도 낮게 나타나는 경향이 있다. 배우자에 대해서 지배적이고 경쟁적이며 비하적인 태도를 보이는 등 부부간 의사소통이 역기능적이다. 부모와 자녀 사이에도 의사소통이 원활하게 이루어지지 못한다. 가족 내에서 경험하는 스트레스 수준이 높으며, 삶의 만족도가 낮다. 신체적 건강과 정신적 건강에서 문제가 나타날 가능성이 있다.

13) 시가/처가/친척/친구

의미. 시가/처가/친척/친구 척도는 결혼생활에 시가나 처가, 친척, 혹은 친구가 주는 영향을 보여주는 지표이다. 부부를 둘러싼 사회적 관계망과의 갈등 정도와 사회적 관계망으로부터의 지지에 대한 인식 정도를 알 수 있다. Sidney Cobb(1976)는 사회적 지지에 대해 개인으로 하여금 보살핌과 사랑을 받고 있다고 믿도록 하며, 자기 자신이 귀하고 가치 있으며 의사전달과 상호 의무의 망조직에 들어있다고 보도록 하는 정도라고 정의했다. 사회적 지지는 객관적인 지지와 그에 대해 주관적으로 지각한 지지 정도로 분류할 수 있으며, 지지를 받았다고 지각하는 주관적 측면의 지지가 더 중요하다(Lefcourt, Martin, & Saleh, 1984).

친인척과의 관계는 결혼만족도와 정적인 상관관계를 갖는다. 결혼을 통해 새로이 형성된 친인척 관계는 부부에게 소속감과 정서적 유대감을 주는 기능을 한다(반신환, 유옥, 2011). 배우자의 친구들은 배우자의 원가족 관계만큼은 아니더라도 결혼생활에 영향을 미치는 요인이다. 주위의 관계로부터 지지를 받는 부부일수록 결혼생활이 오래 지속되며 만족도가 높아진다.

그러나 시가/처가/친척/친구가 결혼생활을 지속하는 데 있어서 반드시 긍정적인 영향만 미치는 것은 아니다. 각자의 원가족과 적당한 거리감을 유지하는 것은 부부가 밀접한 관계로 발전할 수 있는 토대이며, 만족스러운 결혼생활의 배경이 된다(유연지, 조현주, 권정혜, 2008).

부부는 결혼으로 새로운 가족을 형성함에 따라 자신의 원가족과의 관계에 대한 재적응과 함께 배우자의 원가족이라는 새로운 관계를 형성해야 한다는 과제를 직면하게 된다(이상원, 1993). 배우자의 원가족과 관계를 형성하고 지속할 때 경험하게 되는 배우자의 태도는 결혼만족도에 영향을 미치는 요인이다(Rittenour & Soliz, 2009; 전세송, 김수경, 2012). 만약 개인이 결혼으로 원가족과의 관계에서 나타나는 변화에 유연하게 적응하지 못한다면 부부 갈등이 발생할 수 있다.

또한, 원가족과의 지나친 친밀감이 오히려 부부간의 친밀감이 형성되는 데 방해가 된다(유연지, 조현주, 권정혜, 2008). 부부의 결혼생활에 제 3자가 쉽게 영향을 미칠 수 있는 가능성을 제공하며, 이것은 부부 간 결속력의 발전을 방해하고, 부부간 갈등 외의 새로운 갈등을 초래한다(이선미, 2018). 시가 혹은 처가와의 갈등은 결혼만족도에 부적으로 유의미한 영향을 준다. 시가 혹은 처가와의 갈등으로 인해 경험하는 스트레스가 높을수록 부부 간 갈등이 증가하게 되며, 결혼만족도에 부정적인 영향을 준다(유연지, 조현주, 권정혜, 2008). 친구 관계 역시 배우자가 친구들과 친밀한 관계를 가질수록 결혼의 질이 상승하여 결혼만족도가 높아지지만, 친구들로부터 받는 영향이 지나칠 경우에는 결혼만족도가 하락한다.

높을 때의 특징. 시가/처가/친척/친구 척도가 높을 때, 부부가 주위의 사회적 관계와 원만한 관계를 유지하고 있다. 시가와 처가가 부부의 결혼생활에 도움을 많이 주고, 부부 또한 시가와 처가에게 모두 호의적이고 교류가 많기 때문에, 이 문제로 다투거나 갈등을 할 필요가 없다. 또한, 주변의 친척과 친구들도 부담이 되기보다는 도움이 되는 경우가 많아, 주변 사람들과의 관계가 긍정적이다. 배우자의 친인척 및 친구를 대하는 데 있어서 부부간 의견의 일치도가 높으며, 제 3자로 인한 갈등이 적다.

낮을 때의 특징. 시가/처가/친척/친구 척도가 낮을 때 부부 주위의 사회적 관계와 갈등을 겪고 있을 확률이 높다. 사회적 관계망으로부터 부부 관계와 결혼생활을 충분히 지지받지 못하고 있다. 부부 주위의 사회적 관계와의 갈등이 부부 관계의 갈등으로 확대되어 부부의 전반적인 결혼만족도를 낮추고 있을 수 있다. 또한, 시가/처가/친척/친구에 대해 부부간 의견이 불일치한다. 자신의 친인척 및 친구에 대해 배우자가 해주기를 바라는 요구 수준이 높은 경향이 있다. 그리고 이러한 기대는 수준에 비해 배우자의 노력이 부족하다고 인식한다. 배우자의 친인척 및 친구와 아예 만나지 않거나 너무 많이 만날 경우에 결혼만족도가 낮게 나타나는 경향이 있다.

3. 커플진단/결혼만족도 검사의 활용

결혼생활은 개인의 신체 및 정신적 건강에 중요한 영향을 미친다. 결혼생활의 만족도가 높을 경우, 개인의 심리적 고통이나 부정적인 생활사건에 대한 완충역할을 하겠지만, 그렇지 못한 경우에는 오히려 부정적인 영향을 주게 된다. 결혼생활 만족도를 높이는 것은 행복한 가정생활을 영위하는 것뿐만 아니라 개인의 주관적 안녕감을 증진시키기 위해서도 중요하다. 또한, 결혼만족도는 부모 자녀 관계에도 영향을 미친다. 불만족스러운 부부관계는 부부만의 문제에 그치는 것이 아니라 자녀의 신체적, 정신적 건강에도 부정적인 영향을 미친다.

결혼만족도는 이혼의 중요한 예측 요인이다. 과거와 달리 전통적 결혼관이 약화됨에 따라 불만족스러운 결혼생활을 억지로 유지하기보다 이혼을 결정하는 비율이 높아지고 있다. 그러나 이혼은 결혼생활에서 겪은 문제의 궁극적인 해결방안이 아니라 저하된 결혼만족도의 결과이다. 부부 관계의 결혼만족도가 저하된 원인에 대한 이해가 전제되지 않은 한 불만족스러운 결혼생활을 해결하기 어렵다. 따라서 단순히 이혼을 예방하기 위해서만이 아니라 개인의 만족스런 결혼생활을 위해서 결혼만족도를 저하시키는 요인을 파악해야할 필요가 있다.

커플진단/결혼만족도 검사는 결혼생활의 만족도에 영향을 미치는 요인 중 어떤 차원에서 높고 낮은지 보여준다. 결혼만족도가 높고 낮게 나타나는 원인을 설명하고 더 나아가 만족스런 결혼생활을 영위하는 방법을 모색하는 데 도움을 준다. 이에 따라 커플진단/결혼만족도 검사의 필요성이 증가하고 있다.

4. 결론

지금까지 커플진단/결혼만족도 검사의 기반이 되는 결혼만족도의 개념에 대해 기반이 되는 이론과 함께 전반적으로 살펴보았다. 만족이라는 개념에 대한 일치된 정의가 없기 때문에 결혼만족도에 대한 정의 역시 하나의 합의된 정의가 존재하지 않는다. 결혼만족도를 단일차원으로 보는 관점과 여러 가지 하위요인의 상호작용으로 보는 관점에서 차이가 있어 결혼만족도를 측정하는 방법에서도 차이가 존재한다. 본 교육 자료는 그 중 여러 가지 하위요인이 복합적으로 상호작용하여 결혼만족도에 영향을 준다는 관점을 택하고 있다. 구체적으로, 자아존중감, 탈권위주의, 전반적 만족도, 가치관, 생활습관/가사, 성/정서적 유대, 의사소통, 갈등해결, 공유 활동/여가, 자녀문제, 재정관리/일, 가족 분위기라는 13가지 요인을 통해 결혼만족도를 파악하고자 한다. 결혼만족도를 여러 하위요인으로 설명함으로써 부부의 결혼생활 만족도에 대해 보다 심층적인 이해를 할 수 있으며, 어떤 요인이 결혼생활에 어느 정도 영향을 미치는지 파악할 수 있다. 교육용 자료의 내용을 통해서 커플진단/결혼 만족도 검사를 전반적으로 이해하고 활용하는 데 도움이 될 수 있기를 희망한다.

제12장

대인 간 의사소통

의사소통은 매순간 삶의 다양한 요소들을 연결하는 필수적인 과정이다. 성공적인 대인관계를 위해서는 의사소통을 올바르게 이해하고 체계적으로 살펴볼 필요가 있다. 먼저 의사소통이 무엇인지 알아보고 우리 삶에 필요한 이유를 알아볼 것이다. 그 다음 의사소통의 독특한 특징들을 살펴봄으로써 의사소통에 대한 이해도를 높이고자 한다. 마지막으로, RS-의사소통검사가 기초하고 있는 Norton의 의사소통 유형에 대한 특성을 알아보고자 한다.

1. 의사소통의 개념

의사소통은 단순히 언어를 사용하거나 듣는 과정을 넘어선 보다 넓은 범위의 교류 과정을 의미한다. 그러나 의사소통과 대인 간 의사소통의 정의에는 차이가 있다. 먼저, 의사소통은 일반적으로 다양한 수단을 활용하여 발신자와 수신자가 정보 및 의미를 주고받는 과정으로 정의된다(Bowdick & Buono, 1985). 대인 간 의사소통은 메시지를 주고받는 의사소통의 과정 속에서 형성되는 관계에 초점을 맞추고 있다. 또한 [그림 12-1]에서 보듯이, 의사소통은 직선적이 아니라 교류적이다. 즉 일방적이거나 순차적인 의미 교환이 아니라, 여러 메시지를 동시에 주고받는 교차적인 과정이다. 의사소통자들은 서로 다른 물리적 장소, 경험, 문화적 배경 등의 개인적인 환경 속에서 다양한 메시지를 이해하고 해석한다.

의사소통의 본질은 의미를 창출하기 위한 메시지를 사용하는 것에 있다. 메시지의 전달은 두 가지 형태의 의사소통, 즉 '언어적 의사소통'과 '비언어적 의사소통'을 통해 이루어진다. 이 둘을 구분 짓는 것은 약속된 기호의 유무이다. 언어적 의사소통은 사회적으로 합의된

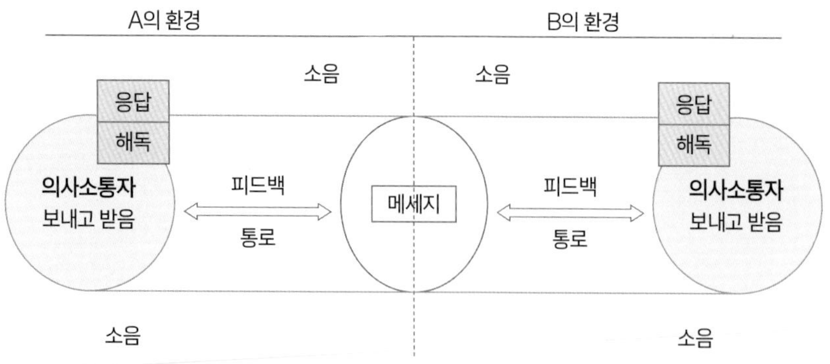

그림 12-1 교류적 의사소통 모형

'말'과 '글'과 같이 언어적인 수단을 통해 메시지를 전달하는 가장 오래된 의사소통 방법이다. 이는 구체적인 내용과 정보를 전달하는데 효과적이다. 말과 대화를 통해 자신의 가치관과 관심사를 표현하기도 하고 보고서, 공지문, 간행물과 같은 글의 형태로 정보를 공유하기도 한다.

반면, 비언어적 의사소통은 언어적 수단을 제외한 모든 것으로 이루어지는 의사소통을 의미한다. 행동, 음성적 특징, 물리적 공간과 같은 비언어적인 수단은 의미 전달의 93%를 차지할 정도로 매우 중요한 소통 수단으로 여겨진다(Mehrabian, 1978). 특히 비언어적 수단은 발신자의 태도와 감정을 전달하는 데 효과적이다. 예를 들어, 우리는 한 마디의 대화 없이도 상대방의 표정, 시선, 몸짓을 통해 그들이 어떤 감정을 느끼고 어떤 생각을 하고 있는지 짐작해 볼 수 있다. 상대방의 비언어적 표현들이 언어적 수단이 전달하지 못하는 추가적인 정보를 제공해주고 있기 때문이다. 이처럼 '말'과 '글'이 아닌 수단으로도 의사소통이 가능하다는 사실은 대인 간 의사소통뿐만 아니라 동식물을 포함한 모든 생명체 사이의 의사소통 또한 가능하다는 것을 시사한다.

2. 의사소통의 특징

우리가 하는 의사소통은 여러 다양하고 독특한 특성들을 가지고 있다. 뿐만 아니라, 우리는 의사소통에 대해서 사실과 다른 오해들을 가지고 있다. 이러한 오해들은 사람들의 대인관계에서 여러 문제와 갈등을 야기하는 원인이기도 하다. 이러한 측면에서 의사소통의 특징을 제대로 이해하는 것은 다른 사람과의 소통을 제대로 하는 데 크게 기여할 수 있다.

1) 필수성

의사소통은 우리 삶에 필수적인 과정이다(Sapir, 1935). 인간은 태어나서부터 생을 마감할 때까지 수많은 사람들과 관계를 맺으며 살아간다. 어린 시절에는 가족의 도움을 받아 성장하고, 성인이 된 후에는 주체적인 대인관계를 형성하여 상호교류적인 삶을 살아간다. 이러한 모든 종류의 관계를 형성하는 데 필수적인 요소가 바로 의사소통이다. 의사소통은 관계를 형성하려는 인간의 욕구를 충족시키는 것 외에도 정서적인 안정감을 증가시키는 역할을 한다.

적절한 의사소통으로 관계를 형성하지 못한 사람은 사회적 고립감, 우울감, 소외감 등을 느끼며 심각한 정신적 고통을 경험하게 된다. 반면, 타인과의 의사소통을 통해 다양한 관계를 형성한 사람은 소속감, 친밀감, 안정감 등을 느끼고 의사소통 과정에서 자신을 규정하는 방식을 알아감으로써 정체성을 확립해 나가기도 한다. 그리고 효과적인 의사소통은 무엇보다 타인을 우리가 원하는 방식대로 행동하게 만들어 자신의 이익과 목적을 극대화할 수 있는 가장 좋은 방법이기도 하다(Monge et al., 1982)

또한 의사소통은 모든 유기체의 삶에서 필수적이다. 간혹 우리는 인간만이 의사소통을 할 수 있는 존재라고 생각하는 경향이 있다. 그러나 모든 유기체는 홀로 살아갈 수 없으며, 생존을 위해서라도 다른 존재와의 상호작용을 수행해야만 한다. 앞서 살펴본 것처럼 의사소통은 반드시 인간이 사용하는 '말'에 의해서만 일어나는 것이 아니다. 세포와 동물, 식물은 그들만의 특정한 신호를 주고받음으로써 소통한다. 예를 들어, 곤충의 의사소통을 살펴보자. 수컷 귀뚜라미는 노래를 불러 암컷 귀뚜라미를 유혹한다. 반딧불이는 서로의 빛을 보여주며 짝짓기 상대를 찾고 먹잇감을 유인하기도 한다. 한편, 개미는 먹이를 찾으러 다니는 동안 엉덩이에서 화학 물질을 분비하여 땅에 표시함으로써 집단의 다른 개미들이 자신을 따라 올 수 있도록 한다. 귀뚜라미와 반딧불이, 개미는 노래, 빛, 화학물질을 매개로 의사소통 하고 있는 것이다.

2) 상호성

의사소통은 메시지의 수신자와 발신자 사이의 상호작용에 의해 일어난다. 상대에게 일방적으로 어떤 말을 하는 것은 의사소통이라고 볼 수 없다. 말, 즉 언어는 그 자체로 의미를 가지고 있지 않을 뿐더러 상대의 반응을 가정하지 않는 말은 혼잣말에 불과하다. 먼저 언어가 특정한 의미를 가지기 위해서는 언어를 주고받는 사람들 사이에서 합의된 규칙 혹은 그들이 속한 사회에서 규정한 공통의 기준이 존재해야 한다(Guerrero & Flyod, 2010).

예를 들어, 책상이라는 단어 자체는 어떠한 의미도 가지고 있지 않다. 그러나 방금 책상이라는 단어를 듣고 아마 우리는 모두 비슷한 모양을 떠올렸을 것이다. 이는 우리가 물건을 올려놓거나 글을 쓸 수 있는 긴 상판에 네 개의 다리를 가진 것을 책상이라고 부르기로 합의했기 때문이다. 같은 맥락에서 지구 반대편의 어느 국가에서는 우리가 책상이라고 부르는 물체를 의자라고 부를 수도 있다. 그 사회의 구성원들은 이러한 형태의 물체를 의자라고 부르기로 합의했을 것이다.

계속해서 어떤 말이 의사소통이 되기 위해서는 메시지 수신자와 발신자 사이의 양방 소통이 이루어져야만 한다. 의사소통은 서로에게 끊임없이 주의를 기울이고 통제해야 하는 매우 섬세하고도 어려운 과정이다. 언어적, 비언어적 단서들 모두에 주목하며 경청하는 자세는 상대의 이야기를 더욱 원활하게 이끌어낼 수 있고, 온화하고 우호적인 말하기 태도는 상대로 하여금 이야기에 더욱 집중하도록 만들 수 있다. 이처럼 의사소통은 두 사람의 노력을 전제로 하는 상호관계에 있으며, 이러한 과정이 반복되어야만 상대의 말뜻을 정확하게 이해하고 자신의 이야기를 왜곡 없이 전달할 수 있게 된다. 한 번 발생한 메시지는 이전의 소통에 영향을 받고 이후의 소통에도 영향을 미친다는 사실을 이해할 필요가 있다(Vangelisti, 2015).

3) 적시성과 취소불가능성

의사소통은 적합한 시기와 적합한 장소에서 빛을 발한다. 의사소통이 우리 삶의 매 순간에 필수적인 요소라면 의사소통은 많으면 많을수록 좋은 것일까? 불필요한 장소에서의 불충분한 의사소통은 소모적인 행동이며 오히려 갈등을 야기시킬 뿐이다. 의사소통은 의사소통이 반드시 필요한 시기와 장소에서 적절하게 사용될 때 그 효과가 극대화될 수 있다. 의사소통의 이러한 특성이 강조되는 이유는 시작과 끝이 정해지지 않은 일련의 연속적인 과정이기 때문이다.

또한, 한번 발생한 의사소통은 시간을 거슬러 올라가 취소할 수 없다(Adler & Proctor II, 2016). 현재 자신의 이익을 위해 지난날의 언행을 수정하고 싶은 마음은 누구나 한 번 쯤 경험해본 적이 있을 것이다. 그것이 정말로 순간의 잘못된 판단에 의한 실수였을지라도 절대

되돌릴 수 없다는 사실을 우리는 잘 알고 있다. 의사소통은 어떠한 형태로든 모든 사람들에게 기억된다는 점을 유념할 필요가 있다. 서로가 의식하지 않아도 기억의 저편에 저장되어 있다가 의도하지 않은 순간에 나타나 오해와 갈등을 불러일으킬 수 있다.

같은 맥락에서 의사소통은 반복되지 않는다. 시간이 흐름에 따라 메시지의 발신자와 수신자 모두는 변화하고 그들 사이의 관계와 그들을 둘러싼 환경, 문화 그리고 메시지가 담고 있는 의미 또한 얼마든지 변화할 수 있다. 과거 자신의 이야기를 경청하고 수용해주던 상대의 의사소통 방식에 느꼈던 호감이 다음번 만남에서는 지루함으로 느껴질 수 있는 것이다. 또 상대가 누구냐에 따라 변화하기도 한다. 누군가에게는 효과적이던 의사소통 기술이 누군가에겐 반감을 사는 역효과를 낼 수도 있다. 살펴본 것처럼 의사소통은 계속해서 앞으로 진행되는 과정이기 때문에 반복하거나 취소될 수 없다. 따라서 의사소통을 할 때에는 반드시 의사소통이 필요한 상황이고 적절한 시기인지에 대하여 신중하게 고민하는 과정이 필요하다.

4) 불완전성

의사소통이 언제나 최적의 결과를 낳는 것만은 아니다. 완벽한 의사소통도 갈등상황의 어려움을 해결하지 못할 수 있다. 층간소음 문제로 갈등을 겪고 있는 가구의 사례를 살펴보자. 매일 밤 시끄러운 음악소리와 함께 친구들과 흥겨운 파티를 벌이는 윗층 주민을 찾아가 대화를 시도할 수 있다. 아래층 주민은 자신이 찾아온 이유에 대하여 설명하고 원만한 공동주거생활을 위해 층간소음에 주의해줄 수 있겠냐는 부탁을 할 것이다. 윗층 주민은 정중한 사과와 함께 근래 시끄러울 수밖에 없었던 이유를 설명하며 앞으로 층간소음관리에 신경 쓰겠다고 답할 수 있다. 그러나 며칠 후 소음은 반복되었고 주민 간의 갈등은 더욱 심화되었다.

우리는 두 가구가 대화를 통해 갈등을 원만히 해결하였을 것으로 짐작할 수 있다. 하지만 겉으로는 드러내지 않았어도 서로의 소통방식이 마음에 들지 않았을 수 있고 윗층 주민은 대화를 나누었다는 사실을 망각한 채 익숙한 일상의 생활로 돌아갔을 수도 있다. 이외에도 갈등상황을 설명하는 데는 다양한 경우의 수가 존재하지만 완전해보이는 의사소통으로도 해결할 수 없는 상황이 분명 존재한다.

반면에 의도적으로 완전하지 않은 의사소통을 시도하는 경우도 있다(Sillars & Vangelisti, 2018). 대부분 특정한 목적을 이루기 위한 의사소통이 해당된다. 자신의 의견에 대한 타인의 동의를 얻어야 하는 상황을 가정할 때, 상대방이 자신의 의견에 반대할 것을 미리 예상하고 애매모호한 표현으로 자신의 의견을 이야기할 수 있다. 이처럼 전략적으로 불완전한 의사소통을 행하는 것이 단기적으로는 자신에게 이익을 가져다줄 수 있다. 그러나 장기화될 경우에는 의사소통상의 오류를 불러일으키고 대인간 신뢰관계에 부정적인 영향을 미칠 수 있다는 사실을 명심해야 한다.

3. Norton의 의사소통검사의 특징

RS-의사소통검사는 Norton의 의사소통 유형에 근거한다. 아래에서는 Norton의 의사소통 유형이 어떠한 이론적 근거와 필요성에 의해 생겨났는지 알아보고, 척도의 개념, 구성 및 관점을 구체적으로 살펴볼 것이다. 마지막으로는 의사소통 유형의 4가지 일반적인 특징들을 다룬다.

1) 이론적 배경

한 개인의 의사소통 방식은 그의 자기정체성을 결정하며, 타인의 개인적인 관점에도 영향을 준다. 의사소통의 메시지는 정보를 제공하고, 의사소통의 형태는 그 메시지로부터 나온 정보를 전달하는 상호작용의 과정이다(Norton, 1983). 쥐들의 상호작용 사례를 통해 이해해보자.

한 실험에서 동일한 쥐를 두 차례에 걸쳐 다른 쥐가 살고 있는 우리에 집어넣었다. 첫 번째 침입에서 침입 쥐가 항복 사인을 보냈음에도 불구하고 거주 쥐는 침입 쥐를 거칠게 공격했고, 실험이 진행되는 24시간 동안 계속되는 싸움에 두 쥐의 몸무게는 눈에 띄게 줄었다. 두 번째 침입에서 침입 쥐는 항복 의사를 표현하면서 긴 초음파 소리와 함께 지속적으로 울기 시작했다. 놀랍게도 거주 쥐는 침입 쥐를 공격하지 않았고 두 쥐의 몸무게도 실험 전과 큰 차이가 없었다.

처음 침입 쥐가 전달하고자 했던 메시지는 거주 쥐를 해치지 않겠다는 생각이었을 것이다. 그러나 첫 번째 실험에서 이 메시지는 전달되지 못했고 두 번째 실험에서 침입 쥐는 울음이라는 의사소통 방식을 찾아 긴 초음파 소리를 내고 나서야 자신의 메시지를 전달할 수 있었다. 두 번째 실험에서 침입 쥐는 첫 번째 실험에서와 마찬가지로 거주 쥐를 따라다니며 냄새를 맡고, 접근하고, 이를 거부하자 항복 신호 보내기를 반복했다.

하지만 한 번의 경험이 침입 쥐에게 메시지 전달 방식에 변화를 주어야 한다는 가르침을 주었고, 거주 쥐로 하여금 외부 쥐의 침입이라는 시각적 행동을 처음과는 다른 방식으로 해석할 수 있도록 만들었다. 침입 쥐가 두 번째 실험에서 취한 의사소통 방식은 거주 쥐에게 대단한 정보를 주었다. 울음소리는 침입 쥐 기존의 순종적인 자세의 의도를 충분히 검증하며, '이 순종적인 자세를 진지하게 받아들여라'라는 추가적인 메시지를 전달하는데 성공했다.

위의 예시에서는 적어도 두 가지의 시스템이 의사소통의 형태에 작용했다. [그림 12-2]에서 보듯이, 어느 하나의 시스템이 너무 적은 정보를 제공하거나, 과한 정보를 제공하여 모순되는 경우에는 형태에 대한 모호함, 혼동, 예측 불가의 상황이 발생할 수 있다. 예를 들어, 첫 번째 시스템이 "A는 사실이 아니다."라고 표시한다면, 그 자체로는 명백하고 충분한 정보를 포함하지 않는다. 하나의 시스템을 추가할 때 그 이해가 가능하다. 두 시스템이 만나 적절한 정보를 제공하는 경우에는 정밀도와 정확도가 상승한다. 종합해보면, 전달하고자 하는 메시지를 명확하게 전달하고자 한다면 의사소통의 방식이라는 시스템이 필수적이며, 다양한 경우에 적용할 수 있는 여러 가지 의사소통의 유형을 정의할 필요성을 확인할 수 있다. 이에 따라 Norton은 의사소통 양식의 개념을 도입하고 이러한 유형들의 의사소통 활동을 살펴볼 수 있는 토대를 마련하였다.

		메시지 시스템 1	
		모호한 정보	모호하지 않은 정보
메시지 시스템 2	모호한 정보	- 형상이 동시에 떠오르지 않음 - 분열, 혼란 - 높은 불확실성	- 부분적인 형상이 동시에 떠오름 - 최선의 정보를 골라 내야함
	모호하지 않은 정보	- 부분적인 형상이 동시에 떠오름 - 최선의 정보를 골라 내야함	- 형상이 동시에 떠오름 - 메시지 시스템 일치 - 낮은 불확실성과 중복 가능성

그림 12-2 **두 개의 메시지 시스템(Norton, 1983)**

2) Norton의 의사소통 유형의 이해

Norton이 '언어적, 비언어적, 그리고 부언어적으로 상호작용하는 방식'이라고 정의한 의사소통 유형은 사람들이 문자의 의미를 어떻게 받아들이고, 해석하고, 여과하여 이해하는지 그 방식을 나타낸다(Norton, 1983). 그는 의사소통의 '내용'측면보다는 '관계'측면을 살펴보고자 노력했다. 사람들이 어떻게 의사소통하는가에 대한 방식이 타인과의 상호작용의 질, 의사소통자로서의 효과성과 매력, 그리고 타인의 행동에 대한 해석과 반응에 영향을 미친다고 가정했다. 그동안 다수의 의사소통 관련 연구들이 대응, 협상, 대화를 다룬데 반해 '의사소통자'의 소통 방식 자체에 초점을 맞춘 연구라는 것에 그 의의가 있다.

이에 Norton은 9개의 독립변수(지배형, 극적 유형, 논쟁형, 활발형, 인상형, 여유형, 주의형, 개방형, 우호형)와 1개의 종속변수(의사소통자의 이미지)로 구성된 의사소통 유형을 개념화 했다. 각각의 하위유형은 대인 간 관계에 대한 연구들, 의사소통 방식과 관련된 수많은 사회 과학 문헌들로부터 추출되었으며, 특정하고 일관되게 반복되는 의사소통의 패턴을 함축한다.

본 척도는 실용적 관점을 반영한다. 자기보고식 설문지의 각 항목들은 자신의 관찰 가능한 행동들을 묻고, 관찰 불가능한 부분은 측정하지 않는다. 즉, 실제 자신의 의사소통 형태가 어떠하고, 타인이 바라보는 자신의 의사소통 형태가 어떠하든 자신이 생각하는 의사소통 형태를 스스로 판단하여 체크하도록 만들었다. 때문에 A가 지배형의 의사소통 유형을 가지고 있다 할지라도 A가 모든 상황 및 맥락에서 지배적인 특성을 드러내는 것은 아니며, 단지 A 자신이 일반적으로 지배적인 영향력을 가지고 있다는 것을 인지하고 있음을 의미한다.

또한, 이 장에서 확립된 유형들의 구조적 관계는 유형 간 개념적 연결과 통계적 연관성을 모두 나타내기 때문에 매우 중요하다. 지배형과 여유형은 개념적으로 다르지만 극적 유형에 가까운 정도로 살펴본다면, 지배형과 여유형은 하나의 특성을 공유한다고 할 수 있고, 그에 따른 통계적 연관성도 예상해 볼 수 있다. '지배형-극적 유형'의 관계가 '지배형-여유형' 혹은 '극적 유형-여유형'의 상관관계보다 높게 나타날 것이다.

의사소통 유형 설문지는 두 가지 버전이 있다. 첫 번째 버전은 총 51개의 항목 중, 9개의 독립변수 각각의 5개 항목에 대한 점수를 합산한 것과 종속변수 1개의 6개 항목 점수를 합산하여 지수 점수를 얻는 긴 버전이다. 두 번째 버전은 독립, 종속변수의 각 항목들을 한 단락 형태로 요약하여 특정 의사소통 유형을 나타내는 정도를 리커트 척도로 측정하는 비교적 짧은 버전이다. 각 유형에 해당하는 점수의 합 가운데 가장 큰 점수를 받은 유형을 자신의 유형으로 선택하는 유형 측정지의 특성을 가진다. 이 때 최고 점수가 동일한 경우에는 유형의 혼합형으로 판정한다.

3) Norton의 의사소통 유형 척도의 특징

관찰가능성. 의사소통 유형은 관찰 가능한 것이다. 모든 사람은 관찰할 수 있는 의사소통 유형을 가지고 있다. 활발한 의사소통 방식을 가지고 있다고 한다면 몸짓이나 신체의 움직임 혹은 얼굴 표정의 빈도를 통해 그 사람의 활발한 정도를 짐작해 볼 수 있을 것이다. 그러나 간혹 관찰되는 것들이 더 이해하기 어려운 경우가 있다. 추상적 사인을 인식하기 위해서는 더 많은 훈련을 거친 추론 과정이 필요하다. 예를 들어, 개방적인 의사소통 방식은 반드시 물리적 증거만을 통해 보이지 않을 수도 있다. 관찰 가능한 비언어적 행동과 그것이 포함하는 숨겨진 내용 모두를 고려하여 추론 하거나 유도적인 단계를 거쳐야 한다.

다면성. 개인의 의사소통 유형에는 많은 측면이 존재한다. 즉, 한 사람은 여러 가지 의사소통 유형을 가질 수 있다. 친근하면서 세심할 수 있고 동시에 편안하며 진지한 의사소통 유형일 수 있다. Deethardt와 McLaughlin(1976)에 따르면 의사소통의 형태는 90가지에 이르며, 언어에 수많은 조합이 있듯이 의사소통의 유형에도 다양한 유형의 조합이 가능하다.

공유성. 각 유형들은 특성을 공유한다. 이는 의사소통 유형들이 서로 독립적이지 않다는 것을 의미한다. 예를 들어, 극적이고 지배적인 의사소통 유형이라는 것은 극적인 유형의 필수 요소와 지배적인 유형의 필수 요소가 겹칠 수 있다. 극적인 유형이 빈번하게 농담을 하고 지배적인 유형이 끊임없는 이야기를 하는 경우 때로는 두 유형의 특징이 말을 많이 한다는 특성을 공유한다는 것을 쉽게 알 수 있다. 이러한 의사소통 유형의 조합은 시너지 효과를 낸다. 지배적이고 개방적인 유형의 의사소통자는 자신감이 있고, 비지배적이고 여유가 없는 유형의 의사소통자는 늘 불안감을 나타낼 수 있다.

가변성과 반복성. 의사소통 유형은 가변적이지만 충분히 반복된다. 의사소통 유형의 연구는 사람들의 공동의식을 묘사하는 것이 아니다. 상호작용에 따라 사람들은 자신의 습관적인 의사소통 유형에서 벗어날 수 있다. 우리가 관찰한 한 사람의 의사소통 유형은 그가 새로이 적응한 의사소통 유형일 수도 있고, 오랜 시간 동안 유지해온 본래의 의사소통 유형일 수도 있다.

또한, 지속적으로 반복되는 의사소통 유형이 즉각적인 의사소통 유형보다 메시지에 더 많은 영향을 미친다. 의사소통의 상호작용자들이 긴 시간 서로의 의사소통 유형을 알고 이에 익숙해진다면 불필요한 명분을 번복할 일이 줄어들게 된다. 그들은 자신들만의 규범과 패턴들로 새로운 의사소통 방식을 조직할 수 있다. 모든 의사소통의 상호작용은 의사소통 유형의 형태를 결정하는데 기여한다. 새로운 규범은 끊임없이 형성되고 강화되며 암묵적 기준에 의해 존재한다. 즉, 대부분의 의사소통 유형은 가변적이나 그 패턴에 있어 지속적이고 반복적이다.

4. 의사소통검사의 하위 유형

Norton의 의사소통 유형은 9개의 독립변수(지배형, 극적 유형, 논쟁형, 활발형, 인상형, 여유형, 주의형, 개방형, 우호형)와 1개의 종속변수(의사소통자의 이미지)로 구성되어있다. 다음에서는 각각의 10가지 유형을 자세히 알아볼 것이다.

1) 극적 유형(Dramatic)

적극성. 극적 유형은 의사소통에 적극적으로 참여하는 유형이다. 감정 표현을 강조하며 은유, 과장, 환상, 리듬, 목소리 및 기타 장치를 적절하게 사용하고 억양을 변화시켜 강조하고자 하는 부분을 드러내 상대방에게 '열정적인 대화의 참여자'라는 인상을 심어준다. 또한 극적 유형의 의사소통자들은 타인에게 감동적이고 매력적인 메시지를 전달하기 위해 적극적이고 높은 동기부여를 가지는 경향이 있다. 이는 다른 의사소통자에게서 흥미로운 대화를 유도하고 의사소통과정에서 긍정적인 유머를 이끌어낼 수 있다. 또 주장을 위한 말하기보다는 효율적인 전달을 위한 말하기에 중심을 둠으로써 타인을 이해, 설득시키고자하는 의사소통의 목적을 달성하고자 한다. 해당 유형의 의사소통 방식을 선택하는 이유는 그룹 내 의사소통자의 지위를 강화하고자 하는 경우도 있지만 그룹 구성원들 사이의 스트레스를 완화하기 위한 목적이 크므로 재미있고, 이해하기 쉬운 대화와 관련이 있다.

'긴장'에 대한 이해. 극적 유형을 이해하는 열쇠는 '긴장'의 기능을 이해하는 것에 있다. 극적 유형의 의사소통자는 긴장의 정도를 조절하거나 긴장의 결과로써 형성되기 때문이다. 또한, 극적 유형의 대화는 어떠한 상태의 편차를 이용하여 이루어진다. 예를 들어, 현재의 규범보다 더 엄격히 또는 부드럽게 말하는 것, 일상에서 사용하는 단어를 사용하지 않고 말하는 것을 통해 더욱 극적으로 이야기할 수 있다. 그러므로 극적인 방식으로 의사소통할 때에는 메시지의 단순한 문자 의미에 변화가 일어난다고 볼 수 있고 이에 따라 메시지의 실제 의미가 숨겨져 있을 수 있다. 이를 밝혀내기 위해 청자들에게는 약간의 배경 지식이 요구되기도 한다. 극적 유형의 의사소통에서 편차는 두 가지 기능을 한다. 첫째, 긴장 완화의 토대를 마련한다. 전체적인 대화가 극단적으로 긴장상태일 때는 불안이 생길 수 있다. 둘째, 긴장 조성의 자극제가 될 수 있다. 긴장이 최적으로 기능할 때, 통찰적, 은유적 과정 및 기쁨의 결과로 나타날 때 적절한 긴장을 유지함으로써 극적 유형은 자신과 상대방 모두에게 이익이 된다.

2) 지배형(Dominant)

주도성. 지배형은 대화의 주도권을 획득하여 대화 상황을 지배하고자 하는 유형이다. 주변 환경과 맥락을 통제하고자 하는 욕구는 높지만 자신을 드러내고자 하는 욕구는 비교적 낮다. 즉, 자신을 잘 드러내지는 않지만 대화 내용 자체를 이끌고 통제하고자 하는 의지가 강한 유형이라고 볼 수 있다. 지배형의 의사소통자는 자신감이 넘치고 열정적이며, 적극적이고 경쟁적이다. 조직 내에서 지배형 의사소통자의 모습을 살펴보면, 지배적인 의사소통 유형의 관리자는 부하들 사이에서 만족감을 얻지 못하는 것으로 나타났다. 또 자신의 의사소통 유형이 지배적이라고 보고한 개인은 지배적 의사소통 유형이 덜 지배적이라고 보고한 개인보다 유머를 훨씬 더 많이 사용하지만, 대부분이 부정적 유머였으며 이는 관리자와 부하 모두 직급에 상관없이 동일하게 나타났다.

특징. 지배형 의사소통은 다음과 같은 세 가지 특징을 가진다. 첫째, 지배는 구현된다. 즉, 일상생활에서 지배적인 성향이 두드러지는 사람은 의사소통에서도 동일한 성향을 나타낸다. 강인한 사람으로 칭해지는 지배적인 유형의 사람은 대화에서 우세한 경향이 있다. 둘째, 지배력과 비언어적 수단의 상관관계가 존재한다. 의사소통적 우위를 강조하기 위해 눈 맞춤, 상대방의 행동 따라 하기, 목소리의 크기, 음성 변조, 정보 전달의 속도 등 신체 언어의 사용에 의존한다. 마지막으로 지배적인 유형의 사람의 행동, 태도, 지각은 예측가능하다. 일반적으로 지배적인 사람은 더 큰 목소리로 더 짧게 대답하며 상대방의 행동을 바꿀 것을 요청한다. 이 유형은 여성보다 남성에게 더 많이 나타나는데, 자신의 지배력을 나타내기 위해 지배적인 남성은 개인적인 공간과 접근성을 높이고, 지배적인 여성은 상호 눈 맞춤을 사용한다.

3) 논쟁형(Contentious)

상호발전성. 논쟁형은 대화 중 이견을 빠르게 제시하여 논쟁을 즐기는 유형이다. 여기서 논쟁은 발언권을 쟁취함으로써 환경을 통제하여 의견을 교환하는 행위적 차원을 의미하는 것이 아니라 타인에 대한 관심이자 진심이며, 친밀함의 표현을 나타내는 것으로 여겨진다. 이러한 논쟁은 자신을 성찰하는 것을 넘어서 논쟁의 대상과 함께 발전을 추구하는 상호작용의 과정이라고 볼 수 있다. Jurgen Habermas(1981)는 진정한 의사소통적 행위가 논쟁을 통해 완성된다고 주장한다. 그는 타인의 의견을 경청하고 존중하여 합리적인 결론에 도달하는 논쟁 과정의 중요성을 강조한다. 논쟁은 바람직한 대화의 표본이며, 단순히 대화를 목적 달성 수단의 도구로 삼는 대화 형태와는 구분되는 개념이라고 정의했다.

논쟁의 부정적 측면. 논쟁형의 의사소통자는 적극적이고 능동적인 의사소통을 이끈다는 긍정적 측면이 존재하기도 하지만 주로 부정적인 측면이 강조된다. 대표적인 예로, 서비스 업계에서 서비스 제공자와 고객 사이의 논쟁적 의사소통은 긍정적 감정을 덜어내고 불쾌한 감정을 유발할 가능성이 높다. 불쾌한 감정은 서비스 경험에 대한 고객의 호의적 평가를 유도하지 않기 때문에 서비스 업계에서 논쟁적 의사소통자는 지양하는 경향이 있다. 또 그들은 매우 정확한 단어를 사용한다는 특징을 가지고 있으며, 논쟁형의 의사소통자와 대화할 경우에는 자신을 방어할 필요성을 느끼게 되어 청자가 메시지에 덜 집중할 가능성이 높다. 논쟁형은 지배적 의사소통 방식과 유사하다. 두 유형의 의사소통자 모두 타인에게 도전하는 것을 두려워하지 않으며 특히 자신의 입장을 뒷받침할 증거가 있다면 더욱 그렇다.

4) 주의형(Attentive)

공감성. 공감을 표현하고 신중한 이 유형은 청자에게 자신이 상대의 말을 경청하고 있다는 확신을 심어주는 유형이다. 대화에서 발언권을 얻어 자신의 의견을 드러내고 주장을 펼치기보다는 상대방의 이야기에 귀 기울이고 공감하는 것이 의사소통의 핵심이라고 여긴다. 따라서 주의형은 듣기 능력과 밀접한 관련이 있으며 능동적인 의사소통 유형으로 분류된다. 또 의사소통 과정에 있는 상대방에게 주의 깊게 듣고 있다는 것을 확인해 주기 위해 미소, 고개 끄덕임, 자세, 눈 맞추기 등 다양한 비언어적 신호를 사용한다는 특징이 있다. 본질적으로 주의형은 지배적, 극적, 논쟁적, 활기찬 유형에 반대되는 개념인데, 이는 주의형의 의사소통자가 소극적, 수동적이고 무관심함을 나타내는 것이 아니라 단지 무관심한 행동 활동이 작동하고 있음을 의미한다.

다양한 활용. 그동안 주의형 그 자체를 변수로 기술하는 연구는 많이 없었으나, 공감 또는 듣기와 같은 더 넓은 범주 안에 포함되어 대인 관계 및 치료적 연구에서 많이 사용되어 왔다. Carl Rogers 가 내담자 중심 치료를 통해 적극적인 의사소통의 주요 요소로 듣기를 도입했고, 듣기는 단순히 소리를 입력하는 신체적 능력(hearing)을 넘어 의식을 집중하여 소리 정보를 모으고, 이를 판단하고 재생산하여 행동 및 결과를 결정짓는 복합적인 과정(listening)의 중요한 첫 단계라고 볼 수 있다. 오늘날 많은 연구자들이 치료 도구로서 주의력, 경청, 공감을 다루고 있다. 특히 치료 현장에서는 '능동적 듣기'의 중요성을 매우 강조하고 있다. 치료자는 '능동적 듣기'를 활용하여 환자로 하여금 자기 자신을 표현하고 말할 기회를 가졌다는 것을 인지하도록 하여 정서적 안정을 주고, 환자의 언어적, 비언어적 촉진을 장려해 더 많은 정보를 얻을 수 있다. 이는 환자의 고통에 대한 인정과 깊은 이해를 도울 뿐 아니라, 경미한 질병의 경우에는 그 자체로 치료적이고 개선적일 수 있다(Cassell, 1999).

5) 활발형(Animated)

비언어적. 활발형은 언어적인 요소보다 비언어적인 요소를 많이 사용하여 자신의 이야기를 풍부하게 전달하는 유형이다. 다양한 비언어적 요소를 통해 자신을 드러낼 뿐 아니라 타인의 감정을 이해하고 공감하며 대화의 분위기를 조율하여 상대가 친근감을 느끼도록 만들어 결과적으로 활기찬 의사소통 분위기를 이끌어내는데 탁월한 능력을 가진다. 고도의 표현력을 가진 의사소통자는 미소, 고갯짓, 간단한 제스처 만으로도 의미 있는 결과를 창출해 낼 수 있다. 적절한 비언어적 행동은 일반적으로 긍정적인 반응, 예의, 존경의 표현과 관련이 있으며, 다른 의사소통자들에게 예의를 표현하는 수단으로 여겨지기도 한다.

얼굴 표정의 의미. 활발형의 의사소통자들은 얼굴 표정을 통해 감정을 쉽게 드러낸다는 특징이 있다. 예를 들어, 놀라운 상황에서는 눈썹이 치켜 올라가고, 화가 나는 상황에서는 미간이 찌푸려지고, 즐겁고 행복한 일에는 입 꼬리가 올라간다. Charles Darwin에 따르면, 이러한 표현들은 선천적인 감정이며 보편적인 얼굴 표정의 발견은 자연선택에 의해 진화해온 특수화된 신호의 증거이다. 또한, 오늘날 얼굴 표정은 단순히 감정을 나타내는데 그치지 않고 더 나아가 한 개인의 가능한 미래 행동에 대한 정보를 예측하고 전달하는 역할을 하고 있다. 이처럼 긴 역사를 가진 얼굴 표정에 관한 연구는 초기 Darwin과 Wundt를 계승해 비언어적 요소를 다루는 연구와 함께 이루어지고 있다.

6) 인상형(Impression leaving)

독특성. 인상형은 대화 이후 청자에게 강한 인상을 남기는 유형이다. 활발형은 비언어적 행동을 통해 드러나지만 인상형은 의사소통 중 특별히 기억에 남을만한 '자극'을 보여준다는데 그 차이가 있다. 예를 들어, 자신을 소개할 때 독특한 별명을 붙여 소개한다거나, 상대방의 말을 잘 경청하고 메모를 하는 등 일관된 특정 이미지의 모습을 강조하거나, 적절한 동의 및 지지표현으로 강한 유대감을 형성하는 것 등이 있다. 대부분의 인상 형성은 의사소통 초기에 형성되며, 인상을 남기고자 하는 사람은 의사소통을 위해 눈에 띄거나 인상 깊은 대화를 제시해야 한다. 인상형의 의사소통자는 첫인상이 강렬하고 자신의 의견을 잘 전달하고 표현하는 것이 인상 남기기에 효과적임을 잘 알기 때문에 평소 대화 상황 속 자신에 대한 평가나 통제가 냉철하다.

청자 역할의 중요성. 인상형의 의사소통은 청자와 화자 모두에게 의존해야 하는 다소 복잡한 과정을 가진다. 특히 청자의 역할이 중요한데, 화자가 정보를 보내면 화자의 의도대로 청자가 정보를 받아들이는 과정이 필요하기 때문이다. 이는 정보를 구체적 혹은 추상적으로 처리하는 청자의 성향과 일관성 없는 정보에 대한 관용의 정도에 달려 있다. 의사소통의 한 유형으로 인상형을 다룬 연구는 많지 않지만 인식과 사고 과정, 초기 만남, 의사소통의 총 상호작용 연구와 관련이 있다.

7) 여유형(Relaxed)

편안함. 여유형은 의사소통 과정에서 상대가 자신을 편안하다고 지각하는 유형이다. 차분하고 편안하게 자신의 이야기를 하며 긴장과 불안함이 느껴지지 않을 때 여유형의 의사소통자로 인식된다. 상대방을 세심하게 배려하여 편안한 의사소통 분위기를 조성한다기보다는 자신을 통제하여 여유로운 모습을 보여주고 상대방이 편안하다고 느낄 수 있게 만든다. 여유형의 의사소통자는 대화에 대한 긴장성은 낮은 반면 자신의 예민함에 대한 긴장성은 높은 편이다. 때문에 높은 스트레스 상황 속에서도 침착한 모습을 보이며, 자연스럽지만 자신감 있는 방식으로 말하고 상대방이 자신을 관찰할 때에도 긴장하지 않는다. 또한, 여유형은 사람들이 자신에 대한 정보를 공개하는 정도에도 영향을 미치기도 한다는 점에서 개방형과도 연관성이 있다(Lalljee & Cook, 1973). 의사소통에서 편안함을 느낀 사람은 낯선 상대와 분위기에 대한 초기 긴장을 풀고 자신의 이야기를 해도 괜찮을 것이라는 생각에 따라 비교적 쉽고 자연스럽게 자신의 정보를 공유하게 된다.

불안 해소. 정신의학을 대인관계 이론으로 정의한 Harry Sullivan(1953)에 따르면, 모든 정신병리는 대인 간 관계의 영역 내에서 다룰 수 있다. 성격 자체는 대인관계적인 것이며, 건전한 성격 역시 건강한 대인관계에서 비롯한다. 이 이론의 요지는 인간은 일정 수준의 대인 긴장으로부터 결코 벗어날 수 없으며, 성격의 본질은 이 대인 긴장에서 비롯한 불안에 의해 결정되고, 불안을 감소시키는 것이 인간 행동의 1차적 원리라는 것이다. 불안을 경험하고 이를 해소하려는 변화는 대인관계 내에서 분명한 관련이 있고, 의사소통에서 자신의 불안을 통제하고 편안을 느끼게 하는 여유형은 유능한 의사소통자로 기억될 가능성이 높다고 할 수 있다.

8) 개방형(Open)

외향적. 개방형은 자신의 생각과 감정을 허물없이 표현하고 공유한다. 처음 만난 사람들에게도 거리낌 없이 자신을 표현할 수 있으며, 상대방의 상호작용을 전제하지 않기 때문에 자신에 대한 개방성이 매우 높다고 볼 수 있다. 개방형 의사소통자는 상냥하며 유쾌하고 사교적이다. 또 솔직하고 외향적이며 누구나 쉽게 접근 가능하다는 특징을 가지고 있다. 대화에서 자신에 대한 개인적 정보를 이미 드러내고 있으므로 의중을 읽기 어려운 포커페이스형 사람과 반대되는 유형이라고 할 수 있다. 개방형의 대화는 매력적이고 신뢰할 수 있는 것으로 인식되기도 하지만 청자에 따라 부정적인 속성으로 간주될 수도 있다. 그들이 공유하는 정보가 정확하거나 정직한 것이라는 것을 보장할 수 없기 때문이다. 때문에 우리는 개방형 의사소통자들의 이야기가 명확한 정보라기보다는 하나의 표현이라는 것을 기억해야 한다.

의사소통의 단서 제공자. 개방형은 지배형, 인상형과 강한 연관성을 가지는데, 이는 개방형의 의사소통자가 다수의 중요한 영역에서 사회적 상호작용에 영향을 주기 때문이다. 개방형 의사소통자들의 이야기는 '신호'와 같아 그들이 신호를 많이 보낼수록 의사소통 내의 정보가 증가한다. 이에 따라 정보의 조합의 가능성이 많아지고 의사소통자들 간 대인관계 선택권도 함께 풍부해질 수 있다. 예를 들어 개방형이 '나는 독실한 종교 신자야'라고 이야기했다고 가정하자. 이 사람은 종교와 관련된 '신호'를 보낸 것과 같고 상대방이 이 신호에 관심이 있다면 의사소통 내에서 같이 탐색해볼 수 있는 선택을 하게 될 것이다. 또 개방성이 높을 경우 자연스레 친밀도도 높아지므로 개방성과 친밀형도 밀접한 관계가 있다고 할 수 있다.

9) 우호형(Friendly)

친밀함. 우호형은 친밀감 형성에 매우 호의적이다. 이 유형의 단지 상대방에게 적대적 태도를 취하지 않는 것에서부터 깊은 친밀감을 형성하고자 하는 것까지 다양한 범위의 의사소통을 아우른다. 친밀감은 사람들 간 따뜻함을 교류하는 경험에서 시작한다. 이 경험이 공유되면 서로 간의 상호작용이 증가하여 관계가 강화되고, 의사소통자들은 서로에 대한 감정적 애착을 형성하게 된다. 일반적으로 사람들은 사회적 관계에 참여하고자하는 욕구가 있기 때문에 새로운 만남에 긍정적이고 재치 있는 우호형의 의사소통자들을 선호한다. 이들은 타인의 공을 칭찬하는 것에 익숙하며 응원하고 격려할 줄 아는 친절한 의사소통자라고 할 수 있다. 하지만 때로는 타인에게 완전히 공감하지 않았음에도 불구하고 습관적인 공감과 칭찬을 표현하기도 한다. 우호형의 의사소통자는 언어적 요소와 비언어적 요소를 모두 사용하는데, 결과적으로 의사소통 상대자에게 긍정적인 영향을 미치는 것으로 알려져 있다.

필요한 기술. 그렇다면 우호적인 관계를 위해서는 어떤 의사소통의 기술이 필요할까? 첫째, 관계의 몰입이다. 이는 관계를 성공적으로 만들겠다는 때로는 암묵적이고 때로는 분명한 약속이다. 가족, 우정, 직장, 연인관계 등 모든 유형의 대인관계에서 몰입은 친밀한 관계를 형성하고 강화시킬 수 있다. 둘째, 관계의 유지이다. 관계를 원활하고 만족스럽게 유지하기 위해 비판을 지양하고, 개인적 욕구나 걱정을 개방할 수 있다. 또 서로가 관계의 중요한 사람이고 자신이 이 관계의 유지를 위해 헌신하고 있음을 알리는 것이 중요하다. 서로의 일이나 의무를 도와주고 감정을 나누면서 친밀한 관계를 유지할 수 있다. 셋째, 사회적 지지이다. 관계 유지는 관계의 지속적인 번영을 위한 기술이지만, 사회적 지지는 상대방이 어려운 시기에 정서적, 도구적, 정보적 자원을 제공함으로써 관계를 돈독히 하는 것을 의미한다.

10) 의사소통자의 이미지(communicator image)

나는 훌륭한 의사소통자인가? 의사소통자의 이미지는 자신의 의사소통에 대한 전반적인 평가를 나타낸다. 이 능력을 평가하는 것은 전적으로 자신에게 맡겨지며 정확히는 그 사람의 암묵적인 기준에 의해 결정된다. 그렇기 때문에 그 사람은 왜 자신을 훌륭한 의사소통자로 인식하는지에 대한 구체적인 설명을 할 수 없을지도 모른다. 하지만 자신에 대한 전체적인 인식이 존재하는 것만으로도 충분하며 구체적인 내용은 밝히지 않아도 된다. 훌륭한 의사소통자는 친밀한 사람이든 낯선 사람이든 타인과 쉽게 대화하고 상호작용할 수 있다. 자신의 의사소통 방식이 자신의 삶에도 긍정적인 영향을 준다고 믿으며, 타인과 비교했을 때 뛰어난 대화 능력을 가졌다고 여긴다.

5. 의사소통검사의 2차 유형

의사소통 유형의 9가지 유형과 의사소통 효과를 측정하는 1가지 요인을 비슷한 특성을 가진 것끼리 6개의 그룹으로 다시 나누어 볼 수 있다. 아래에서는 의사소통검사의 통합 모델, 2차 유형을 자세히 살펴볼 것이다([그림 12-3] 참고).

활동형. 극적유형과 활발형의 종합이다. 의사소통에서 가장 많은 에너지를 소비하는 유형으로 풍부한 언어 및 비언어적 단서를 사용하는 것이 특징이다. 자신의 감정을 잘 표현할 줄

	군집(집단)					
	1	2	3	4	5	6
1 인상형/의사소통자 이미지	.54					
2 극적 유형/활발형	.41	.54				
3 주의형/우호형	.39	.36	.50			
4 지배형/논쟁형	.46	.41	.33	.48		
5 여유형	.42	.24	.30	.27	1.00	
6 개방형	.46	.40	.42	.40	.31	1.00

표 12-1 군집(집단)간 평균 상관관계(Norton, 1983)

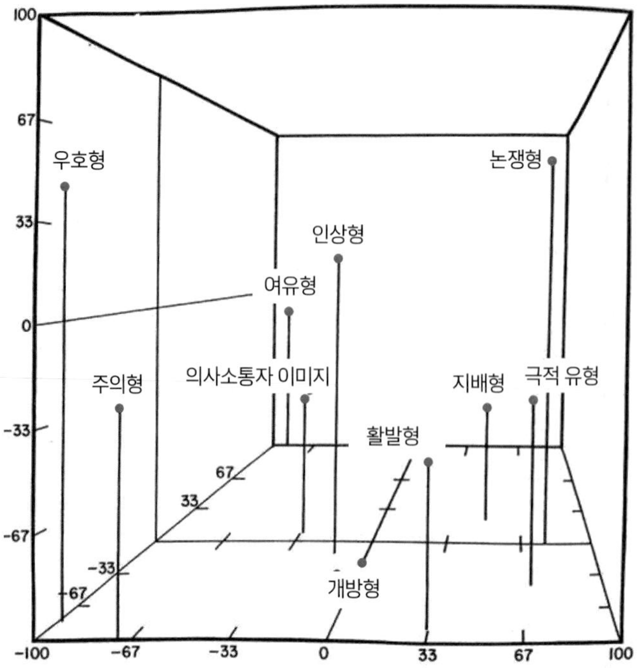

그림 12-3 의사소통 하위 유형의 3차원 소공간 솔루션(Norton, 1983)

알고 타인의 감정을 이해하는 능력도 뛰어나다. 이를 통해 편안하고 화기애애한 의사소통 분위기를 조성한다. 유쾌한 대화내용이 주를 이루지만 메시지를 강화하는 과정에서 왜곡이 일어날 수 있기 때문에 상호작용 과정에서 특정 위험을 수반하기도 한다.

친화형. 주의형과 우호형의 종합이다. 친화형의 의사소통은 상대방에 대한 주의에서 시작한다. 청자 지향적이며, 상대방의 말이나 행동에 대한 반응적 조치라는 공통점을 가진다. 다양한 비언어적 신호를 사용함으로써 자신이 상대방의 이야기를 경청하고 있음을 표현하고 공감대를 형성한다. 이러한 대화 유형은 결론적으로 화자와 청자 모두 서로에게 긍정적인 의사소통 이미지를 남기며, 특히 상대방의 배려에 깊은 인상을 받게 된다.

경쟁형. 지배형과 논쟁형의 종합이다. 대화 과정에서 자기 의견을 강하게 주장하고 논쟁함으로써 대화 분위기를 주도하고자 한다. 지배형이 논쟁형보다 덜 부정적인 유형으로 보여지나 두 유형 모두 의사소통에 적극적이고 도전적이라는 점에서 매우 유사하다고 볼 수 있다. 지배형은 의사소통자 이미지와 강력한 관련성을 보이는 반면, 논쟁형은 의사소통자 이미지와 어떠한 관련성도 보이지 않는다.

여유형. 여유형은 철저한 자기 통제를 통해 형성된 여유로움을 상대방과 공유함으로써 상대가 자신을 편안하게 느끼도록 한다. 차분하지만 자신감에 차있으며 상대방이 자신의 이야기를 꺼낼 수 있도록 유도하는 데 뛰어나다. 겉보기에는 타인에게 무관심하고 나른한 비활동 상태의 유형으로 보일 수 있지만 침착하고 빈틈없는 조심성으로 매우 안정적인 의사소통 유형이라는 특징을 가진다.

개방형. 가장 외향적이며 사교적인 유형이다. 상대방의 반응과 상관없이 누구에게나 자신의 감정과 생각을 잘 표현한다. 이러한 유형의 사람들은 자신에 대한 정보를 먼저 드러냄으로써 의사소통의 장애물을 제거하고 심리적 거리감을 좁힌다. 개방형의 대화는 매력적이나 간혹 그들이 제공하는 정보가 부정확할 수 있음을 인지해야 한다. 의사소통 유형 중 다른 유형과 비슷한 속성을 보이지는 않았지만 의사소통자 이미지와 높은 관련성을 보인다.

의사소통의 우수성. 인상형과 의사소통자 이미지의 종합이다. 의사소통의 우수성이 높게 나타난 경우 훌륭한 의사소통자로서의 기술을 가지고 있음을 의미한다. 인상형은 의사소통자 이미지와 가장 밀접한 관련성을 가진 유형으로 개방형, 지배형과 함께 유능한 의사소통자의 유형이라고 평가할 수 있다. 단, 인상형이 남긴 이미지가 긍정적일수도, 부정적일수도 있다는 점을 주의해야 한다. 이미지가 너무 세련되었거나 대조적으로 너무 불쾌하여 기억된 것일 수도 있다.

6. 결론

지금까지 의사소통에 대한 전반적인 내용과 이를 측정하는 의사소통검사를 살펴보았다. 의사소통은 단순한 대화를 넘어서 서로의 생각과 정보를 주고받는 상호과정이다. 우리는 의사소통 과정에서 자아정체성을 형성하기도 하고 현실적 문제를 해결하기도 한다. 매 순간 의사소통의 상호작용 안에서 살아가고 있는 만큼 보다 효율적이고 성공적인 의사소통을 추구할 필요가 있음이 확인되었다. 이에 Norton은 경험적 연구를 통해 다양한 사람과 상황에 적용할 수 있는 의사소통 유형을 개발했고 앞서 살펴본 것처럼 지배형, 극적 유형, 논쟁형, 활발형, 인상형, 여유형, 주의형, 개방형, 우호형 9가지가 있다. 이 유형들을 다시 비슷한 특성을 가진 집단으로 취합하니 활동형, 친화형, 경쟁형, 여유형, 개방형 5개의 유형이 도출되었다. 결과적으로 가장 유능한 의사소통자는 상대방에게 깊은 인상을 남기는 사람, 자신의 이야기를 허물없이 나누는 사람, 적극적으로 대화를 주도하는 사람임을 알 수 있었다. 이 의사소통검사를 시작으로 더욱 풍부한 경험적 연구가 활성화되기를 바란다.

V 부

정신건강

제13장
스트레스

스트레스는 만병의 근원이라는 말이 있다. 사람들은 개인 외적, 개인 내적으로 받는 스트레스에 의해 다방면에서 영향을 받으며 이러한 스트레스를 관리하기 위해 노력한다. 이 장에서는 스트레스의 특성과 영향에 대하여 살펴보고자 한다. 먼저 스트레스의 개념적 정의와 특성을 알아본다. 그 다음 스트레스와 관련된 다양한 이론을 살펴본다. 그 다음으로는 RS-스트레스 검사에서 다루는 스트레스 영역별 의미와 특징을 살펴본다.

1. 스트레스의 정의와 특성

스트레스라는 용어는 일상생활에서 다양하게 사용된다. 스트레스는 '조이다, 압박하다'라는 뜻의 라틴어인 'stringere'가 근원이다. 스트레스는 인간이 주변 환경과의 상호작용에서 발생하는 것이며, 각성 과잉과 각성 미달의 통해 나타나는 심리적, 생리적인 고통을 느끼는 경험을 의미한다. 본 장에서는 이러한 스트레스의 구체적인 정의와 특성에 대해 알아본다.

1) 스트레스의 정의

일반적으로 스트레스는 스트레스원과 스트레스 반응 두 가지가 큰 구분 없이 섞여서 사용되기도 한다. 스트레스원은 스트레스를 일으키는 전반적인 원인을 뜻하는 반면, 스트레스 반응은 스트레스원에 따른 결과를 의미한다. 스트레스를 정의하는 세 가지 관점은 자극으로서의 스트레스, 반응으로서의 스트레스 그리고 상호작용으로서의 스트레스이다(김정호, 김선주, 2007). 스트레스의 원인은 내부적, 외부적 조건에서 나타나는데 이때 일상생활 사건, 외상적 사건과 같은 외부적 조건을 스트레스원(stressor)이라고 말한다.

자극으로서의 스트레스. 자극으로서의 스트레스는 스트레스에 대한 외부적 자극을 원인이라고 본다. 이러한 외부적 자극 중 재앙적 사건은 테러, 암살과 같은 사회적으로 큰충격을 주는 의도적인 사건과 태풍, 지진, 자연재앙같은 비의도적인 사건으로 나타난다. 또한 이러한 대형 사고와 더불어 교통사고, 폭행과 같은 사건과 같은 개인적인 차원의 사건들에 의해서도 스트레스가 나타날 수 있다. 어떤 사람들은 자극으로부터 심각한 충격으로 인해 외상 후 스트레스 장애를 겪기도 하며 이러한 재앙을 목격하거나 현장에서 봉사를 하는 사람, 재앙으로 인해 주변 사람을 잃은 사람들도 스트레스를 겪을 수 있다(김대호, 2002)

생활사건은 사별, 이혼, 타 지역으로의 이사와 같이 개인의 생활에 있어서 커다랗고 작은 사건들을 의미하며 이러한 사건들 모두 스트레스를 유발하기도 한다. 하나의 큰 사건으로 여러 사람에게 영향을 미치는 재앙적 사건과 다르게 생활사건은 특정 일부의 사람들이나 개인적 맥락에서 영향을 준다. 생활사건에 따른 스트레스는 사람들이 변화나 주변에 재적응 하는 상황들에서 자연스럽게 느낄 수 있는 스트레스이기에 재앙적 사건과는 다른 모습을 보인다. 즉, 일상생활에서 긍정적인 일에 의해서 주변에 변화가 나타나며, 그 변화에 따라 새롭게 적응할 때 나타나는 스트레스도 포함한다(Holmes & Rahe, 1976).

일상의 골칫거리는 일상에서 꾸준히 반복적으로 일어나는 사건들을 의미한다. 교통 혼잡, 가정생활과 업무의 불균형, 소음, 미세먼지와 같은 것들이 그 예이다. 일상의 골칫거리는 신체적, 심리적, 사회적 모든 면에서 나타날 수 있다. 또한 이러한 골칫거리들은 생활사건에 의한 스트레스들보다 신체적, 심리적 건강을 장기적으로 해칠 가능성이 더 높다(De Longis, Coyne, Dakof, Folkman, & Lazarus, 1982). 따라서 스트레스원은 매우 큰 재앙적 사건에서부터 아주 사소한 골칫거리까지 다양한 범위가 해당한다.

반응으로서의 스트레스. 반응(반응 자극)으로서의 스트레스는 주변 환경에 따른 유기체의 반응에 초점을 두고 있다. 환경 자극이나 요구에 따라 유기체에 나타나는 반응에 초점을 두는 관점이다. 반응으로서의 스트레스는 생리적, 심리적, 행동 반응을 수반한다. 생리적 반응은 심박 수 증가, 혈압 상승, 두통, 피로감, 오한, 근육경련 등으로 나타나며 심리적 반응은 분노, 무기력, 두려움, 우울 , 상실감 등으로 나타난다. 또한 행동적 반응으로는 충동적 행동, 의사소통의 어려움, 식습관 변화, 긴장성 경련 등과 같은 것이 일어난다.

상호작용으로서의 스트레스. 상호작용으로서의 스트레스는 개인과 환경 간의 상호작용에 따른 개인의 스트레스 지각을 의미한다. Arnold Lazarus와 Susan Folkman(1984)은 스트레스를 "개인의 자원에 무리한 부담을 주거나 개인의 안위에 부정적 영향을 주는 특정한 환경과의 관계"라고 주장하였다. 따라서 환경과 개인의 상호작용에 있어서 개인의 인지적 평가와 그에 따른 강도가 중요하게 여겨진다.

2) 스트레스의 특성

단기적 스트레스. 스트레스는 단기적 스트레스와 장기적 스트레스, 그리고 긍정적인 스트레스와 부정적인 스트레스로 나뉜다. 단기적 스트레스는 급성 스트레스라고도 부른다. 말 그대로 짧은 시간 안에 겪는 흔한 스트레스를 의미한다. 이는 말다툼, 교통체증, 상사의 비난과 같이 살아가는데 있어서 단기적으로 받을 수 있는 흔한 스트레스를 의미한다. 또한 단기적 스트레스는 자율신경계의 작용을 활성화시키고 스트레스에 대한 신체에너지를 증가시키기 위해 코티솔과 아드레날린이 분비된다. 이러한 단기적 스트레스는 건강한 사람일 경우 스트레스에 대한 반응이 빠르게 원상태로 되돌아올 수 있다.

장기적 스트레스. 장기적 스트레스는 만성 스트레스라고도 부른다. 장기적 스트레스는 스트레스에 지속적으로 압박을 받고 그 상황을 통제할 수 없는 경우에 발생한다. 이러한 장기적인 스트레스는 심장병, 고혈압, 수면장애, 우울증과 같은 문제를 야기한다. 또한 강한 스트레스로 인해 생긴 반응이 원상태로 회복하지 못하게 하고, 면역 세포의 수와 기능을 떨어뜨리며 면역효과를 떨어뜨린다(Dhabhar, 2009). 이러한 장기적 스트레스는 신체 체계를 망가뜨릴 수 있으며 단순한 휴식을 통해서 완벽하게 스트레스를 해소할 수 없다. 따라서 휴식과 함께 명상, 요가와 같은 이완기법과 다양한 대안법을 활용하여 스트레스를 해소시켜야 한다.

긍정적 스트레스. 스트레스가 언제나 부정적인 영향을 주는 것은 아니다. 스트레스가 적절한 수준일 경우 신체적, 정신적으로 긍정적인 영향을 줄 수 있다. 이러한 긍정적인 스트레스를 "eustress"라고 부른다. 긍정적인 스트레스는 결혼, 이사, 승진, 새로운 도전과 같이 좋은 일을 할 때 느끼는 긴장, 불안감으로서 삶의 원동력을 줄 수 있다. 이러한 긍정적인 스트레스는 심리적으로 자기효능을 높여주고 자율성을 증가시켜준다. 또한 만족감, 동기, 활력과 같이 정서적으로도 긍정적인 영향을 미친다.

부정적 스트레스. 부정적 스트레스는 개인이 스트레스에 대하여 적절한 대처를 했음에도 스트레스가 계속되는 것이며 신체적, 정신적 고갈을 유발한다. 이러한 부정적 스트레스는 "distress"라고 부른다. 부정적 스트레스는 이혼, 실직, 부도와 같이 개인에게 큰 타격을 주는 일들에 의해 나타나며 불안, 걱정, 우울 등이 유발된다. 스트레스는 이렇게 긍정적, 부정적 스트레스 두 가지로 나누어지지만 일반적으로 부정적 스트레스를 가리키는 경우가 많다.

2. 스트레스 이론

다음으로는 스트레스가 심리학적으로 어떻게 연구되어왔는지 알아본다. 심리학에서 스트레스를 연구한 대표적인 이론으로는 Hans Selye의 일반 적응 증후군과 Lazarus의 스트레스 교류 모형이 있다. 일반 적응 증후군은 스트레스에 따른 신체적 반응을 구분하고 있으며 스트레스 교류 모형은 스트레스에 따른 인지적 평가 과정을 구분하고 있다. 본 장에서는 두 가지 이론에 대해 구체적으로 알아본다.

1) Selye의 일반 적응 증후군

[그림 13-1]에서 보듯이, 내분비학자 Selye(1956)는 신체반응이 스트레스 상황에 따라 어떻게 달라지는지 설명하는 일반 적응 증후군 모델을 제안하였다. Selye는 스트레스 자체를 비특정적 반응으로 생각하며 스트레스는 여러 원인들 의해 유발되지만 그에 따른 반응들은 모두 동일하다고 주장하였다. Selye는 스트레스에 대한 신체반응을 경고, 저항, 소진 세단계

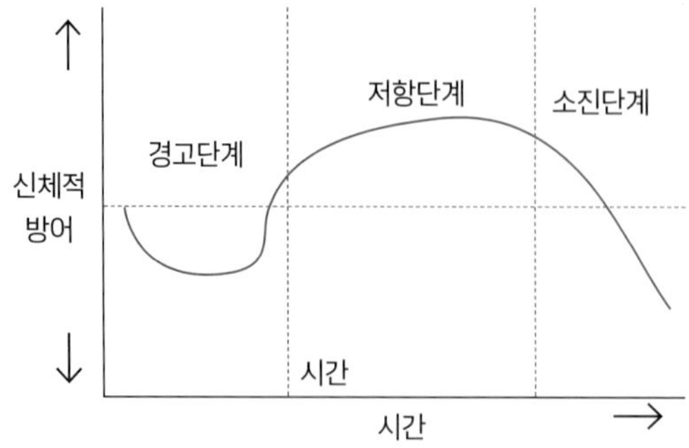

그림 13-1 Selye의 일반 적응 증후군(Selye, 1956)

로 나누었다.

경고단계. 첫 번째 경고단계는 스트레스원에 대한 신체적 방어가 나타나기 시작하는 단계이다. 경고 반응은 신체적 에너지를 활성화시키기에 단기적 스트레스에 있어서는 적응적 특성을 가지고 있다. 경고단계가 되면 심박 수가 증가하고 땀샘이 활성화되며 호흡량이 증가하게 된다. 경고단계에 나타나는 생리적 반응은 투쟁-도피 반응이라고 불린다(Cannon, 1932). 투쟁-도피반응은 스트레스를 위해하다고 인식하여 갑작스러운 위협에 생리적으로 각성 상태가 되는 것이다. 이는 교감신경계의 활성화와 뇌하수체-부신피질계의 활성화로 나타난다. 교감신경계는 스트레스원에 빠르게 대처할 수 있도록 도우며 뇌하수체-부신피질계 호르몬은 이러한 스트레스 대처반응이 계속 유지될 수 있도록 한다.

저항단계. 이러한 스트레스가 해소되지 않고 지속되면 두 번째 단계인 저항단계가 나타난다. 저항단계에서는 유기체가 스트레스에 대한 반응에 대응하며 신체를 정상적인 상태로 바꾸려고 한다. 저항단계에서는 교감신경계의 활성화는 줄어들지만 뇌하수체-부신피질계 호르몬이 여전히 활동하며 내분비선 활동도 함께 나타난다. 이때 부신피질 자극 호르몬은 스트레스에 대한 신체의 반응을 계속해서 지속시킨다. 저항단계에서는 갑상선 기능 저하증, 고혈압, 위궤양과 같은 질병을 초래할 수 있다. 또한 이 단계는 스트레스의 강도와 개인의 적응능력에 따라 계속될 것이며, 만약 스트레스가 해소된다면 저항단계에서 신체가 정상적인 상태로 돌아갈 것이다.

소진단계. 저항단계가 계속해서 유지되다가 한계에 다다르면 소진단계로 이어지게 된다. 소진단계에서는 스트레스가 만성적여지고 이에 따라 신체 자원이 고갈된다. 신체 자원이 고갈되면 정서적, 감정적 자원도 고갈되어 여러 질병들이 나타나게 된다. 생리적으로는 부교감신경계의 기능이 비정상적으로 낮아지게 되며 정서적 탈진이 나타난다. 소진단계에는 우울증, 극도의 불안감, 무기력, 불면증 등이 나타나며 심각할 경우 환청, 환각, 정신분열과 같은 질병이 유발될 수 있으며, 죽음에 이르기까지 한다.

한계점. Selye의 일반 적응 증후군은 스트레스에 대한 신체적 반응을 연구하는 기초가 되며 다른 연구에도 큰 영향을 주었다. 하지만 Selye의 개념은 지나치게 신체적 반응에만 편향적이며 단순화되었다고 비판받았다. Goldstein(1990)은 스트레스에 대한 반응은 특정적인 것이라고 주장하면서 물부족, 과식, 저혈당, 운동, 출혈, 온도변화 등과 같은 다양한 유형의 스트레스원에 따라 신체적으로도 다양한 반응이 나타난다고 주장하였다. 또한 스트레스에 대한 심리적 요인을 고려하지 않았다는 점에서 큰 비판을 받고 이후에 Lazarus의 스트레스 교류 모형이 각광받기 시작하였다.

2) Lazarus의 스트레스 교류 모형

Lazarus(1990)에 따르면 스트레스는 외부자극에만 한정된 것이 아니라, 개인과 환경 간의 상호작용에 따른 인지적 평가를 의미한다. 즉 특정 상황에서 개인이 받는 스트레스는 다른 사람이 동일한 상황에서 받는 스트레스와 다르게 인지적 평가를 한다는 것이다. Lazarus는 개인적, 사회적 맥락에 따라 스트레스의 강도, 해석, 반응이 차이가 있다고 주장하였다. [그림 13-2]에서 보듯이, 스트레스 교류 모형은 스트레스 상황에서 개인의 인지적 지각과 그에 따른 평가를 강조한다. 상황에 대한 개인의 인지적 평가는 일차평가와 이차평가, 재평가로 이루어진다(Lazarus, 1990).

일차평가는 상황에 대한 평가로서 그 상황이 자신에게 어떤 영향을 주는지 판단하는 것

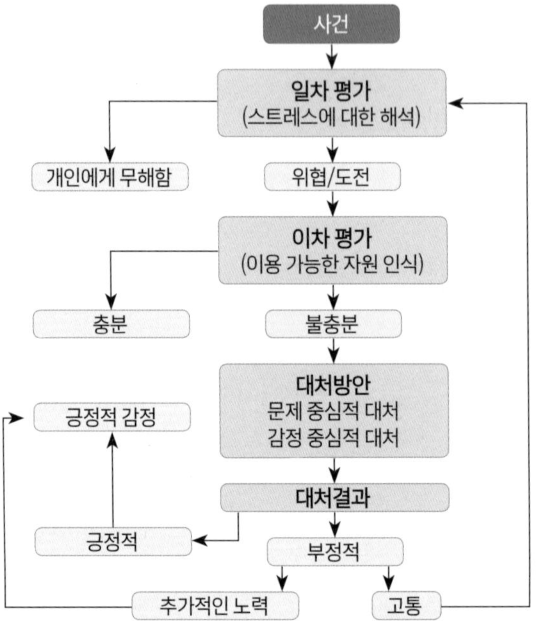

그림 13-2 스트레스 대처 교류 이론 (Turner-Cobb & Hawken, 2019)

이다. 상황이 자신에게 어떤 영향도 주지 않는지, 긍정적인 스트레스인지 혹은 부정적 스트레스인지 알아보고 상황의 중요도를 파악한다. Lazarus(1993)는 일차평가가 해로움, 위협과 도전으로 나누어진다고 주장하였다. 해로움은 스트레스로 인해 이미 발생한 피해와 손실을 의미한다. 위협은 이러한 해로움을 예측하는 상황으로서 불안, 걱정을 야기한다. 그리고 도전은 일차평가를 통해 상황이 자기에게 이롭다고 판단되었을 경우 상황을 극복하고자 하는 신념이다.

이러한 스트레스에 대한 평가에 따라서 이차평가가 나타난다. 이차평가는 자기 자신에 대한 평가로서 스트레스 상황에 대한 통제능력과 대처능력을 평가하는 것이다. 즉 자신이 스트레스를 통제할 수 있는지, 어느 정도 대처가 가능한지 평가한다. 이차평가는 개인적 자원을 인식하고 그에 따라 스트레스 상황을 해소할 수 있는지 결정한다. 개인이 스트레스 강도와 상관없이 충분한 개인적 자원을 가지고 있다면 스트레스에 대한 반응을 하지 않지만 개인적 자원을 충분히 가지고 있지 않을 경우 대처방안을 선택해서 스트레스를 해소하고자 한다. 여기서 대처 방안은 문제 중심적 대처와 감정 중심적 대처로 나누어진다. 이 유형들은 이후에 '대처 항목'에서 더욱 자세히 다루도록 하겠다. 대처결과에 따라서 개인은 재평가를 할 수 있다. 재평가는 해당 상황에서의 자신의 반응과 해석 과정을 자기평가 하는 것을 의미한다. 또한 재평가는 해당 상황에 대한 의미를 재해석하여 그 상황을 인지할 때 스트레스를 감소시킬 수 있다.

3. RS-스트레스 검사

RS-스트레스 검사에서는 스트레스의 원인, 증상, 대처방식을 다룰 것이다. 먼저 스트레스에 대한 원인은 대인관계와 과업으로 나누어져 있다. 또한 스트레스에 따른 증상은 스트레스에 따른 부적 정동과 감정적으로 느끼는 탈진, 신체적으로 나타나는 증상으로 나누어 검사한다. 또한 본 검사에서는 문제 중심적 해결, 정서조절, 사회적지지 추구, 문제 회피와 같이 스트레스에 따른 대처방법을 검사한다.

1) 스트레스의 원인

스트레스에 영향을 주는 원인은 개인의 내적 원인과 외적 원인으로 나누어진다. 외적 원인은 개인이 정서적, 인지적으로 현실을 받아들이지 못할 경우에 스트레스가 발생하고 외적 원인으로는 주변 환경과 사회적 경제적 문제들에 의해 스트레스가 발생한다. 본 검사에서는 스트레스의 원인들 중 특히 현대사회에 있어서 개인에게 밀접한 영향을 미치는 대인관계적 원인과 과업적 원인에 대하여 알아본다.

대인관계적 원인. 인간은 사회적 동물이라는 말이 있듯이 대인관계에 대한 욕구는 기본 욕구인 생리적 욕구만큼 중요한 욕구이다. 따라서 대인관계는 인간의 삶에서 중요한 영향을 준다. 대인관계에 따른 스트레스는 개인의 가족, 친구, 동료 등과 같은 주변 인물이나 집단에 의해 야기된다. 가족은 개인에게 있어서 정서적인 안식처 역할을 하지만, 누군가에게는 학대, 방임, 폭력과 같은 위협을 야기할 수 있다. 또한 화목한 가정이여도 종종 가족 간의 크고 작은 싸움으로 개인이 스트레스를 받을 수 있다. Ruben Hill(1949)는 가정에서 야기되는 스트레스는 스트레스 사건, 가족이 가진 자원, 상황에 대한 가족의 인식의 상호작용을 통해 이해할 수 있다고 주장하였다. 즉, 스트레스에 대한 개인의 자원과 평가 뿐 아니라 가족의 자원과 상황에 대한 서로 다른 인식의 차이에 의해 가족 간에 스트레스가 발생할 수 있다는 것이다.

가족 관계 뿐 아니라 직장에서의 대인관계 또한 스트레스의 원인이 될 수 있다. 여기서 직장은 경제적, 물리적 수단을 충족시켜줄 뿐 아니라 개인에게 소속감을 통해 사회적 욕구를 충족시켜준다. 하지만 개인은 동료, 상사, 후배, 고객 등과의 관계 속에서 스트레스를 받을 수 있다. 직장에서의 대인관계 스트레스는 직장 내 괴롭힘으로 인해서도 발생한다. 직장 내 괴롭힘이란 직장에서 지위와 관계의 우위를 이용하여 다른 사람에게 신체적, 정신적 고통을 주거나 근무 환경을 열악하게 만드는 행위를 뜻한다(근로기준법 제76조의2(직장 내 괴롭힘의 금지)).

뿐만 아니라 다양한 관계 속에서 일어나는 갈등들도 스트레스의 원인이 될 수 있다. 일례로, 대인관계 속 사회적인 편견, 차별도 스트레스를 유발할 수 있다. 인종, 성, 학력에 따른 편견과 차별은 다양한 측면에서 좌절감과 절망감을 유발하며 이러한 것들이 집단과 개인에 대한 분노로 이어진다. Richman 등(2010)은 지각된 차별이 높은 경우 대인관계에서 스트레스를 경험 한 후 정서적으로 더욱 부정적인 반응을 한다고 주장하였다.

과업적 원인. 과업에 따른 스트레스 원인으로는 자신의 과업에 대한 통제감 부족, 역할 변인, 직무안전성이 개인의 스트레스에 중요한 요인으로 작용할 수 있다(Levy, 2017). 통제감 부족은 스트레스에 대한 과업적 원인 중 과업 스트레스 수준에 중요한 역할을 한다.

Karasek(1979)의 직무 요구-통제 모델에 따르면([그림 13-3] 참고), 직장, 학교에서의 요구량을 해결할 수 있는 능력이 있을 경우 스트레스가 아니지만, 해결할 능력이 없을 경우에는 스트레스로 작용한다. 여기서 직무 요구는 과업을 하는 개인에게 육체적, 정신적 노력을 요하는 직무 특성을 의미한다. 대표적으로 과도한 업무량, 시간 압박, 업무상 위험들이 해당한다. 그리고 직무 통제는 개인이 자신에게 요구된 과업에 대한 통제가능성을 의미한다. 직무 통제는 자신에게 할당된 과업에 대한 결정권한 혹은 기술재량권과 같이 통제 가능한 정도를 의미한다.

[그림 13-3]을 보면 대각선 상단으로 올라갈수록 미해결된 긴장이 강하게 나타나고, 하단으로 내려갈수록 활동 수준이 강하게 나타난다. 즉, 직무 요구가 높고 직무 통제도 높을 경우에는 직무에 대하여 자발적이고 능동적인 태도를 갖게 되어 활동 수준이 증가한다. 하지만 그에 반해 직무 요구가 높지만 직무 통제가 낮을 경우 높은 긴장 상태가 되어서 정서적 소진이 나타난다. 그리고 직무 요구와 직무 통제 수준이 둘 다 낮은 수동적인 상태는 개인의 능력을 저하시켜 무기력한 모습을 보이고 직무 수준이 낮지만 직무 통제 수준이 높은 저 긴장 상태는 정서적 소진을 중간정도로만 보여준다.

역할 변인에서 역할의 의미는 개인의 지위에 따라 기대되는 일련의 행동을 뜻한다. 이 역할은 역할 모호성, 역할 갈등으로 스트레스를 만들어낼 수 있다. 역할 모호성은 역할에 대한 기대치가 불분명하여 정확히 자신의 과업이 어떤 것인지 불확실한 상황이다. 그리고 역할

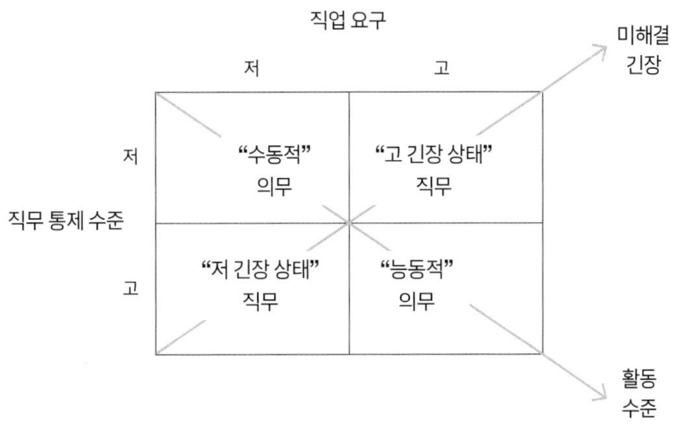

그림 13-3 **직무 요구-통제 모델 (Karasek, 1979)**

갈등은 개인에 대한 역할 기대가 일관적이지 않고 개인에게 여러 가지 역할이 주어져서 개인의 역할 판단과 역할 기대가 상충하는 것을 의미한다.

과업에 대한 직무안정성 또한 스트레스의 원인이 될 수 있다. 업무가 개인 내적으로 발전을 도모하지 않고 직무가 불안정적으로 유지될 것이라는 생각은 스트레스를 증가시킨다. 업무의 속성 변화에 따른 스트레스는 자신의 일에 대한 두려움을 키운다(Wexley &Silverman, 1993). 또한 직무와 가정 간의 불균형으로 인해 가정에서의 문제가 직무에 영향을 미쳐 스트레스를 유발할 수도 있다.

2) 스트레스의 증상

부적 정동. 부적 정동은 불안, 우울, 분노와 같은 감정적인 고통을 뜻한다(Watson, Clark & Tellegen, 1988). 여기서 불안은 긴장, 걱정, 초조를 동반하는 감정으로서 정신적 무질서 증상 중 하나이다. 불안은 범불안장애나 공황장애와 같은 불안장애 종류와 공포증과 같은 구체적으로 나타나는 불안이 있다. 범불안장애는 갑작스럽게 자신에게 공포감과 불안, 일상생활에서 자제할 수 없는 걱정을 하며 불안해하는 장애를 의미하며 공황장애는 갑작스럽게 자신에게 끔찍한 일이 있을 것이라는 걱정과 함께 극도의 신체적 반응이 일어나는 장애를 의미한다. 그리고 공포증은 특정 대상에 대하여 두려움이나 공포감을 느끼며 회피행동을 보인다.

우울은 무기력하고 슬픈 감정이 지속되어 일상생활에 지장을 주게 된다. 일반적으로 이러한 우울은 외상적 사건 후에 많이 발생한다. 우울은 주변 상황에 흥미를 잃고 피로감, 짜증, 절망감과 같은 정서적으로 부정적 영향과 함께 식욕과 체중 변화, 불면증, 두통과 같은 신체적으로 부정적 영향도 동반한다. 특히 이러한 우울 증상이 최소 2주간 지속될 경우 우울증으로 의심해볼 수 있다. 우울증은 과도한 슬픔, 공허함, 극심한 고통을 심각하게 느끼며 일상생활을 유지할 수 없으며 심각할 경우 자살을 시도하기도 한다.

분노는 화가 나고 짜증을 내며 격분하는 것을 의미하며 두통, 고혈압, 심박 수 증가, 불면증과 같은 증상이 나타난다. 분노는 개인 내적으로 스트레스에 따른 좌절감, 수치심, 당혹감과 같은 정서에서 야기될 수 있으며 스트레스로 인해 다른 사람에 대한 증오, 질투와 같은 정서를 느껴 야기될 수 있다. 분노가 계속 지속되며 분노를 해소할 적절한 방법을 모르는 경우 간헐성 폭발 장애와 같은 정서장애가 나타날 수 있다. 간헐성 폭발 장애는 사소한 일에도 분노를 참지 못하고 충동적으로 신체적, 언어적 행동을 표현하는 장애로서 자신의 분노를 쉽게 조절하지 못한다.

탈진. 스트레스에 따른 탈진 증상은 만성적인 스트레스에 의한 신체적, 정신적 자원의 고갈을 의미한다. 자신의 과업에 지나치게 몰두하고 포부 수준이 자신의 역량 이상으로 높으며 일과 삶이 불균형할 경우에 일어난다. 과업에 대하여 만성적 스트레스가 지속될 경우 신체적, 정신적 자원이 빠르게 소진된다. 탈진은 정서적 소진, 냉소주의, 효율성 감소 세 가지 반응으로 나누어진다(Maslach, 1986). 정서적 소진은 자신의 과업에 정서적으로 지나치게 지친 상태로서 정서적 반응 요소이다. 냉소주의는 다른 사람을 신뢰하지 않고 비인격적인 모습을 보이는 것으로서 대인간 반응 요소이다. 마지막으로 효율성 감소는 더 이상 자신의 과업이 성공적이지 않고 중요하다고 생각하지 않는 자기평가 요소이다.

Freudenberger(1982)는 탈진을 12단계로 나누었다. 우선 1단계는 일에 대한 자신의 노력을 강박적으로 증명하려는 단계이다. 2단계는 휴식시간 없이 일에만 지나치게 몰두하는 단계이다. 3단계에서는 사회적 상호작용이나 개인을 돌보는 행동을 하지 않게 된다. 4단계는 개인이 처한 문제 상황을 무시하기 시작하며 알코올이나 담배와 같은 것에 의존하려고 한다. 5단계가 되면 개인의 가치체계를 오직 업무에만 집중시킨다. 6단계는 냉소적으로 변하며 자신의 문제를 주변 환경 탓으로 돌린다. 7단계는 자신의 사회생활에 전혀 참여를 하지 않게 되는 단계이다. 8단계는 주변사람들에 대하여 공격성을 띠며 행동이 변하는 단계이며 9단계는 자신과 다른 사람을 무가치하다고 생각하는 비개인화 단계이다. 10단계는 내면의 공허함을 느끼며 11단계는 자신의 현재와 미래에 대한 불확실성을 느끼는 단계이다. 마지막으로 12단계는 신체적, 정신적 붕괴가 나타나 의학적인 도움 없이는 치료 불가능한 상태인 탈진 상태(Burnout Syndrome)가 된다.

신체적 증상. 스트레스에 따른 신체적 증상은 다양한 질병으로 나타난다. 이러한 질병들을 심리 신체적 질병이라고 한다(Deutsch, 1959). 심리 신체적 질병은 심인성 질병과 신체성 질병로 나누어진다. 심인성 질병은 스트레스에 따른 정신적 질병으로서 신체적 질병과 같이 감염을 통한 것이 아닌 심리적 원인에 의해 유발된다. 심인성 질병은 심리적 증상도 포함하지만 두통, 위궤양과 같은 신체증상도 포함한다. 그에 반해 신체적 질병은 스트레스로 인해 면역력이 감소되어 감염으로 인해 발생하는 질병이다. 신체적 질병은 신체적 반응 뿐 아닌 면역체계나 신경계의 생리적 반응을 통해서도 나타난다.

스트레스에 따른 신체적 증상은 신체의 심혈관계, 신경내분비계, 근골격계, 면역계와 같은 다양한 생리적 측면에서 나타난다. 심혈관계의 역할은 신체에 피를 순환시켜 심장이 영양분을 받고 심박수가 안정적으로 유지될 수 있도록 돕는다. 하지만 스트레스는 심혈관계에 영향을 주어 심박수를 증가시키고 혈압을 상승시키며 심장에 공급하는 혈류가 감소하게 된다. 또한 장기적으로 스트레스가 지속되면 고혈압, 협심증, 동맥경화, 심장마비가 일어날 수 있다. 특히 Schwartz 등(1992)에 의하면 스트레스를 많이 받는 사람은 관상동맥이 좁아지는 관상동맥질환으로 사망할 확률이 더 높다고 보고되었다.

내분비계는 신체의 항상성 유지와 신체 성장, 호르몬 분비 기능을 가지고 있다. 내분비계의 기능은 전체적으로 연결되어 함께 기능하기 때문에 스트레스로 인해 특정 부위가 정상적으로 기능하지 못하면 전체 체계에 부정적인 영향을 줄 수 있다. 스트레스가 나타나면 내분비계의 교감신경계에서 바로 반응이 나타난다. 교감신경계의 부신수질은 스트레스에 대처하는 호르몬인 에피네프린과 노르에피네프린을 분비한다. 이들은 혈관을 수축하여 근육으로 빠르게 혈액순환을 하고자 한다. 또한 스트레스는 부신피질에서 코르티졸을 분비하여 에피네프린과 노르에피네프린의 작용을 계속해서 활성화시킨다. 따라서 혈압이 증가하며 심장박동과 호흡이 빨라지며 이러한 교감신경계의 활성화는 뇌졸중이나 심장마비의 원인이 될 수 있다.

스트레스는 근골격계에도 다양한 통증을 가져온다. 만성적으로는 두통, 편두통, 턱관절 이상이 있다. 근골격계 두통은 머리, 목, 등의 근육이 장기간 긴장해 있다가 악화되는 증상을 의미한다. 편두통은 두통과는 다르게 스트레스에 따른 뇌신경계 기능 이상을 나타낸다. 이러한 두통증상들은 일반적으로 일상에서의 소소한 사건들이나 골칫거리들에 영향을 많이 받는다(Fernandez & Sheffied, 1996). 턱관절 이상에는 측두하악관절(temporomandibular joint, TMJ) 부분의 질환으로 TMJ증후군이 나타나며 이로 인해 턱과 귀에 통증, 두통, 이통, 수면장애 등이 유발된다. 특히 턱관절과 관련해서 이갈이 증상이 많이 나타나는데 이러한 이갈이는 스트레스에 큰 영향을 받는다.

스트레스는 면역계에도 다양한 질환을 일으킨다. 대표적으로 면역억제 혹은 과잉면역을 일으켜 부정적인 정서들은 각종 면역계에 질환을 일으킨다. 스트레스에 따른 면역억제는 감기와 같은 질병에서부터 암과 같은 악성종양까지 다른 사람과 비교했을 때 비정상적으로 세포가 성장하여 개인에게 치명적인 영향을 줄 수 있다. 이러한 면역억제는 장기적 스트레스일 경우 더욱 치명적인데 Glaser 등(1998)의 연구에 따르면 장기적으로 스트레스가 진행될 경우 스트레스원이 해소된 이후에도 면역억제가 계속 지속될 수 있다고 말한다. 과잉면역은 인간의 자기면역이 과잉 반응하는 것으로서 체내 세포를 항원으로 오인하여 공격하는 것을 의미한다. 이러한 면역과잉은 류머티즘 관절염, 알레르기, 홍반성 낭창, 아토피와 같은 질병을 일으킨다. 과잉면역은 다양한 염증을 일으키기도 하여 전반적인 일상생활에서 불편함을 준다.

3) 대처 방안

대처는 개인이 스트레스로 받는 피해를 최소화하고자 하는 일련의 인지적, 행동적 노력을 의미한다. 개인과 스트레스 특성에 따라 적합한 스트레스 대처방안이 있으며 자신에게 적합한 대처방안을 선택해야 스트레스로 받는 피해를 효과적으로 최소화 할 수 있다. 이 장에서는 대처의 대표적인 유형인 문제 중심적 해결, 정서 조절, 사회적지지 추구, 문제 회피 네 가지를 다루어 본다.

문제 중심적 해결. 문제 중심적 해결은 문제의 근본적인 원인을 해결하기 위해 적극적으로 정보를 얻고 해결책을 실천하는 대처 방식이다. 즉, 스트레스의 원인에 직접적으로 대처하고자 하며 스트레스를 유발하는 원인이나 환경을 수정하고 바꾸려고 한다(Lazarus & Folkman, 1984). 문제 중심적 해결은 스트레스의 근원이 되는 문제를 해결하기 위해 행동 취하기, 새로운 기술 습득, 정보탐색, 스트레스 해소 전략 개발 등의 방법을 통해 능동적으로 대처하려고 한다. 문제 중심적 해결은 스트레스의 원인을 중점적으로 자각하고, 객관적이고 분석적인 방법으로 그에 대한 대안을 찾는다. 그리고 스트레스를 줄이기 위해 환경적 요구를 줄이고 개인적 자원을 증가시킬 수 있는 가장 효과적인 대안에 따라 행동한다. 문제 중심적 해결은 스트레스의 원인을 해소할 수 있는 방법을 알았을 경우 스트레스를 효과적으로 통제할 수 있게 되며 스트레스에 대하여 적응적으로 반응한다. 일반적으로 문제 중심 해결이 정서 조절보다 스트레스에 대하여 심리적으로 더욱 안정적이며 효과적인 방식이다(Aldwin, 1994).

정서 조절. 정서 조절은 스트레스에 따른 괴로운 감정을 완화하고자 인지적, 행동적 방식을 통해 개인의 감정을 조절하는 것이다. 정서 조절은 스트레스를 개인의 능력 이상으로 바꾸기 힘들다고 생각했을 경우 일반적으로 사용한다(Lazarus & Folkman, 1984). 정서 조절은 스트레스에 따른 개인의 정서를 조절하기 위해 명상, 이완법, 유머 활용, 요가 등을 활용한다. 대부분의 정서조절은 스트레스 상황을 해결하려는 것이 아닌 회피하고 상황을 부정하는 방식을 보인다. 그렇기 때문에 스트레스 원인에 대한 근본적인 해결은 할 수 없다. 하지만 일상 속 작은 사건들이 아닌 개인이 통제 불가능한 상황에서 야기된 스트레스 일 경우 문제 중심 해결보다 정서 조절이 더욱 적응적이고 현실적인 방식이다(Folkman, 1984). 정서 조절은 인지적인 대처방식도 활용한다. 재평가, 거리두기, 긍정적 비교, 의미 재해석, 혹은 방어기제와 같은 인지적 전략들을 활용한다.

사회적 지지추구. 스트레스에 대한 또 다른 대처는 사회적 지지추구이다. 사회적 지지는 스트레스를 해결하기 위해 주변 사람들에게 조언 혹은 정서적 지지를 받거나 여러 유형 혹은 무형의 자원을 제공받는다. 사회적 지지추구는 개인의 적극적 대처가 아닌 주변 환경의 도움을 통해 스트레스에 대처한다. 사회적 지지추구로 인해 사회적 지지망을 폭넓게 형성한다면 자존감이 향상되며 심리적 안정감을 느낀다. 또한 스트레스 상황에 대한 대처능력이 향상될 수 있다. 또한 사회적 지지추구는 외상 후 스트레스 장애(PTSD)와도 큰 연관성을 가지고 있다. 남순현과 엄태호(1998)의 연구에 따르면, 교통사고 이후 PTSD를 진단받은 집단이 PTSD를 진단받지 않은 집단보다 사회적 지지추구를 적게 활용하는 것으로 나타났다. 또한 사회적 지지는 피해자의 부정적인 감정들과 죄의식을 완화시킬 수 있다.

사회적 지지는 도구적 지지, 정보적 지지, 정서적 지지 세 가지로 나누어진다. 우선 도구적 지지는 금전적인 도움뿐 아니라 시간, 음식과 같은 물질적 지원을 의미한다. 정보적 지지는 다른 사람들이 스트레스 대처와 관련된 정보를 제공해주며 전문가들이 충고와 제안을 해주는 것이다. 마지막 정서적 지지는 관심과 사랑, 신뢰를 주는 것을 의미한다.

문제 회피. 마지막으로 스트레스에 대한 대처 방식 중 하나는 문제 회피이다. 문제 회피는 스트레스에 직면하는 것이 아닌 상황 자체를 외면하고 부정하는 대처방식이다. 문제 회피는 앞선 세 가지 대처방식보다 소극적인 대처방식으로서 현재 자신이 처한 스트레스 상황을 잊거나 벗어나려고 한다. 문제회피는 스트레스 상황 그 자체를 회피하기 위해 다른 행동을 시도하는 행동적 방식과 인지적으로 합리화하는 인지적 방식을 포함하고 있다.

4. 스트레스에 대한 관리

RS-스트레스 검사를 통해 스트레스에 대한 원인과 그에 따른 증상, 그리고 증상이 나타났을 경우의 대처 방법에 대해 알아볼 수 있다. 검사에서는 스트레스의 관리법을 측정하지는 않으나, 스트레스를 관리하는 것도 상당히 중요하다. 자신이 스트레스에 취약한 부분이 무엇이 있는지 파악하고 개인의 심리를 안정시키는 것만으로도 스트레스를 줄일 수 있다. 뿐만 아니라 스트레스를 지속적으로 관리하여 재발을 방지할 수 있다. 여기서는 스트레스에 대한 관리 방법으로서 신체관리 중 하나인 이완법과 인지관리 중 하나인 합리적 정서 행동치료법을 알아본다.

1) 신체관리

스트레스에 대한 신체 관리는 이완법, 요가, 명상과 같은 다양한 방법들이 있다. 스트레스에 따른 맥박, 체온, 혈압 상승과 같은 신체적 증상을 이완시키는 방법은 대표적으로 점진적 이완법이 있다. 점진적 이완법은 Jacobson(1938)이 제시한 기법으로서 자신의 근육을 이완하고 반복하면서 자신의 감각을 자각하는 이완기법이다. 이완법은 말 그대로 신체 근육을 이완하는 것에서 끝나는 것이 아닌 신체 근육이 긴장과 이완했을 때의 감각을 근육 분절마다 구별하는 능력을 향상시켜서 스트레스 해소에 활용한다. 혈관과 심장의 긴장은 골격근의 긴장과 관련이 있기에, 역으로 골격근을 이완시키면 혈관과 심장도 함께 이완하여 편안해진다(Jacobson, 1934).

이완법은 가능한 조용한 장소에 앉거나 누워서 시작한다. 우선 눈을 감고 깊게 호흡하며 천천히 내쉰다. 그 다음으로 천천히 신체 마디마다 긴장을 유지하고 해소하는 방식으로 진행된다. 긴장을 유지하고 해소할 때는 신체 마디의 감각을 느껴야 한다. 긴장상태를 유지하는 이유는 긴장했을 때의 감각을 인지하여, 긴장 후 해소 시 이완상태를 더욱 감각적으로 느끼기 위해서이다. 일반적으로 긴장은 10초, 이완은 20초 정도 유지한다. 동작은 손, 팔, 얼굴, 목, 가슴, 등, 배, 다리, 발, 전신 순으로 왼쪽과 오른쪽 반복해서 진행된다. 이완법을 통해 근골격계의 이완상태를 잘 이해한다면 스트레스 상황에서 심신을 적절하게 이완시킬 수 있다.

2) 인지 관리

스트레스 상황에서는 인지적으로 자신의 비합리적 신념을 변화시켜야한다. 여기서 비합리적 신념은 현실을 비합리적으로 지각하고 행동하는 것을 의미한다. 비합리적 신념을 바꾸는 대표적인 방법은 Albert Ellis가 1955년에 개발한 합리적 정서 행동치료(Rational-emotive behavior therapy, REBT)이다. 그에 따르면 인간은 자신의 개인적 견해, 믿음, 의미

체계, 사상에 따라 개인이 처한 상황을 자각하며 이러한 인지적 체계들이 개인의 스트레스 조절을 방해한다고 주장하였다(Ellis,, 2001).

Ellis는 비합리적 신념을 합리적 신념체계로 바꿔 스트레스를 해소시키는 방법으로 ABC 모델을 제안하였다(Ellis, 1957). ABC모델은 총 ABCDE로 단계가 진행된다. 여기서 A는 선행사건(activating event)을 의미한다. 선행사건은 스트레스를 받는 객관적인 상황을 의미하며 아직 인지적 처리가 일어나기 전이다. 선행사건은 스트레스의 발생 원인을 의미하는데, 단순히 선행사건이 스트레스에 따른 결과를 야기하는 것이 아닌 비합리적 신념에 따른 개인의 믿음, 가치관과 같은 인지적 체계가 스트레스를 야기하는 것이다.

선행사건을 자각한 후의 개인의 믿음, 가치관, 태도가 바로 신념체계인 B(Belief system)이다. 신념체계는 합리적 신념과 비합리적 신념으로 나누어지지만 주로 비합리적 신념을 뜻한다. 비합리적 신념은 일반적으로 '반드시 ~해야 한다'라는 당위성을 가지고 자신, 주변 환경, 타인을 바라보는 것이다. 자신은 반드시 완벽하고 훌륭해야 되거나 혹은 어떤 사람은 너무 악독해서 반드시 벌을 받아야한다는 생각, 또한 세상의 모든 문제는 언제나 해결책이 있다는 생각이 그 예시이다. 이러한 비합리적 신념은 부정적인 정서와 행동을 유도한다.

신념체계의 다음단계는 C인 결과(Consequences)이다. 결과는 앞선 신념체계에 따른 신체적, 정서적, 행동적 결과이다. 일반적으로 비합리적 신념에 따른 신체적 결과는 두통, 피로, 긴장, 식습관 불균형 등이 있으며 정서적으로는 우울, 분노, 불안, 무기력 등이 있다. 그리고 행동적으로는 과음, 과도한 흡연, 과식과 같은 신체 불균형을 유발하는 행동을 하게 된다. 이러한 부정적인 결과들은 개인에게 큰 영향을 주기에 비합리적 신념을 합리적 신념으로 바꾸는 것이 필요하다.

비합리적 신념을 합리적인 신념으로 바꾸기 위해서는 D인 논박(Disputing)을 해야 한다. 논박은 경험적 논박, 논리적 논박, 실용적 논박으로 나누어진다. 경험적 논박은 개인의 신념체계가 현실적이지 않고 객관적 근거가 없다는 논박이며 논리적 논박은 개인의 신념 체계가 비상식적이고 비논리적이라는 논박이다. 마지막으로 실용적 논박은 개인의 신념 체계가 스트레스 감소에 실질적으로 도움을 주는지에 대한 논박이다. 자신의 인지적 처리에 적합한 논박을 통해 기존의 신념이 비합리적이었다는 것을 알아차릴 수 있다.

마지막은 E로써 이는 효과(Effect)를 의미한다. 효과는 논박을 통해 나타난 인지적 효과를 평가하는 것을 뜻한다. 비합리적 신념을 합리적 신념으로 적절하게 바꾸면 스트레스가 감소하며 자신에 대한 믿음과 긍정적인 인지체계를 갖게 된다. 정서적으로는 안정적이고 신체적, 행동적으로 건강한 결과를 보이게 된다.

5. 결론

스트레스란 인간과 환경 사이의 상호작용을 통해 나타나며 그에 따라 신체적, 심리적, 생리적 반응이 나타난다. 스트레스를 연구한 이론은 대표적으로 Selye의 일반 적응 증후군과 Lazarus의 스트레스 교류 모형이 있다. 스트레스는 여러 원인들에 의해 야기되며 그에 따른 반응과 증상은 개인에 따라 다르게 나타난다. 따라서 RS-스트레스 검사를 통해 자신의 스트레스 수준을 파악하고 일상생활에서 자신의 스트레스를 해소하고 줄이기 위해 적극적인 자세를 보여야 한다.

제14장

정서

정서는 자극에 대한 반응으로 인지, 행동적 반응과 상호작용하여 나타난다. 본 장에서는 정서라는 개념이 심리학에서 어떻게 이해되고 연구되었는지를 알아본다. 그러기 위해서 우선, 정서의 정의와 특징에 대한 다양한 이론을 알아본다. 그 다음, 정서의 발달에 대해 좀 더 자세히 알아볼 것이다. 마지막으로 RS-정서검사가 측정하는 요인들을 자세히 살펴볼 것이다. 정서에 대한 전반적인 이해는 이 검사를 올바르게 실시하고 해석하는 바탕이 될 것이다.

1. 정서에 대한 정의

정서에 대해 하나의 일치된 정의는 없으며, 다양한 정의가 존재한다. Plutchik은 정서를 '자극에 대해 추론된 복합적인 반응들의 연쇄로서 인지적 평가, 주관적 변화, 자율체계 및 신경세포의 각성, 행동 충동성 그리고 복합적인 연쇄를 유발시킨 자극에 영향을 주도록 고안된 행동을 포함'하는 것(Plutchik, 1982)이라고 정의했다. 정서에 대해서 Keltner와 Shiota(2003)는 정서가 오직 자극에 대한 인지적 평가를 기반으로 한다는 것을 강조하며, '현재 상황에 대한 적합성 제고와 환경 조성을 촉진시키기 위하여 일시적으로 생리, 인지, 주관적 경험 및 행동 채널을 통합하는, 외적 자극 사건에 대한 보편적이고 기능적인 반응'으로 정의했다.

일반적으로 정서는 특정한 자극에 대한 일시적 반응으로써 생리적 각성, 느낌, 인지 과정 및 행동의 변화를 포함하고, 진화적으로 유용하며 기능적 효과를 가진 개념으로 받아들여진다. 정서는 관찰할 수 있는 개념이 아니기 때문에, 행동이나 생리적 반응 등 겉으로 드러난 현상들을 토대로 추론되는 것이다.

정서를 측정하는 방법으로 개인이 정서를 기술하거나 척도 상에 평정하게 하는 '자기 보고'와 정서적 각성으로 야기되는 생리적 반응이나 대뇌활동, 혈액 속 화학물질 등을 측정하는 '생리적 측정', 그리고 안면표정, 음성표현 등 우리가 관찰할 수 있는 모든 행동과 잠재적 행동 및 행동 준비성을 포함하는 '행동 관찰' 방법이 있다. 자기 보고는 언어를 사용할 수 없는 대상(유아, 뇌 손상 환자, 동물 등)에게는 사용할 수 없으며, 상이한 언어 사용자들 사이에 미묘한 차이가 나타날 수 있다는 한계가 있지만, 시간에 걸친 정서 변화나 상이한 정서들의 상대적 경험을 연구하기 위해서는 효과적이다(Kalat & Shiota, 2007).

정서와 동기는 매우 유사한 개념이다. 정서는 동기와 밀접한 관련이 있어서 동기와 같이 행동을 활성화하거나 행동의 방향을 결정할 수 있으며, 동기화된 행동을 수반하기도 한다. 그러나 정서와 동기는 다른 개념으로 구분해야 할 필요가 있다. 그 이유는 다음과 같다. 주로 내부 요인에 의해 유발되는 동기와 달리, 정서를 유발하는 요인은 주로 외부에 있다. 또한, 정서는 광범위한 종류의 자극에 의해 유발된다.

1) 정서의 특성

정서의 보편성(생물학적 특성, 보편주의). 생물학적 관점에서 정서는 인간이 변화하는 삶의 환경에 적응하고 생존하기 위해 진화한 보편적인 것으로 뇌의 특정부위의 호르몬이나 자율신경계의 작용으로 발생한다. Paul Ekman은 인간에게는 분노, 공포, 혐오, 슬픔, 행복, 놀람이라는 여섯 가지 보편적인 기본 정서가 있다고 주장했다. 비교문화 연구와 학습 경험이 없는 아동들, 선천적 맹인 연구를 통해 정서의 보편성이 증명되었다.

정서의 특수성(사회문화적 특성, 구성주의). 인류학적 접근은 정서의 언어적 표현과 사회구성원들이 공유하는 지식의 체계를 바탕으로 사회문화적 의미와 기능에 따른 정서의 특수성에 초점을 맞춘다. 정서는 보편적인 생물학적 기제가 문화와 상호작용하여 만들어진 정서의 평가와 표현에 대한 규칙을 통해 조절된다. 문화마다 중요시하는 가치에 따라 더 민감하게 경험되는 정서의 종류와 특정 정서를 표현하는 방식이 다르게 나타난다. 특히, 개별적인 정서 표현의 강도에서 뚜렷한 차이가 있다. 또한, 정서에 대한 해석도 문화의 영향을 받을 수 있다. 문화 내에서도 사회적 맥락이 정서를 형성하는 데 영향을 미친다. 성격도 경험하는 정서의 종류에 영향을 미칠 수 있으며, 성별에 따라 정서 표현에 차이가 있다.

정서의 기능성. 정서는 인간이 복잡하게 변화하는 환경에 적응할 수 있도록 돕는 여러 가지 기능을 한다. Rolls(1990)는 정서적 행동과 표현의 7가지 기능을 제시했다. 첫째, 위기에 대처하기 위해 자율신경 반응을 이끌어낸다. 둘째, 특별한 환경에 알맞은 반응을 하도록 한다. 셋째, 목표를 이루기 위한 행동을 동기화한다. 넷째, 정서 표현은 타인에게 자신의 의도를 전달하는 기능을 한다. 다섯째, 사회적 유대감을 증가시킨다. 여섯째, 사건에 대한 기억과 평가에 영향을 미친다. 마지막으로, 특정 기억의 저장을 향상시킨다.

일반적으로, 정서는 행동의 방향을 정하고 행동을 하도록 동기화하고 행동을 지속시키는 기능을 한다. 정서는 주어진 자극에 대한 주의집중, 지각, 해석, 기억에 영향을 미친다. 인지적 과정에서 목표와 관련된 사건이나 자극에 대한 선택적 주의를 유도하는 것이 정서의 기능에 포함된다. 또한, 정서는 사회적 맥락에 따라 적절하게 사회적 상호작용을 조절하는 기능을 한다. 즉, 정서는 사회적 관계를 형성하고 유지하는 데 친화적 기능과 지위를 획득하고 유지하도록 적절한 사회적 거리를 두는 기능을 갖고 있다.

정서적 각성이 일어나게 되면 생리적 변화가 나타난다. 위급 상황에 대한 일종의 대처 방법으로 자율신경계의 교감신경이 작용(혈압 및 심장 박동 증가, 호흡 빨라짐, 동공 확장, 타액과 점액의 감소, 땀 분출 증가, 혈당 수준 증가, 혈액 응고 속도 증가, 소화관 운동 감소, 소름 돋음)하는 것이다. 반대로 정서적 각성이 가라앉을 때는 부교감신경계가 활성화되어 앞서 나타난 정서적 각성으로 인한 생리적 변화를 다시 평소 수준으로 되돌아가게 한다.

Ax(1953)의 연구에 의하면, 정서에 대한 생리적 반응은 각 정서마다 서로 상이하다. 예를 들어, 분노보다 공포를 경험할 때, 맥박 수와 혈압이 더 큰 폭으로 상승한다. 또한, 정서를 경험하는 사람마다 생리적 반응에 차이가 있다. 정서적 각성의 결과는 상반된 효과를 야기한다. 정서적 각성은 수행을 방해할 수도 있고, 행동을 조직화하고 발생시키는 에너지를 공급하는 데 중요한 역할을 할 수도 있다. 즉, 적절한 수준의 정서적 각성은 수행에 도움이 되지만, 지나치게 높은 각성은 수행을 방해한다.

정서적 각성과 행동의 효율성은 역 U-곡선을 그린다. 그러나 이런 관계는 훈련이나 과제의 난이도에 따라 달라질 수 있다. 적절히 대처할 수 있도록 충분한 훈련을 할 경우, 지나치게 높은 정서적 각성이 아닌 한 높은 각성 상태에서도 효율적으로 행동을 수행할 수 있다. 또한, 쉽거나 단순한 과제는 약간 높은 각성 수준에서 가장 효율적으로 행동을 수행할 수 있으며, 어렵거나 복잡한 과제를 수행할 때는 약간 낮은 각성 수준일 때 가장 효율적이다.

2. 정서에 대한 이론

정서는 생리적 측면과 인지적 측면을 포함한 매우 복잡한 현상이기 때문에 정서의 모든 측면을 설명할 수 있는 하나의 단일한 이론은 아직까지 존재하지 않는다. 또한, 정서는 동기, 인지, 신경과학 등의 다양한 개념과 밀접하게 관련이 있는 현상이기 때문에 정서에 대한 접근도 다양하게 나타난다.

James-Lange 이론. 정서가 행동을 유발하는 원인이라고 생각하는 일반적인 상식과 달리, James-Lange 이론은 정서는 행동의 원인이 아니라 신체의 생리적인 변화에 대한 지각의 결과라고 주장한다. James(1884)는 정서를 '흥분을 일으키게 되는 사실을 지각하면서 나타나는 신체 변화에 대한 느낌'으로 정의했다. 즉, 정서는 특정 상황에 대한 신체의 반응 방식이며, 말초신경계인 자율신경계가 정서를 일으킨다. 정서 때문에 신체적 변화가 오는 것이 아니라, 어떤 상황에서 신체적 변화가 먼저 오고, 그 변화를 자각하고 나서야 특정한 정서를 느낀다(James, 1884; Lange, 1922).

「사건 → 평가(인지적 측면) → 행동(행동 및 생리적 측면) → 정서(느낌 측면)」

Cannon-Bard 이론. Cannon-Bard 이론(Cannon, 1927; Bard, 1934)은 Walter B. Cannon이 James-Lange 이론을 반박하면서 시작되었다. Cannon은 정서 발생에 있어서 중추신경계의 역할을 강조하며 정서가 일어나기 위해서는 입력 자극과 출력 반응 사이에 반드시 뇌의 개입이 필요하다고 주장한다. Cannon이 James-Lange 이론을 반박한 근거는 다음과 같다. 뇌와 신체기관을 연결하는 신경이 절단되어도 정서를 느낄 수 있으며, 신체기관의 반응 속도가 정서를 설명하기에는 너무 느리고, 마지막으로 정서의 종류가 다양한 것에 비해 자율신경계의 반응은 거의 동일하다. 그러므로 Cannon은 정서를 유발하는 환경 자극이 시상에 전달되면, 시상이 대뇌피질과 신체에 정보를 보내고, 그로 인해 정서와 신체적 변화가 동시에 일어난다고 주장했다. Cannon의 이론을 Phillip Bard가 확장시켜 Cannon-Bard 이론이 되었다.

「사건 → 평가, 행동 및 생리, 느낌」

Schachter-Singer 이론. Schachter-Singer의 2요인 이론(Shacter & Singer, 1962)은 신체적 반응에 대한 인지적 해석으로 인해 정서 경험이 달라진다고 주장했다. 이론에 따르면, 정서를 구성하는 부분인 각성과 여타 행동들은 정서적 느낌의 강도를 결정하는 데 필수적이지만, 해당 정서가 어떤 정서인지는 말해주지 않는다. 어떤 정서를 느끼고 있는지는 상황에 대한 정보들을 근거로 추론하는 것이다. 다시 말해, 정서 경험에는 생리적 요소와 인지적 요소의 두 가지가 모두 필요하며, 특히 정서에 대한 인지적 요소를 강조하는 이론이다. 상황에 대한 인지적 평가 후에 정서가 발생한다고 주장한다.

「 사건 → 행동 및 생리 → 정서의 강도
↘ 평가 → 정서 」

1) 정서의 구조에 대한 이론

정서를 정적정서와 부정정서로 구분할 수 있다. 정적정서는 상황이나 우리 내부의 자극으로 인해 나타나는 즐거워하거나 좋아하는 반응으로 정의할 수 있다. 일반적으로 즐겁다고 생각하는 정서를 지칭한다. 흥미, 만족, 사랑, 기쁨 등이 정적정서에 해당한다. 그러나 단순히 기분 좋은 느낌이나 감정과는 구분된다(Cohn & Fredrickson, 2009). 반대로, 부적정서는 상황이나 대상에게 부정적인 영향을 표현하기 위해 발생하는 불쾌하거나 불행한 정서로 정의할 수 있다. 일반적으로 즐겁지 않다고 생각하는 정서이다(Pam, 2013). 두려움, 분노, 혐오, 슬픔, 좌절 등이 부적 정서에 해당한다.

정적정서는 신체적, 심리적, 사회적 측면에서 긍정적인 결과를 가져온다. 정적정서는 통증, 면역기능, 스트레스 호르몬 분비 등을 낮추고, 관계의 만족, 사회적 지지 및 외로움의 해소와 관련이 있다. 정적정서는 인지적 유연성을 높여줌으로써 창의적이고 개방적인 사고를 가능하도록 돕는다. 부적정서는 위협적인 자극에 대한 주의를 유도함으로써 사고와 행동의 범위를 좁히는 대신 생존에 유리하고 적응적인 반응을 일으킨다.

개별 정서 이론. 개별 정서 이론은 정서가 개별적인 정서로 이루어진다는 이론이다. 대표적인 모델은 기본 정서 모델로, 다른 과학적 연구처럼 정서도 근본적으로 서로 구분되는 기본 정서가 존재한다는 신념에 기인한다. 기본 정서라는 접근은 경험적 근거에 근거한 접근이 아니다. 기본 정서로 간주되기 위한 기준은 다음과 같다. 첫째, 모든 사회의 거의 모든 사람들에게서 보편적으로 일어나야 한다. 두 번째, 기본 정서는 특정 원형적인 삶의 사건에 대한 기능적인 반응을 촉진해야 한다. 세 번째, 기본 정서는 생애 초기에 분명하게 나타나야 한다. 네 번째, 기본 정서를 표현하는 방식이 모든 문화에서 동일하게 나타난다. 다섯 번째, 기본 정서는 뇌나 자율신경계와 같은 특정적인 생리적 활동이 반드시 독립적으로 수반되어야 한다. 즉, 개별 정서 이론은 정서를 계통발생학적으로 나타나는 신경 회로 혹은 행동 패턴으로 구분한다(Kalat & Shiota, 2007).

기본 정서 모델을 지지하는 연구자들이 대체로 동의하는 기본 정서는 분노, 혐오, 공포, 기쁨, 슬픔, 놀람이다. 이러한 기본 정서 이외의 다른 정서들은 이러한 기본 정서를 기반으로 혼합되어 나타난다고 주장한다. Darwin(1872)에 의해 처음으로 주장된 기본 정서적 관점은 Cannon, Ekman, Carroll E. Izard 등의 후대 연구자들이 개별 정서에 대한 초기의 발생학적 기원, 원형적 얼굴 표정, 보편성에 대한 경험적 증거를 획득함으로써 확장되었다.

차원 이론. 차원 이론은 정서를 소수의 연속적 차원 상에서의 위치로 기술할 수 있다고 보는 입장이다. 차원 이론은 느낌 측면에서의 유사성의 정도에 따라 정서를 구분한다. 차원 이론에 의하면, 정서 경험은 소수의 차원으로 설명할 수 있다. 차원 이론은 정서의 인지적 측면이 아니라 느낌 측면의 특성을 기술하기 때문에 서로 다른 정서들이라도 유사하게 느껴질 수 있다.

차원 이론에는 단일차원 모델과 다차원 모델이 존재한다. 단일차원 모델은 각성, 또는 정서가라는 하나의 차원으로 다양한 정서를 구분할 수 있다고 주장한다. 다차원 모델은 각성과 정서가라는 두 가지 주요 자원 외에도 많은 차원을 추가하여 정서를 구분한다. 다차원 모델의 대표적인 모델은 Russell(1980)이 제시한 원형 모델(circumplex model)이다. 정서의 위치가 원에서 서로 가까울수록 유사하고, 혼동되거나 동시에 경험되기 쉬우며, 서로 거리가 멀수록 유사성이 낮게 지각된다. 서로 반대쪽에 위치하는 정서들은 반대되는 정서들이나 혹은 아주 다른 정서들로 지각되는 경향이 있다. 또한, 반대되는 정서들을 동시에 강하게 느낄 수 없다.

평가 이론. 정서를 기저 과정의 혼합물로 간주하는 접근으로 기본 정서라는 개념을 완전히 부정한다. 대표적으로, 성분 과정 이론(Component Process Theory)은 정서가 기저의 기초적인 요소들로 구성되는 복합체라고 주장한다. 다시 말해, 정서는 각각의 상황에서 발생하는 각기 다른 측면에 대한 반응인 여러 성분들의 혼합물이다. 각각의 상황에 대한 인지적 평가가 정서를 구성하게 되는 여러 성분들을 유발하는 데 영향을 준다. 이런 성분들은 모두 유발되거나 일부만 유발될 수 있다. 그렇기 때문에, 정서는 부분적으로 일어날 수 있고, 같은 정서로 구분되더라도 정도나 방식에서 서로 다르게 나타나며, 서로 다른 성분들이 결합하여 새로운 정서로 나타날 수도 있다. 평가 이론은 개별 정서에 특정적인 신경 회로가 독립적으로 존재하지 않는다는 입장이다(Scherer, 1992).

3. 정서의 발달

Carolyn I. Saarni는 정서 발달이 문화적 맥락을 포함한 사회적 경험을 반영하기 때문에 생리생태학적 관점에서 정서의 발달을 바라보아야 한다고 주장했다. Saarni는 사회적 상호작용과의 관계 속에서 나타나는 정서 조절, 정서 표현의 발달 과정을 제시했다. 0세부터 13세 이상 까지 총 7 단계를 통해 정서가 발달한다고 보았다.

Halberstadt, Denham, 그리고 Dunsmore(2001)는 정서의 발달을 이해하기 위한 정서의 몇 가지 측면을 구별하여 제시했다. 정서의 발달은 정서를 경험하는 능력, 정서적 메시지를 보내는 능력, 타인으로부터 정서적 메시지를 받는 능력이라는 세 가지 측면이 발달하는 것이다. 이 세 측면은 한 측면의 발달이 다른 측면의 발달에 순환적으로 영향을 주는 식으로 발달이 이루어진다.

1) 정서 표현의 발달

신생아의 행동은 제한적이기 때문에 유아의 정서를 연구하는 것은 매우 제한적이다. 생후 초기에 나타나는 유아의 정서 표현은 단순한 생물학적 상태에 대한 반응이다. 유아의 정서 표현과 경험은 생후 초기 2년 동안 급격하게 발달한다(Lewis, 2008). 정서의 발달은 유아의 신체적 성숙, 인지적 성숙, 그리고 사회적 상호작용의 영향을 받는다. 정서를 표현할 수 있기 위해서는 어느 정도 신체적으로 성숙해야하기 때문이다. 운동능력이 발달하면서 유아는 자신의 정서를 분명하게 표현할 수 있게 되고, 인지적 성숙이 이루어지면서 사회적 사건의 인지적 평가에 대한 반응으로서의 정서를 경험하고 표현할 수 있게 된다(Kalat & Shiota, 2007).

정서 표현 발달 가설. 유아의 정서 표현은 태어난 직후의 울음에서부터 시작하여 2~3개월 후의 미소 짓기, 그리고 이후 수년에 걸쳐서 범위가 확장된다. 유아의 정서 표현의 발달을 설명하기 위해 여러 가설이 존재한다. 그 중 하나는 신생아가 이미 기본 정서들을 전부 가지고 있다는 가설이다(Sroufe, 1996; Witherington, Campos, & Hertenstein, 2001). 이 가설에 의하면 신생아는 모든 기본 정서에 대한 잠재력을 가지고 있지만, 운동능력과 인지능력이 결여되어 있기 때문에 표현하지 못한다. 처음부터 구체적인 개별 정서가 인간의 내부에 존재했으며 정서가 새로이 분화되어 발달하는 것은 아니라고 주장한다. 다시 말해, 내부에 존재했던 체계 혹은 유아의 필요에 따라 특정적인 개별 정서가 출현하는 것이다.

두 번째 가설은 신생아가 표현할 수 있는 유일한 정서인 괴로움이 분노, 공포, 슬픔 등 여러 정서들의 혼합이며, 유아가 성숙해짐에 따라 정서들을 분리하고 구분할 수 있게 된다고 주장한다(Camras, 1992; Messinger, 2002). 정서의 발달이 미분화 상태에서 개별 정서로 분화되어 이루어진다는 이론은 정서 발달의 가장 보편적인 이론이다. 이 이론의 가장 간단한 모델은 생리적 관점이다. 이 관점에서는 연령에 따른 생리적 변화에 맞춰 분화되지 않았던 총체적인 정서가 개별 정서로 분화되어 표현할 수 있도록 정서가 발달한다. 신체적 성숙, 사회화, 인지적 상호작용으로 인해 정서가 개별 정서로 분화된다는 설명이 널리 받아들여진다. 이 밖에도 어떤 정서는 출생 시에 존재하지 않지만, 뇌의 성숙과 학습을 통해서(혹은 뇌의 성숙과 학습이 상호작용하여) 출생 시 존재하지 않던 정서가 발달한다는 가설도 존재한다.

정서 표현에 대한 기대는 문화와 성별에 따라 차이가 있지만 그 차이는 일반적으로 크지 않다. 정서 표현의 규칙과 기술의 학습은 정서 발달의 한 측면이다. 아이는 생애 첫 해에 이미 정서의 해석에 대한 문화적 규칙 학습을 시작한다. 그리고 대부분의 아이가 3세 무렵에는 자신의 정서를 감추는 것을 학습한다. 이러한 정서를 표현하고 숨기는 규칙은 가정에서 일상적인 상호작용을 통해 일찍부터 학습된다(Much, 1997). 또한, 주 양육자 혹은 다른 양육자들이 아이의 정서 표현을 강화하거나 억제함으로써 아이가 문화적 규칙을 학습하기도 한다.

정서 표현의 종류. 울음은 태어난 직후부터 신생아가 나타낼 수 있는 분명한 정서 표현이기 때문에 신생아의 정서를 연구하는 데 유용하게 사용된다. 울음은 대체로 괴로움이라는 정서를 표현한 것이다. 울음은 신생아가 자신을 둘러싼 주변 환경, 주변 인물들과 의사소통 할 수 있는 유일한 방법으로 기능한다.

약 3주경이 지나면 신생아는 근육을 연습하는 것이 아닌 미소를 지을 수 있게 된다. 새로운 경험을 할 때나 잠을 잘 때 미소를 짓는다. 시간이 지나고 인지적으로 성숙해짐에 따라 유아는 상징적이거나 추상적인 정보를 접했을 때에도 미소를 짓게 된다. 그리고 6~8주 정도가 되면, 사회적 미소를 시작하게 되어 타인과 미소를 주고받는다(Wolff, 1987). 사회적 미소가 발달하는 이유에 대한 가설 중에는 6~8주 무렵에 유아의 시력이 성숙해지면서 타인의 특징을 면밀히 관찰할 수 있게 되고, 따라서 미소를 탐지할 수 있게 된다는 주장이 있다(Cassia, Turati, & Simion, 2004). 그러나 시각장애를 가진 아기들도 사회적 미소를 짓는다. 즉, 시각뿐만 아니라 촉각과 청각 등의 사회적 단서들에 대한 반응으로 유아들이 미소를 짓는 것이다. 이런 사회적 미소는 유아의 주 양육자에게 일종의 보상으로 다가오며, 유아에 대한 관심과 상호작용을 증가시킨다. 사회적 미소로 인해 증가된 사회적 상호작용은 유아의 인지발달과 사회발달에 중요한 역할을 한다(Bower, 1977).

울음과 미소 짓기 외에도 유아의 정서표현이라고 볼 수 있는 행동이 있다. 일반적으로 '유아 놀람'으로 설명되는 모로 반사이다. 모로 반사는 성인의 놀람 반응과 비슷한 반응이라고 할 수 있다.

2) 정서 경험의 발달

정서 경험 발달 영향 요인. 유아의 정서 경험도 정서 표현과 마찬가지로 신체적 성숙, 인지적 성숙, 사회적 상호작용의 영향을 받아 생후 초기 2년 동안 급격하게 발달한다. 신체적 성숙이 유아의 정서 경험에 미치는 대표적인 예시는 시력의 성숙으로 인한 변화이다. 유아의 시력이 성숙해짐에 따라 정서를 유발할 수 있는 시각 자극에 대한 반응 능력이 상승한다. 또한, 유아가 기고 걸을 수 있게 됨에 따라 새로운 자극을 마주하게 되면서 새로운 자극이 유발하는 정서가 발달하게 된다.

인지적 성숙은 생후 몇 년 동안만 지속되는 것이 아니라 평생 이어지는 것이지만 생후 초기 몇 년 동안 매우 급격한 변화가 일어난다. 이 시기동안 유아는 자기에 대한 인식, 자기 개념, 자기 인지, 타인의 시각에서 사건을 이해하는 능력, 그리고 타인에 대한 인식을 포함한 다양한 인지능력들을 발달시킨다. 자기에 대한 개념이 발달하면서 자신의 내적 행동 기준과 비교, 평가할 수 있게 되고, 타인의 마음을 이해하고 타인의 입장에서 생각할 수 있는 능력도 발달한다.

신뢰하는 양육자와의 사회적 상호작용은 유아에게 자신이 살고 있는 문화가 갖고 있는 정서에 대한 기대, 가치, 정서 표현의 규칙 등을 학습시킨다. 유아는 이러한 기대, 가치, 규칙을 사회화함으로써 정서 경험이 발달한다.

시기별 정서 경험 발달. 생후 초기 몇 년 동안의 유아의 정서 경험의 발달을 시기별로 간단하게 정리하면 다음과 같다. 먼저, 출생 직후 유아가 할 수 있는 한정된 정서 표현을 통해 유아가 경험한다고 추론할 수 있는 정서는 두 종류이다. 울음과 칭얼거림을 통해 추측할 수 있는 정서인 괴로움과 집중, 환경에 대한 반응성을 통해 추측할 수 있는 만족, 기쁨이다.

3개월 무렵이 되면, 즐거움, 슬픔, 혐오라는 정서를 경험하는 것으로 나타난다. 분노는 대체로 4~6개월 무렵에 나타나지만, 그보다 더 어린 2개월 유아에게도 분노가 나타난다는 증거가 존재한다. 공포는 인지적 발달을 반영하는 정서로, 분노보다 조금 늦게 나타난다. 놀람 역시 초기 6개월 안에 나타난다. 즉, 대체로 8~9개월 안에 유아는 6가지 기본 정서를 경험하도록 발달한다.

12~18개월 무렵에 의식, 자기 인식과 같은 새로운 인지적 능력이 발달함에 따라 자기 의식적 정서를 경험하게 된다. 2~3세 무렵의 유아는 주변인의 기준이나 스스로가 만든 기준에 따라 자신의 행동을 평가할 수 있는 능력을 발달시킨다. 자신의 행동에 대한 평가는 자의식 평가적 정서(self-conscious evaluative emotions)를 발달시킨다. 이런 정서에는 자부심, 수치심, 죄책감 등이 포함된다. 즉, 3세 무렵이 되면 유아가 경험할 수 있는 정서가 상당히 세분화되며, 복잡하고 정교한 정서 체계를 갖게 된다. 3세 이후에도 새로운 경험, 인지 능력 발달 등을 통해 정서 체계가 지속적으로 정교화 되지만 기본적인 구조는 이 때 대부분 완성된다고 할 수 있다.

3) 정서적 의사소통의 발달

사회적 참조하기는 특정 상황에서 타인의 정서에 대한 지각을 근거로 하는 개인의 정서적 반응이다(Walden & Baxter, 1989). 양육자와 유아가 서로 정서를 공유하는 상호 주관성의 일부로 점진적으로 발달한다. 유아는 사회적 참조하기 능력을 발달시킴으로써 정서적 적절성을 학습한다. 애매한 상황에서 지각한 다른 사람의 정서적 반응을 토대로 개인의 정서적 반응을 발전시키는 것이다. 사회적 참조하기는 생후 약 9개월 무렵에 시작된다는 연구가 있지만(Gibson & Walk, 1960) 그보다 더 늦게 나타난다고 보여주는 연구도 있다(Hertenstein & Campos, 2004).

10개월 이전의 영유아는 그들이 상호작용하는 성인의 정서 표현에 영향을 받는다. 유아는 상대의 정서적 활동에 정서적이고 행동적으로 반응한다. 이 무렵에 정서들을 구분하여 지각할 수 있는 능력도 함께 나타난다. 하지만 이때의 유아의 정서적 반응과 정서 구분 능력은 정서에 대한 의미를 알기 때문에 나타나는 것은 아니다.

10개월에서 24개월 무렵에 유아는 얼굴 표현과 음성 표현에서 정서적 의미를 찾을 수 있는 지각적 능력이 발달한다. 유아는 이런 정서적 정보를 사용하여 자신의 행동을 결정하고 타인의 행동을 예측할 수 있게 된다.

1.5세에서 2세 무렵에 말을 시작하게 되면서 유아의 정서 언어가 빠르게 성장한다. 성인과 완전히 일치하는 수준에서 정서를 언어로 표현하는 것은 아니지만, 언어를 통해 자신과 타인의 정서를 상당히 정확하게 표현할 수 있게 된다(Dunn, Bretherton, & Munn, 1987). 정서를 이야기하는 경험은 이후의 성장 과정에서 타인의 정서를 이해하는 능력에 긍정적인 영향을 미치기 때문에 2세 무렵의 아이들은 좀 더 광범위한 차원에서 정서를 이해할 수 있다. 아이들은 정서와 정서가 타인에게 미치는 효과를 이해한다. 이런 이해를 바탕으로 아이는 자신의 정서를 조작하기도 한다(Bretherton, Fritz, Zahn-Wazler, & Ridgeway, 1986). 또한, 2세 아이는 정서의 원인과 결과 사이의 관계를 이해하게 된다.

3세 무렵이 되면 아이의 정서 이해 능력이 더욱 발달한다(Fabes, Eisenberg, Nyman, & Michaelieu, 1991). 이 시기의 아이들의 정서에 대한 이해 능력은 성인과 상당히 일치하는 것으로 나타났다. 이 무렵에 정서 기술의 기본을 대부분 획득한다.

4) 정서적 유대 발달

정서적 의사소통 능력이 발달하기 시작할 무렵, 아이는 소수의 특별한 사람들과 선별적으로 정서적 유대를 형성한다. 예를 들어, 생후 6~9개월 무렵의 아이는 모든 사람에게 사회적 미소를 지어주는 것이 아니라 특정한 사람들에게만 사회적 미소를 짓는다. 유아가 소수의 주 양육자들과 이루는 정서적 유대를 애착이라고 부른다. 6개월 무렵에 애착이 시작되는 이유를 설명하려는 이론은 여러 개 존재한다. 그 중 가장 일반적으로 받아들여지는 설명은, 이 시기에 유아가 기어 다닐 수 있게 되면서 세상을 탐색하게 된다는 것이다. 새로운 세상을 탐색하는 것은 새로운 경험을 제공하기도 하지만 심각한 문제를 직면하는 위험성이 나타나기도 한다(Bowlby, 1969). 이 때, 유아의 주위에 신뢰할 수 있는 주양육자가 존재한다면 유아는 낯선 상황에서도 안정적으로 탐색을 할 수 있게 된다. 새로운 세상을 탐색하면서 위험 상황에 안정적으로 대처하기 위해 유아는 애착을 발달시킨다.

이 밖에도 시력의 발달이 정서적 유대가 나타나는 데 있어서 밀접한 관련이 있다고 주장하는 이론도 있다. 6개월 무렵에 시력이 크게 성숙해지면서 주양육자와 그렇지 않은 사람들을 분간하고, 움직임을 인식할 수 있게 되면서 애착이 발생한다고 설명한다. 하지만, 이 이론에 대해서는 유아가 6개월 전에도 주 양육자의 목소리를 인식하며, 이전에도 양육자와 다른 사람을 알아 볼 수 있다는 반증이 존재한다(DeCasper & Fifer, 1980).

5) 성인기 정서 발달

정서를 탐지할 수 있는 능력, 정서를 이해하는 능력, 정서가 타인에게 미치는 영향에 대해 파악할 수 있는 능력은 3세 무렵에 대부분 완성된다. 이후에는 이미 형성된 정서 체계를 조정하는 방식으로 정서 발달이 진행된다. 개인의 정서적 특성은 전 생애에 걸쳐서 일관적인 안정성을 가진다. 청년기에 많은 변화와 호르몬 등의 영향으로 우울감이 높아지기도 하지만 대체적으로 인간의 정서적 성향은 변하지 않는다. 그러나 정서의 강도나 정서 조절 능력은 연령에 따라 변화한다. 나이가 많은 성인이 나이가 적은 성인보다 정서를 더 잘 통제하고, 덜 충동적이라고 보고되고 있다(Gross, Carstensen, Pasupathi, Tsai, Skorpen & Hsu, 1997). 즉, 연령 변화에 따라 정서 조절 능력이 발달하는 것이다.

인간은 나이가 들수록 정서적인 일들에 더 많은 주의를 기울이게 된다. 따라서 경험하게 되는 정서가 더욱 현저하게 느껴지고 정서의 중요성도 높아진다. 그러나 부정적인 정서는 나이가 들수록 더 적게 보고된다. 그 이유에 대해 실제로 부정적 정서를 야기하는 경험을 덜 경험하기 때문이라는 설명과 나이가 들수록 남은 시간을 최대한 활용하고 정서적 질을 높이기 위해 부정적 정서로부터 주의를 돌린다는 설명(사회 정서적 선택이론; Socio-emotional Selectivity Theory)이 제시된다(Carstensen, 1992).

4. 정서 척도

정서를 측정하려는 시도는 주관적 안녕감과 행복을 설명하려는 노력에서 발전해왔다. 정적정서와 부적정서가 행복을 설명하는 중요한 요소로 간주되었기 때문이다(Bradburn, 1969). 대체로 정적정서가 높고 부적정서가 낮으면 행복하다고 설명할 수 있다. 행복과 주관적 안녕감을 추론하는 측정치역할 외에도 정서 자체의 중요성이 대두되었다. 정서는 그 자체로 정신건강과 밀접한 관련이 있을 뿐만 아니라 행동의 원인이자 결과이면서 인지와 밀접한 관계를 맺고 있다는 주장이 제기되었기 때문이다. 그리하여 정서 연구가 활발히 진행되었고, 정서를 측정하기 위한 척도들 역시 활발히 개발되었다. 모든 문화에서 발견되는 보편적인 정서일지라도 문화에 따라 표현이나 해석되는 방식, 기능에서의 차이가 나타나기 때문에 문화권마다 사회 문화적 맥락 언어를 기반으로 한 척도가 필요하다.

1) 사회적 불안

의미. 사회적 불안은 '실제 혹은 상상 속 사회적 상황에서 대인적 평가가 실재하거나 예상되기 때문에 나타나는 불안'이다(Schlenker & Leary, 1982). 다시 말해, 사회적 상황에서 다른 사람과의 상호작용이나 수행을 하는 경험을 할 때 경험하는 정신적 고통을 사회적 불안이라고 할 수 있다. 인간의 적응과 발달에 타인과의 관계는 매우 중요하고 불가피하며, 따라서 타인으로부터의 평가 역시 피할 수 없다. 이런 평가에 대해 느끼는 불안과 긴장은 모든 인간에게 보편적인 경험이다(Schneier, Jonson, Horning, Liebowitz, & Weisma, 1992). 누구나 다른 사람으로부터 좋은 평가를 받고 사회적으로 수용되며 좋은 인상을 주고 싶어 하기 때문이다. 사회적 불안이 높을 경우, 사회적 상황에서 적절한 사회적 행동을 수행하는 것이 원활하지 않다. 특정한 사회적 상황이나 활동 상황에 노출되었을 때 심각한 불안을 유발하고 회피행동을 유도하게 된다(Clark & Wells, 1995). 수줍음이 많으며 조용하고 회피적이며 소극적이고 내성적이고 친화력이 낮다고 지각된다. 그 밖에도 불안해보이거나 무관심해보이기도 한다(Creed &Funder, 1998). 사회적 불안은 불안, 높은 수준의 두려움, 신경증성, 자동적인 부적 정서, 안면 홍조 등의 정서적 반응 야기한다.

원인. 타인의 평가에 대한 두려움과 자아에 대한 위협은 사회적 불안을 일으키는 중요한 특성이다. 사회적 불안이 일어나는 원인에 대해서 인지적 관점에서는 역기능적 인지와 비합리적 신념 등, 심리적 부적응을 제시한다(Glass & Furlong, 1990). 이 밖에도 거부민감성, 과잉불안염려, 인정에 대한 요구가 사회적 불안이 발생하는데 영향을 미친다. 그 중, 거부민감성은 사회적 관계에서 발생할 수 있는 다양한 거부 상황을 과도하게 해석하고 과민하게 반응하며, 거부당하는 것에 대한 불안감을 의미한다(Feldman & Downey, 1994). 거부당하는 상황에 대한 두려움이 사회적 상호작용을 경계하고 회피하게 만들어 결과적으로 사회적 불안을 야기한다. 사회적 불안에 영향을 미치는 개인 내적 요인으로 성취동기와 자아존중감이 있다. 성취동기는 '어떤 훌륭하고 어려운 일을 열심히 그리고 될 수 있는 대로 신속히 또는 지속적으로 수행하려는 의욕'으로 정의할 수 있으며, 과제를 수행하고 목표를 달성하려는 자발적인 의지를 의미한다(기현주, 2004). 성취동기는 주로 학업적 성취나 직업적 성취를 설명할 때 주로 사용되었으나 사회적 관계를 설명하는 데에도 사용될 수 있다. 자아존중감은 자신을 스스로 얼마나 긍정적으로 평가하는지, 다시 말해 자신에 대한 존중 정도를 의미한다. 자기에 대한 스스로의 평가와 자신이 지각한 주위의 평가를 기반으로 삼기 때문에 사회적 상황에서의 개인의 상호작용 방식과 밀접한 관련이 있다. 성취동기와 자아존중감은 사회적 불안과 부적 상관을 보였다(유혜승, 신명희, 2013). 즉, 성취동기, 자아존중감이 낮을 때 사회적 불안 수준이 높아졌다. 개인 외부의 요인으로 상황적 요인과 환경적 요인이 존재한다. 그 중, 상황적 요인으로 지각된 상황의 중요도, 그리고 상호작용하는 타인 혹은 사회적 상황에서의 타인의 수, 관계가 사회적 불안에 영향을 미친다. 다시 말해, 상황의 중요도가 높을 때, 그리고 친밀도가 낮은 타인의 수가 많을 때 사회적 불안의 수준이 높아졌다. 환경적 요인으로는 사회적 상황에서의 부정적 경험이 사회적 불안을 유발하는 원인이다. 또한, 사회적 지지라는 외부 환경도 성격 특성에 영향을 미친다. 사회적 지지가 낮을 때, 사회적 불안 수준이 높아졌다. 사회적 지지는 단순한 외부 환경이 아니라 자신이 지각한 외부 환경과의 관계를 의미한다.

영향. 사회적 불안은 부정적인 측면만 갖고 있는 것은 아니다. 적절한 수준의 사회적 불안은 대인관계를 촉진시키고 수행을 향상시키는 기능을 한다(김나예, 2012). 타인에 대한 평가의 두려움이 바람직한 사회적 상호작용을 이끌어낸다.

사회적 불안은 여러 가지 부정적인 결과를 일으킨다. 사회적 불안을 느끼는 상황을 회피하기 위해 관계 자체를 회피하기도 한다. 심지어 사회적 관계에 대한 욕구가 있음에도 사회적 상황에서의 반응이 두려워 관계를 형성하고 유지하는 것을 회피하는 경우도 있다. 이렇게 회피하는 행동은 미래의 사회적 경험의 기회를 제한하는 부정적 결과를 야기한다(김은정, 2000). 또한, 대부분의 평가가 사회적 상황에서 이루어지기 때문에 과제나 학업 수행 능력을 제대로 발휘하지 못하고 저평가될 가능성이 있다. 결과적으로 사회적 불안을 완화하기 위한 상황 및 관계를 회피하는 행동이 이후의 사회적 불안을 오히려 견고하게 만드는 악순환이 유지된다.

사회적 불안은 스트레스, 우울증과도 밀접한 관계가 있다. 사회 불안은 우울과 정적 상관이 나타났다. 사회적 불안이 심각해거나 만성적일 경우 사회적 고립, 학업 실패, 범죄 행동 등의 사회적 문제가 나타날 가능성이 높다. 사회적 불안이 극단적으로 나타날 경우, 사회 공포증 혹은 사회불안장애로 진단할 수 있다.

2) 고독(외로움)

정의. 고독은 많은 사람이 흔하게 경험하는 보편적 정서로, 자신이 바라는 사회적 관계의 수준과 실제 사회적 관계의 수준에서 차이가 존재할 때 생기는 고통스러운 심리적 상태이다. 고독에 대한 여러 정의를 종합해보면, 고독은 사회적 관계가 좌절되거나 주관적으로 평가했을 때 관계가 결핍 혹은 불만족 되었다고 느낄 때 발생하는 불쾌하고 고통스러운 정서 상태이다.

사회적 욕구 이론에 의하면, 단순히 혼자 있다고 해서 고독을 경험하는 것은 아니다. 의미 있는 중요한 관계를 형성하지 못했거나 그러한 관계가 붕괴되었을 때 주로 고독을 경험한다(Weiss, 1973). 고독은 특정한 관계 욕구의 결핍에 따라서 사회적 고독과 정서적 고독으로 구분할 수 있다. 사회적 고독은 지지적인 사회적 연결망을 형성하지 못했거나 연결망이 붕괴되었을 때 느끼는 고독이다. 예를 들어, 관심사와 활동을 공유하는 친밀한 집단에 소속되지 못한 경우에 느낀다. 대체로 무(無)목적감, 지루함, 배척감, 적적함을 느낀다. 반면, 정서적 고독은 중요한 애착 대상이 존재하지 않거나 이들과의 관계에서 신뢰감이 매우 낮을 때 느끼는 고독으로 혼자라는 느낌이다. 자신이 진정으로 이해를 받을 수 있는 관계가 없기 때문에 느끼는 공허함, 쓸쓸함, 불안정함과 유사하다. 정서적 고독은 가족 고독과 낭만적 고독으로 세분화된다. 인지적 관점에서는 고독이 관계적 속성의 직접적인 영향을 받는 것이 아니라 개인이 지각한 사회적 관계에 대한 평가가 불만족스러운 것에 더 직접적인 영향을 받는다고 보았다.

원인. 사회적, 정서적 관계를 회피할 경우 고독이 발생할 수 있다. 관계를 회피하는 이유 중에는 타인으로부터 부정적인 평가를 받는 것에 대한 두려움, 거절민감성이 있다. 고독에 영향을 미치는 개인 내적 속성으로 낮은 자아 존중감과 내향성이나 수줍음이 많은 성격 특징 등이 존재한다. 이런 기질적 특징들은 관계를 형성하는 데 어려움을 주기 때문에 고독에 영향을 준다. 또한, 고독은 외부적 사회 환경의 영향을 받기도 한다. 이혼, 사별, 독립 등으로 가족 구조가 변화하거나 졸업, 퇴직 등으로 사회적 역할의 변화가 나타나거나 입원, 이사 등 환경이 변화했을 때 고독을 느낄 확률이 높아진다. 정신 역동적 접근에서 고독은 아동기의 친밀한 관계 형성 실패에서 기인한다. 주 애착 대상과의 잘못 형성된 관계가 이후의 사회적 관계에 영향을 미쳐 사회성의 결여와 그로인한 고독의 원인이 된다(박소연, 진미경, 2013). 인지적 접근에서는 고독을 개인의 사회적 관계에 대한 스스로의 지각과 평가 때문에 나타난다고 보았다. 즉, 사회적 관계에 대해 개인이 갖고 있는 요구 수준과 실제로 성취한 수준 사이의 괴리를 지각할 때 고독이 발생한다(Marangoni & Ickes, 1989: 서영석,

안수정, 김현진, 고세인, 2020에서 재인용). 실존주의적 접근에 의하면, 고독은 인간 실존에 불가피한 조건이다(Moustakas, 1961: 서영석 등, 2020에서 재인용). 상호작용주의 접근은 고독에 대해 친밀한 관계의 부족과 사회적 연결망의 부족 때문에 나타난다고 설명한다. 상호작용주의는 개인 내적인 기질적 요소와 상황적 요소의 상호작용을 강조하는 입장이다(S ø nderby & Wagoner, 2013: 서영석 등, 2020에서 재인용).

영향. 고독은 관계를 발전시키려는 동기와 의미 있는 도전을 하도록 만드는 동기를 부여하는 순기능이 있다(Brennan, 1982). 또한 고독에 잠식되지 않은 적절한 고독을 느끼는 상태는 자신에게 집중할 수 있게 만들어 준다. 앞서 언급한 것처럼 혼자 있다고 해서 반드시 고독을 느끼는 건 아니다. 이렇게 고독을 느끼는 상태에서 자신에 대해 통찰함으로써 정서적 성숙이 이루어질 수도 있다. 통찰을 통해 자신의 욕구를 재확인하고 자신의 문제를 해결할 방법을 생각할 수 있게 된다. 반성적 사고와 창의적 사고를 가능하게 한다. 결과적으로 자신과 세상에 대한 이해를 넓히는 기능을 한다.

그러나 만성적으로 지속되는 고독은 사회적 관계에 대한 기대와 만족감과 자아 존중감을 하락시키는 원인이 된다. 우울, 불안, 수면장애, 섭식장애, 반사회적 행동, 자살 사고 등의 신체적, 정신적, 사회적 문제를 유발할 수 있다. 또한, 질병에 대한 면역력을 낮춘다.

3) 분노

정의. 분노에 대한 정의는 학자마다 상이하다. Lazarus에 의하면, 분노를 나 또는 나의 것에 대해 불쾌한 반응을 얻게 될 때 상처받은 자아가 복구될 수 있도록 그 모욕에 대한 보복을 하고자 하는 잠재된 충동이다(Lazarus & Lazarus, 1994). 분노에 대한 여러 정의들을 종합하면, 신체적 불만과 고통, 좌절이나 자존감 상실로 인하여, 분노 대상에 대한 사고 및 생리적 변화를 수반한, 신체적 행동 및 언어적 행동으로 표현되는 비교적 강한 불쾌한 내적 정서 상태라고 할 수 있다. 분노는 경미한 짜증에서 격노, 격분에 이르기까지 다양한 수준으로 나타난다(Spelberger, Jacobs, Russell & Crane, 1983). 누구나 생후 3~4개월 정도부터 분노를 경험하게 되며, 분노는 매우 보편적인 기본 정서이다. 분노는 상처를 입고 기분이 상한 느낌을 받아 누군가에게 상처를 주거나 누군가를 몰아내려는 욕구와 관련된 정서 상태이다.

분노를 표현하는 방식은 행동적 차원으로써 개인의 대처방식을 의미한다. 분노억제, 분노표출, 분노조절이라는 세 가지 방식으로 분류할 수 있다(Spielberger, Johnson, Russell,

Crane, Jacobs, & Worden, 1985). 먼저, 분노억제는 분노를 억제하거나 부정하는 것이다. 분노를 자아나 자기 내부로 돌리거나 참는다. 분노를 일으키는 상황으로부터 벗어나는 방식이 해당된다. 두 번째, 분노표출은 분노를 대상이나 주변의 타인에 표현하는 것이다. 자신의 가치, 욕구, 신념을 지키기 위해 타인을 희생시키는 방식이다. 분노는 기본 정서 중 하나로 전 세계적으로 유사한 얼굴 표현이 발견된다. 정도의 차이는 있지만 분노하는 얼굴의 원형은 부릅뜬 눈, 이마의 중앙 아래쪽을 향하는 눈썹, 끌어올려진 눈으로 표현할 수 있다. 목소리 톤이나 신체 자세도 변한다. 마지막으로, 분노조절은 분노를 통제하고 관리하려는 노력을 의미한다. 분노를 표현하는 기능적인 방식이다. 마음의 평정을 회복하는 방식을 통해 분노의 정도를 누그러뜨리는 방식이다. 예를 들어, 흥분하지 않고 자신이 분노한 이유를 살펴보고 자신의 감정과 생각을 정리하는 방법이 있다.

원인. 분노를 일으키는 객관적인 유발인은 특정적이지 않다. 분노는 불쾌하고, 불공정하고, 바뀔 가능성이 있는 사건이나 상황에 대한 상당히 구체적인 반응이라고 할 수 있다(Kalat, Shiota, 2007). 이 관점에 의하면, 일반적으로 정의, 개인의 권리, 공정성, 자율성이 손상되거나 침범되었을 때 분노가 촉진된다고 한다. 특히, 고의성이 있을 때 분노가 발생할 확률이 높다. 인간은 자신의 권리 등이 타인에 의해 고의적으로 침범되거나 좌절한 상황에서 분노를 느낀다. 이 때, 통제감이 분노를 유발시키기 위한 중요한 요소로 작용한다. 위의 상황에서 자신이 그 상황을 통제할 수 있다고 느낀다면 분노가 발생할 확률이 높다. 하지만 통제할 수 없다면 슬픔이나 공포 등을 느끼게 된다. 그러나 모든 좌절 상황이 분노를 유발하는 것은 아니며 좌절 상황이 아닌 다른 요인이 분노를 일으킬 수 있다(Lerner & Keltner, 2001).

심지어 누구의 책임도 아닌 상황에서 분노가 발생하기도 한다. Berkowitz(1990)가 제시한 분노 발생의 인지-신 연합 모형에 의하면, 불쾌함과 불편함에서 분노가 촉진될 수 있다. 따라서 귀인이 없는 분노도 발생할 수 있다. 단순히 너무 더운 날씨나 너무 붐비는 환경, 안 좋은 신체 상황 등의 불쾌한 상황은 자율신경계를 활성화시킴으로써 분노를 느끼는 대상은 없지만 분노의 느낌을 유발하게 된다. 신체 내부의 요인들도 분노에 영향을 미친다. 뇌의 전전두엽 피질의 손상 혹은 낮은 활동성은 분노 조절을 원활하지 못하게 한다. 세로토닌의 낮은 분비 수준이나 높은 테스토스테론 분비량은 분노와 밀접한 관련이 있다. 또한 분노는 선천적인 기질과 가정환경, 사회적 환경 등의 상호작용의 영향을 받는다. 성별의 차이는 유의미하지 않지만, 표현 방식에서 차이가 있다. 폭력적인 미디어에 노출되는 것도 분노에 영향을 미치는 요인 중 하나이다.

영향. 적당한 수준의 분노를 표현하는 것은 건설적이다. 타인과의 관계를 원만하게 지속하고 관계를 향상시키기 위해서도 가볍게 건설적인 분노를 표현할 수 있어야 한다. 개인의 요구와 한계에 대한 주의와 정보를 타인에게 제공함으로써 미래에는 유사한 행동이 나타나지 않게 할 수 있기 때문이다. 더 나아가, 권력과 지위를 획득하는 데 도움이 된다. 또한, 대립적인 상황, 경쟁 상황에서 분노를 느끼는 것은 더 나은 수행과 성취에 도움이 되기도 한다(박은영, 이주일, 2018). 그 밖에도 분노는 각성 상태에서 나타나는 여러 생리적 변화를 일으킨다. 그리하여 위험에 대처하도록 동기화 시켜주는 인간의 기본적인 방어 체계이자 적응 방식으로 기능한다(김용희, 2004).

모든 분노가 공격성을 일으키는 것은 아니다. 그러나 분노가 자신이나 타인을 향해 부적절한 방식으로 표출될 경우 신체적, 심리적 문제와 사회적 문제를 야기한다(Zatisoff, Geller, & Srikameswaran, 2002). 분노 수준이 심각하며 조절이 불가능할 경우, 품행 장애, 반사회성 성격 장애로 발달할 수 있다. 반대로 분노를 너무 억제할 경우에도 사회적 위축이나 우울증 등의 문제가 발생할 수 있다(김용희, 2004).

4) 공격성

의미. 공격성에 대한 정의는 크게 두 가지 입장으로 나뉜다. 첫 번째는 관찰 가능한 특성에 초점을 맞춘 입장이다(Eron, 1987). 다른 하나는 공격자의 의도나 동기에 초점을 맞춘 입장이다. 그 중 가장 일반적으로 널리 받아들여지는 정의는 '자신이나 타인에게 상처나 고통을 주기 위해 의도적으로 하는 행위'이다(Aronson, 1980). 즉, 공격성의 정의에는 행위자의 의도가 포함된다. 공격성에 대한 여러 정의를 종합해보면, 공격성은 외부에서 관찰 가능해야 하며, 타인에게 해를 끼치고자 하는 의도가 반드시 수반되는 사회적 행동이다. 공격성은 분노와 유사한 개념이다. 대체로 분노로 인해 공격성이 유발되지만, 분노를 일으키는 선행 자극이나 불쾌감, 불편함에서 공격성이 직접적으로 유발되기도 한다. 공격성은 여러 가지 기준으로 구분할 수 있다. 우선, 공격성의 수단에 따라 물리적 공격, 언어적 공격, 관계적 공격으로 구별할 수 있다. 물리적 공격은 신체적으로 해를 입히는 모든 행동이다. 이와 달리 언어적 공격은 별명을 부르거나 모욕을 하는 등, 언어를 사용해 상대방에게 해를 입히는 행동이다. 관계적 공격은 타인을 완전히 무시하거나 험담하는 등, 타인의 사회적 관계에 의도적으로 해를 입히는 행동이다. 관계적 공격은 물리적 공격보다 장기적으로 타인을 공격할 수 있다. 두 번째, 직접 공격과 간접 공격으로 구별할 수 있다. 직접 공격은 직접적인 피해를 입힐 당사자가 존재하는 공격이다. 타인에게 주먹을 휘두르거나 욕설을 하는 행동이 포함된다. 간접 공격은 공격을 당하는 피해자가 공격을 하는 순간에 부재하는 상황에서의 공격이다. 피해자의 뒤에서 험담을 하거나 피해자 몰래 피해자의 재물을 손괴하는 등이 해당한다. 간접 공격에서 더 나아가 치환 공격이라는 유형도 존재하는데, 이것은 공격 행동을 불러일으키는 대상이 아닌 제3자를 대상으로 하는 공격을 의미한다. 예를 들어, 직장에서의 스트레스를 가정에서 해소하는 경우가 해당된다. 치환 공격이 발생하는 이유는 공격 대상에 대한 직접적 공격이 불가능하거나 대상을 공격한 결과로써의 보복이 두렵기 때문에 나타난다. 세 번째, 능동적 공격과 수동적 공격으로 구분할 수 있다. 능동적 공격은 공격자에게 해를 입히는 방식으로 행동하는 것이다. 반면, 수동적 공격은 공격 대상에게 적극적으로 해를 입히지는 않지만, 공격 대상에게 도움이 되는 방식으로 반응하지 않는 것이다. 마지막으로, 공격의 기능에 따라 반응적 공격과 도구적 공격으로 구별할 수 있다(Buss, 1961). 반응적 공격은 일명 뜨거운 공격이라고 불리며, 공격 대상을 응징하고 해를 입히는 것이 목적인 공격이다. 도구적 공격은 일명 차가운 공격으로 불리며, 공격적 행동이 다른 목적을 이루기 위한 수단일 때의 공격을 의미한다.

원인. 성격 유형 중 공격성이 쉽게 표출되는 유형이 존재한다. 자기애 성향이 높은 사람일 경우, 비판을 받는 등 자아를 위협받았을 때 공격성이 나타난다(Baumeister, Smart & Boden, 1996). 또, 선천적으로 자기 통제력이 낮은 경우도 있다. 생물학적인 접근에 의하면, 자율신경계의 낮은 활성화와 시상하부-뇌하수체-부신피질축의 낮은 반응체계가 공격성과 관련이 있다. 낮은 세로토닌 수치, 높은 테스토스테론 수치도 공격성과 밀접한 연관성이 발견된다(Cairns, 1979). 이외에도 코르티솔 활성화가 낮아지면 스트레스에 대한 조절능력이 저하되어 적대적 자극에 대해 과민 반응을 하게 되면서 공격성이 나타나기도 한다. 혐오 사건은 공격성을 유발하는 상황적 요인이다. 분노와 마찬가지로 공격성은 좌절에 의해 나타날 수 있다(Dollard, Doob, Miller, Mowrer & Sears, 1939). 특히, 고의에 의한 좌절일 경우 공격성이 나타날 가능성이 높다. 타인의 비판이나 공격에 대한 반응으로 공격성이 나타나기도 한다. 거절 역시 공격성을 유발하는 혐오 사건이다. 관계적 측면에서의 혐오 사건 외에도 극심한 더위, 매우 큰 소음과 같은 통제할 수 없는 상황적 요인도 공격성을 유발한다. 각성을 야기하는 상황 자극도 공격성을 유발하는 상황적 요인이다. 일반적으로 각성 수준이 높아지면 공격성이 나타날 확률이 높아진다. 공격성을 억제하는 요인이 약해지는 경우도 공격성이 나타나는 요인이다. 음주는 자기 통제력을 상실하게 만들어 공격성을 쉽게 표출하게 만든다(Gaillot & Baumeister, 2007). 또한, 책임이 사라지게 되는 상황에서도 공격성이 쉽게 표출된다(Zimbardo, 1969). 상황적 요인 외에도 가정환경, 문화, 대중 매체가 환경적 요인으로써 공격성에 영향을 미친다. 비 일관적인 양육 환경, 권위주의적이고 통제적인 가정환경, 학대에 대한 직, 간접적 경험은 공격성을 높이는 사회 환경적 요인이다. 개인을 둘러싼 환경의 빈곤함도 공격성을 예측해주는 주요 요인이다. 폭력적인 매체에 대한 장기적인 노출도 공격성을 높이는 데 영향을 미친다. Albert Bandura(1973)의 사회학습 이론에 의하면, 공격성은 공격적인 모델을 관찰함으로써 학습된다. 공격적인 모델은 공격성을 간접 학습시킬 뿐만 아니라 일종의 정당성도 제공한다. 이 밖에도 공격성의 원인에 대해 Sigmund Freud(1933)는 공격성이 인간 내부의 파괴적인 욕망으로 인해 공격성이 나타난다고 보기도 했다.

영향. 공격성의 기능은 분노의 기능과 유사하다. 공격성에는 본능적 측면이 존재한다. 적극성, 자기방어, 종족 보존 본능은 공격성과 밀접한 관련이 있다. 대표적으로, 공격성은 자신의 지위를 확인 및 유지시키고 더 나아가 지위를 높이는 기능을 한다(Buss, 2008). 공격성은 자신 혹은 타인을 보호하는 기능을 한다. 이러한 자기 방어적인 공격성은 공격 받을 가능성을 높게 지각하고 사건을 의도적인 것으로 귀인 할 때 잘 나타난다(Dodge % Coie, 1987; Dodge, Price, Bachorowski, & Newman, 1990). 그 밖에도 자신의 의사를 표현하는 기능도 한다. 그러나 공격성이 통제되지 못하고 발현될 경우, 공격성은 사회적 부적응의 중요한 예측 변인이 된다. 심할 경우, 폭력, 비행 등의 여러 반사회적 행동이나 타인에게 해를 끼치고 파괴적인 범죄를 일으키는 원인이 된다.

5) 무기력

의미. 무기력은 자극에 대한 스스로의 '지각된 통제력이 상실'되었을 때 나타나는 심리적 상태이다(Robert, 1986). 혹은 에너지가 부족하여 무슨 일을 하지 못하는 상태에서 나타나는 심리적 상태라고 할 수 있다. 즉, 자신에게 과업을 성공적으로 해낼 능력이 없으며, 상황에 대한 통제 능력을 가지고 있는지 확신하지 못할 때 무기력하다고 느낀다. 무기력의 징후는 동기적 결핍, 인지적 결핍, 정서적 결핍으로 나타난다(윤진, 조긍호, 1990). 먼저, 동기적 결핍은 자발적으로 반응하지 않으려는 현상으로, 의욕장애와 동기부여 저하 등으로 설명할 수 있다. 행동을 꾸준히 지속하지 못하는 것 역시 무기력의 징후이다. 인지적 결핍은 행동의 결과를 예측하는 것에서 어려움을 겪는 것을 의미한다. 예측하지 못하는 결과를 반복적으로 경험한 결과, 결과 기대와 효력 기대가 저하되어 성공적인 결과를 위한 효과적인 활동을 할 수 없게 된다. 정서적 결핍은 우울, 절망감, 자존감 하락 등이 나타나는 것을 말한다. 자신의 정서뿐만 아니라 타인의 정서에도 무감각해지는 경향이 있다. 그 밖에도 참을성과 문제 해결력이 부족하게 되어 어려움을 직면했을 때 포기하고 회피하려는 경향이 있으며, 활동성이 저하되는 등의 증상이 나타난다.

원인. 무기력은 학습된다. 무기력이 형성되는 데에 있어 성공과 실패의 경험이 매우 중요한 역할을 한다. 통제할 수 없는 결과, 특히 실패에 대해 반복적으로 노출되었을 때, 자신에게 통제력이 없다는 것을 지각하게 되면 무기력이 발생한다. 학습된 무기력 개념은 Martin E. P. Seligman(1972)이 동물의 회피 행동 연구에서 사용하면서 처음으로 제시되었고 이후 인간의 행동으로도 확장되었다. 행위와 결과가 불일치한 상황을 반복적으로 경험할 경우 상황에 대한 통제력을 상실했다고 지각하게 되면서 무기력을 느끼기도 한다(Hiroto & Seligman, 1975). 이 때, 행위와 결과가 불일치한 상황에서 그 상황을 만든 원인을 무엇으로 귀인 하는지가 무기력을 일으키는 요인이다. 무기력을 유발하는 상황에 대한 귀인이 개인 내적이고 안정적이며 보편적일수록 무기력 수준이 높았다(Miller & Norman, 1979). 더 나아가, 무기력은 통제할 수 없는 상황에 대한 반복적 경험뿐만 아니라 상황을 직접 경험하지 않은 상태에서 주어진 정보만으로도 형성될 수 있다. 예를 들어, 관찰을 통해 간접적으로 알게 되는 획일적이고 피로한 사회의 특성만으로도 무기력이 발생한다. 또, 주위 사람들을 관찰함으로써 그들이 느끼는 무기력이 개인에게 반영될 수 있다. 자율성 상실은 무기력을 일으키는 중요한 요인이다. 개인의 고유한 능력을 발휘할 수 없고, 자발적인 선택을 통해 주변 환경에 영향을 미칠 수 있는 기회를 제공하지 않는 획일적인 환경은 무기력을 발생시킨다. 이러한 사회적 환경과 그 속에서의 경험이라는 외부적 요인과 인간의 뇌는 서로 영향을 미친다. 그리하여 무기력이 악화되는 악순환이 일어난다. 사회적 지지와 타인과의 관계 역시 무기력에 영향을 미치는 중요한 외적 요인이다. 타인과의 만족스럽지 않은 관계에서 부적응이 발생하고 그것은 무기력을 유발하는 원인이 된다. 특히, 타인과의 관계는 개인의 인지, 정서, 행동 등 전반적인 영역에 영향을 미치기 때문에 중요하다. 무기력을 발생시키는 내적 요인으로 정서적 부적응이 있다. 정서적으로 불안정한 상태에서는 과제를 원활하게 수행하지 못하는 경우가 자주 발생하기 때문에 그로 인해 자신감이 상실하고 무기력이 발생할 수 있다. 부적 정서도 무기력을 발생시키는 요인이다. 자율성, 삶과 상황에 대한 통제력 등의 수준을 낮추기 때문이다. 부적 정서는 정서적 부적응에 영향을 줌으로써 무기력을 유발시키기도 한다.

영향. 무기력은 우울, 절망, 분노, 등의 정서적 문제를 야기한다(Seligman, 1972). 또한, 과제나 행동을 수행할 때 소극적이거나 아예 수행하지 않는 수행결핍의 원인이 된다(Diener & Dweck, 1978). 자신의 삶에 대한 주도적인 개혁의지를 상실하고 지위 획득과 지위 유지를 위한 적극적인 행동이 감소하게 된다. 사회적 활동이 감소하게 되면서 사회적으로 고립될 수도 있다. 또, 신체 기능이 저하되고 피로가 높아지는 등, 건강상의 문제가 발생하기도 한다.

6) 열등감

의미. 열등감은 타인과 비교하여 자신이 상대적으로 낮거나 부족할 때 경험하는 심리 정서적 상태이다. 다시 말해, 열등감은 주관적인 비교를 통해 타인보다 상대적으로 결함, 약점, 장애, 부족감 등이 있음을 느끼기 때문에 발생하는 무능감, 무가치함, 자기 비하감 등의 지속적인 긴장 상태를 의미한다. 열등감은 주관적인 해석이기 때문에 열등감을 느끼더라도 객관적으로는 열등하지 않을 수 있다. Don E. Hamachek은 열등감의 징후로 비난에 대한 민감성, 아첨에 대한 과잉반응, 혹평적인 태도, 남을 비난하려는 경향, 박해받는 느낌, 경쟁에 대한 부정적 감정, 은둔적이고 수줍어하는 경향이라는 상호 중복적인 징후 7가지를 제시했다. 열등감은 불안감, 무력감, 자신감 상실, 질투심 등의 감정을 야기하며, 주저함, 수줍음 등의 도피적 반응을 일으킨다. 또, 비합리적 신념과 인지적 왜곡을 야기한다.

열등감은 여러 유형으로 구분할 수 있다. 자신의 신체적인 부분에 대해서 부족감을 느끼는 신체적 열등감, 부모, 형제, 친척 등의 학력, 외모, 직업, 경제력, 가정 문제 등에서 느끼는 부족감인 가정적 열등감, 학업 수행 능력, 지적 수준 등에서 부족감을 느끼는 학업적 열등감, 사회적 관계에서의 유능성, 사교성, 결단력, 적극성 등에서 느끼는 부족감인 사회적 열등감이 존재한다.

원인. 열등감은 자신을 타인과 비교했을 때, 능력과 배경 등에서 부족하거나 열등하다고 느끼게 되면 발생한다. 즉, 열등감을 일으키는 원인은 개인 내부의 심리적 요인과 타인과의 관계라는 외부적 요인에 의해서 나타난다. 대표적으로, 아동기에 안정적인 애착을 형성하지 못하고 부모로부터 애정 욕구가 충족되지 못했을 때 열등감이 발생하는 경향이 있다. 특히, 어린 시절에 형제나 친척들과 비교당하고 차별받은 경험은 열등감의 징후가 발생하는 자극이 된다. 좌절된 애정 욕구를 충족하기 위해 애정 대상에 대해 과도하게 의존하게 되는 과정에서 열등감이 발생한다. 이 과정에서 적개심도 함께 발생하는데 적개심과 열등감은 서로에게 순환적으로 영향을 준다.

영향. 열등감은 개인의 성장이나 발달에 긍정적인 기능을 한다. Alfred Adler는 열등감을 인식함으로써 자신의 현실을 파악하고 부족한 점을 인정하게 된다는 장점이 있다고 보았다. 자신의 열등감을 보상하려는 시도에서 부족한 점을 극복하고 현재보다 더 나은 상태를 성취하려는 의지와 동기가 활성화된다. 이것은 자기개발과 자기실현으로 이어질 수 있다.

그러나 열등감은 사회적 불안을 일으키는 중요한 요인이기도 하다(박정미, 2010). 열등감을 극복하지 못할 경우, 자신이 열등하다는 느낌 때문에 사회적 상황을 두려워하고 회피하려하기 때문이다. 만약, 열등감의 수준이 심각해지면, 대인 관계를 비롯한 사회적 상황 전반에서 어려움이 나타날 수 있다. 열등감이 누적될 경우 무능감, 절망감이 강화되어 무기력하거나 좌절할 수 있기 때문이다. 또한, 열등감을 보상하기 위한 기제로 공격적 성향이나 후퇴 성향 등의 사회적 증상이 나타나 부정적인 결과를 야기하기도 한다. 열등감은 우울, 불안, 공포, 무기력 등의 정신 건강 문제와 밀접한 관련이 있으며, 약물의 오남용, 자살 사고를 유발하는 등 심각한 심리적, 사회적 문제를 일으킬 수 있다(옥정은, 2010). 열등감으로 인한 심리적 문제는 불면증, 피로, 두통 등의 신체화 증상으로 나타나는 경우도 있다.

5. 결론

지금까지 정서의 정의와 특성, 정서에 대한 다양한 이론과 함께 정서의 발달에 대해 전반적으로 살펴보았다. 정서에 대한 일치된 정의는 없지만, 일반적으로 특정한 자극에 대한 일시적 반응으로써 생리적 각성, 느낌, 인지 과정 및 행동의 변화를 포함하고, 진화적으로 유용하며 기능적 효과를 가진 개념으로 받아들여진다. 정서는 보편성, 특수성, 기능성이라는 특성을 가지고 있다. 이러한 정서에 대한 전반적인 이해를 바탕으로 정서 검사의 6가지 항목을 자세히 알아보았다. 정서 검사에 포함된 6가지 정서는 사회적 불안, 고독(외로움), 분노, 공격성, 무기력, 열등감으로 구성된다. 이 교육용 자료는 각 정서의 의미, 각 정서가 나타나는 원인, 그리고 어떤 영향을 미치는지에 대해 전반적으로 설명한다.

제15장

우울증

현대인에게 있어서 우울증은 살아가면서 쉽게 걸릴 수 있는 정신질환이다. 하지만 대부분의 경우 우울증을 심각하게 생각하지 않고 방치하다가 더욱 심각한 상황을 야기한다. 따라서 이러한 우울증의 원인과 증상을 파악하고 악화되기 전에 치료와 관리를 하는 것이 필요하다. 이 장에서는 우울증의 원인과 구체적인 특성을 살펴보고자 한다. 먼저 우울증의 정의와 원인을 알아본다. 그 다음은 RS-우울증검사에서 다루는 우울증의 증상과 특징을 알아본다. 그 다음으로는 우울증의 대표적인 치료법을 살펴본다.

1. 우울증의 정의와 특성

우울증은 '마음의 감기'라고 불릴 정도로 흔하게 나타나는 정신질환 중 하나이며 전 세계 인구의 4% 정도가 우울증을 앓고 있다. 우울증은 잠깐 동안 기분이 우울한 상태가 아닌 계속적인 우울로 인해 신체적, 정신적 기능의 저하가 나타나는 상태를 의미한다. 본 장에서는 우울증의 정의와 증상 강도, 지속 기간, 원인에 따른 유형에 대해 알아보고 우울증의 특성에 대해 알아본다.

1) 우울증의 정의

우울증은 지속적으로 슬프며 우울감을 느끼고 삶에 있어서 대부분의 활동에 흥미를 잃은 상태를 의미한다. 또한 단순히 정서적으로 기분이 우울해지는 것 뿐 아니라 다양한 신체적, 심리적 문제를 함께 동반한다. 우울증은 정상적 우울과 병적 우울, 외인성 우울과 내인성 우울, 신경증적 우울과 정신증적 우울로 나누어진다(권석만, 2003).

정상적 우울과 병적 우울. 우울증은 증상의 기간에 따라 정상적 우울과 병적 우울로 나눌 수 있다. 정상적 우울은 개인에게 나타나는 부정적 상황으로 인해 우울감을 느끼는 것으로서 시간이 지남에 따라 우울한 기분이 다시 원상태로 돌아가 일상생활에 지장을 주지 않는다. 하지만 병적 우울은 정상적 우울과는 다르게 장기간 지속된다. 병적 우울은 우울한 기분이 2주 이상 계속될 때를 의미하는데 기간과 더불어 개인이 우울감을 느끼는 강도와 반응에서도 차이가 있다. 병적 우울은 우울감의 강도가 더 강하게 나타나며 상황에 대하여 인지적으로 왜곡된 사고를 한다. 또한 피로감, 흥미감소, 식습관 불균형, 불면증, 죄책감과 같은 정서적, 신체적 증상들도 나타나며 심할 경우, 자살시도를 한다. 병적 우울은 정상적 우울에 비해 일상생활, 직무수행을 제대로 하지 못하며 대인관계에서도 여러 갈등이 생길 수 있다.

외인성 우울과 내인성 우울. 우울증의 원인이 어디에 기반 하는가에 따라서도 우울증이 구분된다. 외인성 우울은 반응성 우울이라고 부르기도 한다. 이러한 우울 유형은 우울증의 원인이 실직, 이별, 사고와 같은 외부환경에 의해 나타난다. 그에 반해 내인성 우울은 외부환경에서의 원인 없이 뇌의 기질에 따른 생리적, 유전적 요인에 의해 발생한다(Vogel, 1981). 내인성 우울의 경우, 유전적으로 우울한 성향을 가지고 있는 경우가 해당한다. 스트레스의 수준에 맞게 반응하며 상황에 따라 긍정적인 정서가 나타나기도 하는 외인성 우울과 다르게 내인성 우울은 정서적 상태가 무감각해지는 정서적 둔마(blunted emotional response)가 나타나기도 한다.

신경증적 우울과 정신증적 우울. 우울증은 심각도에 따라서 신경증적 우울과 정신증적 우울로도 구분된다. 신경증적 우울은 정신증적 우울보다 심각도가 낮으며 현실 생활에 큰 타격 없이 스트레스 증상을 보이는 것을 뜻한다. 신경증적 우울은 자신의 스트레스 관리, 혹은 대처방법을 활용하거나 약물을 통한 치료로 가능하다. 이에 반해 정신증적 우울은 우울증의 심각도가 높으며 일상생활에서 있어서 제대로 기능하지 못하는 상태를 뜻한다. 정신적으로 자기비하, 망상, 환각, 죄의식과 같은 정신질환이 나타나며 객관적인 판단이 제대로 이루어지지 않으며 현실세계로부터 완전히 차단된 생활을 한다. 정신증적 우울은 심리치료, 약물치료 심각할 경우 입원치료까지 필요하다.

2) 우울증의 특성

우울증은 일반적으로 남성보다 여성의 발병률이 더 높게 나타난다(APA, 2015). Nolen(2002)은 우울증의 이러한 특성에는 다양한 원인들이 있다고 주장하였다. 여성들은 남성들에 비해 성역할과 남성중심의 사회, 성적학대와 같이 사회적으로 더 많은 좌절과 무력감을 느낄 수 있다. 또한 여성은 남성보다 스트레스 요인에 대하여 자기개념, 생물학적 반응, 대처방식에서 더 취약하다.

우울증은 성차뿐 아니라 발달 시기에 따라서도 영향을 받는다. 특히 청소년기인 18~25세 사이에는 우울증의 발병률이 증가하게 된다(Lewinsohn et al., 1993). 또한 이 시기부터 성인기 우울증이 나타나기 시작한다. 청소년 시기는 정서적으로 불안정한 시기이며 2차 성징에 따른 신체적 변화가 나타난다. 또한 자아정체성을 확립하고자하기에 그 과정에서 자기좌절, 정체성 혼란을 겪거나, 또래관계에서의 갈등상황, 열등감과 같은 복합적인 상황들에 의해 우울증이 발병할 가능성이 높아진다.

우울증은 또한 재발할 가능성이 높다. 우울증은 계속해서 재발할 경우 더욱 확률이 높아진다(Simons, Murphy, Levine, & Wetzel, 1985). 우울증을 한번 겪은 경우 60%가 재발하며, 두 번 겪은 경우 70%가 재발, 세 번 겪은 경우 90%가 재발한다(Monroe & Harkness, 2011). 또한 우울증이 처음 발생한 경우, 일반적으로 두 번째 재발은 5년 내에 나타난다(Belsher & Costello, 1988). 재발한 우울증의 증상이나 강도는 이전의 우울증과 다르게 나타날 수 있다. 따라서 이러한 우울증의 원인과 증상을 최대한 빠르게 파악해서 치료해주어야 하며, 재발하지 않도록 더욱 관심을 가져야 한다.

2. 우울증의 원인

우울증은 단순하게 스트레스에 의해 발병하는 질병이 아니라 여러 원인들에 의해 나타난다. 대표적으로 생물학적 원인, 심리사회적 원인이 있다. 본 장에서는 생물학적 원인을 유전자, 신경전달물질들로 나누었다. 그리고 우울증의 심리사회적 원인은 정신분석이론, 인지이론, 행동주의 이론의 입장에서 구분하여 알아본다.

1) 우울증의 생물학적 원인

우울증의 생물학적 원인으로는 유전자가 있다. 유전자는 우울증이 주변 환경의 영향에 의해서만 나타나는 것이 아니라 기질적 영향을 받을 수도 있다는 점을 보여준다. 그리고 우울증은 개인의 신경전달물질 영향을 받아 나타날 수 있다. 우울증과 크게 연관이 있는 신경학적 요소들로는 세로토닌, 노르에피네프린, 도파민이 있으며 약물치료에 활용되는 항우울제는 이러한 신경학적 요소들을 조절하여 우울증을 치료한다.

유전자. 우울증은 유전적 요인들에 의해서도 영향을 받는다. 유전적 요인은 쌍생아 연구와 가족연구로 알아볼 수 있다. 쌍생아 연구에 의하면 우울증에 있어서 유전율은 37%로 나타났다. 또한 쌍생아가 처한 환경적 요인에 따라서도 유전율이 차이가 났다. 다섯 가지의 가족연구를 메타분석을 통해 확인했을 때, 우울증은 가족 중 우울증이 없는 사람들에 비해 2~3배 정도의 가족력이 있는 것으로 나타났다(Sullivan et al., 2000). 또한 우울증은 여러 신경학적 요인들에도 영향을 받는다.

세로토닌. 세로토닌은 신경전달물질로서 우울증과 관련이 있다. 세로토닌은 뇌와 척수에 걸쳐서 뻗어 있으며 체온, 신진대사, 수면, 통증과 같은 신체기능과 더불어 감정, 행동에도 영향을 미친다. 세로토닌은 특히 기분과 관련된 신경전달물질이기에 '행복 호르몬'이라고 부르기도 하며 우울증과 큰 관련이 있다. 세로토닌의 활동이 활발할 경우 기분이 좋아지고 긍정적인 정서를 갖게 되지만, 세로토닌의 활동이 저하될 경우 부정적 정서와 함께 우울증이 야기될 수 있다.

노르에피네프린. 노르에피네프린은 교감신경계의 신경전달물질로서 교감신경의 절후뉴런에서 분비되며 각성, 집중, 주의와 같은 인지 기능과 공포, 흥미와 같은 감정과 정서 그리고 신체에너지에 영향을 미친다. 또한 노르에피네프린은 스트레스에 대하여 심박수를 증가시키고 혈압을 상승시키는 반응을 한다. 만약 노르에피네프린이 부족할 경우 우울, 수면부족, 불안, 편두통과 같은 증상이 나타난다. 노르에피네프린은 세로토닌과 연관되어 있으며 일반적으로 우울증이 있는 사람은 노르에피네프린이 부족하게 나타난다.

도파민. 마지막으로 도파민은 신경전달물질로서 도파민 뉴런에 의해 분비된다. 도파민은 일반적으로 쾌락, 동기, 보상, 주의, 의욕, 운동기능을 조절한다. 특히 성취감이나 만족감도 도파민의 강한 분비로 나타나기 때문에, 도파민이 부족한 경우에는 무기력, 의욕상실, 지루함과 같은 모습이 나타난다. 이러한 낮은 성취감과 동기는 우울증을 유발한다. 도파민은 인지기능과 역U자 모형(∩)을 가지고 있다(Cools & Esposito, 2017). 따라서 도파민이 너무 적게 분비되거나 너무 강하게 분비될 경우 인지기능에 부정적인 영향을 준다.

2) 우울증의 심리사회적 원인

우울증은 한 가지 원인으로만 단정 지을 수 없고 여러 요인에 따라 다방면에서 나타난다. 우울증의 심리사회적 원인으로는 주변 환경의 영향과 부정적 감정들이 있을 수 있다. 정신분석, 행동주의, 인지이론과 같이 다양한 이론들에서 우울증의 원인들을 설명하였다.

정신분석이론. 정신분석이론에서는 우울증을 무의식적 갈등이나 분노에 의해 나타나는 현상이라고 보았다. 특히 Freud는 우울증이란 사랑하는 사람에 대한 무의식적 상실과 애도, 분노의 반응이라고 표현하였다(Freud, 1917). 여기서 상실은 현실에서의 상실일 수도 있고 가상에서의 상실일 수도 있다. 또한 Freud는 우울증의 또 다른 원인으로 초자아에 따른 것이라고 주장하였다(Blatt, 1998). 이는 초자아의 기준에 따른 자기 자신에 대한 실망감, 좌절감, 불신, 죄책감으로 인해 우울증이 야기된다는 것이다.

Freud(1924)는 우울증과 애도(grief)의 차이를 구분하였는데, 애도는 정상적인 애도와 우울증(멜랑콜리아)으로 나누어진다고 주장하였다. 정상적인 애도는 사랑하는 사람에 대한 상실에 의해서 나타나는 것으로서 주어진 상황에 대한 일반적인 반응이다. 따라서 별도의 치료가 필요하지 않고 시간이 경과함에 따라 나아진다. 반면, 우울증은 무의식적인 것에 의해 나타나기도 한다. 우울증은 상실에 대상이 추상적이어 정확히 인지하지 못할 수도 있으며 장기적으로 자기 비난, 자아상실, 자존감 상실과 같은 모습을 보인다.

Blatt과 연구진들(1982)은 자아, 대인관계, 인지와 같은 다양한 관점에 따라 우울증을 의존성 우울증과 자기 비난형 우울증으로 나누었다. 의존성 우울증은 다른 사람들이 자신을 외면하고 혼자가 될 것이라는 과도한 대인관계에 대한 걱정을 가지고 있다. 대인관계에 있어서의 상실감을 스스로 극복하지 못하고 다른 사람에게 의존하려고 하는 경향이 강하다. 의존성 우울증은 무력한 모습을 보이며 과도하게 다른 사람의 관심을 받고 싶어 한다. 심할 경우 다른 사람의 관심을 얻기 위해 자살행동을 할 수도 있다.

자기 비난형 우울은 성취와 완벽함, 인정에 대한 걱정을 과도하게 하며 과도한 자기평가와 자기비판이 이루어진다. 자기 비난형 우울은 자신에 대한 열등감, 죄책감, 실패감을 느낀다. 이들은 경쟁적 성향이 높아서 다른 사람들보다 생산성이 크지만 그에 대한 만족감은 반비례하게 나타난다. 그리고 이러한 경쟁적 성향은 자신 뿐 아니라 다른 사람을 과도하게 비판하는 모습도 나타난다. 자기 비난형 우울은 다른 사람에게 비판받거나 인정받지 못하는 것에 대한 두려움이 강하게 나타나며 이러한 상황이 나타났을 때 더욱 우울해하고 특히 이러한 상황이 한순간에 일어날 경우 자살행동을 할 수도 있다.

인지이론. 인지이론에서는 우울증의 원인을 주변 환경보다는 환경에 대한 개인의 인지적 해석에 따라 결정된다고 주장한다. 우울증에 대한 인지이론은 Beck의 인지모델이 대표적이다. 그는 우울증의 인지모델을 인지삼제, 정보처리 오류, 부정적 자기-스키마라고 정의하였다(Beck, 1976). 여기서 인지삼제는 자기 자신, 자신의 미래, 세상에 대하여 부정적인 사고를 가지고 있는 것을 의미한다. 인지삼제는 우울증의 원인과 더불어 증상으로도 나타나는데 자동적 사고로 이루어진다.

정보처리 오류는 인지적 왜곡이라고도 부르며 자동적인 사고로 나타난다. 자신의 인지가 객관적인 증거 없이 잘못되었음에도 계속해서 비합리적인 신념을 유지하는 것이다. 정보처리 오류는 선택적 집중, 과일반화, 과장과 축소, 개인화와 같은 것들이 있다. 여기서 선택적 집중은 오직 상황에서 부정적 측면에만 집중하는 것이며 과일반화는 특정한 부정적 측면만을 일반화하는 것이다. 과장과 축소는 부정적인 측면은 과장, 긍정적 측면은 축소하여 인지하는 것을 뜻한다. 개인화는 현실적인 근거 없이 외부 상황을 자신과 연결 짓는 것을 뜻한다.

마지막으로 부정적 자기-스키마는 자신의 상황을 부정적인 정보만을 이용해서 해석하는 것이다. 또한 긍정적이고 적응적인 정보는 배제하기에 인지적 편향이 나타나기 쉽다. 부정적 자기-스키마는 자신에 대하여 비관적 신념을 가지고 있으며 비논리적인 사고가 강하게 나타난다. 이러한 특성은 과거에 부모나 주변으로부터 사랑과 인정받지 못한 경험을 통해 형성된다.

행동주의이론. 행동주의는 우울증을 주변 환경에서 적절한 강화를 받지 못할 경우 나타날 수 있다고 주장한다. 행동주의는 개인의 행동이 강화와 처벌을 통해 학습된다고 주장하였다. Ferster(1973)은 이러한 행동주의 주장에 따라 칭찬, 보상과 같은 긍정적인 강화는 개인의 성취감, 자존감을 느끼게 해주는데, 이러한 강화를 적게 받는 경우 우울증이 증가할 수 있다고 말하였다.

Lewinsohn는 우울한 사람들이 칭찬, 보상과 같은 긍정적인 강화가 줄어들고 혐오적 불쾌경험이 많아지는 원인을 세 가지로 나누었다(Lewinsohn, Antonuccio, Steinmetz & Teri, 1984). 우선 환경 자체의 문제다. 여러 부정적인 사건들에 의해 개인의 대처능력이 저하되고 상황에 대한 긍정적인 기대가 사라지게 된다. 따라서 행동에 대한 동기가 사라지고 무력감을 느끼게 된다. 두 번째는 적절한 사회적 기술과 대처능력 부족이다. 다른 사람으로부터 긍정적인 강화를 받을 수 있는 능력이나 부정적 상황에서의 대처능력이 부족하여 우울한 사람들은 더욱 더 좌절감을 느끼게 된다. 마지막은 긍정적 경험을 즐기는 노력은 부족하며 부정적 경험에 대한 민감성은 높다는 것이다. 이러한 특성은 긍정적인 보상에 대하여 덜 긍정적으로 받아들이고 부정적 처벌에 대하여는 더욱 부정적으로 받아들이게 된다. 따라서 개인의 행동에 대하여 작은 보상과 큰 처벌을 느끼게 된다(권석만, 2016).

3. 우울증의 증상

우울증은 하나의 증상이 아닌 다양한 증상들이 복합적으로 작용할 수 있으며 그 중에서도 매우 다양한 형태의 심리적 영역에서 증상이 나타난다. 본 장에서는 우울증의 심리적 증상 중 부적정서, 역기능적 자아, 동기의 결핍, 자살 생각, 생리적 증후군, 무망감으로 나누어 살펴볼 것이다.

1) 부적정서

우울증은 기분장애에 포함된다. 우울증은 우울한 기분이 계속되며 무기력, 불행감, 무가치감, 고독감과 같은 부정적 정서를 갖게 된다. 이러한 우울증은 단순히 상황적 요인에 따른 우울한 감정과는 다르게 우울감의 강도가 강하게 나타나며 자신의 우울감을 없애기 위해 자살까지 생각하기도 한다. 부적 정서에는 핵심정서가 존재하며 그에 따라 신체적, 행동적 증상을 동반한다. 이러한 우울증의 다양한 증상은 DSM-5에 따라 별도의 우울장애로 분류되어 있다.

부적 핵심 정서. 우울증의 부적 핵심 정서 중 주된 정서는 슬픔이다. 슬픔은 인간의 정서 중 하나이며 상실감, 무력감, 실망감과 관련된 고통스러운 감정을 의미한다. 우울증은 슬픔과 상실감으로 인해 괴로운 감정이 지속된다. 계속되는 슬픈 감정에 의해 우울증이 있는 사람들은 전체적으로 침울한 분위기를 가지며 인지적 오류로 인해 판단능력이 흐려진다. 우울증은 자신이 우울한 이유를 인지하지 못하며 자신에 대하여 비관적이고 무가치하다는 생각으로 인해 절망감을 느끼게 된다. 우울증은 자신에 대한 수치심도 느끼게 한다. 이러한 수치심은 낮은 자존감으로 인해 자신의 성격과 행동이 사회적인 기준에 미치지 못하다고 생각하며, 다른 사람과 비교해보았을 때 자신이 열등하다는 생각에 수치심을 느끼게 되는 것이다. 하지만 이러한 사회적 기준은 지극히 주관적인 것이며 객관적인 근거 없이 나타나는 현상이다.

정신운동증상. 부적 정서들은 지속되는 우울감에 의해 일상생활에 전반적으로 부정적인 영향을 주어 개인의 수행능력과 기능을 저하시킨다. 우울증의 증상 중 정신운동증상은 신체적, 정신적, 감정적 활성을 불안정하게 변화시키는 증상이다. 정신운동증상은 정신운동 초조와 정신운동지연으로 나타난다(APA, 2015). 정신운동초조는 우울한 기분에 따라서 긴장, 불안, 자극과민성이 나타난다. 이에 따른 행동은 계속 주변을 걷기, 손 꽉 쥐기, 다른 물건 문지르거나 잡아당기기 등이 있다. 그에 반해 정신운동지연은 무기력, 반응 지연, 기억력 저하와 같은 증상이 나타난다. 이에 따른 행동은 느릿하게 말하기, 신체 움직임 저하, 말의 내용을 다하지 못하거나 말이 없는 경우 등이 있다.

우울장애의 분류에 따른 증상. 우울증은 미국정신의학회에서의 정신질환진단 및 통계편람(DSM-5)에 따라 6개의 진단군으로 나누어져있다. DSM-5에 따르면 파괴적 기분조절부전장애는 우울증이 만성적이고 계속해서 과민적으로 지속된다는 핵심증상을 가지고 있으며 주요우울장애는 우울한 기분이 매일, 하루 종일 지속된다. 지속성 우울장애는 기분저하증이라고도 부르며 최소 2년 동안(아동 및 청소년은 최소 1년 동안) 우울한 기분이 정상적인 기분보다 상대적으로 더 많고 하루의 대부분동안 우울감이 지속된다는 핵심증상이 있다. 물질/약물치료로 유발된 우울장애는 주요우울장애와 유사하나 이러한 우울증상이 약물이나 물질과 관련되어 있으며 생리적 증상, 중독, 금단기간이 예상했던 것 이상으로 지속될 때를 핵심진단으로 보고 있다. 그 외에 우울장애 진단분류 어디에도 속하지 않는 다른 의학적 상태로 인한 우울장애, 달리 명시된 우울장애, 명시되지 않은 우울장애로 나누어진다.

2) 역기능적 자아

우울증의 인지적 측면을 보면 우울증상태에서는 자신을 무능한 존재로 여기며 자기혐오와 자기비하가 나타난다. 우울증이 사람의 신경 호르몬과 신경회복력 이상으로 장기간 지속될 경우 주의집중력과 기억력이 저하되며 인지적 판단이 편향적으로 나타난다. 역기능적 자아는 인지삼제와 역기능적 신념에 따라 나타난다.

인지삼제. 우울증에 따른 사고력 저하로 나타나는 부정적 사고는 세 가지 주제로 나누어진다(Beck, 1976). 자신, 세상, 미래에 대한 부정적 평가를 하는 사고방식인데, 이를 우울증의 인지삼제라고도 한다. [그림 15-1]에서 보듯이, 먼저 우울한 사람들은 자신을 부정적으로 평가하는 경향이 있다. 자신은 무능하고 열등하며 부끄러운 존재라고 생각하며 자신을 현실과 다르게 과소평가하게 된다. 또한 우울한 사람들은 세상을 부정적으로 평가한다. 자신이 살고 있는 세상은 각박하며 주변 사람들은 자신을 하찮게 여기고 도와주지 않는다고 생각한다. 이러한 생각은 개인을 세상으로 하여금 고립되게 한다. 마지막은 미래에 대한 부정적 평가이다. 이는 자신의 미래가 암울하며 불안정하며 자신의 현재와 미래는 개선되지 않는다고 생각한다. 이러한 생각은 살아가는데 있어서 수동적이고 무기력하게 만든다.

역기능적 신념. Beck(1983)은 우울증이 있는 사람들이 자신과 주변 환경에 대하여 경직되고 당위적 사고를 가지고 있다고 하였다. 이들은 역기능적 신념과 생활사건에 의해 인지적 왜곡이 나타나 부정적인 자동적 사고를 하게 된다. 부정적인 자동적 사고는 자신이 처한 상황에 대하여 자동적으로 부정적이게 생각하며 자기혐오와 자기비난으로 이어진다. 그리고 이러한 부정적인 자동적 사고는 인지적 왜곡을 일으켜 우울증상을 나타낸다.

역기능적 신념은 핵심신념과 중간신념으로 나누어진다. 핵심신념은 가장 근원이 되는 믿음이다. 핵심신념은 유전이나 어린 시절 경험, 주 양육자와 상호작용에서 영향을 받는다. 따라서 변화하지 않고 계속 지속되는 신념이다. 중간신념은 핵심신념에 따른 평가와 핵심신념에 대한 규칙, 그리고 이러한 핵심신념을 주변 환경과 접목시키는 가정이 포함된다. 중간신념은 핵심신념과 다르게 쉽게 알아차릴 수 있으며 쉽게 변화할 수 있다. 따라서 우울증의

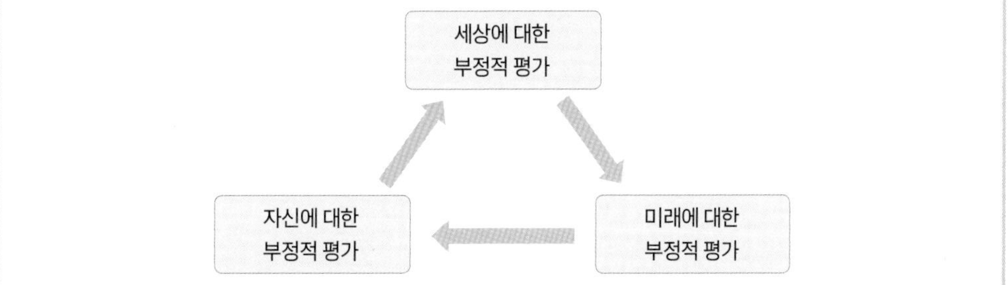

그림 15-1 Beck의 인지삼제 (Beck, 1976)

경우 핵심신념을 바꿔줘야만 인지적 왜곡이 수정될 수 있다.

인지적 오류. 인지적 오류는 부정적 자동적 사고에 따른 반응으로서 현실을 근거 없이 왜곡하는 비합리적 인지방식이다. 인지적 오류는 흑백 논리적 사고, 예언자의 오류, 독심술적 사고 등이 있다. 흑백 논리적 사고는 상황을 이분법적으로 사고하는 것으로서 만약 자신의 결과가 실패했을 경우 중립적인 판단 없이 극단적으로 부정적인 판단하는 것이다. 과잉일반화는 자신에게 처한 부정적인 상황을 몇 가지의 사건만을 근거로 과잉 해석하는 것이다. 예언자의 오류는 객관적인 근거 없이 자신의 미래를 부정적으로 사고하는 것을 뜻한다. 그리고 이와 유사하게 독심술적 사고는 몇 가지의 근거만으로 다른 사람의 마음을 쉽게 추측하고 그 추측이 정확하다고 판단한다.

3) 우울증의 동기적 결핍

우울증에 따른 무기력은 동기적 결핍과 크게 연관이 있다. 동기적 결핍은 앞서 언급한 정신운동지연과 같이 신체적, 정신적으로 저하된 모습을 보인다. 또한 일상생활에 있어서 소극적이며 비자발적으로 행동한다. 이에 따라 자신의 인생을 힘겹고 벅차다고 생각하며 이를 도피하고자 한다. 우울증의 동기적 결핍은 Frank Logan의 동기 공식과 Martin Seligman의 학습된 무력감 두 가지로 살펴볼 수 있다.

동기 = 예상 × 결과의 영향. Logan(1970)은 우울증을 가진 사람은 상황이 낮은 보상과 강한 처벌을 줄 것이라는 예상을 가지고 있다고 주장한다. 그는 동기에 대한 공식을 '동기=예상×결과의 영향'으로 구성하였다. 그에 따르면 상황에 대한 예상이 증가함에 따라 동기도 증가한다. 하지만 우울증이 있는 사람들은 예상과 결과의 영향은 일반 사람들과 다르게 나타난다. 우울증이 있는 경우 상황에 대하여 긍정적인 보상에 대한 예상은 낮게 나타나며 처벌에 대한 예상은 높게 나타난다. 이들에게 있어서 성취감은 흔치 않으며 중요하지 않은 것으로 치부한다.

특히 우울증을 가진 사람들에게 모호하고 새로운 상황은 개인의 예상과 높은 상관관계를 가지고 있다. 이러한 상황에서는 보상에 대한 예상이 더욱 낮게 나타나고 더욱 처벌을 예상한다. 대표적으로 우울증이 있는 사람들은 새로운 직장, 승진과 같은 새로운 일을 할 때는 동기부여 결핍을 보인다(Fibel, 1976; Layne, 1980). 또한 처벌에 대하여 다른 사람들에 비해 극도로 싫어하는 경향이 있다. 우울증을 가진 사람들은 일반적으로 미래가 애매모호할 것이라고 생각한다. 따라서 애매모호한 미래, 낯선 상황에서 보상을 거의 예상하지 않고 처벌을 중심으로 사고하게 된다. 그렇기에 미래에 받을 보상을 크게 생각하지 않고 동기적 결핍이 나타나게 된다.

학습된 무력감. 우울증은 주어진 상황에 대하여 대처하는 기술이 부족할 경우 나타난다. 개인이 통제하지 못하는 상황이 계속해서 주어질 경우 상황을 극복하고자 하는 노력조차 하지 않게 되는 것을 학습된 무력감이라고 한다(Maier & Seligman, 1976). 이러한 학습된 무력감은 개인이 부정적인 상황에 대하여 특별한 통제 없이 수동적인 모습을 보인다. 이에 따라 스트레스가 증가하며 좌절감을 느끼게 된다. 이 학습된 무력감은 우울증과도 연관되어 계속해서 실패와 좌절감을 겪은 사람은 그 후 부정적인 상황이 제시되어도 어떠한 노력도 하지 않게 되며 동기적인 결핍을 초래한다.

4) 자살 생각

자살은 한국인의 10대 사망원인 중 하나이며 한국은 OECD 국가 중 자살률 1위이다. 자살의 주요 원인은 우울증이며 특히 주요 우울장애 환자는 일반인에 비해 20.4배 자살가능성이 높다(Harris & Barraclough, 1997). 자살을 유발하는 주요 심리적 요인으로는 절망감이 있으며(Beck, 1986), 본인에게 처한 상황이 미래에 개선되지 않고 더 악화될 것이라고 예상하고 현재의 상황을 벗어날 방법으로 자살을 선택한다. 본 장에서는 자살에 대한 심리적 특징, 자살의 생물학적 특징, 자살에 이르는 개인 내적 과정을 알아본다.

심리적 특징. Edwin Shneidman은 자살에는 심리적인 특징이 있다고 하였다. 자살의 목적은 자신의 상황에 대한 해결책을 찾으려는 것이다. 자살의 주된 심리적 요소는 좌절감, 죄책감, 동기결핍, 우울증과 같은 정신적, 심리적 고통이다(Leenaars, 2010). 자살을 유발하는 상황들은 이러한 고통을 주며 미래에 대한 좌절감을 안겨준다. 따라서 자살하는 사람들은 이러한 현실에서의 해결 방식으로 자살을 활용하기에 도피적인 형태를 가지고 있다. 그 외에도 자신의 사회적 지위나 명예가 한순간에 실추되는 것처럼 현실적으로 자존감이 떨어지고 수치심을 느낄 때 자살을 할 수도 있다. 자살에 대한 대인 이론(The interpersonal theory of suicide)에서는 자신이 다른 사람에게 부담감이 된다는 것을 알고 소속감이 없어지며 고립을 느끼게 될 때 자살하기도 한다(Orden et al., 2010).

생물학적 특징. 자살로 사망한 사람들의 생물학적 특징 중 세로토닌이 낮다는 것과 우울증을 가진 사람들의 세로토닌이 낮다는 사실이 동일하였다. 세로토닌은 우울증, 충동성, 불안과 많은 연관이 있다. 특히 Mann(1992)의 연구에 따르면 자살을 시도한 우울증을 가진 사람은 이들은 정상 대조군보다 혈소판 내 세로토닌의 농도가 낮게 나타났다. 뿐만 아니라 자살 시도를 하지 않은 사람들보다 세로토닌 농도가 40%가량 낮게 나타났다. 즉, 혈소판 내 세로토닌 농도가 낮으면 높은 우울감과 연관되어 자살할 가능성이 더 높다는 것이다.

개인 내적 과정. Baumeister(1990)는 도피이론을 통해 자살에 이르는 개인의 내적 과정들을 설명하였다. Baumeister에 따르면 자살은 상황에 따른 심리적, 정서적 고통에서 도피하고자 하는 행동이다. 자살은 먼저 자신의 기대와 현실간의 괴리에서 오는 좌절감과 절망감에서 시작된다. 이러한 감정은 내부귀인으로 나타나며 상황적 원인을 자신으로 돌린다. 자신이 원인이라는 생각은 자기비난, 자기혐오로 이어지며 우울, 죄책감, 수치심과 같은 부정적 정서를 느끼게 된다. 이러한 부정적 정서에 따른 인지적 왜곡이 나타나며 지속적인 비합리적 사고로 인해 인지적 와해가 나타난다. 개인은 이 상황을 도피하고자 한다. 자신에 대한 무가치감을 느끼며 미래에 대한 사고를 하지 못하고 충동적 행동을 한다. 이러한 인지적 와해는 억제력을 약화시켜 자살행동으로 이어진다.

5) 생리적 증후군

우울증의 생리적 증후군은 여러 가지로 나타난다. 이러한 우울증의 생리적 증후군은 증상의 심각도를 나타내는 지표가 되었다. 우울증에 대한 생리적 증후군은 식욕과 체중 변화, 성욕 감소, 만성피로, 수면장애, 기분변동이 있다.

식욕과 체중 변화. 우울증은 식욕과 체중에 변화를 가져온다. 일반적으로 우울증이 있는 사람은 식욕이 저하되며 체중이 크게 감소하는 경우가 있다. 식욕저하를 경험하는 우울증이 있는 사람들은 우울증에 영향을 주는 내분비 호르몬 코르티졸이 높은 수치가 높게 나타난다. 코르티졸은 음식이나 성관계의 쾌락에 활성화되는 복측 선조체(ventral striatal)의 반응과 부적 상관관계에 있다. 따라서 우울증은 사람의 식욕을 저하시킨다(Simomns et al., 2020). 혹은 심리, 정서적으로 조현병, 망상증 증상으로 인해 음식에 독이 들어있다는 과대망상으로 식욕이 저하될 수 있다.

이와 반대로 우울증이 있는 사람이 갑자기 식욕이 증가하여 체중의 변화가 생길 수 있다.

DSM-5의 월경전불쾌감장애의 경우 식욕에 큰 변화를 가져온다. 탄수화물이나 달콤한 음식과 같은 음식을 먹고 싶어 하며 식욕이 증가하게 된다. 식사량이 증가하며 피곤함, 무기력함으로 활동량이 감소하여 체중이 증가할 수 있다.

성욕 감소. 우울증은 식욕 뿐 아니라 성욕도 감소시킨다. 성욕 감소는 성별에 상관없이 나타나는데 남성보다 여성의 경우 성적 무관심이 강하게 나타난다. 남성의 경우 성욕 감소로 인해 성기능이 감소할 수 있다. Casper 등의 연구에서는 약물을 복용하지 않은 우울증을 가진 사람들의 70%가 성욕감소의 심각도가 다른 우울증 증상들보다 더욱 강하게 나타났다(Phillips & Slaughter, 2000에서 재인용).

만성피로. 우울증은 개인에게 지속적인 피로감을 가져다주며 활력을 저하시킨다. 이러한 만성피로는 일상생활이 불가능할 정도로 피로가 6개월 이상 지속되는 것을 의미한다. 일반적으로 사람들은 무력감과 피로감, 그리고 가벼운 신체적 고통을 단순히 일시적인 피로라고 생각하는 경우가 많지만, 실제로 우울증일 경우가 많다. 만성피로와 주요 우울장애를 함께 가지고 있는 경우 일반적인 주요 우울장애와는 다르게 나타난다. 만성피로를 동반할 경우 일반적인 자존감, 죄책감과 같은 내적 우울증상은 조금 적게 나타나지만 인후통, 근육통, 다발성 관절통과 같은 여러 가지 통증증상을 강하게 느낀다. 즉, 일반적으로는 우울증을 내적으로 귀인하지만, 만성피로를 동반할 시 외적으로 귀인하게 된다(Powell et al., 1990).

수면장애. 우울증이 있는 사람들은 수면이 불규칙하게 나타난다. 잠에 쉽게 들지 못하며, 수면 중이어도 깊은 수면에 들지 못한다. 이들은 새벽에 자주 깨는 모습을 보이며 잦은 불면증으로 인해 더욱 더 우울증이 심해지게 된다. DSM-5에 따르면 주요우울장애의 진단기준에 불면증과 과다수면이 있다. 불면증의 경우 밤에 일어나면 다시 잠들지 못하는 중기불면증과 너무 일찍 깨고 다시 잠들지 못하는 말기 불면증이 강하게 나타난다. 그리고 낮잠의 시간이 길게 나타나거나 밤의 수면시간이 길게 나타나는 경우 과다수면으로 진단한다(APA, 2015) [그림 15-2] 상단의 하이프노그램은 정상 환자, 하단의 하이프노그램은 우울증환자의 수면시간이다.

우울증이 있는 사람들은 일반사람보다 수면 효율성이 적게 나타난다. 우울증이 있는 경우 수면 시작이 지연되는 시간이 크며 REM수면이 빠르게 나타나는 모습이 보인다. 수면주기를 볼 때 3,4단계는 깊은 수면이 시작되는 단계이다. 이 단계에서는 안구운동이 없어지고 뇌파가 느려지는 델타파가 나타나기 시작한다. 3단계부터는 근육활동이 이완되며 피로가 해소되기 시작하는 단계이다. 4단계는 제일 깊은 수면에 있는 단계이다. 이 단계는 세포 성장이 일어나고 면역체계가 강화되는 단계이다. 특히 4단계에서 생체 회복이 나타난다. 하지만 [그림 15-2]에서와 같이 우울증이 있는 사람들은 일반 사람들보다 이 3, 4단계가 매우 적게 나타났다. 이들은 수면연속성이 저하되어 있고 총 수면시간이 짧게 나타나는 경우가 많다(Nutt. 2008).

기분변동. 우울증이 있는 사람은 계절에 따라서도 기분변동에 영향을 받는다. 이러한 우울증을 계절성 우울증이라고 부르기도 한다. 계절성 우울증은 봄에서 초여름까지는 우울증이 상대적으로 적게 나타나지만, 기온이 높은 여름, 일조량이 낮은 가을과 겨울에는 우울증이 심해진다. 여름에는 계절성 우울증이 에너지 증가, 체중감소, 불면증이 나타나며 가을과 겨울에는 체중증가와 에너지 감소, 과다수면이 나타난다(Magnusson, 2005).

6) 무망감

무망감은 자신의 미래에 대하여 확신이 없으며 부정적으로 인식하는 것을 뜻한다. Abramson과 Needles(1988)은 무망감을 '매우 가치 있는 결과의 발생에 긍정적인 기대를 하지 않고 상황에 대한 무력감을 가지고 있는 것'이라고 정의하였다. Abramson은 무망감

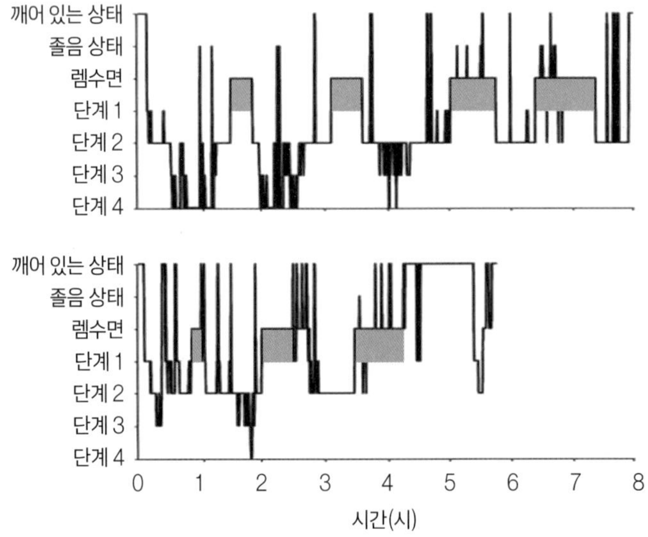

그림 15-2 정상 피험자와 우울증 환자의 하이프노그램 (Nutt, 2008)

이론(hopelessness theory)을 통해 무망감은 동기적 결핍과 우울증을 유발하는 강력한 요인이라고 주장하였다.

무망감 이론. 무망감은 부정적인 상황에 대하여 우울 유발적 귀인에 따라 기인한다(Alloy, Abramson & Metalsky, 1988). 우울 유발적 귀인은 내부적, 안정적, 전반적 귀인에 따라 나타난다. 내부귀인은 부정적인 상황을 자신의 능력, 태도, 성격과 같은 내부적 요인들에 귀인하는 것이다. 안정적 귀인은 부정적인 상황에 대하여 개인의 변하지 않는 안정적인 특성에 귀인 하는 것이다. 마지막으로 전반적 귀인은 부정적 상황에 대한 원인을 전반적인 요인에 돌려 일반화하는 것이다. 예를 들어 시험에서 떨어진 상황을 자신의 능력 부족에만 귀인 한다면 이는 내부적 요인이자 변하지 않는 '능력'이라는 안정적 특성에 귀인 하는 것이다. 또한 능력을 자신의 특정 과목에서의 능력이 아닌 전체적인 지적 능력으로 일반화시켜 전반적 귀인이 나타날 수 있다.

4. 우울증 치료

우울증은 그대로 놔둘 경우 만성화될 가능성이 높으며 치료를 하였어도 다시 재발할 수 있다. 또한 심할 경우 자살시도와 같은 부정적인 결과를 야기하기도 한다. 따라서 우울증은 초기부터 적절한 방법에 맞게 치료해야 막을 수 있다. 우울증은 또한 신경학적, 심리적, 환경적 요인들이 복합적으로 작용하기에 개인의 증상에 맞게 임상적 요인을 조절하여 치료해야 한다. 우울증 치료는 약물치료, 정신분석치료, 인지행동치료로 나누어진다.

1) 우울증의 경과

우울증 증상 변화의 단계는 효과(response), 완화(remission), 회복(recovery), 재발(relapse) 총 4가지로 나누어진다(Frank et al, 1991; Kupfer, 1991). 우울증 치료는 일반적으로 4~8주 후에 효과(response)가 나타나기 시작한다. 효과단계의 6~12주 동안은 급성기로서 갑작스러운 우울증 증상을 안정시키는 시기이다. 급성기가 지난 이후로 완화(remission)가 나타난다. 이 시기 이후는 지속기가 되며 지속기부터는 안정된 증상을 유지하고 우울증의 재발을 방지하는 시기이다. 그 후 우울증이 완화 된 후 2~8주정도 증상이 보이지 않으면 회복(recovery)상태가 된다. 마지막 유지기는 1년 이상이 걸리며 재발을 예방하고자 한다. 재발(relapse)은 각 단계마다 나타날 수 있는데 특히 완화 상태 이후 치료했던 증상들이 다시 나타날 경우를 의미한다.

2) 생물학적 치료

생물학적 치료의 핵심은 약물치료이다. 대표적인 것이 항우울제인데, 이 외에도 우울증의 주요 증상에 맞게 항조울제, 항불안제 등과 같은 약물들이 순차적으로 개발되면서 우울증 치료에 큰 도움이 되었다. 일반적으로 주요 우울 증상들에 대한 개별 항우울제는 종류에 따른 효과 면에서 큰 차이를 보이지 않는다. 다만 개인의 특성에 따라 효과가 달라진다는 것을 유의해야 한다. 항우울제는 우울증의 중증도에 따라 약의 효과가 달라진다. Fournier 등은 우울증의 심각도에 따라 위약과 항우울제의 효과가 어느 정도 차이가 있는지 연구하였다. 우울증이 경증이거나 미미할 경우 항우울제의 효과는 거의 없다고 할 수 있었다. 하지만 우울증이 매우 심각한 경우에는 위약보다 실제 항우울제를 사용하는 것이 더 효과적이었다(Fournier et al, 2010). 특히 우울증은 약물에 따라 부작용이 심하게 나타나기도 할 수 있으며 경제적 비용 또한 각기 다르게 나타날 수 있다. 자신의 가족력, 과거병력과 같은 개인적 특성과 항우울증 약의 부작용을 정확히 살펴보고 선택해야 한다.

3) 정신분석적 치료

정신분석적 치료는 Sigmund Freud의 정신분석을 기본으로 무의식에 중점을 둔 심리치료

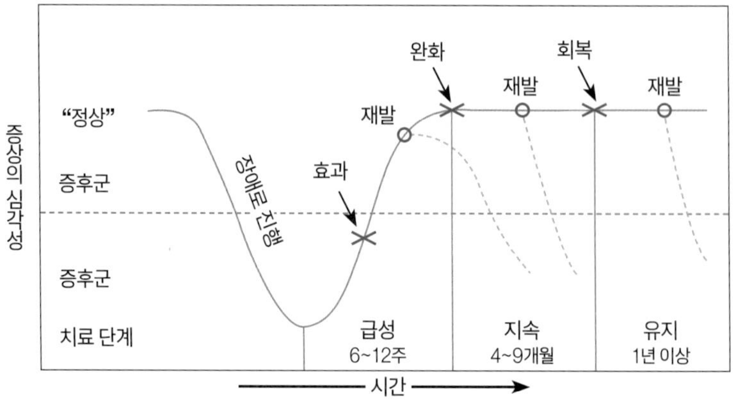

그림 15-3 우울증 치료 단계 (Kupfer, 1991)

방법이다. 정신분석이론은 인간의 무의식적으로 존재하는 갈등상황을 해결하는 것이 중요하다고 주장하였다. 이러한 무의식적 갈등상황은 과거에 긴밀한 관계, 혹은 사랑하는 대상을 상실하고 그에 대한 좌절감이나 실망감 등으로 인한 갈등상황이다. 이러한 갈등상황을 개인이 이해할 수 있도록 도와야한다. 치료자가 우울증이 있는 당사자의 무의식을 파악하면서 갈등상황에 따른 전이와 역전이가 나타나게 된다. 그에 따라 치료자는 문제에 적극적으로 개입하여 무의식적 갈등상황을 직면하도록 도와준다. 치료자는 당사자의 갈등상황과 더불어 성장과정, 가족 관계와 같은 전반적인 정보를 수집하여 억압되어 있던 정서를 자각할 수 있도록 도와야한다. 자신에게 향해지던 무의식적 정서는 자신에게 향하는 분노이며, 이 분노는 좌절감, 자기비판, 죄책감을 느끼게 한다. 치료자는 이러한 무의식적 분노를 해소할 수 있도록 도와주어야 한다(Busch, 2009). 우울증이 있는 사람은 정신분석적 치료를 통해 자신의 문제를 직면하고 긍정적인 자아를 형성할 수 있다. 하지만 정신분석적 치료는 장기적으로 진행되기에 시간적, 경제적 부담이 될 수 있다는 단점이 있다.

4) 인지적 치료

인지치료는 인간의 행동과 사고, 정서가 인지에 달려있다는 가정을 기본으로 한다. 인지 오류나 비합리적 신념으로 인해 부정적인 감정과 행동이 유발되고 이러한 사고방식은 우울증을 더욱 심화시킨다. 대표적인 인지이론가 Beck(1979)에 따르면, 치료자는 환자에게 자신의 잘못된 신념을 인지하도록 도와주며 환자가 능동적으로 자신의 인지적 오류를 파악하여 합리적 사고를 할 수 있도록 수정해주는 조력자 역할을 해야 한다. 인지론적 치료에서는 우울증을 해결하기 위해서는 자신의 비합리적 신념을 변화 시켜야 한다. 하지만 인지적 사고는 자신도 모르게 자동적으로 나오기에 바꾸기가 쉽지 않다. 따라서 인지적 치료와 동시에 개인의 부적응적 행동에 대한 행동주의 치료를 함께 하는 인지행동치료를 통해 치료 효과를 높여줄 수 있다. Gloaguen 등(1998)의 메타분석 연구에 따르면 경미하거나 중간정도의 중증도의 우울증을 가진 사람들에게서 항우울제를 통한 약물치료과정보다 인지행동치료가 더 큰 효과를 보였다고 주장하였다.

5. 결론

지금까지 RS-우울증 검사에 대하여 알아보았다. 우울증은 단기간의 기분저하상태가 아닌 장기간동안 전반적인 정신기능이 저하된 상태를 의미한다. 우울증은 정상적 우울과 병적우울, 외인성 우울과 내인성 우울, 신경증적 우울과 정신증적 우울로 나뉜다. 이러한 우울증은 단순히 외적 원인 뿐 아닌 생물학적, 심리학적 원인에 의해 나타난다. RS-우울증 검사에서는 우울증의 증상인 부적정서, 역기능적 자아, 동기의 결핍, 자살 생각, 생리적 증후군, 무망감을 측정할 수 있도록 하였다. 우울증의 증상이 심할 경우 혼자서는 극복하는 것이 힘들기 때문에 전문적인 치료가 필요하다. 또한 우울증의 치료가 끝나더라도 적절한 대처를 통해 우울증이 재발하지 않도록 관리해주어야 한다.

제16장
정신병리

오늘날 꽤 많은 사람들이 심리적으로 심각한 어려움을 겪고 있다. 그들이 겪는 다양한 정신병리를 올바르게 이해하기 위해서는 무엇보다도 이상행동에 대한 체계적이고 포괄적인 이해가 필요하다. 이에 본 장에서는 먼저 이상행동의 원인과 발생을 알아보겠다. 그다음 이상행동을 판단하는 기준에 대하여 살펴본다. 이어서, RS-정신병리검사가 측정하는 이상행동을 살펴보고, 이상행동을 치료하는 다양한 방법을 살펴본다.

1. 이상심리에 대한 소개

이상심리란 정상의 기준에서 벗어난 부적응 심리상태를 뜻한다(권석만, 2014). 이러한 심리상태가 어떠한 신체적, 심리적 원인에 의해 생겨나는지 살펴보고, 이를 판별하는 5가지 기준이 무엇인지 구체적으로 알아볼 것이다. 더불어 정신질환을 분류함으로써 얻을 수 있는 효과와 현재 우리나라에서 가장 많이 사용하는 분류방법인 DSM-5에 대해서도 살펴볼 것이다.

1) 이상심리의 개념

우리는 하루에도 수많은 사람들을 만나며 살아간다. 그들이 저마다 다른 외모, 성격과 행동 방식을 가지고 있듯이 우리가 만나는 사람들은 서로 다른 독특한 개성을 지니고 있다. 이러한 개성의 차이가 호감과 호기심을 불러일으키기도 하지만 때로는 불쾌함, 거부감을 유발하기도 한다. 여러 사람이 함께 살아가는 세상 속에서 우리는 서로를 이해하고 적절하게 대응하고자 노력하지만 종종 이해하기 어려운, 흔히 말하는 '이상한 사람들'을 만나게 된다. 이별을 통보한 연인에게 폭행을 가한다거나, 약물에 중독되어 중독치료를 받는다거나, 아주 사소한 일에도 자주 버럭 화를 낸다거나, 살찌는 것이 두려워 음식을 먹지 않는다거나 하는 행동들이다.

'이상한 사람들'의 사례가 인터넷 뉴스, 영화 혹은 TV 드라마에서나 볼 법한 다른 세상의 이야기인 것만은 아니다. 조금만 생각해보면 자신의 가족이나 친구 혹은 가까운 지인 중에 한두 명쯤은 이상심리에 노출된 사람이 있다는 사실을 어렵지 않게 떠올릴 수 있을 것이다. 발생의 정도나 빈도에 차이는 있겠으나, 누구나 일시적으로 비정상적인 심리 상태를 경험할 수 있다. 그러한 비정상적인 감정과 상태의 축적은 다양한 정신질환의 씨앗이 되어 대인관계, 학업, 업무 수행에 지장을 초래할 가능성이 높다.

결과적으로 이상심리가 생각보다 가까이에 있고, 누구에게나 일어날 수 있는 우리 일상의 이야기라는 점, 그리고 자신과 자신을 둘러싼 환경에 부정적인 영향을 미침으로써 정상적인 사회생활을 어렵게 만든다는 데 그 중요성이 있다. 이것이 많은 사람들이 이상심리에 관심을 가지는 이유이자 우리가 이상심리에 지속적인 관심을 가져야만 하는 이유이다. 이에 이상심리학은 이러한 '비정상적인' 행동 양상과 정신병리를 분류하고 특성, 원인 및 치유 방법을 다루는 심리학의 한 영역이다. 이상심리학이 관심을 가지는 주제들은 다음과 같다. 무엇이 인간을 고통스럽게 만드는가? 이상행동에는 어떤 종류가 있고 어떻게 분류하는가? 이상을 경험하는 사람들에게는 어떤 특성이 존재하는가? 이상의 문제를 어떻게 치료하고 예방할 것인가?

2) 이상심리의 원인

아주 오래 전 고대 원시 사회에서는 주변 사람이나 자신의 내부에서 일어나는 모든 일들이 마술적 존재의 힘에서 비롯된다고 믿었다. 따라서 이상행동을 하는 사람들은 마술적 존재의 힘에 의해 저주 받은 상태이므로 악령이나 귀신을 쫓아내는 의식을 통해 이를 치료할 수 있다고 생각했다. 중세 시대에는 이상행동의 원인을 사탄과 어울려서 하나님으로부터 벌을 받은 것이라고 보았다. 이상행동을 하는 사람들을 마녀와 동일시하기에 이르렀고, 종교 의식으로 이상행동을 고칠 수 있다는 믿음과 동시에 잔인하고 비인간적인 방법으로 이상행동을 치료하고자 했다. 그렇다면 오늘날에는 이상행동의 원인을 어떻게 바라볼까? 현대 이상심리학에서는 이상행동의 원인을 '신체적 원인론'과 '심리적 원인론'으로 나누어 본다(권석만, 2014).

신체적 원인론. '신체적 원인론'은 정신도 신체의 한 부분으로써 신체질환과 마찬가지로 신체적 원인에 의해 생겨나는 일종의 '질병'이며, 이러한 질병은 생물학적 방법에 의해 치료될 수 있다고 가정한다. 여기에는 유전적 요인이 작용했을 수 있다. 특히 조현병이나 양극성 기분장애는 비교적 유전적 요인이 많이 관여되는 부분인 것으로 알려져 있다.

또한 뇌구조 및 기능 결함의 가능성이 있다. 뇌의 어떤 구조나 기능에 손상이 일어나는가를 살펴봄으로써, 병균의 침입, 장기적인 알코올 섭취, 뇌종양 등으로 인한 뇌조직의 손상도 정신질환의 원인으로 보고 있다. 마지막으로 뇌를 구성하는 수많은 신경세포의 신경전달물질들이 과다 분비되거나 결핍되었을 경우 정신질환이 발생할 수 있다. 이와 관련된 신경전달물질로는 파킨슨씨병과 조현병의 발병과 관련이 있다고 알려진 '도파민', 기분조절과 수면을 담당하며 우울증 발병에 영향을 미치는 '세로토닌', '세로토닌'과 상호작용을 하는 공포와 불안을 담당하는 노아에피네프린 등이 있다.

심리적 원인론. 반면, '심리적 원인론'은 개인이 환경과의 상호작용에서 비정상적인 경험을 했을 때 생겨나는 감정, 기억 및 행동이 정신질환의 원인이라는 입장이다. 이를 설명하는 네 가지 심리학적 접근이 있다. 정신분석적 관점에서는 이상행동을 심리적 원인에 의해 설명하는 최초의 체계적 이론으로 인간 내면에서 일어나는 심리적 역동들에 의해 성격 특성과 정신질환이 나타난다고 본다. 행동주의적 관점에서는 개인 내부에서 일어나는 현상에 집중한 정신분석적 접근과는 달리 객관적으로 관찰가능하고 측정할 수 있는 행동을 연구해야 한다는 입장을 취한다. 행동주의적 관점에 따르면, 모든 인간의 행동은 학습에 의해 형성되므로 이상행동은 잘못된 학습의 결과라고 할 수 있다.

인본주의적 관점에서 인간은 근본적으로 자기실현을 추구하는 존재인데 이 자기실현 성향이 좌절되었을 경우 이상행동이 나타날 수 있다. 다시 말해, 진정한 자신의 욕구, 생각, 관심에 일치하는 행동을 하지 못하게 되면 고통을 겪게 되고, 고통이 심화되면 정신질환을 일으킨다는 것이다. 마지막으로 인지적 관점은 '인간은 사건 자체보다는 자신이 사건에 부여한 의미에 의해 고통 받는다'라는 기본 가정 하에 자신을 둘러싼 환경을 해석하는 개인의 사고방식과 인지구조가 이상행동을 유발하는 주요 요인이라고 본다.

3) 이상을 판단하는 기준

인간의 행동방식은 너무나 다양해서 어떤 행동이 이상이고 어떤 행동이 정상인지 구분하는 것은 쉽지 않다. 심리학자들은 주변 환경에 적절히 적응하고 대처하는 능력을 판단 기준으로 삼아 왔으며(Wakefield, 1999), 정상적이고 건강한 사람들은 일반적으로 다음의 심리적 특징을 가진다. 첫째, 자신의 주변 환경을 정확히 인식할 수 있다. 둘째, 자신의 능력과 심리 상태를 자각하고 인식할 수 있다. 셋째, 자신의 행동을 조절하고 통제할 수 있다. 넷째, 있는 그대로의 자기 자신을 수용하며 존중한다. 다섯째, 타인과 원만한 관계를 유지할 수 있다. 마지막으로, 자신의 능력을 효율적으로 발휘하여 생산적 활동을 할 수 있다. 이와 같은 건강한 심리적 기능에 문제가 생겼다고 느낄 때, 우리는 일차적으로 이상 상태임을 고려해볼 수 있다. 그러나 이러한 기준은 매우 모호하고 일반적인 것이어서 많은 학자들이 공유하는 학문적인 기준을 살펴보도록 하겠다.

적응적 기능의 저하. 인지적, 정서적, 행동적, 신경 생리적 기능이 저하되어 삶의 적응에 지장이 있을 것으로 예상될 때 이상이라고 진단한다. 그러나 이 경우 세 가지 문제점이 있다. 첫째, 적응과 부적응을 구분하는 경계가 모호하다. 둘째, 적응과 부적응을 평가하는 평가자에 영향을 받는다. 셋째, 이상이 어떠한 심리 기능 손상에 기인하는지 그 원인을 찾기 어렵다. 예를 들어 업무 수행 기능 저하에 따라 이상이라고 판단한 경우 동기부여가 부족했는지, 정서적 불안이 존재했는지, 인지기능에 손상이 있었는지 인과관계를 확실히 할 수 없다. 이러한 문제점에 근거하여 적응적 기능의 저하를 이상 판별 기준으로 보기에는 무리가 있으나 현재 전문 교육과 훈련을 받은 임상전문가에 의해 이상 판별 기준으로 사용되고 있다.

주관적 불편감 및 고통의 강도와 지속. 개인 스스로가 자신의 상태에 대하여 불편해하고 고통스러워 할 때 이상이라고 진단한다. 그러나 누구나 심리적 고통을 느끼는 상황(ex. 가까운 사람이 질병으로 고통 받아 사망하는 경우 등)에서의 주관적 불편감은 이상의 기준이 될 수 없다. 즉, 심리적 고통을 경험한다고 모두 비정상이라고 볼 수 없다는 것이다. 그러한 상황이 오래 지속되거나 강도가 지나쳐 일상생활에 어려움을 겪게 된다면 이상으로 진단할 수 있다.

이 외에도 '주관적'이라는 개념 자체에 의구심을 가질 수 있다. 사람마다 고통을 느끼고 참는 정도가 다르기 때문에 '주관적' 불편감 및 고통이 이상 판별의 기준이 될 수 있는가에 대한 논란이 존재한다. 또한, 심한 이상행동을 하면서도 스스로는 전혀 불편감이나 고통을 느끼지 않을 수도 있다. 예를 들어, 조증의 경우 간헐적으로 아주 기분 좋은 상태를 유지하지만 정서적인 고통은 거의 느끼지 않는다. 따라서 주관적 불편감 및 고통은 이상을 진단하는데 있어서 충분한 조건이 아니라 하나의 판별 기준이다.

사회 문화적 규범의 위반. 모든 사회는 그 사회 특유의 문화적 규범을 가진다. 인간이라면 누구나 자신이 속해있는 사회의 사회 문화적 규범을 지킬 의무를 가지는데, 이를 어기고 바람직하지 않은 행동을 한다면 이상으로 볼 수 있다. 예컨대, 강의 시간에 큰 소리로 노래를 하는 경우, 낯선 사람에게 이유 없는 폭행, 폭언을 행사하는 경우, 공공장소에서 알몸으로 돌아다니는 경우에는 사회 문화적으로 용납할 수 없는 비정상적인 행동이다.

그러나 사회 문화적 규범의 기준 역시 몇 가지 한계를 가진다. 첫째, 사회 및 문화의 상대성이다. 사회적 규범은 시대에 따라 변화하며, 문화권에 따라 동일한 특정 행동이 정상으로 여겨지기도 하고 비정상으로 간주되기도 한다. 둘째, 규범 자체가 바람직하지 않을 수 있다. 대다수의 사회 문화적 규범은 사회의 집권층에 의해 형성된 것들이 많다. 이를 개혁하기 위해 창조적이고 선도적인 행동을 하는 선구자들을 비정상자로 볼 수는 없을 것이다. 그럼에도 불구하고 몇 가지 예외적인 경우를 제외하고는 사회 문화적 규범은 매우 중요한 기준이다. 다른 기준에 의해 이상으로 판별되더라도 해당 사회나 문화에서 용인된 행동이라면 이상행동으로 볼 수 없다고 규정한다.

통계적 규준의 이탈. 한 개인이 다수의 평균에서 벗어난 생각, 감정, 행동을 보인다면 이상으로 볼 수 있다. 특별한 경우를 제외하고 몇 달 간 샤워를 하지 않는다거나, 하루에 10번 이상 샤워를 한다면 이상행동이 분명하다. 일반적인 통계 기준은 평균으로부터 2배의 표준편차를 벗어날 경우를 이상행동으로 규정한다. 지능 검사에서 평균이 100, 표준편차가 15라면 지능 점수가 70 이하, 130 이상인 사람은 통계적으로 이상에 속한다.

그러나 지능 점수가 최상위에 속하는 지능 점수 130 이상의 사람은 통계적으로 평균에서 많이 벗어나 있지만 비정상이라고 볼 수는 없다. 또한, 통계적인 기준을 적용하기 위해서는 모든 인간 심리의 특성을 측정할 수 있어야 하는데 수많은 특성들을 측정하는 것은 실제로 불가능한 일이다. 설사 모든 특성을 측정 가능하다 할지라도 역시 이상행동을 판별하는 기준이 무엇인가에 대한 의문을 배제할 수 없다. 이렇듯 통계적 규준의 일탈만으로는 이상을 판단하는 것은 오류를 범할 수 있다. 표준편차를 비롯한 통계적 기준은 전문가들의 편의에 의한 경계선일 뿐 이론적으로 타당하고 완벽한 기준은 아니라는 것을 명심해야 한다.

위험성의 관점. 자신 혹은 타인의 생명에 해를 입힐 가능성이 제기된다면 이상행동으로 판단할 수 있다. 자해, 자살 및 타살 시도, 심각한 공격성 등은 비정상적인 심리 상태에서 비롯한 행동들이므로 자신 스스로와 주변 사람들에게 위험한 것으로 보여진다. 하지만 다른 기준들이 그러했듯 위험성만 가지고 이상을 판별하기에는 한계가 있다. 경기 도중 생명을 잃을 수도 있는 격투기나 익스트림 스포츠 선수들은 자의적으로 위험한 상황을 마주하지만 이를 비정상적 행동이라고 볼 수는 없다.

지금까지 살펴본 것처럼 이상을 판별하는 기준에는 여러 가지가 있으나, 각 기준은 상대적이며 분명한 한계를 가진다. 즉, 한 가지의 기준만으로는 단독으로 이상을 판단할 수 없다는 뜻이다. 따라서 이상의 진단과 판별은 위의 기준들을 복합적으로 고려하여 신중하게 이루어져야 한다.

4) 이상심리의 분류

그렇다면 왜 우리는 정신질환을 분류하고자 하는가? 생물학에서 종을 분류하고 화학에서 주기율표가 분류되어 있듯이, 정신질환을 분류하는 것은 인간의 심리적 어려움과 부적응에 대한 구조적인 정보를 제공한다. 즉, 분류 체계 안에서 정보를 조직화하게 되면 같은 질환을 가진 사람들끼리의 특성을 이해하는데 도움이 되고, 각기 다른 질환들과 구분하는 방법을 명확히 할 수 있다. 이를 바탕으로 특정 질환을 가진 환자의 증상을 미리 예측하고 효과적인 치료법에 대한 체계적인 연구도 시행할 수 있게 된다(Goldenberg, 1977). 또한, 관련 전문가들 간 효율적이고 원활한 의사소통을 가능하게 하였으며, 보험의 보상 범위에 적용이 될 것인가 말 것인가와 같은 경제적인 관점에서도 효과적인 적용이 가능하다.

DSM-5. 현재 통용되고 있는 정신질환 진단 및 분류체계는 2개가 있다. 하나는 세계보건기구(WHO)에 의해 공인되어 유럽에서 사용하고 있는 '국제질병분류(ICD)'이고 다른 하나는 미국정신의학회(APA)에서 만든 '정신질환의 진단 및 통계 편람(DSM)'이다. 우리나라의 정신의학 분야와 심리 분야는 미국을 따르고 있기 때문에 ,우리나라에서 사용하는 대부분의 정신질환 진단분류는 DSM을 통해 이루어지고 있다.

1952년 DSM-I이 처음 나온 이래로 새로운 연구 결과와 증거가 쌓일 때마다 개정되어 왔고, 수많은 수정을 거쳐 현재는 다섯 번째 개정판인 DSM-5(2013)를 사용하고 있다. 치료에 대한 정보를 포함하고 있지는 않지만 환자에게 가장 적합한 치료를 할 수 있도록 정확한 진단을 위한 설명을 제공하고 있으며, 기본적인 증상에 대한 설명 외에도 그동안 축적되어온 정보들(연령, 성별, 기저질환, 유전사항, 경과 등)을 함께 제공하고 있다. DSM-5는 정신질환을 20개의 주요한 범주로 나누고, 그 하위 범주로 400여 개 이상의 정신질환을 기술하고 있다.

2. RS-정신병리검사

정신병리 검사는 정신병리의 여러 가지 하위유형 중 '예민성', '편집증', '불안증', '강박증', '정신증', '자기중심주의', '완벽주의', 7가지의 하위유형을 측정한다. 각각의 하위유형이 가지는 개념적 특징, 발생원인, 그리고 영향을 중심으로 자세히 살펴볼 것이다.

1) 예민성(Sensitivity)

정의 및 특징. 일반적으로 예민성은 내부, 외부 자극에 극도로 민감하게 반응하는 것을 말한다. 주변의 미묘한 자극을 잘 알아차리며 작은 일에도 높은 수준의 민감함을 나타낸다. 즉, 자극의 임계치가 매우 낮다고 할 수 있다. 정신병리에서의 예민성은 성격장애의 일종으로 일상에서 부정적인 정서를 얼마나 자주 느끼는지에 대한 특성이다. 예민성이 높은 사람들은 별 것 아닌 일에도 쉽게 짜증을 내고 분노를 참지 못하며 이를 적극적으로 표출한다.

예민성이 높은 사람들에 대한 연구를 집대성한 Elaine N. Aron에 따르면, 예민성은 더 큰 스트레스를 지각하게하고 더 빈번하게 건강 이상을 초래한다. 이에 예민성이 높아지면 생리적 흥분을 증가시키고 만성 스트레스를 유발해 만병의 근원이 되었을 것이라는 주장과 예민성이 높은 사람들이 보통 사람들이었다면 눈치 채지 못했을 감각에 신경을 쓰면서 필요이상으로 증상을 알아차린 것이라는 주장이 존재한다. 어느 것이 더 타당한지는 불분명하지만 예민성이 정신질환과 신체건강에 부정적인 영향을 미치는 것을 확인할 수 있다.

원인. 기본적으로 성격의 형성 원인에는 기질적 요인을 무시할 수 없지만 예민성의 형성 원인은 부모의 양육방식과 밀접한 관련이 있다. 1차적으로는 성장 과정에서 애정결핍을 경험했을 확률이 높다. 충분한 애정을 받고 자란 아이는 모든 종류의 자극에 유연하게 대응할 수 있지만, 그렇지 못한 아이는 조그만 자극에도 예민하게 반응하고 쉽게 상처받는다. 또한, 지배적인 부모 아래서 성장한 아이들은 극심한 통제와 지적, 꾸중, 처벌로 인해 정상적이고 자유로운 인격 형성에 어려움을 겪는다.

영향. 긴장상태가 아닌 일상의 사소한 일에도 쉽게 짜증과 분노를 느낀다. 타인의 생각이나 상황에 금방 동요하고 휘둘리며 감정의 기복이 심하다. 성격이 급하고 참을성이 없는 등 자기 통제가 어렵다. 매사에 걱정이 많고 늘 불안한 상태를 유지한다. 원만한 대인관계 형성 및 의사소통이 어렵다. 외부 자극뿐만 아니라 자신의 정서와 신체변화에도 매우 민감하여 무언가에 집중하기 어렵고 체력 소모가 크다. 이로 인한 스트레스로 두통, 복통, 메스꺼움, 구토, 불면증, 불안증, 우울증의 증상이 함께 나타나는 경우가 많다.

2) 편집증(Paranoia)

정의 및 특징. 편집증은 상대방의 모든 행동에는 저의가 숨어 있다고 생각하여 지나치게 자기중심적으로 해석하는 경향을 말한다. 근거 없는 불신과 의심이 특징이며 타인의 의도를 악의적으로 해석한다. 다른 사람이 이유 없이 자신을 속이고 공격할 것이라고 의심한다. 예를 들어, 친구들의 가벼운 농담을 모욕적인 인신공격으로 받아들인다거나, 여러 개의 물건을 구매했는데 점원이 실수로 하나를 빠뜨리고 건네준 경우 돈만 떼어먹으려는 술책이라고 지각한다거나, 자신에게 우호적인 사람을 만나면 곧 자신을 배신할 사기꾼이라고 생각하고 경계 태세를 늦추지 않는다. 타 정신질환과는 다르게 일상생활에 지장이 없고 외적으로는 정상인들과 차이를 보이지 않는 듯하지만, 지나친 의심과 적개심을 공격적인 언쟁으로 표출하다보니 타인과 잘 어울리지 못하고 친밀한 관계를 맺기 어려워 늘 혼자인 경우가 많다.

원인. 편집증은 생물학적 요인과 환경적 요인이 복합적인 영향을 미쳤다고 볼 수 있다. 망상은 감정을 조절하는 화학물질인 도파민 과다에 의하여 발생하는데 이것이 시각과 청각에 폭주를 일으켜 망상이나 환상을 보게 한다. 이러한 생물학적 요인이 있는 사람에게 어린 시절 성장과정의 부정적 환경이 촉매가 되어 편집증으로 나타나는 경우가 많다. 편집증 환자의 대부분이 지나치게 엄격하고 억압된 가정 분위기 속에서 스스로에게 과도한 연민을 가지게 되었으며 부정과 투사의 방어기제를 거쳐 피해의식을 가진 자아를 형성하게 된 것이다.

영향. 타인의 모든 행동이 의도를 가진 것처럼 느껴진다. 자신에 대한 부정적인 평가가 두렵고 다른 사람들이 나에 대해 이야기할까봐 걱정된다. 심각할 경우 분노를 견디지 못해 타인의 신체에 해를 가하고, 특정 대상에 필요이상으로 집착하고 공격하는 것에 쾌감을 느낀다. 대인예민성이 높고 우울, 불안, 회피 증상이 함께 나타난다.

3) 불안(Anxiety)

정의 및 특징. 진화심리학의 관점에서 불안은 인간 생존에 필수적인 감정이다. 적당한 불안은 생존가치를 향상시키지만, 지나친 불안은 인간을 부적응 상태에 빠지게 만든다. 불안과 비슷한 개념인 '두려움'은 위험한 상황을 자각하게 하여 위협으로부터 멀어지도록 한다는 공통점이 있지만, 대부분의 사람들이 위협으로 느끼는 명백한 요인이 존재하는가의 여부에 따라 두 개념은 명확히 구분된다. 불안의 종류는 범 불안장애, 공황장애, 분리불안장애, 공포증 등으로 매우 다양하다.

그 중 RS-정신병리검사 척도에서는 범 불안장애에 초점을 맞춘다. 일반화된 불안장애, 즉 범 불안장애는 다양한 상황에서 과도한 걱정을 나타내는 만성적 불안을 말한다. 정상적인 불안이 인간의 신체적, 정신적, 사회적 기능을 방해하지 않고 걱정의 정도가 지나치지 않은 반면, 범 불안장애는 특정한 원인이 없이도 삶 전반에 극심한 고통을 주는 지속적인 불안을 의미한다.

원인. 기질적 원인으로 부정적인 정서성 중 신경질적이고, 행동을 억제하며, 해롭고 불편한 것을 피하려는 경향을 꼽을 수 있다. 정신분석적 관점에서는 어린 시절, 본능을 통제하지 못한 것에 대한 신경증적 불안과 자신의 양심에 위배되는 일을 한 것에서 비롯한 도덕적 불안이 내면에 자리 잡아 불안 내지는 범 불안장애로 나타난다고 본다. Sigmund Freud에 따르면 모든 사람은 성장하면서 일정 수준의 불안을 경험하고 이를 제어하기 위한 방어기제를 사용한다.

영향. 신경과민, 긴장, 초조, 두려움과 같은 감정을 느낀다. 과민하고 긴장된 상태의 지속으로 인해 쉽게 피로감을 느끼고 근육통, 만성피로, 두통, 수면장애, 소화불량 등의 증상이 함께 나타난다. 범 불안장애와 가장 많이 동반되는 질환은 우울증으로 두 질환 모두 미래의 불쾌한 일에 대한 기대를 인지한다는 점에서 유사하다.

4) 강박증(Obsession)

정의 및 특징. 불안을 불러일으키는 부적절한 생각과 행동을 반복하는 것을 강박증이라고 한다. 본인의 일상적인 행동이 과해진 결과로 스트레스가 완화되는 것이 아니라 수행능력이 저하된다면 강박증이라고 볼 수 있다. 강박증의 종류에는 일반적인 강박장애, 신체변형장애, 저장장애, 털 뽑기 장애, 피부 뜯기 장애가 있는데, RS-정신병리검사 척도에서는 일반적인 강박장애에 초점을 맞춘다.

일반적인 강박장애는 강박사고와 강박행동으로 나눌 수 있다. 강박사고는 특정 행위를 하거나 하지 않으려는 생각으로 더러운 것에 오염될 것을 걱정하는 생각, 폭력적 혹은 공포스러운 장면, 누군가를 공격하는 상상 등이 반복되는 것을 의미한다. 강박행동은 강박 사고에 따른 반응 행동으로 여러 번 손을 씻는 행위, 걸으며 보도블록의 금을 밟지 않으려는 행위, 자주 찾아가는 장소에서 고정된 자리에만 앉으려는 행위, 잠잘 때 한 쪽으로만 누워 자야하는 행위 등이 해당 된다. 과거에는 강박증을 불안의 한 증상으로 보았으나, 불안이 다양한 심리 장애에서 공통적으로 나타나기 때문에 불안이 있다고 해서 강박증이라고 진단하기는 어렵다는 이유에서 강박증을 독립적인 하나의 증상으로 여기게 되었다.

원인. 생물학적 관점에서 강박증은 메시지를 전달하는 뇌 화학물질 세로토닌이 비정상적으로 적은 활동을 할 때 뇌의 주요 영역에서 기능 이상이 나타난다고 본다. 정신분석적 관점에서는 원초아 충동과 불안을 줄이기 위한 여러 가지 방어기제가 강박사고와 강박행동으로 나타난 것으로 보고 있으며, 인지론적 관점에서는 강박사고를 통제하려고 하면 할수록 그 사고에 더욱 몰두하게 되기 때문이라고 주장한다.

영향. 강박증 초기 단계에서는 강박사고와 강박행동이 반복하여 일어나되 이를 스스로 인지하고 완화시키려는 노력을 통해 통제가 가능하다. 또한 자신의 강박적 믿음이 진실이 아님을 알고 있거나 진실 여부를 확실하게 구분하지 못한다. 반면, 심각한 강박증 단계에서는 자신의 강박적 믿음이 완전한 사실이라고 확신하는 모습을 보인다. 하루에 많은 시간을 강박사고와 강박행동으로 소모하여 직업적, 사회적 영역에서 자신의 역할을 거의 수행할 수 없고, 강박행동을 반복하는 과정에서 실수가 있었다면 다시 반복한다. 강박행동을 하지 않으면 불안해서 눈물이 나고 죽을 것 같은 공포를 느낀다.

5) 정신증(Psychosis)

정의 및 특징. 정신증은 인간이 정상적인 발달과정을 거치지 못하고 사고 기능 영역에 이상을 나타내는 심리장애이다. 현실에 대한 판단력이 현저히 저하되어 직업 및 학업과 같은 사회 적응이 불가능하다고 판단되는 경우를 말한다. 실제로 부적응의 정도가 매우 심각하며 정신증을 지닌 대부분의 사람들은 자신이 비정상적이라는 것에 대한 자각을 하지 못하기 때문에 보호자나 주변인들의 도움을 받아야만 일상생활이 가능하다. 따라서 외래치료나 방문치료가 아니라 일정 기간 동안 치료기관에 입원하여 집중치료를 받는 것이 일반적이다.

종류. 정신증의 종류는 증상의 기능 저하 정도, 지속 기간, 심각성에 따라 조현병, 조현정동장애, 조현양상장애, 망상장애, 단기정신병적장애로 분류된다. RS-정신병리검사 척도에서는 증상의 정도가 가장 심각한 조현병(Schizophrenic Disorders)을 주로 다루며, 조현병은 정신증을 대표하는 장애로 여겨진다.

조현병의 양성증상으로는 대부분의 조현병 환자에게서 나타나는 '망상', 특정한 외부자극 없이도 사람, 물체를 지각하는 '환각', 아무 의미 없는 특정 단어를 이야기하는 '와해된 언어'가 있다. 음성증상은 사용하는 단어의 수나 말수가 매우 적고 다양한 정서와 감정을 표현하지 않는다. 양성증상에 비해 덜 심각해보일 수 있으나, 사회적응도를 저하시키는 주요 증상이라는 점에서 중요하다. 조현병은 특유의 단일 증상이 없어 같은 조현병 환자끼리도 세부적인 증상과 특징이 매우 다른 모습을 보인다. 따라서 조현병을 진단할 때에는 직업 및 사회 영역의 기능 손상과 관련된 징후 및 증상들을 꼼꼼히 살펴보아야 한다.

원인. 조현병을 포함한 정신증은 기본적으로 유전적, 생물학적 이상이 기저에 있다. 한 가지 특정 유전자가 질병에 취약하게 만드는 것은 아니고 수많은 유전자가 작용하는 것으로 알려져 있다. 아울러 신경전달물질인 도파민을 사용하는 뉴런이 지나치게 활성화됨에 따라 너무 많은 메시지가 전달되어 질환이 발병한 것으로 본다.

영향. 주변 소음, 소리에 민감하고 집중력이 낮다. 가끔 타인의 목소리가 아득하고 메아리쳐 올 때가 있다. 머릿속이 멍하고 혼란스러운 상태가 지속된다. 학업이나 일에 대한 의욕이 없고 삶에 대한 흥미가 없다. 대인관계를 기피하며 사회적 생활이 위축되어 있다. 심각한 경우, 의심과 예민함이 극에 달하고 망상, 환각, 와해된 언어 증상이 나타난다. 현저히 낮은 판단력, 현실 접촉 능력 상실로 부적응의 정도가 크게 나타난다.

6) 자기중심주의(Egocentrism)

정의 및 특징. 자기중심주의는 개인의 주의가 자신에게 집중되어 있는 높은 수준의 자기자각 상태를 의미한다. 이는 발달심리학자인 Jean Piaget가 자신의 감정이나 생각에서 타인의 입장을 고려하지 못하는 유아의 모습에서 발견한 개념으로 6~7세의 아동에게서 제한적으로 나타난 후 인지 성장에 따라 점차 감소되어야 하는데 이것이 자연스레 해소되지 못하고 지속, 극대화되어 '부정적 자기중심주의'로 고착화된 것이다. 과거 심리치료 분야에서는 자기중심주의를 자신 내면에 주의를 기울여 건강한 자기 발전에 영향을 미치는 긍정적 요인으로 바라보았다. 그러나 최근 정신병리 영역에서는 불안이나 우울을 악화시키는 요인으로서 외부 자극을 효율적으로 처리하지 못하고 자신의 불안상태를 과장하여 지각하도록 만드는 부정적 요인으로 자기중심주의를 설명한다.

종류. 부정적 자기중심주의는 반추, 자기몰입, 타인의식의 세 가지 하위 요인으로 구성된다. 먼저 반추(Rumination)는 과거 자신의 부정적 경험이나 감정에 초점을 맞추어 그 증상과 원인, 결과를 계속해서 곱씹는 수동적, 분석적 태도를 의미한다. 이는 장기적인 부정적 정서 및 감정을 야기하여 활성화시키며, 문제 해결 능력과 집중력을 저하시킨다. 다음으로 자기몰입(Self-absorption)은 자신의 내적 측면에 과도한 관심을 기울여 쉽게 다른 곳으로 주의를 돌리지 못하는 것을 의미한다. 자기몰입은 자신의 내적, 외적 측면을 자각하고 처리하는 인지 및 통제 능력을 감소시킨다. 이로 인해 정서조절의 곤란과 강박증, 예민증, 우울과 같은 다양한 심리적 문제들이 야기된다. 마지막으로 타인의식(Public-Consciousness)은 실제 타인이 지켜보고 있는지의 여부에 상관없이 타인이 자신을 지켜본다고 생각하는 주관적인 지각과 의식이다.

원인. 정신분석적 관점에서 자기중심적 성향은 유아기 때 과대평가된 자아상에 대한 좌절을 겪어본 적이 없거나, 반대로 심하게 좌절한 경험이 있는 경우 형성될 가능성이 높다고 본

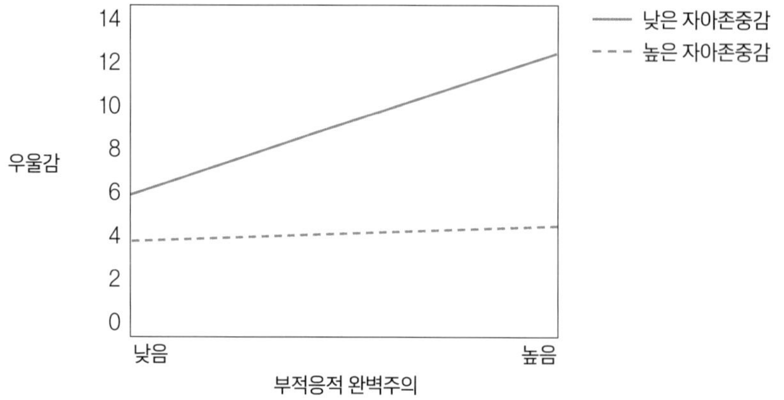

그림 16-1 우울감 예측에서 부적응적 완벽주의와 자아존중감의 상호작용 관계(Rice et al., 1998)

다. 더불어 어린 시절 작은 것에도 쉽게 칭찬하고 보상을 해주던 부모의 양육 방식 때문에 자기 가치를 과대평가하고 모든 것의 중심에 자신을 두는 우월한 자기중심적 사고방식이 나타났을 것으로 짐작한다. 이를 사회문화적 관점에서 본다면 현대사회에서 무한경쟁주의와 개인주의가 두드러짐에 따라 자기중심적이고 물질만능주의적인 사람이 증가한 것으로 본다.

영향. 스스로에게 부정적 평가를 더 많이 함으로써 부정적인 정서를 자주 경험한다. 자신과 대한 부정적인 인식은 기본적으로 그보다 더 큰 자기애를 기반으로 한다. 그렇기 때문에 자기중심적인 사람은 자신의 능력을 과대평가하고 성취를 과장하며 이를 인정받고 싶어 한다. 상대방으로부터 자신이 기대했던 찬사와 칭찬을 받지 못하면 불쾌함을 표현하고, 자신에 대한 죄책감(ex. '나는 사랑스럽지 못한 사람이다')이나 불특정다수에 대한 악의적인 태도(ex. '세상에 믿을 사람 하나 없다')를 형성하게 된다(Liotti, 1992). 공감능력이 매우 결여되어 있어 타인의 욕구, 느낌, 삶에는 관심이 없지만 그들에게 보여 지는 자신의 모습에는 신경을 곤두세우고 몹시 예민하다. 지나간 사건과 감정에 집착하고 과거를 곱씹다가 현재 하고 있는 일이나 해야 할 일을 놓치는 경우가 많다.

7) 완벽주의(Perfectionism)

정의 및 특징. 완벽주의는 극도로 결점이 없는 상태를 추구하는 것을 의미한다. 정리정돈, 개인의 업무, 마음 및 대인관계의 통제에 있어 높은 기준으로 완벽하고자 한다. 긍정적으로 보면 완벽주의는 업무의 정확성과 완성도를 높이는 바람직한 성격이지만, 이것이 지나칠 경우 생활 전반에서 집착 행동 양상이 나타나게 된다. 완벽주의는 최선의 의사결정을 통해 성취, 만족감을 경험하는 적응적 완벽주의와, 실현 불가능한 높은 목표를 설정함으로써 후회, 실패를 경험하는 부적응적 완벽주의로 나누어 볼 수 있다.

특히 부적응적 완벽주의는 자아존중감, 우울감과도 관련이 있는데, 높은 수준의 '부적응적' 완벽주의자들은 자아존중감이 높을수록 스스로 우울감을 억제하는 것으로 나타났다(Rice et al., 1998). 매번 실패를 경험하는 것이 두렵지만 높은 자아존중감이 우울감의 완충제 역할을 하고 있는 것이다. 앞서 살펴본 것처럼 부정응적 완벽주의와 적응적 완벽주의는 극명하게 대비되기 때문에 완벽주의를 진단할 때에는 두 요소를 분리하여 고려하여야 한다.

원인. 정신분석가들은 완벽주의가 어린 시절 엄격한 배변 훈련 때문에 당시의 발달 단계에 고착, 퇴행한 것으로 본다. 이로 인해 해당 시기의 성격적 특성인 규칙성, 완고성, 인색함, 정서적 억제, 강한 도덕의식 등이 나타나는 것이다. 인지론적 관점에 의하면 '나는 당연히 주변 환경을 통제할 수 있어야 한다', '나는 실수하지 말아야 한다' 와 같은 비합리적인 생각과 독특한 신념체계가 완벽주의의 기저에 있다고 본다.

영향. 사고의 유연성이 떨어지며 감정을 억제하는 경향이 있다. 사소한 세부 사항, 규칙, 목록, 순서, 형식에 집착하며 만족감을 잘 느끼지 못한다. 자신만의 규칙을 가지고 통제하는 부분이 생활 전반에 존재한다. 비현실적인 기대치를 목표로 삼고 목표를 이루기 위한 사고나 행동을 제외한 모든 것은 불필요하다고 여긴다. 개인적인 목표를 달성하지 못한 경우 자기비하를 서슴지 않고 공격적인 성향을 보인다. 섭식장애, 공황장애, 불안장애, 만성 스트레스, 우울증을 동반한다. 개인의 완벽주의적 성격으로 인해 주변 사람들이 고통 받고 불편함을 느끼는 경우가 많다.

3. 정신병리에 대한 치료

1) 생물학적 치료

생물학적 치료의 핵심은 약물치료이다. 생물학적 관점에서는 정신병리의 원인을 신체 일부 기능의 이상으로 보고 약물로써 뇌 신경계를 통제하여 증상을 완화시키고자 한다. 대표적으로는 항우울제가 사용되고 있으며 이 외에도 항불안제, 항정신병제, 항조울제 등의 약물을 통해 정신병리 치료가 이루어지고 있다. 현재 치료에 사용되고 있는 다양한 항우울제들은 효과 면에서는 큰 차이를 보이지 않으나, 약물의 종류에 따라 부작용이 심하게 나타나기도 하고 경제적인 비용 차이가 크다. 따라서 치료 초기 단계에서 환자 개인에 따른 임상적 특성을 면밀히 살피고 가족력, 과거병력과 같은 자세한 정보를 고려하여 약물을 선택하여야 한다.

일반적으로 약물치료의 효과는 즉각적이고 매우 탁월한 것으로 알려져 있으나 초기 2~3주차에 증상이 호전되지 않으면 약물을 증량하거나 변경할 필요가 있고, 투약 6~8주차가 되어야 최적의 효과를 볼 수 있다. 그러나 약물에 지나치게 의존할 경우 오히려 상태를 악화시킬 수도 있다는 사실을 유념해야 한다. 약물치료는 증상을 완화시키고 심리적 문제를 해결할 수 있도록 돕지만 약물에 대한 의존도가 상승할수록 신체적, 정신적 문제를 스스로 해결하고자 하는 의지를 상실하게 된다. 결과적으로 약물치료를 중단하면 증상이 재발하여 다시 약물을 찾게되는 악순환이 반복될 수 있다. 이러한 측면에서 약물치료는 근본적인 치료방법이 될 수 없으므로 약물 외에 다른 치료 방법을 병행하여야만 한다.

2) 정신분석적 치료

정신분석적 치료는 가장 대표적인 심리학적 접근 치료방법이다. 정신분석적 관점에서 내적 에너지와 심리적 에너지는 상호작용하는 '역동'의 관계에 있고, 이상행동은 이 두 에너지 사이의 갈등에 의해 발생한다(Luborsky et al., 2003). 정신분석적 치료의 근간이 되는 정신역동 이론에 따르면, 인간의 성격은 원초적 욕구를 충동적 행동으로 표출시키는 '원초아', 현실을 자각하고 통제하는 '자아', 그리고 내면화된 도덕적 규범인 '초자아'로 구성되어 있고 이들이 균형을 이룰 때 심신은 건강한 상태를 유지할 수 있다(Butcher et al., 2013). 따라서 치료자는 치료 과정에서 환자의 다양한 역동을 이해하는데 집중해야 한다. 환자의 증상에 대한 정보 뿐 아니라 성장과정, 가족관계와 같은 전체적인 정보를 수집하면서 자유연상기법을 통해 좌절, 공격성 및 분노, 죄책감과 같은 환자 내면의 무의식적 단서에 초점을 맞추어야 한다.

본격적인 치료는 그 이후에 이루어지는 것으로, 환자 스스로가 자신의 무의식을 의식화하게 하여 문제를 통찰하고 해결책을 찾을 수 있도록 한다. 이러한 정신분석적 치료는 장기적으로 진행되는 경우가 많아 시간적, 경제적 부담이 크다는 단점이 있다. 또 치료에 사용되는 개념들이 추상적이고 사례 위주의 효과 연구가 많아 객관적인 치료방법으로 여겨지지는 않지만, 생물학이 아닌 심리학적 접근 방법으로 이상행동을 치료한 최초의 심리학적 치료 모델이라는 데 큰 함의를 가진다.

3) 인지치료

인지치료에서는 인지가 인간의 행동과 사고를 좌우한다고 가정한다. 인지적 관점에서 이상행동은 인지의 오류나 역기능적인 사고가 부정적인 감정과 행동을 유발하고 삶의 모든 사건들을 부정적으로 해석하게 만들었기 때문에 발현되는 것이다. 대표적인 인지이론가 Aaron Beck에 따르면, 인간은 자신의 주관적인 경험에 근거하여 판단하고 행동하는 주체적인 존재로서 자신의 선택에 따른 문제를 해결할 수 있는 힘 또한 본인이 가지고 있다. 따라서 인지치료는 환자가 자신의 잘못된 신념과 부정적인 사고를 인지하는 것에서 시작한다. 이 때 치료자는 환자가 극단적이고 왜곡된 사고를 하게 만드는 '자동적 사고', 흑백논리적 사고와 과잉일반화를 포함하는 '인지적 오류', 그리고 저마다의 성장 환경 속에서 형성된 부정적 사고방식인 '역기능적 인지도식'을 합리적인 사고를 통해 긍정적으로 해결할 수 있도록 도와야 한다.

이처럼 인지치료 방식은 인간의 내적 사고과정에 초점을 맞추고 있어 심리학적 관점에서 이상행동을 치료하는 방법 중 가장 널리 사용되고 있는 치료 방법이다. 특히 단기적 치료에 매우 효과적이며 우울증과 공황장애 치료에 적극 활용되고 있다. 그러나 오랜 시간에 걸쳐 자신의 내면에 자리잡은 역기능적 사고를 바꾸기란 쉽지 않다는 지적이 있고 역기능적 사고를 정신병리의 원인이 아니라 결과로 바라보는 시각도 존재한다. 이러한 한계를 수용하여 인지치료와 행동주의 치료가 결합한 인지행동치료도 각광받고 있다.

4. 결론

지금까지 이상심리에 대한 전반적인 내용과 이를 측정하는 정신병리 검사를 살펴보았다. 이상심리는 이상행동을 기준으로 정신병리의 원인, 특성 및 치료를 다루는 심리학의 한 영역이다. 다양한 인간의 행동을 하나의 기준으로 이상을 판별하기란 불가능하나 행동의 적응적 기능이 저하되거나 주관적 불편감의 강도가 크고 지속될 때, 사회 문화적 규범을 위반하고 통계적 규준을 이탈했다고 판단될 때 이를 병리적인 것으로 본다. 이에 정신병리 검사는 병리적 행동을 예민성, 편집증, 불안증, 강박증, 정신증, 자기중심주의, 완벽주의로 나누어 측정할 수 있도록 하였다. 정신병리는 심각한 경우 정상적인 일상생활을 어렵게 하기 때문에 치료의 필요성이 매우 높다고 평가되며 심리학에서는 일반적으로 정신분석적, 인지론적 접근을 통해 정신병리를 치료하고 있다.

참고문헌

강옥련, 허철수, 박태수, 김성봉 (2013). 자녀교육에 관한 부부갈등 지각 척도 개발. 상담학연구, 14(5), 2869-2889.

고영남 (2013). 학습양식과 교육. 교육과학사.

국성민 (2008). 부모의 양육태도 및 결혼만족도가 자녀의 성격에 미치는 영향. 대전대학교 석사학위논문.

권석만 (2003). 현대 이상심리학. 서울: 학지사.

권석만 (2014). 이상 심리학의 기초: 이상 행동과 정신장애의 이해. 서울: 학지사.

권석만 (2015). 인간관계의 심리학(2판). 서울: 학지사.

권석만 (2016). 이상심리학 시리즈2 우울증 침체와 절망의 늪. 서울: 학지사.

권석만 (2017). 현대 성격심리학. 서울: 학지사.

권중돈, 조주연 (2001). 노년기의 삶의 만족도에 영향을 미치는 요인. 한국노년학, 20(3). 61-76.

근로기준법 (2020. 5. 26. 법률 제17326호, 2020. 5. 26., 타법개정) 제76조의2.

기현주 (2004). 아동용 성취동기 척도 개발에 관한 연구. 대전대학교 석사학위논문.

김나예 (2012). 완벽주의와 내현적 자기애가 부정적 평가두려움을 매개로 사회불안에 미치는 영향. 대구가톨릭대학교 석사학위논문.

김대호 (2002). 테러와 전쟁: 민간인에게 미치는 심리적 영향의 개설. 정신건강연구, 21, 128-145.

김미령 (2011). 여성의 취업유무에 따른 결혼만족도 차이 및 영향요인 비교. 여성연구, 81(2), 69-101.

김미정 (2001). 부부들이 지각하는 결혼만족도에 영향을 미치는 심리사회적 요인. 이화여자대학교 석사학위논문.

김미혜, 신경림, 강미선, 강인 (2004). 한국노인의 성공적 노후에 대한 경험. 한국노년학회, 24(2). 79-95.

김민녀 (2003). K-MSI를 활용한 기혼자의 결혼만족도: 가족생활주기를 중심으로. 성신여자대학교 석사학위논문.

김영희, 정선영 (2007). 부부갈등과 결혼만족도 -갈등대처방식의 조절효과. 한국가정관리학회지, 25(5), 65-82.

김용희 (2003). 분노 억압과 분노 다스리기. 대한스트레스학회지, 12(3), 13-16.

김은정 (2000). 사회공포증상을 보이는 내담자. 한양대학교 학생생활상담연구소. 18, 37-75.

김은정 (2002). 정의적 학습양식과 교수학습내용영역의 관계. 교육과정연구, 20(2), 329-348.

김재엽 (1997). 부부권력구조와 갈등, 그리고 폭력. 한국가족복지학, 1, 41-65.

김정은, 신유림 (2015). 유아의 부정적 정서성, 의도적 통제 및 부모-자녀관계가 유아의 정서조절에 미치는 영향. 생태유아교육연구, 14(1), 219-237.
김정호, 김선주 (2007). 스트레스의 이해와 관리. 서울: 시그마프레스.
김진영 (2005). 기혼여성의 성행동 및 성만족도와 결혼만족도. 전남대학교 석사학위논문.
김태현 (1994). 노년학. 서울:교문사.
김희진 (2004). 한국 부부의 결혼만족에 영향을 미치는 요인에 관한 연구. 상담학연구, 5(3), 839-853.
남미경 (2016). 사회정서적 선택 이론의 검증: 노인의 정서 정보에 대한 선택적 주의, 기억 인출에서의 긍정성 효과, 정서 조절 곤란 및 주관적 안녕감을 중심으로. 이화여자대학교 박사학위 논문.
남순현, 염태호 (1998). 외상후 스트레스 장애 환자의 성격요인과 대처방식 과의 관계-교통사고 환자를 대상으로. 한국심리학회지: 임상, 17(1), 171-184.
노안영, 강영신 (2007). 인간 이해 및 성장을 위한 성격심리학. 서울: 학지사.
민경환 (2015). 성격심리학. 파주: 법문사.
박상화, 하창순 (2016). 기혼자의 자아존중감, 부부간 의사소통과 결혼만족과의 관계: 정서인식의 조절효과. 상담학연구, 17(6), 499-522.
박석돈, 박순미, 이경희 (2013). 노인복지론. 경기: 양서원.
박소연, 진미경 (2013). 아동의 부모애착과 외로움의 관계에서 거부민감성의 매개효과. 한국놀이치료학회지, 16(4), 381-395.
박아청 (2006). 성격심리학의 이해. 서울: 교육과 학사.
박영화, 고재홍 (2005). 부부의 자존감, 의사소통 방식 및 갈등대처행동과 결혼만족도 간의 관계. 한국심리학회지, 19(1), 65-83.
박은영, 이주일 (2018). 조직 장면에서 분노표현의 긍정적 효과와 부정적 효과: 분노표출 및 분노접수의 차이. 한국심리학회지, 31(3), 767-794.
박정미 (2010). 열등감과 비합리적 신념이 청소년의 사회불안에 미치는 영향. 경성대학교 교육대학원 석사학위논문.
박태영 (2005). 한국인 기혼남녀들의 결혼만족도에 대한 비교연구. 상담학연구, 6(2), 601-619.
반신환, 유옥 (2011). 결혼과 가족. 서울: 동문사.
서영석, 안수정, 김현진, 고세인 (2020). 한국인의 외로움(loneliness): 개념적 정의와 측정에 관한 고찰. 한국심리학회지: 일반, 39(2), 205-247.
송명자 (1995). 발달심리학. 학지사.
심수진 (2016). 한국사회에서 주관적 웰빙에 영향을 미치는 요인 분석. 통계연구, 21(3). 25-47
양옥경 (2001). 가족관계 측정을 위한 척도 개발 연구. 한국가족복지학, 8, 119-147.
어주경, 정문자 (1999). 저소득층 가족의 경제적 어려움이 아동의 자존감에 미치는 영향. 아동학회지, 20(2), 21-40.
연규진, 연문희, 양지웅 (2013). 부부관계에 대한 비합리적 신념과 결혼만족도와의 관계 -다층모형을 이용한 자기 효과와 상대방 효과 분석-. 한국가족치료학회지, 21(1), 57-80.
염현이 (2013). 여성노인의 증상관리에 대한 부정적 신념과 관련요인이 자기효능감에 미치는 영향. 노인간호학회지, 15(1), 11-20.
오세진, 김용희, 김청송, 김형일, 신맹식, 양계민,...현주석 (2013). 인간행동과 심리학, 3판. 서울: 학지사.

옥정은 (2010). 대학생의 정서조절양식과 열등감이 정신건강에 미치는 영향. 부산대학교 석사학위논문.

우수정, 이영 (2010). 유아기 자녀를 둔 부부의 성인애착과 결혼만족도의 관계: 양육협력의 매개효과 검증. 대한가정학회지, 48(7), 89-97.

유연지, 조현주, 권정혜 (2008). 부부의 원가족 특성과 고부·옹서 갈등이 결혼만족도에 미치는 영향. 한국심리학회지: 여성, 13(4), 433-451.

유영주 (1994). 건강한 가족을 위한 가족원의 역할. 한국아동학회 학술발표논문집, 25-42.

유영주, 김순옥, 김경신 (2002). 가족관계학. 서울: 교문사.

유혜승, 신명희 (2013). 대학생의 자의식과 성취동기가 발표불안에 미치는 영향. 아시아교육연구, 14(3), 155-182.

윤기봉, 김소영 (2020). 유아기 자녀를 둔 부부의 양육효능감, 양육스트레스 및 결혼만족도 간 관계: 자기효과와 상대방효과 및 조절효과. 한국가정관리학회지, 38(1), 79-91.

윤소영 (2010). 여가에 대한 생애주기 관점과 여가생활주기 단계별 모형 개발. 한국가정관리학회지, 28(4), 103-115

윤진, 조긍호 (1990). 무기력의 심리. 서울: 탐구당.

윤현숙, 유희정 (2007). 인생이 보람과 후회: 성공적 노화여부에 따른 비교. 한국사회복지학회 창립 50주년 기념 2007년 세계학술대회논문집. 314-319.

이기영, 김외숙, 구혜령 (1995). 부부의 공유여가시간과 결혼만족도. 대한가정학회지, 33(3), 113-126.

이미현 (2015). 유아기 자녀를 둔 아버지의 양육참여가 결혼만족도에 미치는 영향. 어린이미디어연구, 14(4), 265-285.

이상원 (1993). 결혼초기 부부의 부모와의 유대 및 결혼만족도. 서울대학교 석사학위논문.

이선미 (2018). 부부의 원가족 분화와 가족레질리언스가 고부·장서 갈등에 미치는 영향. 한국생활과학회지, 27(5), 385-396.

이여봉 (2010). 부부역할과 여성의 결혼만족도: 연령범주별 분석. 한국인구학, 33(1), 103-131.

임왕규 (2015). 자기효능감 및 사회적 관계망이 성공적 노화에 미치는 영향. 영남대학교 박사학위 논문.

장문선, 김영환 (2002). 부부 의사소통 패턴과 특징적 갈등대처방식. 한국심리학회지, 21(2), 331-347.

장휘숙 (2007). 성공적 노화. 스트레스 연구, 15(4). 325-330.

전세송, 김수경 (2012). 장모 부양의식과 부부관계의 질이 장모-사위 간 관계 만족도에 미치는 영향. 대한가정학회지, 50(3), 69-81.

정순둘, 성민현 (2012). 연령집단별 사회적 자본과 삶의 만족도 관계비교, 보건사회연구, 32(4), 249-272.

정영숙, 신민섭, 이승연 (2009). 청소년심리학(제12판). 서울: 시그마프레스.

정옥분 (2004). 발달심리학 전생애 인간발달. 학지사.

정옥분 (2008). 성인·노인 심리학. 서울: 학지사.

정옥분, 정순화, 홍계옥 (2006). 결혼과 가족의 이해. 서울: 시그마프레스.

정재완 (2016). 성인애착 및 자아분화와 결혼만족도의 관계: 성적·정서적 친밀감의 매개효과. 심리유형과 인간발달, 17(1), 1-21.

정태연, 이장주, 박준성, 전경숙, 허성호, 김동수, ... 안혜정 (2015). 사회심리학. 서울 :학지사

조유리, 김경신 (2000). 부부의 갈등대처행동과 결혼만족도. 한국가족관계학회지, 5(2), 1-21.

조혜선 (2003). 결혼만족도의 결정요인 - 경제적 자원, 성역할관, 관계성 모델의 비교. 한국사회학, 37(1), 91-115.
지혜정 (2006). 부부의 심리사회적 요인과 결혼만족도와의 관계. 한국가족치료학회지, 14(1), 51-80.
최경숙 (2007). 자기존중감과 긍정심리학. 스트레스연구, 15(3), 205-214.
최규련 (1998). 가족체계유형과 부부간 갈등 및 대처방안에 관한 연구. 한국가정관리학회지, 12(2), 99-113.
최정규 (2011). 이타적 인간의 출현. 서울: 뿌리와 이파리.
하춘광, 김효순 (2014). 노인의 자아존중감과 내세관에 관한 연구: 긍정적 만족감 및 죽음 준비도의 매개효과를 중심으로. *Family Environment Research, 52*(4), 325-336.
한태점 (2012). 노인 여가활동이 생활만족도에 미치는 영향. 안양대학교 석사학위 논문.
허혜경, 김혜수 (2010). 청년발달. 학지사.
홍윤정 (1996). 부부간 가사노동 분담과 공평성 인지도가 결혼만족도에 미치는 영향. 이화여자대학교 석사학위 논문.
황남희 (2014). 한국 노년층의 여가활동 유형화 및 영향요인 분석. 보건사회연구, 34(2), 37-69.
Abramson, L. Y., Alloy, L. B., & Metalsky, G. I. (1988). The cognitive diathesis-stress theories of depression: Toward an adequate evaluation of the theories' validities. In L. B. Alloy (Ed.), *Cognitive processes in depression* (pp. 3 - 30). New York, NY: The Guilford Press.
Adler, A. (1927). *Menschenkenntnis*. Frankfrut: Fischer(Tb.) (라영균 역. 《인간 이해》. 서울: 일빛, 2009).
Adler, R. B., & F. Proctor II, R. F. (2016). *Looking out, looking in*, 15th Ed. Wadsworth, Cengage Learning.
Adler =, A. (1964). *Social Interests: A challenge to mankind*. New York: Capricorn.
Adorno, T. W., Frenkel-Brunswick. E., Levinson, D. J., & Sanford, R. N. (1950). *The authoritarian personality*. New York: Harper.
Ainsworth, M. D., Blehar, M., Waters, E., & Wall, S. (1978). *Patterns of attachment: A psychological study of the strange situation, classic edition*. New York, NY: Routledge.
Ainsworth, M. D. S. (1978). *Patterns of attachment*. Hillsdale, NJ: Erlbaum.
Aknin, L. B., Broesch, T., Hamlin, J. K., & Van de Vondervoort, J. W. (2015). Prosocial behavior leads to happiness in a small-scale rural society. *Journal of Experimental Psychology: General, 144*(4), 788 - 795.
Aldwin, C. M. (1994). *Stress, Coping and Development*. New York, NY: Guilford Press.
Alloy, L. B., Abramson, L. Y., Metalsky, G. I., & Hartlage, S. (1988). The hopelessness theory of depression: Attributional aspects. *British Journal of Clinical Psychology, 27*(1), 5-21.
Allport, G. W. & Odbert, H. S. (1936). Trait-names, A psycho-lexical study, *Psychological Monographs, 47*(1), I-171.
Allport, G. W. & Odbert, H. S. (1936). Trait-names: A psycho-lexical study. *Psychological Monographs, 47(1)*, ⅰ-171.
Allport, G. W. (1937). *Personality: A psychological interpretation*. New York, NY: Holt.

Allport, G. W. (1961). *Pattern and growth in personality*. Holt, Reinhart & Winston.

Alvy, K. T. (1987). *Black parenting; Strategies for training*. New York, NY: Irvington.

American Psychiatric Association. (2015). *Depressive Disorders: DSM-5® Selections*. American Psychiatric Pub.

Amstrong, T. (2000). *Multiple intelligences in the classroom* (2th ed.). Alexandria, VA: Association for Supervision and Curriculum.

Aronson, E. (1980). *The social animal*. NY: Freeman.

Avery, D., & Silverman, J. (1984). Psychomotor retardation and agitation in depression: Relationship to age, sex and response to treatment. *Journal of Affect Disorder, 7*, 67 – 76.

Ax, A. F. (1953). The physiological differentiation between fear and anger in humans. *Psychosomatic Medicine*, 15, 433-420.

Baltes, P. B., & Baltes, M. M. (Eds.). (1990). *Successful aging: Perspectives from the behavioral sciences*. New York: Cambridge University Press.

Bandura, A. (1973). *Aggression: A social learning analysis*. Englewood Cliffs, NJ: Prentice Hall.

Bandura, A. (1977). *Social learning theory*. Englewood Cliffs, NJ: Prentice Hall.

Bandura, A. (1978). The self system in reciprocal determinism. *American Psychologist, 33*, 344-358.

Bandura, A. (1986). *Social foundations of thought and action: A social cognitive theory*. Englewood Cliffs, NJ: Prentice Hall.

Bandura, A. (1993). Perceived self-efficacy in cognitive development and functioning. *Educational psychologist, 28*(2), 117-148.

Bandura, A. A. (1977). Self-efficacy: Toward a unifying theory of behavioral change. *Psychological Review, 84*(2), 191-215.

Bard, P. (1934). On emotional expression after decortication with some remarks on certain theoretical views. *Psychological Review, 41*, 309-329.

Bartholomew, K., & Horowitz, L. M. (1991). Attachment styles among young adults: A test of a Four-Category Model. *Journal of Personality and Social Psychology, 61*, 226-244

Batson, C. D., Duncan, B. D., Ackerman, P., Buckley, T., & Birch, K. (1981). Is empathic emotion a source of altruistic motivation? *Journal of Personalty and Socal Psychology, 40*, 290-302

Baumeister, R. F. (1990). Suicide as escape from self. *Psychological Review. 97*(1), 90-113.

Baumeister, R. F., Smart, L., Boden, J. M. (1996). Relation of threatened egotism to violence and aggression: The dark side of high self-esteem. *Psychological Review, 103*, 5-33.

Baumrind, D. (1971). Current patterns of parental authority. *Developmental psychology, 4*(1, pt.2), 1-103.

Beck, A. T. (1976). *Cognitive therapy and the emotional disorders*. New York, NY: International Universities Press.

Beck, A. T. (1976) *Cognitive therapy and emotional disorders*. New York, NY: Meridian.

Beck, A. T. (1983). Cognitive therapy of depression: New perspective. In P. J. Clayton & J. E. Barrett (Eds.), *Treatment of depression: Old controversies and new approaches* (pp. 265-284). New York, NY:

Raven Press.
Beck, A. T. (1986). Hopelessness as a predictor of eventual suicide. *Annals of the New York Academy of sciences, 487*(1), 90–96.
Belsher, G., & Costello, C. G. (1988). Relapse after recovery from unipolar depression: a critical review. *Psychological Bulletin, 104*(1), 84–96.
Berne, E.. (1961). *Transactional analysis in psychotherapy*. New York, NY: Grove Press.
Berne, E.. (1964). *Games people play*. New York, NY: Grove Press.
Bierhoff, H. W., Klein, R., & Kramp, P. (1991). Evidence for the altruistic personality from data on accident research. *Journal of Personality, 59*, 263–280.
Bigner, J. J. (1989). *Parent–child relations: An introduction to parenting*. New York, NY: Macmillan.
Blatt, S. J., Quinlan, D. M., Chevron, E. S., McDonald, C., & Zuroff, D. (1982). Dependency and self–criticism: psychological dimensions of depression. *Journal of consulting and clinical psychology, 50*(1), 113–124.
Blatt S. J. (1998). Contributions of psychoanalysis to the understanding and treatment of depression. *Journal of American Psychoanalysis Association, 46*, 723–752.
Bowdick, J. L., & Buono, A. F. (1985). *A Primer on Organizational Behaviour*. New York, NY: John Wiley & Sone.
Bower, T. G. R. (1977). *A primer of infant development*. San Francisco: W. H. Freeman.
Bowlby, J. (1958). The nature of the child's tie to his mother. *International journal of psycho–analysis, 39*, 350–373.
Bowlby, J. (1969). *Attachment and loss: Vol. 1: Attachment*. New York: Basic Books.
Bowman, H. A., & Spanier, G. B. (1978). *Modern marriage*. New York: McGraw–Hill.
Bradburn, N. M. (1969). *The structure of psychological well–being*. Chicago: Alpine.
Bradley, R. H., & Caldwell, B. M. (1979). Home observation for measurement of the environment: A revision of the preschool scale. *American Journal of Mental deficiency, 84*(3), 235–244.
Brennan, T. (1982). Loneliness at adolescence. In L. Peplau, & D. Perlman (Eds.), Loneliness: *A sourcebook of current theory, research and therapy* (pp. 269–290). New York: Wile
Bretherton, I., Fritz, J., Zahn–Wazler, C., & Ridgeway, D. (1986). Learning to talk about emotions: A functionalist perspective. *Child Development, 57*, 529–548.
Briggs, K. C., & Myers, I. B. (1976). *Myers–Briggs type indicator*. California: Consulting Psychologists Press.
Bronfenbrenner, U. (1979). *The ecology of human development: Experiments by nature and design*. Boston, MA: Harvard University Press.
Brown, C., & Lowis, M. J. (2003). Psychosocial development in the elderly: An investigation into Erikson's ninth stage. *Journal of Aging Studies, 17*(4), 415–426.
Burger, J. M. (2000). *Personality* (5th ed.). Belmont, CA: Wadsworth/Thomson.
Burgoon, J. K., Guerrero, L. K., & Floyd, K. (2010). *Nonverbal communication*. New York, NY: Allyn &

Bacon.
Burr, W. R., Leigh, G. K., Day, R. D., & Costantin, C. J. (1979). Symbolic interaction and the family. In W. R. Burr, R. Hill, F. I. Nye, & I. Reiss (Eds.), *Contemporary Theories about the family*, (Vol. 2, pp. 42-111). New York, NY: Free Press.
Busch, F. N. (2009). Anger and depression. *Advances in psychiatric treatment, 15*(4), 271-278.
Buss, A. H. (1961). *The psychology of aggression*. New York: Wiley.
Buss, A. H. (2008). *Evolutionary psychology: The new scene of the mind* (3rd ed.). MA: Allyn & Bacon.
Butcher, J. N., Hooley, J. M., & Meineka, S. M. (2013). *Abnormal psychology* (16th ed.). Boston, MA: Pearson.
Cairns, R. B. (1979). *Social development*. San Francisco: Freeman.
Camras, L. A. (1992). Expressive development and basic emotions. *Cognition and Emotion, 6*, 269-283.
Cannon, W. (1932). *The wisdom of the body*. New York, NY: Norton.
Cannon, W. B. (1927). The James-Lange theory of emotion. *American Journal of Psychology, 39*, 106-124.
Carstensen, L. L. (1992). Social and emotional patterns in adulthood: support for socioemotional selectivity theory. *Psychology and Aging, 7*(3), 331-338
Carstensen, L. L. (1992) Social and emotional patterns in adulthood: support for socoemotional selectivity theory. *Psychology and Aging. 7*(3), 331-338.
Carstensen, L. L., Turk-Charles, S. (1994). The salience of emotion across the life-span. *Psychology and Aging, 9*, 259-264.
Cassia, V. M., Turati, C., & Simion, F. (2004). Can a nonspecific bias toward top-heavy patterns explain newborns' face preference? *Psychological Science, 15*, 379-383.
Cassidy, J. (1988). Child-mother attachment and the self in six-year-olds. *Child development, 59*(1), 121-134.
Cattell, H. E. P. & Mead, A. D. (2008). The Sixteen Personality Factor Questionnaire (16 PF). In Gregory J. Boyle, Gerald Matthews & Donald H. Saklofske (Eds.), *The Sage Handbook of Personality Theory and Assessment Vol 2*. (1st ed., pp. 135-159) Thousand Oaks, CA: Sage.
Cattell, H. E. P. & Mead. A. D. (2008). The Sixteen Personality Factor Questionnaire (16 PF). In Gregory J. Boyle, Gerald Matthews & Donald H. Saklofske (Eds.), 2008, *The Sage Handbook of Personality Theory and Assessment Vol 2.* (1st ed. pp.135-159) Thousand Oaks, CA: SAGE Publications Ltd.
Cattell, H. E. P. & Schurger, J. M. (2003). *Essentials of 16 PF Assessment*. New York, NY: John Wiley & Sons.
Cattell, H. E. P. & Schurger, J. M. (2003). *Essentials of 16 PF Assessment*. New York: John Wiley & Sons.
Cattell, R. B. (1943). The description of personality: Basic traits resolved into clusters. *Journal of Abnormal and Social Psychology, 38*. 476-506.
Cattell, R. B. (1965). *The scientific analysis of personality*. Baltimore: Penguin.
Cattell, R. B., Eber, H. W., & Tatsuoka, M. M. (1970). *Handbook for the sixteen personality factor*

questionnaire. Champaign: Institute for Personality and Ability Testing.

Christensen, A., & Sullaway, M. (1984). *Communication pattern questionnaire. Unpublished manuscript*, University of California, Los Angeles.

Cialdini, R. B., Baumann, D. J., & Kenrick, D. T. (1981). Insight from sadness: A three-step model of the development of altruism as hedonism. *Developmental Review, 1*, 207-223.

Clark, D. M., & Wells, A. (1995). A cognitive model of social phobia. In R. G. Heimberg, M. Liebowitz, D. Hope, & F. Schneier (Eds.), *Social phobia: Diagnosis, assessment, and treatment (pp. 69-93)*. NY: Guilford Press.

Clark, M. S., & Ouellette, R. Powel, M. C., & Milberg, S. (1987). Recipient's mood, relationship type, and helping. *Journal of Personality and Socal Psychology, 53*, 94-103.

Clary, E. G., & Orenstein, L. (1991). The amount and effectiveness of help: The relationship of motives and abilities in helping behavior. *Personality and Social Psychology Bulletin, 17*, 58-64..

Cobb, S. (1976). Social support as a moderator of life stress. *Psychosomatic Medicine, 38*, 300-314.

Cohn, M. A., & Fredrickson, B. L. (2009). Positive emotions. In S. J. Lopez & C. R. Snyder (Eds.), Oxford library of psychology. *Oxford handbook of positive psychology* (p. 13 - 24). Oxford University Press.

Cook, J. L. & Jones, R. M. (2002). Congruency of identity style in married couples. *Journal of Family Issues, 23*(8), 912-926.

Cools, R., & D'Esposito, M. (2011). Inverted-U - shaped dopamine actions on human working memory and cognitive control. *Biological psychiatry, 69*(12), e113-e125.

Corey, G. (1991). *Theory and practice of counseling and psychotherapy*. 조현춘, 조현재 공역(1995), 심리상담 및 치료의 이론과 실제, 시그마프레스.

Creed, A. T., & Funder, D. C. (1998). Social anxiety: from the inside and outside. *Personality and Individual Differences, 25*(1), 19-33.

Curry, L. (1983). *An organization of learning styles theory and constructs*. (ERIC Document Reproduction Service No. ED 235 185).

Cutright, P. (1971). Income and family events: Marital stability. *Journal of Marriage and the Family, 33*(2), 291-306.

Darley, J. M., & Batson, C. D. (1973). From Jerusalem to Jericho: A study of situational dispositional variables in helping behavior. *Journal of Personality and Socal Psychology, 27*, 100-108.

Darwin, C. (1998). *The expression of the emotions in man and animals*. New York: Oxford University Press. (Original work published 1872)

Dawis, R. V., & Lofquist, L. H. (1984). *A psychological theory of work adjustment: An individual-differences model and its applications*. Minneapolis, MN: University of Minnesota press.

DeCasper, A. J., & Fifer, W. P. (1980). Of human bonding: Newborns prefer their mothers' voices. *Science, 208*, 1174-1177.

DeLongis, A., Coyne, J. C., Dakof, G., Folkman, S., & Lazarus, R. S. (1982). Relationship of daily hassles, uplifts, and major life events to health status. *Health psychology, 1*(2), 119-136.

Denig, S. J. (2004). Multiple intelligences and learning styles: Two complementary dimensions. *Teachers College Record, 106*(1), 96-111.

Deutsch, F.(1959). *On the mysterious leap from mind to body*. New York, NY: International Universities Press.

Dhabhar, F. S. (2009). Enhancing versus suppressive effects of stress on immune function: implications for immunoprotection and immunopathology. *Neuroimmunomodulation, 16*(5), 300-317.

Diener, C. I., & Dweck, C. S. (1978). An analysis of learned helplessness: Continuous changes in performance, strategy, and achievement cognitions following failure. *Journal of Personality and Social Psychology, 36*, 451-462.

Dix, T. (1991). The affective organization of parenting: Adaptive and maladaptive processes. *Psychological Bulletin, 110*(1), 3-25.

Dodge, K. A., & Coie, J. D. (1987). Social-information processing factors in reactive and proactive aggression in children's peer groups. *Journal of personality and social psychology, 53*(6), 1146-1158.

Dodge, K. A., Prce, J> M., Bachorowski, J. A., & Newman, J. P. (1990). Hostile attributional biases in severely aggressive adolescents. *Journal of abnormal psychology, 99*(4), 385-392.

Dollard, J., Doob, L., Miller, N. E., Mowrer, O. H., & Sears, R. R. (1939). *Frustration and aggression*. New Haven, CT: Yale University Press.

Dubow, E. F., Huesmann, L. R., & Eron, L. D. (1987). Childhood correlates of adult ego development. *Child Development, 58*, 859-869.

Dunn, J., Bretherton, I., & Munn, P. (1987). The development of children's moral sensibility: Individual differences and emotion understanding. *Developmental Psychology, 31*, 649-659.

Dunn, R., Dunn, K. (1993). *Teaching secondary students through their individual styles*. Boston, MA: Allyn & Bacon.

Dunn, R., Dunn, K., & Price, G. E. (1984). *Learning styles inventory*. Lawrence, KS: Price Systems.

Dusay, J. M. (1977). *Egograms*, New York, NY: Harper & Row.

E. E., & Martin, J. A. (1983). Socializations in the context of the family: Parent-child interaction. In P. H. Mussen (Ed.) *Handbook of child psychology, Volume IV* (pp. 1-101). New York: John Wiley.

Eggen, P., & Kauchak, D. (2004). *Educational psychology: Windows on Classroom* (international ed.). Upper Saddle River, NJ: Pearson/Merrill Prentice Hall.

Ekman, P. (1989). The argument and evidence about universals in facial expressions of emotion. In H. Wagner & A. Manstead (Eds.), *Handbook of social psychophysiology* (pp. 143-164). London, UK: Wiley.

Ekman, P., & Friesen, W. V. (1975). *Unmasking the face*. Englewood Cliffs, NJ: Prentic-Hall.

Ellis, A (2001). *Overcoming Destructive Beliefs, Feelings, and Behaviors: New Directions for Rational Emotive Behavior Therapy*. Amherst, NY: Prometheus Books.

Ellis, A. (1957). Rational Psychotherapy and Individual Psychology. *Journal of Individual Psychology, 13*, 38-44.

Erikson, E. H. (1959). *Identity and the life cycle*. New York, NY: International Universities Press.

Erikson, E. H. (1968). Life cycle. *International Encyclopedia of the Social Sciences, 9*, 282–292.

Erikson, E. H. (1982). *The life cycle completed: A review*. New York, NY: Norton.

Erikson, E. H. (1993). *Childhood and society*. New York, NY: Norton & Company.

Erikson, E. H., & Erikson. J. M. (1998). *The Life Cycle Completed* (Ext'd version). New York, NY: Norton & Company.

Erikson, E. H., Erikson, J. M., & Kivnick, H. Q. (1986). *Vital involvement in old age*. New York, NY: Norton.

Erikson, H. E. (1963). *Childhood and society* (2nd ed.). New York: Norton.

Eron L. D. (1987). The development of aggressive-behavior from the perspective of a developing behaviorism. *American Psychologist, 42*, 435–442.

Erskine, R. G. (1997). *Theories and Methods of an integrative Transactional Analysis: A volume of selected articles*. Oakland, CA: TA Press.

Eysenck, H. J. (1947). *Dimensions of personality*. London: Routledge & Kegan Paul.

Eysenck, H. J. (1967). *The biological basis of personality*. Springfield, IL: Charles C Thomas.

Fabes, R. A., Esenberg, N., Nyman, M., & Michaelieu, Q. (1991). Young children's appraisals of others' spontaneous emotional reactions. *Developmental Psychology, 27*, 858–866.

Fassaert, T., van Dulmen, S., Schellevis, F., & Bensing, J. (2007). Active listening in medical consultations: Development of the Active Listening Observation Scale (ALOS-global). *Patient Education and Counseling, 68*(3), 258–264.

Feldman, R. (2000). Parents' convergence on sharing and marital satisfaction, father involvement, and parent-child relationship at the transition to parenthood. *Infant Mental Health Journal, 21*(3), 176–191.

Feldman, S., & Downey, G. (1994). Rejection sensitivity as a mediator of the impact of childhood exposure to family violence on adult attachment behavior. *Development and Psychopathology, 6*, 231–247.

Fergus, S., & Zimmerman, M. A. (2005). Adolescent resilience: A framework for understanding healthy development in the face of risk. *Annual Review of Public Health, 26*, 399–419.

Fernandez, E., & Sheffield, J. (1996). Relative contributions of life events versus daily hassles to the frequency and intensity of headaches. *Headache: The Journal of Head and Face Pain, 36*(10), 595–602.

Ferster, C. B (1973). A functional analysis of depression. *American Psychologist, 28*, 857–870.

Fibel, B. L. (1976). *Contingencies of reinforcement and levels of success in a learned helplessness paradigm among college females*. Master's thesis at the University of Massachusettes,

Flood, Meredith. (2005). A Mind-Range Nursing Theory of Successful Aging. *Journal of Theory Construction & Testing; Winter*, p.35–39.

Folkman, S. (1984). Personal control and stress and coping processes: A theoretical analysis. *Journal of Personality and Social Psychology, 46*(4), 839–852.

Folkman, S., & Lazarus, R. S. (1984). *Stress, appraisal, and coping*. New York, NY: Springer Publishing Company.

Fournier, J. C., DeRubeis, R. J., Hollon, S. D., Dimidjian, S., Amsterdam, J. D., Shelton, R. C., & Fawcett, J. (2010). Antidepressant drug effects and depression severity: a patient-level meta-analysis. *Jama, 303*(1), 47-53.

Frank, E., Prien, R. F., Jarrett, R. B., Keller, M. B., Kupfer, D. J., Lavori, P. W., ... Weissman, M. M. (1991). Conceptualization and rationale for consensus definitions of terms in major depressive disorder: Remission, recovery, relapse, and recurrence. *Archives of General Psychiatry, 48*(9), 851 – 855.

Freud, S. (1905). *Three essays on sexuality*. London: Hogarth Press.

Freud, S. (1924). Mourning and melancholia. *The Psychoanalytic Review (1913-1957)*, 11, 77.

Freud, S. (1933). New Introductory Lectures on Psychoanalysis. New York: Norton & Co..

Freud, S. (1923). The ego and the id. In J. Strachey (ed.), *The Standard Edition of the Complete psychological Works of Sigmund Freud*, Vol 19. London: Hogarth Press.

Freudenberger, H. J. (1982). Counseling and dynamics: Treating the end-stage person. The burnout syndrome. In J. W. Jones (Ed), *Park Ridge, III*. London: House Press.

Frost, R. O., Marten, P., Lahart, C., & Rosenblate, R. (1990). The dimensions of perfectionism. *Cognitive Therapy and Research, 14*(5), 449-468.

Gaillot, M. T., & Baumeister, R. F. (2007). The physiology of will-power: Linking blood glucose to self-control. *Personality and Social Psychology Review, 11*(4), 303-327.

Gardner, H. (1999). *Intelligence reframed: Multiple intelligences for the 21st century*. New York, NY: Basic Books.

Gibb, J. R. (1965). Defensive communication. *ETC: A Review of General Semantics, 22*(2), 221-229.

Gibson, E. J., & Walk, R. D. (1960). The 'visual cliff'. *Scientific American, 202*, 64-71.

Glaser, R., Kiecolt-Glaser, J. K., Malarkey, W. B., & Sheridan, J. F. (1998). The Influence of Psychological Stress on the Immune Response to Vaccines. *Annals of the New York Academy of Sciences, 840*(1), 649-655.

Glass, C. R., & Furlong, M. (1990). Cognitive assessment of social anxiety: Affective and behavioral correlates. *Cognitive Therapy and Research, 14*, 365-384.

Gloaguen, V., Cottraux, J., Cucherat, M., & Blackburn, I. M. (1998). A meta-analysis of the effects of cognitive therapy in depressed patients. *Journal of affective disorders, 49*(1), 59-72.

Goddard, H. W., Smith, C. A., Myers-Walls, J. A., & Cudaback, D. (1994). A national model for parent education: Practices and empirical bases. *Family Science Review, 7*, 79-92.

Goldenberg. H. (1977). *Abnormal psychology: A social/community approach*. Pacific Grove, California: Brooks/Cole.

Goldstein, D. S. (1990). Neurotransmitters and stress. *Biofeedback and Self-regulation, 15*(3), 243-271.

Gottman, J. M., & Krokoff, L. J. (1989). Marital interaction and satisfaction; A longitudinal view. *Journal of Consulting and Clinical Psychology, 57*(1), 47-52.

Goulding, M., & Goulding, R. (1979). *Changing lives through redecision therapy*. New York: Brunner/Mazel.

Goulding, M. M. (1987). Transactional analysis and redecision therapy. In J. K. Zeig(Ed.), *The evolution of psychotherapy*(pp.285-299). New York, NY: Brunner/Mazel.

Grasha, A. F., & Reichmann, R. E. (1974). A rational approach to developing and assessing the construct validity of a student learning style scales instrument. *Journal of Psychology, 87*, 213-223.

Gregorc, A. F. (1979). Learning/teaching styles: potent forces behind them. *Educational Leadership, 36*, 234-237.

Gross, J. J., Carstensen, L. L., Pasupathi, M., Tsai, J., Skorpen, C. G., & Hsu, A. Y. C. (1997). Emotion and aging: Experience, expression, and control. *Psychology and Aging, 12*, 590-599.

Guilford, J. P. (1959). *Personality*. New York: McGraw-Hill.

Habermas, J. (1981). *Theorie des kommunikativen Handelns* (Vol. 2, pp. 1049-1054). Frankfurt: Suhrkamp.

Halberstadt, A. G., Denham, S. A., & Dunsmore, J. C. (2001). Affective social competence. *Social Development*, 10, 79-119

Hamilton, W. D. (1964). T/he genetical evolution of social behavior. Ⅰ and Ⅱ. *Journal of Personality and Social Psychology, 36*, 126-146.

Hamner, T. J, & Turner, P. H. (2001). *Parenting in contemporary society* (4th ed.). Boston, MA: Allyn and Bacon.

Harris, E. C., & Barraclough, B. (1997). Suicide as an outcome for mental disorders: A meta-analysis. *British Journal of Psychiatry, 170*, 205-228.

Havighurst, R. J. (1972). *Developmental tasks and education (3rd ed.)*. New York: David McKay.

Havighurst, R. J. (1982). The world of work. In B. B. Wolman (Ed.), *Handbook of developmental psychology*. Englewood Cliffs, NJ: Prentice-Hall.

Hawkins, J. L., & Johnson, K. (1969). Perception of behavioral conformity, imputation of consensus and marital satisfaction. *Journal of Marriage and the Family, 31*, 507-511.

Hawkins, J. L., & Wesberg, C., & Ray, D. W. (1980). Spouse differences in communication style : Preference, perception, behavior. *Journal of Marriage and Family, 42*(3), 585-593.

Heo, J., Stebbins, R. A., Kim, J., & Lee, I. (2013). Serious leisure, life satisfaction, and health of older adults. *Leisure Sciences, 35*(1), 16-32.

Hertenstein, M. J., & Camopos, J. J. (2004). The retention effects of an adult's emotional displays on infant behavior. *Child Development, 75*, 595-613.

Heyer, N. R (1979). Development of a Questionnaire to Measure Ego States with Some Applications to Social and Comparative Psychiatry. *Transactional Analysis Bulletin, 9*(1), 9-19.

Hill, M. S. (1988). Marital stability and spouse's shared time. *Journal of Family Issues, 9*(4), 427-451.

Hill, R. (1949). *Families under stress: Adjustment to the crises of war separation and reunion*. New York, Harper & Brothers.

Hine, J. R. (1980). *What comes after you say "I love you"*. Palo Alto, CA: Pacific.

Hiroto, D. S., & Seligman, M. E. P. (1975). Generality of learned helplessness in man. *Journal of Personality and Social Psychology, 31*, 311-327.

Hoffman, M. L. (1987). The contribution of empathy to justice and moral judgment. In N. Eisenberg & J. Strayer (Eds.), *Cambridge studies in social and emotional development. Empathy and its development* (p. 47 – 80). New York, NY: Cambridge University Press.

Holland, J. (1973). *Making Vocational Choices: A Theory of Careers*. New York, NY: Prentice-Hall.

Holland, J. L. (1997). *Making vocational choices: A theory of vocational personalities and work environments*. Odessa, FL: Psychological Assessment Resources.

Holmes, T.H., & Rahe, R. H.(1967). The social readjustment rating scale. *Journal of Psychosomatic Research, 11*, 213-18.

Izard, C. E., & Malatesta, C. Z. (1987). Perspectives on emotional development I: Differential emotions theory of early emotional development. In J. D. Osofsky (Ed.), *Wiley series on personality processes. Handbook of infant development* (p. 494 – 554). New York, NY: John Wiley & Sons.

Jacobson, N. S., & Margolin, G. (1979). *Marital therapy: Strategies based on social learning and behavior exchange principles*. New York: Brunner/Maze.

James, M. (1998). *Perspectives in transactional Analysis*. San Francisco, CA: TA Press.

James, W. (1884). What is an emotion? *Mind, 9*, 188-205.

Jiones V. & Stewart I. (2002). *Personality adaptations*. 오수희, 이영태, 안범현 공역(2012), TA 이론에 의한 성격적응론. 학지사

Jung, C. G. (1946). *The Psychology of the Transference. Collected Works* (Vol. 16). Princeton, NJ Princeton University Press.

Jung, C. G. (1971). *Personality types*. Princeton, NJ: Princeton University Press.

Jung, C. J.(1923). *Psychological types*. London: Routledge & Kegan Paul.

Jung., C. G., (1971). *Psychological types*. Princeton, NJ: Princeton University Press.

Jussim, L., & Eccles, J. S. (1993). Teacher expectations Ⅱ: Construction and reflection of student achievement. *Journal of Personality and Social Psychology, 63*, 947-961.

Kagan, J. (1965). *Impulsive and reflective children. In Learning and the educational process*. Chicago, IL: Rand McNally.

Kalat, J. W., & Shiota, M. N, (2007). *Emotion*(1st Ed.). MA: Cengage Learning. (민경환, 이옥경, 김지현, 김민희, 김수안 공역. 《정서심리학》. 서울: 센게이지러닝코리아. 2012).

Kang, J., & Hyun, S. S. (2012). Effective communication styles for the customer-oriented service employee: Inducing dedicational behaviors in luxury restaurant patrons. *International Journal of Hospitality Management, 31*(3), 772-785.

Karpman, S. B. (1968). Fairy tales and script drama analysis. *Transactional Analysis Bulletin. 7*(26), 39 – 43.

Kaufman, A. S. (1990). *Assessing adolescent and adult intelligence*. Boston, MA: Allyn and Bacon, Inc.

Keefe, J. W. (1991). *Learning Style: Cognitive and thinking skills*. Reston, VA: National Association of Secondary School Principle.

Keltner, D., & Shiota, M. N. (2003). New displays and new emotions: A commentary on Rozin and Cohen. *Emotion, 3*, 86-91.

Kilmann, R., & Thomas, K. (1975). Interpersonal conflict handling behavior as reflections of Jungian personality dimensions. *Psychological Reports, 37*, 971-980.

Kohn, M. L. (1980). Job complexity and adult personality. In N. J. Smelser & E. H. Erkison (Eds.), *Themes of work and love in adulthood*. Cambridge, MA: Harvard University Press.

Kohn, M. L., & Schooler, C. (1982). Job conditions and personality: A longitudinal assessment of their reciprocal effects. *American Journal of Sociology, 87*, 1257-1286.

Kolb, D. (1984). *Experiential Learning: Experience as the source of learning and development*. Englewood Cliffs, NJ: Prentice-Hall.

Krueger, R. F., Hicks, B. M., & McGue, M. (2001). Altruism and antisocial behavior: Independent tendencies, unique personality characteristics, distinct etiologies. *Psychological Science, 12*, 397-402.

Kupfer DJ. (1991). Long-term treatment of depression. *Journal of Clinical Psychiatry, 52*(Suppl. 5), 28-34

Lange, C. G. (1922). *The emotions*: A psychological study. (I. A. Haupt, Trans.) In C. G. Lange & W. James (Eds.), *The emotions*. Baltimore, MD: Williams & Wilkins. (Original work published 1885).

Layne, C. (1980). Motivational deficit in depression: People's expectations × outcome's impacts. *Journal of Clinical Psychology. 36*(3), 647-652.

Lazarus, R. S., & Lazarus, B. N. (1994). *Passion and Reason: Making Sense of Our Emotions*. NY: Oxford university Press.

Leenaars, A. A. (2010). Edwin S. Shneidman on suicide. *Suicidology online, 1*(1), 5-18.

Lefcourt, H. M., Martin, R. A., & Saleh, W. E. (1984). Locus of control and social support: Interactive moderators of stress. *Journal of Personality and Social Psychology, 47*(2), 378 - 389.

Lenthall, G. (1977). Marital satisfaction and marital stability. *Journal of Marriage and Family Counseling, 3*(3), 25-32.

Lerner, J. S., & Ketlner, D. (2001). Fear, anger, and risk. *Journal of Personality and Social Psychology, 81*, 146-159.

Levin, K.(1939). Field Theory and Experiment in Social Psychology. *American Journal of Sociology. 44*(6). 868-896.

Levine, M. P., & Harrison, K. (2004). Media's role in the perpetuation and prevention of negative body image and disordered eating. In J. K. Thomson (Ed.), *Handbook of eating disorders and obesity* (pp. 695-717). New York, NY: John Wiley & Sons.

Levinson, D. J. (1978). *The seasons of a man's life*. New York: Knopf.

Levinson, D. J. (1996). *The seasons of a woman's life*. New York: Knopf.

Lewinsohn, P. M., Antonuccio, D. O., Steinmetz, J. L., & Teri, L.(1984). *The coping with depression course: A psycho-educational intervention for unipolar depression*. Eugene, OR: Castilia Publishing.

Lewinsohn, P. M., Hops, H., Roberts, R. E., Seeley, J. R., & Andrews, J. A. (1993). Adolescent psychopathology: I. Prevalence and incidence of depression and other DSM-III-R disorders in high school students. *Journal of abnormal psychology, 102*(1), 133-144.

Lewis, M. (2008). The Emergence of Human Emotions. In M. Lewis, J. Haviland-Jones & L. Feldman Barrett (Eds.), *The Handbook of Emotions*(3rd ed.), 304-319. New York: Guilford Press

Lewis, M., Alessandri, S. M., & Sullivan, M. W. (1992). Differences in shame and pride as a function of children's gender and task difficulty. *Child development, 63*(3), 630-638.

Lewis, R., & Spanier, G. (1979). Theorizing about the quality and stability of marriage. In W. Burr, R. Hill, F. Nye, & I. Reiss (Eds.), *Contemporary theories about the family*. New York, NY: Free press.

Liebert, R. M., & Liebert, L. L. (1998). *Personality strategies and issues*. New York: Brooks/Cole Publishing Company.

Liotti, G. (1992). Egocentrism and the cognitive psychotherapy of personality disorders. *Journal of Cognitive Psychotherapy. 6*(1), 43-58.

Locke, E. A., & Latham, G. P. (1990). *A theory of goal setting and task performance*. Englewood Cliffs, NJ: Prentice Hall.

Loevinger, J. (1976). *Ego development*, San Francisco: Jossey-Bass.

Logan, F. A. (1970). *Fundamerdale of learning and motwation*. Dubuque, Iowa: W. C. Brown.

Luborsky, L., Rosenthal, R., Diguer, L., Andrusyna, T. P., Levitt, J. T., Seligman, D. A., ... & Krause, E. D. (2003). Are some psychotherapies much more effective than others? *Journal of Applied Psychoanalytic Studies. 5*(4). 455-460.

Lyons, A. C., & Spicer, J. (1999). A new measure of conversational experience: The speaking extent and comfort scale (SPEACS). *Assessment, 6*(2), 189-202.

Maddi, S. R. (1996). *Personality theories: A comparative analysis* (6th ed.). New York: Brooks/Cole.

Magnusson, A., & Partonen, T. (2005). The diagnosis, symptomatology, and epidemiology of seasonal affective disorder. *CNS spectrums, 10*(8), 625-634.

Maier, S. F., & Seligman, M. E. P. (1976). Learned helplessness: Theory and evidence. *Journal of Experimental Psychology: General, 105*, 3-46.

Marcia, J. E. (1980). Identity in adolescence. *Handbook of Adolescent Psychology, 9*(11), 159-187.

Marcia, J. E. (1988). Identity and intervention. *Journal of Adolescence, 12*, 401-410.

Marston, W. M.(1928). *Emotions of Normal People*. New York: Harcourt, Brace and Company.

Martin, D. M., Rich, C. O., & Gayle, B. M. (2004). Humor works: Communication style and humor functions in manager/subordinate relationships. *Southern Communication Journal, 69*(3), 206-222.

Martin, J. A., & Penn, D. L. (2001). Social cognition and subclinical paranoid ideation. *British Journal of Clinical Psychology, 40*(3), 261-265.

Maslach, C., Jackson, S. E., Leiter, M. P., Schaufeli, W. B., & Schwab, R. L. (1986). *Maslach burnout inventory* (Vol. 21, pp. 3463-3464). Palo Alto, CA: Consulting psychologists press.

Maslow, A. H. (1943). A theory of human motivation. *Psychological Review, 50*(4), 370-396.

Maslow, A. H. (1966). *The psychology of science: A reconnaissance*. New York: Harper & Row.

Maslow, A. H. (1971). *The father reaches of human natue*. New York: Viking.

McAndrew, F. T., (2002). New evolutionary perspectives on altruism: Multilevel-selection and costly-signaling theories. *Current Directions in Psychological Science, 11*, 79-82.

McClelland, D. C. (1951). *Personality*. New York: Sloane.

Mehrabian, A.(1978). *Nonverbal communication in human interaction*. New York: Ha lt, Rinehart and Winston.

Mendezabal, M. J. N. (2013). Study habits and attitudes: The road to academic success. *Open Science Repository Education*, (open-access), e70081928.

Merenda, P. F.(1987). Toward a four-factor theory of temperament and/or personality. *Journal of Personality Assessment. 51*(3). 367-374.

Messinger, D. S. (2002). Positive and negative: Infant facial expressions and emotions. *Current Directions in Psychological Science, 11*, 1-6.

Minuchin, S. (1974). *Families and family therapy*. Cambridge, MA: Harvard University Press.

Mischel, W. (1990). Personality dispositions revisited and revised: A vew after three decades. In L.A. Pervin(Ed.), *Handbook of personality: Theory and research*. New York: Guilford.

Mischel, W., & Shoda, W. (2008). Toward a unified theory of personality: Integrating dispositions and processing dynamics within the cognitive-affective processing system. In O. P. John, R. W. Robbins, & L. A. Pervin (Eds.), *Handbook of personality: Theory and research* (3rd ed.). New York: Guilford Press.

Mischel, W., & Shoda, Y. (1995). A cognitive-affective system theory of personality: Reconceptualizing situations, dispositions, dynamics, and invariance in personalty structure. *Psychological Review, 102*, 246-268.

Monge, P. R., Bachman, S. G., Dillard, J. P., & Eisenberg, E. M. (1982). Communicator Competence in the Workplace: Model Testing and Development. In M. Burgoon (Ed.), *Communication yearbook 5* (pp. 505-527). New Brunswick, NJ: International Communication Association.

Monroe, S. M., & Harkness, K. L. (2011). Recurrence in major depression: A conceptual analysis. *Psychological review, 118*(4), 655-674.

Montemayor, R. (1986). Family variation in parent-adolescent storm and stress. *Journal of Adolescent Research, 1*(1), 15-31.

Much, N. C. (1997). A semiotic view of socialization, lifespan development and cultural psychology: With vignettes from the moral culture of traditional Hindu households. *Psychology and Developing Societies, 9*, 65-105.

Murray, H. A.(1938). *Explorations in personality*. New York: Oxford University Press.

Narvaez, D., & James, R. (1995). The four components of acting morally. In W. Kurtines & J. Gewirtz Eds., *Moral behavior and moral development: An introduction* (pp. 385-400). New York, NY: McGraw-Hill.

Needles, D. J., & Abramson, L. Y. (1990). Positive life events, attributional style, and hopefulness: Testing a model of recovery from depression. *Journal of Abnormal Psychology, 99*, 156 - 165.

Nemeroff, S., & Karoly, P. (1991). Operant methods, In F. Kanfer & A. Goldstein (Eds.), *Helping people change*. Elmsford, NY: Pergamon Press.

Neugarten, B. L., & Neugarten, D. A. (1986). The changing meanings of age. *Psychology Today*, 29-33.

Neugarten, B. L., Moore, J. W., & Lowe, J. C. (1965). Age norms, age constraints, and adult socalization. *American Journal of Sociology, 70*, 710.717.

Nolen-Hoeksema, S. (2002). *Gender differences in depression*.

Nord, W. R. (1977). Job satisfaction reconsidered. *American Psychologist, 32,* 1026-1035.

Norton, R. W. (1978). Foundation of a communicator style construct. *Human Communication Research, 4*(2), 99-112.

Norton, R. W., & Pettegrew, L. S. (1977). Communicator style as an effect determinant of attraction. *Communication Research, 4*(3), 257-282.

Nutt, D. (2008). Sleep disorders as core symptoms of depression. *Dialogues of Clinical Neuroscience. 10*(3), 329 - 336.

Olson, D. H., & Olson, A. K. (2000). *Empowering couples: Building on your strengths*. Minneapolis, MN: Life Innovations.

Pam, M. S. (2013). Negative emotion. *Psychology Dictionary*. Retrieved from: https://psychologydictionary.org/negative-emotion/

Papalia, D. E., Sterms, H. L.. Feldman, R. D., & Camp, C. J. (2007). *Adult development and aging (3rd ed.)*. New York: McGraw-Hill.

Parsons, T., & Bales, R. F. (Eds.) (1955). *Family, socialization and interaction process*. New York, NY: Free Press.

Patterson, C. J., Cohn, D. A,. & Kao, B. T. (1989). Maternal warmth as a protective factor against risks associated with peer rejection among children. *Developmental Psychopathology, 1*, 21-38.

Paul E. Levy. (2018). *Industrial/Organizational Psychology Understanding the Workplace*, Fifth Edition. (문광수, 이재희, 노재항, 임성준 & 이계훈, 역). ㈜시그마프레스 (Worth Publishers in 2017).

Peck R. C. (1968). *Psychological developments in the second half of life. In Neugarten B. L. (Ed.)*, Middle age and aging. Chicago: University of Chicago Press.

Pervin, L. A., & John, O. P. (1997). *Personality: Theory and research*, New York: Wiley.

Phillips Jr, R. L., & Slaughter, J. R. (2000). Depression and sexual desire. *American Family Physician, 62*(4), 782-786.

Piaget, J. (1952). The origins of *intelligence in children*. New York, NY: International Universities Press.

Plutchik, R. (1982). A Psychoevolutionary theory of emotions. *Social Science Information, 21*, 529-553.

Powell, D. R. (1986). Research in review: Parent education and support programs. *Young Children, 45*, 47-53.

Powell, D. R., & Peet, S. H. (1992b). *Making it in today's world: Options for strengthening parents'*

contributions to children's learning. Indianapolis, IN: The Lilly Endowment, Inc. of Indianapolis.
Powell, R., Dolan, R. J., & Wessely, S. (1990). Attributions and self-esteem in depression and chronic fatigue syndromes. *Journal of psychosomatic research, 34*, 665-673.
Reichard, Livison & Peter. (1962). *Aging and Personality*, New York,, Wiley Publishing
Rice, K. G., Ashby, J. S., & Slaney, R. B. (1998). Self-esteem as a mediator between perfectionism and depression: A structural equations analysis. *Journal of counseling psychology. 45*(3). 304-314.
Rittenour, C. E, & Soliz, J. (2009). Communicative and Relational Dimensions of Shared Family Identity and Relational Intentions in Mother-in-Law/Daughter-in-Law Relationships: Developing a Conceptual Model for Mother-inLaw/Daughter-in-Law Research. *Western Journal of Communication, 73*(1), 67-90.
Robert, M. L.(2002). 성격심리학. 조현춘 외 공역, 시그마프레스.
Robert, S. L. (1986). *Behavioral concept and the critically ill patient, powerlessness*(2nd Ed.). New York: Appleton-Century Crofts.
Robert Norton. (1983). *Communicator STYLE : Theory, applications. and measures*. Beverly Hills. CA: Sage.
Rogers, C. R. (1951). *Client-centered therapy: Its current practice, implications, and theory*. Boston: Houghton Mifflin Company.
Rogers, C. R. (1959). *A theory of therapy, personality, and interpersonal relationships: As developed in the client-centered framework* (Vol. 3, pp. 184-256). New York, NY: McGraw-Hill.
Rogers, C. R. (1980). *A way of being*. Boston, MA: Houghton Mifflin.
Rollins, B. C., & Thomas, D. L. (1979). Parental support, power, and control techniques in the socializations of children. In W. R. Burr, R. Hill, F. I. Nye & I. L. Reiss (Eds.), *Contemporary theories about the family, Volume 1* (pp. 317-364). New York: The Free Press.
Rolls, E. T. (1990). A theory of emotion and its application to understanding the neural basis of emotions. In J. A. Gray (Ed.), *Psychobiological aspects of relationship between emotion and cognition*, 161-90. Hillsdale, NJ: Erlbaum
Rotter, J. B. (1975). Some problems and misconceptions related to the construct of internal versus external control of reinforcement. *Journal of consulting and Clinical Psychology, 43*. 56-57.
Rotter, J. B. (1990). Internal versus external control of reinforcement. *American Psychologist, 45*, 489-493.
Russell, J. A. (1980). A circumplex model of affect. *Journal of Personality and Social Psychology, 39*, 1161-1178.
Ryckman, R. M. (2000). *Theories of personality* (7th ed.). Belmont, CA: Wadsworth.
Ryckman, R. M. (2012) *Theories of Personality*. Boston: Cengage Learning.
Saarni, C. (2011). Emotional Development in Childhood. Encyclopedia on Early Childhood Development. (2011. September). from http://www.child-encyclopedia.com/emotions/according-experts/emotional-development-childhood
Salovey, P., Mayer, J. D., & Rosenhan, D. L. (1991). *Mood and helping: Mood as a motivator of helpng*

and helping as a regulator of mood. In M. S. Clark (Ed.), Prosocial Behavior. Newbury, CA: Sage.

Sapir, Edward. (1935). *Communication. In encyclopedia of the social science*. (4th ed.), (pp. 78-80). New York: Macmillan Co.

Saulnier, K. M., & Rowland, C. (1985). Missing links: An empirical investigation of network variables in high-risk families. *Family Relations, 34*, 557-560.

Schachter, S., & Singer, J. (1962). Cognitive, social, and physiological determinants of emotional state. *Psychological Review, 69*, 379-399.

Scherer, K. R. (1992). What does facial expression express? In K. T. Strongman (Ed.), *International review of studies on emotion* (Vol. 2, pp.139-165). Chichester, England: Wiley.

Schlenker B. R., & Leary M. R. (1982). Social anxiety and self-presentation: A conceptualization and model, *Psychological Bulletin, 92*(3), 641-669.

Schmeck, R. R. (1988). *Learning strategies and learning styles*. New York, NY: Plenum Press.

Schmeck, R. R., Ribich, F., & Ramanaiah, N. (1977). Development of a self-report inventory for assessing individual differences in learning processes. *Applied psychological measurement, 1*(3), 413-431.

Schmitt, B. D. (1987). Seven deadly sins of childhood: Advising parents about difficult developmental phases. *Child Abuse & Neglect, 11*, 421-432.

Schneier, F. R., Johnson, J., Hornig, C. D., Liebowitz, M. R., & Weissman, M. M. (1992). Social phobia: comorbidity and morbidity in an epidemiologic sample. *Archives of General Psychiatry, 49*, 282-288.

Schwartz, L.S., La Rovere, M.T., &Vanoli, E.(1992). Automatic nervous system and sudden cardiac death. *Circulation, 85*, 1-77.

Seeman, P. (2011). All roads to schizophrenia lead to dopamine supersensitivity and elevated dopamine D2High receptors. *CNS neuroscience & therapeutics. 17*(2). 118-132.

Seligman, M. E. P. (1972). Learned helplessness. *Annual Review of Medicine, 23*, 407-412.

Shaffer, D. R. (1993). *Developmental psychology: Theory, research, and applications*. Monterey, CA: Brooks/Cole.

Shapiro, J., & Tittle, K. (1990). Maternal adaptation to child disability in a Hispanic population. *Family Relations, 39*, 179-185.

Shumaker, S. A., and Brownell, A. (1984). Toward a theory of social support: Closing conceptual gaps. *Journal of Social Issues, 40*(4), 11-36.

Sillars, A., & Vangelisti. A. L. (2018). Communication: Basic properties and their relevance to relationship research. In A. L. Vangelisti & D. Perlman (Eds.), *The Cambridge handbook of personal relationships*, 2nd ed. New York, NY: Cambridge University Press.

Simmons, W. K., Burrows, K., Avery, J. A., Kerr, K. L., Taylor, A., Bodurka, J., ... & Drevets, W. C. (2020). Appetite changes reveal depression subgroups with distinct endocrine, metabolic, and immune states. *Molecular psychiatry, 25*(7), 1457-1468.

Simons, A. D., Murphy, G. E., Levine, J. L., & Wetzel, R. D. (1984). Sustained improvement one year after cognitive and/or pharmacotherapy of depression. *Archives of General Psychiatry, 43*, 43-48.

Simons, J., Finlay, B., & Yang, A. (1991). *The adolescent & young adult fact book*. Washington, DC: Children's Defense Fund.

Smart Richman, L., Pek, J., Pascoe, E., & Bauer, D. J. (2010). The effects of perceived discrimination on ambulatory blood pressure and affective responses to interpersonal stress modeled over 24 hours. *Health Psychology, 29*(4), 403-411.

Smith, K. Dl., Keating, J. P., & Stotland, E. (1989). Altruism reconsidered: The effect of denying feedback on a victim's status to empathetic witnesses. *Journal of Personality and Social Psychology, 57*, 641-650

Snyderman, M., & Rothman, S. (1987). Survey of expert opinion on intelligence and aptitude testing. *American Psychologist, 42*(2), 137-144.

Spielberger, C. D., Jacobs, G., Russell, S., & Crane, R. S. (1983). Assessment of anger: The state-trait anger. In J. N. Butcher & C. D. Spielberger (Eds.), *Advances in Personalty Assessment* (pp.161-190). Hilsdale, NJ: Erlbaum.

Spielberger, C. D., Johnson, E. H., Russell, S. F., Crane, R. J., Jacobs, G. A., & Worden, T. J. (1985). The experience and expression of anger: Construction and validation of an anger expression scale. In M. A. Chesney & R. H. Rosenman(Eds.), *Anger and hostility in cardiovascular and behavioral Disorders* (pp.5-30). Washington, DC: Hemisphere.

Sprafkin, J. N., Liebert, R. M., & Poulous, R. W. (1975). Effects of a prosocial televised example on children's helping, *Journal of Personality and Social Psychology*, 48, 35-46.

Spranger, E. (1928). *Types of men. The psychology and ethics of personality*. New York, NY: Niemeyer.

Sroufe, L. A. (1996). *Emotional development: The organization of emotional life in the early years*. Cambridge, England: Cambridge University Press.

Stebbins, R. A. (1992). *Amateurs, Professionals, and Serious leisure*. Montreal, Quebec: McGill-Queen's University Press.

Sternberg, R. J. (1985). *Beyond IQ: A Triarchic Theory of Intelligence*. New York, NY: Cambridge University Press.

Stevens, J. H., Jr. (1984). Child development knowledge and parenting skills, *Family Relations, 33*, 237-244.

Stewart, I. & Joines, V. (1987). *TA Today: A New Introduction to Transactional Analysis*. 제석봉, 최외선, 김갑숙, 윤대영 역(2010), 현대의 교류분석. 학지사.

Stewart, I. & Joines, V. (2012). *TA Today: A New Introduction to Transactional Analysis. 2nd*. 제석봉, 최외선, 김갑숙, 윤대영 역 (2016), 현대의 교류분석. 학지사.

Stipek, D. J. (1996). Motivation and instruction. *Handbook of educational psychology, 1*, 85-113.

Stipek, D. J., & MacIver, D. (1989). Developmental change in children's assessment of intellectual competence. *Child Development, 60*, 531-538.

Straus, M. A. (1979). Measuring intrafamily conflict and violence: The conflict tactics(CT) scales. *Journal of Marriage and the family, 41*(1), 75-88.

Sullivan, H. (1953). *The interpersonal theory of psychiatry*. New York: Norton.

Sullivan, P. F., Neale, M. C., & Kendler, K. S. (2000). Genetic epidemiology of major depression: review and meta-analysis. *American Journal of Psychiatry, 157*(10), 1552-1562.

Super, D. E. (1968). *Work values inventory*. Boston, MA: Houghton Mifflin.

Tanner, J. M. (1991). Growth spurt, adolescent. *Encyclopedia of adolescence*, 1, 419-24.

Thibaut, J. W., & Kelly H. H. (1959). *The social psychology of groups*. New York, NY: Wiley.

Thomas, R. M. (2000). *Comparing theories of child development*. Wadsworth/Thomson Learning.

Thompson, H. L.(1996). *Jung's function-attitudes explained*. Georgia: Wormhole.

Thompson, R. A. (1998). Early sociopersonality development. In W. Damon & N. Eisenberg (Ed.), *Handbook of child psychology: Social, emotional, and personality development* (pp. 25 - 104). New York, NY: John Wiley & Sons.

Tornstam L. (2005). *Gerotranscendence-a developmental theory of positive aging*. New York, NY: Springer.

Turner-Cobb, J., & Hawken, T. (2019). Stress and Coping Assessment. In C. Llewellyn, S. Ayers, C. McManus, S. Newman, K. Petrie, T. Revenson, et al. (Eds.), *Cambridge Handbook of Psychology, Health and Medicine* (pp. 229-236). Cambridge, UK: Cambridge University Press.

Underwood, M. K., Coie, J. D., & Herbsman, C. R. (1992). Display rules for anger and aggression in school-age children. *Child development, 63*(2), 366-380.

Vaillant, C. O., & Vaillant, G. E. (1993). Is the u-curve of marital satisfaction an illusion? A 40 year study of marriage. *Journal of Marriage and the Family*, 55, 230-239.

Vangelisti, A. L. (2015). communication in personal relationships. In M. Mikulincer & P. R. Shaver (Eds.), *APA handbook of personality and social psychology, Vol. 3: Interpersonal relations*. Washington, DC: American Psychological Association.

Van Orden, K. A., Witte, T. K., Cukrowicz, K. C., Braithwaite, S. R., Selby, E. A., & Joiner Jr, T. E. (2010). The interpersonal theory of suicide. *Psychological review, 117*(2), 575-600.

Vogel, G. W. (1981). The relationship between endogenous depression and REM sleep. *Psychiatric Annals, 11*, 21-26.

Wakefield, J. C. (1999). Evolutionary versus prototype analyses of the concept of disorder. *Journal of Abnormal Psychology. 108*(3). 374-399.

Walden, T. A., & Baxter, A. (1989). The effect of context and age on social referencing. *Child Development, 60*, 1511-1518.

Watson, D., Clark, L. A., & Tellegen, A. (1988). Development and validation of brief measures of positive and negative affect: the PANAS scales. *Journal of personality and social psychology, 54*(6), 1063-1070.

Weiner, K. B. (1982). *Child and adolescent psychology*. New York, NY: John Wiley & Sons.

Weinstein, C., & Mayer, R. (1986). The teaching of learning strategies. In M. Wittrock (Ed.) *Handbook of research on teaching and learning* (pp. 315-327). New York, NY: Macmillan.

Weiss, E.L., Longhurst, J.G., & Mazure, C.M. (1999). Childhood sexual abuse as a risk factor for depression in women: Psychosocial and neurobiological correlate. *American Journal of Psychiatry, 156*, 816 - 828.

Weiss, H. B. (1990). Beyond parens patriae: Building policies and programs to care for our own and others' children. *Children and Youth Services Review, 12*, 269-284.

Weiss, R. S. (1973). *Loneliness: The experience of emotional and social isolation*. Cambridge, MA, US: The MIT Press.

Wexley. K. N., & Silverman, S. B. (1993). *Scared: Achieving Success in Tying Times*. San Francisco, CA: Jossey.

Widden, S. C., & Russell, J. A. (2008). Young Children's Understanding of Others' Emotions. In M. Lewis, J. Haviland-Jones & L. Feldman Barrett (Eds.), *The Handbook of Emotions*(3rd ed., pp. 348-363). New York: Guilford Press

Winokur, G., Morrison, J., Clancy, J., & Crowe, R. (1973). The Iowa 500: Familial and clinical findings favor two kinds of depressive illness. *Comprehensive Psychiatry, 14*, 99 - 106.

Witherington, D. C., Campos, J. J., & Hertenstein, M. J. (2001). Principles of emotion and its development in infancy. In G. Bremner & A. Fogel (Eds.), *Blackwell handbook of infant development. Handbooks of developmental psychology* (pp.427-464). Malden, MA: Blackwell.

Witkin, H. A. (1967). A cognitive-style approach to cross-cultural research 1. *International Journal of Psychology, 2*(4), 233-250.

Wolff, P. H. (1987). *The development of behavioral states and the expression of emotions in early infancy*. Chicago: University of Chicago Press.

Zatisoff, S. L., Geller, J., & Srikameswaran, S. (2002). Silencing the self and suppressed anger: Relationship to eating disorder symptoms in adolescent females. *European Eating Disorders Review, 10*(1), 251-260.

Zimbardo, P. G. (1969). *The human choice: Individuation, reason, and order versus deindividuation, impulse, and chaos*. In Nebraska symposium on motivation. University of Nebraska press

찾아보기

ㄱ

가변성과 반복성 255
가슴형 132
가정방문 프로그램 166
가족 분위기 225, 241
가족생활의 질 242
가족지원 프로그램 165
가치관 191, 212, 225, 229
각본분석 113, 116
간헐성 폭발 장애 278
갈등 100
갈등해결 225, 236
감각 183
감각과 직관의 인식 기능 97
감각운동기 9
감정 183
감정이입 22
감정적인 고통 278
감정 중심적 대처 275
갑상선 기능 273
강박증 335, 337
강인성/수용성 92
강화와 처벌 316
강화 원리 61
개념적 접근 200
개방형 254, 261, 265
개별성 242
개별 정서 294
개별 정서 이론 291
개별 특질 54
개성화 182, 194
개인 내적 과정 322
개인내적지능 202
개인 무의식 181
개인무의식 194
개인 심리 이론 57
개인의 내적 원인 275
개인의 인지적 평가 271
개인적 구성개념 61
개인적 사건 33
개인적인 차원의 사건 270
개인주의적 수준 30
개인특성척도 209
거시체계 11
검사법 67
게임 119
게임분석 113, 115
결과 284
결핍욕구 58
결혼만족도 221, 222
결혼만족도 검사 225
결혼생활 221
결혼의 안정성 222
결혼 전 요인 224
경계성 80
경고 272
경고단계 273
경쟁형 236, 264
경제형 213, 215
경험적 지능 202
고독(외로움) 300
고독의 필요성 46
고립감 239
고 불안/저 불안 91
고전적 조건형성 67
고착현상 8
고혈압 273
공간지능 201
공감 45
공감 만족 가설 45
공감성 258
공감-이타주의 이론 44
공격성 20, 304
공생적 단계 30
공유성 255
공유 활동/여가 225, 238
공통 특질 54, 66
공포 288

공포증 278, 337
공황장애 278, 337
과업적 원인 276
과잉면역 280
과정이론 52
과제적-관계적 184
과제 지향적 38
관계성 이론 222
관상동맥질환 280
관습형 207
관찰가능성 255
관찰법 120
교감신경계 273, 280
교류분석 111, 115
교류패턴분석 113
교수자 171
교차 교류 115
구강기 8, 56
구조분석 113, 114
구체적 조작기 10
구체적-추상적 184
권위적 양육태도 152
규범적 사건 33
규범적 요인 26
규범적 위기 모델 29
그림자 182
극적 유형 254, 256
근골격계 280
근면성 대 열등감 57
근원 특질 54, 66
금단기간 318
금지명령과 초기 결정 116
긍정적 스트레스. 271
긍정적인 강화 316
긍정적 자아상 13
기능분석 114
기본 성향 54
기본 정서 모델 291
기본흥미척도 209
기분변동 324
기분저하증 318
기생형 57
기술자형 108
기업형 207
기질 특질 66
긴장 90

ㄴ

날개 133
남근기 8, 56
남용 100
내담자 중심 치료 259
내면적 일관성 46
내부귀인 322
내분비계 280
내적 가치관 214
내향적 감정형 193, 195
내향적 사고형 193, 195
내향형 183
냉소주의 279
노년기 3, 25, 27, 42
노르에피네프린 280, 314
노화 36
논박 284
논쟁형 254, 258
놀람 288
뇌신경계 기능 이상 280
뇌졸중 280
뇌하수체-부신피질계 호르몬 273
느낌 287
능동적 듣기 259
능력 191
능력 특질 66

ㄷ

다면성 255
다중지능이론 192, 200
다차원 모델 292
다혈질 96
단기적 스트레스 271
단일차원 모델 292
달리 명시된 우울장애 318
담즙질 96
대뇌활동 288
대리적 경험 38
대상에 대한 호감 수준 45
대인간 요인 224
대인 간 의사소통 247
대인관계능력 42
대인관계에 대한 욕구 276
대인관계와 과업 275
대인관계적 원인 276
대인관계 지능 202
대처능력 275
대처방식 275
대처 방안 281
도구적 지지 282
도덕성 20, 76
도전자형 109
도파민 314
도피이론 322
독립성 17, 242
독립성/순응성 92
독심술적 사고 320
독자성 87
독재적 양육태도 152
독특성 260
독특한 특질 66
동기부여 99, 157, 162
동기 = 예상 × 결과의 영향 320

두려움 100
드라마 삼각형 115

ㄹ

라켓 감정 116
라켓분석 116
리더형 196
리비도 8

ㅁ

마음의 감기 311
만성피로 323
머리형 132
메시지 시스템 253
면역억제 280
명시되지 않은 우울장애 318
모험가형 106
무기력 306
무망감 324
무망감 이론 325
무의식 181, 193
문장완성검사 30
문제 중심적 대처 236, 275
문제 중심적 해결 275, 281
문제 회피 275, 281, 282
문화적 사건 33
물질/약물치료로 유발된 우울장애는 주요우울장애 318
미성숙한 기제 32
미시체계 10, 27
민감성 79

ㅂ

반응으로서의 스트레스 270
반추 340
방어형 37
백지설 4
범 불안장애 337
범불안장애 278
변화에 대한 개방성 85
병원 프로그램 166
보완 101
보존 10
보편적인 기본 정서 288
부모 교육 워크숍 165
부모교육 칼럼 165
부모회 165
부부관계 적응 척도 225
부신수질 280
부신피질 280
부적 정동 278
부적정서 317
부적 정서 감소 모델 45
부적 핵심 정서 317
부정적 스트레스 272
부정적인 자동적 사고 319
부정적인 자동적 사고는 인지적 왜곡 319
부정적 자기-스키마 316
부정적 자기중심주의 340
부정정서 291
부호화 61
분노 278, 288, 302
분노형 37
분류화 10
분리불안장애 337
분석심리이론 56
분석심리학 96, 193
분석적 지능 202
분석형 198, 234
불안 84, 337
불안애착 34
불안증 335
불안 해소. 261
불완전성 251
비개인화 단계 279
비규범적 사건 33
비규범적 요인 26
비언어적 259
비언어적 신호 259
비언어적 의사소통 247
비언어적인 형태 233
비의도적인 사건 270
비판적 어버이 113
비판적 어버이 자아 122
비합리적 신념 283
비합리적 차원 194
비행/부적응 행동 22
빛과 그림자 135

ㅅ

사건의 발생 시기 모델 32, 33
사고 183
사고력 70
사고와 감정 97
사고와 감정의 판단 기능 97
사교형 98, 102, 197
사무형 212
사회교환이론 222
사회 문화적 규범의 위반 333
사회봉사형 213, 216
사회성 발달 19
사회 인구학적 요인 224
사회인구학적 요인 224
사회적 개입체계 119
사회적 고립감 249
사회적 관계망 243
사회적 대담성 77
사회적 불안 299
사회적 상호작용 293
사회적 연령 26

사회적 지지추구 282
사회적지지 추구 275, 281
사회 정서적 선택이론 298
사회정서적 선택이론 41
사회학습이론 53
사회형 57, 207, 211
삶에 대한 만족 35
상보 교류 115
상호 건설적 패턴 234
상호결정론 59
상호발전성 258
상호성 249
상호작용 요인 224
상호작용으로서의 스트레스 270
상호적 이타주의 45
상호 회피적 패턴 234
상황 정보 45
생리생태학적 관점 293
생리적 각성 287
생리적 반응 270, 288
생리적 욕구 58
생리적 증상 318
생리적 증후군 322
생리적 측정 288
생물생태학적 접근 26
생물학적 연령 26
생물학적 원인 313
생물학적 치료 326, 342
생물학적 특징 322
생산성 대 침체성 44, 57
생식기 8, 9, 56
생태학적 이론 10
생활 기록법 67
생활습관/가사 225, 231
생활양식 57
생활연령 26
서열화 10
선행사건 284
선호 100
선호환경 중심 학습양식 이론 172
성격 51, 191
성격 4유형론 193
성격 변인들 45
성격 영역 68
성격유형론 192
성격 중심 학습양식 이론 172, 178
성과지향형 106
성년기 3, 25, 42
성분 과정 이론 292
성숙한 기제 32
성숙형 37
성역할 고정관념 21
성역할 이론 222
성욕 감소 323
성유형화 된 행동 21
성인기 발달 25
성인기 적응이론 29
성인기 정서 발달 298
성적 발달 20
성적 충동 56
성/정서적 유대 225, 232
성정체성 발달 20
성취수준 38
세로토닌 314
소속감 249
소속감과 사랑의 욕구 58
소외감 239, 249
소진 272
소진단계 273
수리논리지능 201
수면장애 323
수면 효율성 323
순기능적 의사소통 234
순응적 단계 30
순응적 어린이 113
순응한 어린이 자아 128
순진무구한 아동 4
스트레스 39, 269
스트레스 교류 모형 272
스트레스 대처방안 281
스트레스 반응 269
스트레스원 269
스트레스의 원인 275
스트로크(Stroke) 116
스트로크(Stroke)에 대한 분석 114
슬픔 288
시가/처가/친척/친구 225, 243
시간의 구조화 117, 118
시간의 구조화 분석 114
시간차원 11
시기별 정서 경험 발달 295
시민부모 157
식욕과 체중 변화 322
신경전달물질 314, 331
신경증적 기제 32
신경증적 우울과 정신증적 우울 312
신념체계 284
신뢰 대 불신 단계 57
신중형 98, 105
신체관리 283
신체만족도 12
신체성 질병 279
신체운동지능 202
신체적 발달 6
신체적 방어 273

신체적 성숙 293
신체적 원인론 330, 331
신체적 증상 279
신체적 폭력 236
실재형 207
실제적 지능 202, 203
심리사회적 발달 8단계 29
심리사회적 원인 313
심리 성적 발달 단계 이론 56
심리 신체적 질병 279
심리적 고통 321
심리적 반응 270
심리적 안녕 38
심리적 에너지 112
심리적 연령 26
심리적 요인 224
심리적 원인론 330, 331
심리학적 접근 치료방법 343
심미형 213, 216
심인성 질병 279
심장마비 280

ㅇ

아니마 182
아니무스 182
아담의 원죄설 4
아동기 3, 5
아동 발달의 정의와 특성 3
안면표정 288
안정감 249
안정성-불안정성 55
안정애착 유형 34
안정 욕구 58
안정지향형 108
안정형 98, 103
애착 297
애착 유형 34
약물치료 325, 326, 342
양극성 기분장애 331
양심적 단계 30
양육적 어버이 113
양육적 어버이 자아 124
양육태도 151
양육 효능감 239
어른 113
어른 자아 125
어른 자아(A) 111
어른 자아상태 119, 120
어린이 자아(C) 111
어린이 자아상태 119, 121
어버이 자아(P) 111
어버이 자아상태 119, 120
억제형 234
언어 공격 236
언어적 의사소통 247
언어적인 형태 233
언어지능 201
에너지의 방향 97
에너지 중심 132
에너지 프로파일 134
에니어그램 131
에피네프린 280
엘렉트라 콤플렉스 8
여가활동 40
여유형 254, 260, 265
역 U-곡선 289
역기능을 초래하는 의사소통 234
역기능적 신념 319
역기능적 자아 318
역동적 특질 66
역할 갈등 277
역할 모호성 277
역할 변인 277
역할변인 276
역할혼란 6
연령의 효과 47
연령 효과 43
열등감 308
영아기 3, 4
예민성 335
예술형 207, 211
예언자의 오류 320
오이디푸스 콤플렉스 8
온정성 69
완벽주의 88, 335, 341
완벽주의자형 109
완화(remission) 325
외상적 사건 278
외상 후 스트레스 장애 270
외인성 우울과 내인성 우울 311, 312
외적 가치관 유형 214
외적 원인 275
외체계 11, 27
외향성과 내향성 97
외향성-내향성 55
외향성/내향성 91
외향적 261
외향적 감정형 193, 195
외향적 사고형 193, 195
외향형 183
요구-철회 패턴 234
욕구의 위계이론 34
우울 278
우울감 249
우울장애의 분류에 따른 증상 318
우울증 311
우울증의 경과 325
우울증의 동기적 결핍 320

우울증의 생물학적 원인 313
우울증의 심리사회적 원인 315
우울증의 증상 317
우울증의 특성 313
우울증 치료 325
우울질 96
우주적 초월 46
우호형 254, 262
원천 특질 54
원초아 7, 55
원형 모델 292
위궤양 273
위험성의 관점 334
유아기 3, 5
유전자 313, 314
유전적 결정론 45
유형론 52
은둔형 37
은폐성 82
음성표현 288
음악지능 201
의도적인 사건 270
의사소통 225, 233, 247
의사소통의 개념 247
의사소통의 우수성 265
의사소통자의 이미지 263
의식 193, 194
의식(자아) 181
의학적 상태로 인한 우울장애 318
이고그램 111
이론형 213, 215
이면 교류 115
이상심리 329
이상심리의 개념 329
이상심리의 분류 334
이상심리의 원인 330
이상을 판단하는 기준 332
이성적 문제해결 236
이차 성향 54
이차 요인 91
이차정서 19
이차평가 275
이타적 성격 45
이타적 행동 22
인간의 욕구 5단계 58
인본주의 이론 53
인본주의적 관점 58, 331
인본주의적 접근 63
인상형 254, 260
인생구조이론 29, 31
인생사건 33
인생태도 117
인생태도 분석 114
인지 61
인지 과정 287
인지 관리 283
인지 도식 62
인지발달이론 9
인지 사회적 개인 변인 61
인지삼제 316, 319
인지삼제와 역기능적 신념 318
인지이론 313, 315, 316
인지적 관점 62
인지적 발달 6
인지적 성숙 293, 295
인지적 오류 320
인지적인 대처방식 282
인지적 접근 62
인지적 측면의 학습양식 170
인지적 치료 327
인지적 평가 274
인지적 평가 과정 272
인지적, 행동적 노력 281
인지치료 343
인지행동치료 325
일반 적응 증후군 272
일반직업분류척도 209
일상의 골칫거리 270
일시적 반응 287
일차정서 19
일차평가 275

ㅈ

자극으로서의 스트레스 270
자기 182
자기(self) 58
자기개발/여가활동 39
자기긍정과 타인긍정 117
자기긍정과 타인부정 117
자기몰입 340
자기 보고 288
자기 보호적 단계 30
자기부정과 타인긍정 117
자기부정과 타인부정 117
자기실현욕구 59
자기실현화 182
자기 영속화 과정 62
자기 이해와 관리 153, 158
자기조절 14
자기조절체계 61
자기존중욕구 58
자기중심주의 335, 339
자기초월적 세계관 46
자기통제 14
자기혐오와 자기비난 319
자기혐오와 자기비하 318
자기효능감 38
자녀교육 151

자녀 돌봄 156, 161
자녀문제 225, 239
자녀 이해 154, 159
자녀 지도 155, 160
자살 생각 321
자살에 대한 대인 이론 321
자아 7, 55
자아개념 19
자아발달단계 30
자아발달이론 29, 30
자아 상태 119
자아상태 모델 119
자아상태의 기능분석 115
자아실현 경향성 58
자아실현욕구 58
자아인식 수준 30
자아정체성 16
자아존중 225
자아존중감 13, 33
자연친화 지능 202
자원이론 222
자유로운 어린이 113
자유로운 어린이 자아 126
자율성 242
자율성 대 수치심 57
자율적 단계 30
자학형 37
잠복기 8, 56
잡담 119
장기적 스트레스 271
장이론 97
장형 132
재결단 117
재발(relapse) 325
재앙적 사건 270
재정관리/일 225, 240
재평가 275
저항 272
저항단계 273
적극성 256
적성 191
적시성 250
적응이론 32
적응적 기능의 저하 332
전반적 만족도 228
전반적 만족도, 225
전사회적 단계 30
전생애 발달 31
전생애적 접근 28
전의식 194
전조작기 10
절제/방종 92
절충형 236
점액질 96
점진적 이완법 283
정보적 지지 282
정보처리 오류 316
정보처리 중심 학습양식 이론 172, 175
정상적 우울과 병적 우울 311, 312
정서 40, 45, 287
정서 경험 발달 영향 요인 295
정서 발달 19
정서와 동기 288
정서의 구조 291
정서의 기능성 289
정서의 보편성 288
정서의 특수성 288
정서장애 278
정서적 교류나 전통 및 관습 118
정서적 불안정 7
정서적 소진 277, 279
정서적 안정성 71
정서적 유대감 38
정서적 유대 발달 297
정서적 의사소통의 발달 296
정서적 이해와 공감 232
정서적인 안정감 249
정서적 지지 282
정서적 친밀감 232
정서적 표현 242
정서적 행동과 표현의 7가지 기능 289
정서 조절 281, 293
정서조절 275
정서 중심적 대처 236
정서 척도 298
정서표출 규칙의 이해 19
정서 표현 발달 가설 293
정서 표현의 발달 293
정서 표현의 발달 과정 293
정서 표현의 종류 294
정신병적 경향성 차원 55
정신병적 기제 32
정신분석 315
정신분석이론 7, 53, 313, 315
정신분석적 관점 55, 331
정신분석적 접근 63
정신분석적 치료 326, 343
정신분석치료 325
정신운동증상 318
정신운동초조와 정신운동지연 318
정신적 유연성 대 정신적 경직 44
정신증 335, 338
정신질환 329
정의적 측면에서의 학습양식 170

정적정서 291
정체감 42
정체감발달이론 29
정체감 성취 17
정체감 유실 17
정체감 유예 17
정체감 혼미 17
정체성 대 역할 혼란 57
정치형 213, 215
조작적 조건형성 67
조절형 236
조현병 331, 339
조화형 198
종교형 213, 217
좌뇌형-우뇌형 184
주관적 불편감 및 고통의 강도와 지속 332
주도성 257
주도성 대 죄책감 57
주도형 98, 101
주요 근원 특질 68
주의형 254, 258
중간체계 11, 27
중년기 3, 25, 27, 42
중독 318
중립적 가치관 214
중심 성향 54
증상 275
지각된 차별 276
지능 200
지능 삼원론 200
지능의 임상적 접근 200
지능의 주요 다섯 가지 요소 200
지배성 73
지배형 57, 254, 257
지속성 우울장애 318
직관 184
직관법 120
직무안전성 276
직무안정성 278
직무 요구-통제 모델 277
직업가치관 212
직업가치관검사 213
직업흥미검사 206, 207
진지한 여가 39
진취형 211
질문지법 67
질풍노도의 시기 7
집단 무의식 182
집단무의식 194

ㅊ

차단형 234
차원 이론 292
철회 혹은 폐쇄 118
청년기 3
체격론 52
체계적-개방적 184
체액론 52
체질론 52
체질 특질 66
초자아 7, 55
추상성 81
추진력 74
충동적 단계 30
취소불가능성 250
친구형 107
친밀감 42, 249
친밀감 대 고립 57
친밀감 대 고립감 42
친밀함 262
친사회적 모델에 대한 과거 노출 경험 45
친사회적 태도/행동 44
친사회적 행동/태도 22
친숙형 234
친화형 264

ㅋ

캔사스 결혼만족도 척도 225
코르티졸 280

ㅌ

타인의식 340
탈권위주의 43, 225, 227
탈진 279
탈진 상태 279
탈진을 12단계 279
탐구형 207, 210
태내기 3, 4
통계적 규준의 이탈 333
통제가능성 277
통제감 부족 276
통제능력 275
통제 소재 61
통합 방향과 분열 방향 133
통합성 대 절망감 57
통합적 단계 31
투쟁-도피 반응 273
특성이론 52
특성적 접근 63
특질 54
특질론 52
특질 이론 53, 66

ㅍ

파킨슨씨병 331
판단과 인식 97
페르소나 51, 182
편안함 260

편집증 335, 336
평가 이론 292
표면 특질 54, 66, 68
표현적-숙고적 184
필수성 249

ㅎ

학교적응 18
학습 경향성 170
학습된 무기력 307
학습된 무력감 16, 38, 321
학습양식 169
학습자 171
학습자유형검사 181
학습적 관점 59
학습적 접근 63
학업에 대한 자기효능감 16
학업준비도 14
한계점 273
합리적 정서 행동 이론 62
합리적 차원 194
항문기 8, 56
항상성 가설 113
항우울제 326
핵심신념과 중간신념 319
행동 관찰 288
행동의 변화 287
행동적 반응 270
행동주의 315
행동주의 이론 313
행동주의이론 316
행동주의적 관점 331
행복 288
허용적 양육태도 152
현실형 210
혈액 속 화학물질 288
혐오 288
협력자형 107
협력형 236
형식적 조작기 10
환경 조형 특질 66
활동 118
활발형 254, 259
황금 스탬프 117
회복(recovery) 325
회색 스탬프 117
회피애착 34
회피형 57, 236
효과 284
효과(response) 325
효과적인 학습 171
효율성 감소 279
흑백 논리적 사고 320
흥미 191
히포크라테스의 기질론 95

기타

1개의 종속변수(의사소통자의 이미지) 254
1단계 279
1유형 138
2단계 279
2유형 139
2차 유형 106
3단계 279
3유형 140
4가지 적응 유형 43
4단계 279
4유형 142
5단계 279
5유형 143
6단계 279
6유형 144
7단계 279
7 단계를 통해 정서가 발달 293
7유형 145
8단계 279
8유형 136
9가지 성격 유형 131
9가지 욕구 133
9개의 독립변수 254
9단계 279
9유형 137
10단계 279
11단계 279
12단계 279
16 PF 54
16PF 66, 93
16 성격 요인 65
ABC 모델 284
ABC모델 62
Beck의 인지모델 316
Big 5 93
Big 5 요인 91
Cannon-Bard 이론 290
DISC 성격검사 95
DSM-5 317, 334
Dunn과 Dunn의 학습양식 이론 174
EQ검사 201
Frank Logan의 동기 공식 320
Gardner의 다중지능이론 200
Grasha와 Reichmann의 학습양식 이론 173
Holland의 이론 192
Holland의 직업선택이론 207
Hollnad 이론 207
IQ검사 201
James-Lange 이론 290
Jung의 분석심리학 181

Jung의 심리유형론 96, 182
Kagan의 숙고성-충동성 이론 180
Kolb의 학습양식 이론 175
Lazarus의 스트레스 교류 모형 274
Martin Seligman의 학습된 무력감 320
MBTI 96
Norton의 의사소통검사 252
P(Parent)-A(Adult)-C(Child) 114
P기법 68
R기법 68
Schachter-Singer 이론 290
Schmeck의 학습양식 이론 177
Spranger의 가치관 유형 192, 213
Sternberg의 지능삼원론 202
STRONG검사 208
TMJ증후군 280
Witkin의 장독립성-장의존성 이론 178